三等車票

Third-Class Ticket

希瑟・伍德
Heather Wood

黃芳田 譯

作者序

這個故事是取材於一九六九年一群印度村民的旅行經歷，當時我得以和他們一同短期旅行。我跟他們一起搭乘印度鐵路局的三等火車，旅行了一萬五千公里，共費時七個多月。對我來說，這要歸功於伍德洛・威爾遜基金會、丹佛斯基金會，以及加拿大文化協會的鼎力贊助，才使我能夠掌握與累積對於印度史的了解。這幾個機構曾分別在不同時期，支持我的研究學習。對於村民而言，這趟旅行是一場出乎意外的歷險，由未知的命運降臨到他們頭上，而一切皆始於他們那位仁慈的地主，把遺產成立了基金留給他們。他們之中有很多人都領教到村內與村外世界的衝突，既有警惕作用，又令人不安。旅行結束後，他們回到了危機四伏和戰亂不安的歲月中，隨之而來的是孟加拉國的成立，海嘯、饑荒、民生困苦接踵而至。我則回到歐洲繼續學業、結婚、漫遊世界各地。

這些村民的故事一直縈繞我心，現在所以能夠寫出來，這要感謝很多朋友的協助，其中特別要感謝分散各地的詹恩家族（L.C. Jain），這家族在加爾各答收了我做乾女兒，而且無論何時何地重逢，我們的情誼依舊。另一位並非這家族的詹恩先生（P. K. Jain）曾經在千鈞一髮的剎那，把我從火車下面拖出來。雷諾小姐（Helen C. Reyolds）、何爾德（Alan Held）、愛麗絲（Alice）、派克（George Park）很耐心地幫忙看稿，同時給了很多有益的批評。庫珀（Adam Kuper）不但提供了出乎意料的協助，還很慷慨地付出時間。謝謝我兒子的幼稚園老師——柏克小姐（Fraulein Hannelore Bock）以及漢哈德修女（Schwester Elizabet Reinhard）的體諒，讓我有時間可以寫這本書。但最感謝的，還是那些不吝與我分享的村民，他們曾經要求我，將來有一天要把他們的故事講出來。他們應該會原諒我的自由發揮，以便保護他們的身分，也會原諒我轉化了他們的美麗語言。謹此對那些仍然在世的人深深致意。

【目次】

加爾各答
布邦內夏瓦
康納拉克
孟加拉灣

印度河
哈爾德瓦
德里
瑪蘇拉
阿格拉
閻牟納河
勒克瑙
貝那拉
阿拉巴德
安柏
齋浦爾
阿杰梅爾
克久拉霍
烏代浦
印度
阿罕默德市
巴羅達
納爾默達河
阿旃陀
埃洛拉
奧蘭加巴德
孟買
卡爾利
海德拉巴
阿拉伯海
克里希納河
馬德拉斯
馬哈巴里普蘭
哈勒比
遮所
邦加羅爾
烏塔卡蒙德
坦朱雷
拉梅斯沃勒姆
馬杜賴
科欽
柯墨林角
北
0
200
400
600
800
（公里）

前言

一道嬌小的身影，在鐵柵大門前駐足了一會兒。門內的宏偉大廈就是她此行的目的地，如今她已獨自站在大廈前方，這目的地看來卻頗令人膽怯。她居住的村子位於恆河三角洲，德里實在不及那裡有人情味；雖然加爾各答也人潮洶湧，而且那些乞丐又總是讓她對自己的財富感到惱怒，但是當地也沒有像德里這樣門禁森嚴。思理瑪悌・烏瑪・沈（Srimati Uma Sen）把身上那件寡婦穿的白色紗麗裹緊了一點，然後朝大廈警衛走去。眼前的巴洛達大廈，就是印度鐵路局的總部所在。

「先生，請問，我在哪裡可以找到人幫忙安排旅遊？」

「到二樓的二一一號辦公室，找旅遊諮詢員。」警衛沒好氣地回答，一面拉開了大門。

她穿過了中庭，走進高大重門內，鼓起勇氣往裡走，以為會來到金碧輝煌的大廳裡。哪知寒酸的大廳內只有一排排灰色檔案櫃，大理石地面濺有斑斑檳榔漬。這裡有道樓梯通往二樓，她開始慢慢往上走，馬上就感到氣喘吁吁，體力不支。「唉，這毛病又犯了！」她暗想，「每次都這樣！我正想要做點要緊的事時，這病就來攔著我，發作起來一次比一次痛苦。我得趁著還有一口氣，趕快把事情給辦好。這個官員不知道會不會了解我的需要？還是又會碰到個沒耐性的職員？」

她上到階頂平台處，停下來歇了口氣，由於又開始暈眩，於是忙抓住扶手欄杆。一群正要趕去喝咖啡的職員匆匆擠過她身邊，她趕緊挨牆靠著閃避他們。經過再次努力之後，她終於來到上層大廳裡，那裡也擺滿了一排排檔案櫃。很多男人耐心蹲在該處等候，手裡拿著一疊文件不時對自己搧風。那時已經是十一月了，天氣並不熱，搧風不過是打發百無聊賴的時間而已。思理瑪悌見到此景不覺莞爾。

牆上的標示牌指出一一一號辦公室在左邊，於是她慢慢朝向陰暗擁擠的過道走去，費勁地尋找著。有間辦公室的門外排著隊伍，室內傳出了大嗓門聲音，毫無疑問應該是這間了，因為門外牆上還貼了好些殘舊海報，都是一些名勝古蹟。她走到隊伍最後去排隊，然後也蹲在地板上，試著調息，這才漸漸不再氣喘吁吁了。從加爾各答大老遠來到這裡，好像已經是很久以前的事。她先去過加爾各答，本來希望在那裡安排好這件事，沒想到他們卻跟她說，得要到德里的鐵路局總部辦理才行。那種輕蔑擯斥的語氣，讓她想起來就惱火。沒人把這個嬌小寡婦提出的計畫以及她的富有當成一回事。一星期後，她本人終於來到這裡，腰纏鈔票還有銀行開出的財產證明。然而，經過這趟折騰人的旅行，她的身體更虛弱了。

在村裡很愉快的，她思忖著，特別是傍晚這時候，灰濛濛的人影在暮靄中圍著火堆，有人講故事，或者大家就是閒聊、唱歌。她喜歡在他們周圍走動，比在白天見到他們來得好，因為白天村子看起來如此窮苦，那些臉孔也比晚間看來更寂寞、畏縮。在白天，她無法忘掉村人永遠不可能像她一樣變得聰明進步，但是到了夜晚，暮靄和古老傳說卻撤除了這些藩籬。我們作著同樣的夢，她微笑了。她是村中的富婆，一個有錢地主的獨生女，地主去世後把所有財富留給了她，因為認定她比每個姪兒都要能幹得多，對土地有感情，能夠把他的土地經營得很好。她後來為此曾經纏訟很久，但也打贏了官司。沒多久，她嫁給當地最有錢的年輕地主，婚事是叔叔安排的。叔叔完全是出於私心為謀己利，然而這對夫妻卻志同道合，深愛著農作物以及流經村裡的那條河。這片深情使他們倆成為好友，能夠一起工作，雖然沒有兒女，但始終互敬互愛，為對方著想。這樣的婚姻實在非常難得。他們盼望生孩子盼了很多年，卻無所出，然而並未因此冷淡對方，反而把心思轉移去更加關懷村裡的事務。就在去年，她丈夫突然撒手人間。過了沒多久，思理瑪悌發現自己每次使力就會上氣不接下氣，頭也開始暈眩，以致無法繼續做完手邊的事情。過去那幾個月她忙著打理產業上軌道，完全沒有理會這毛病，一直到夏末，她才明白自己身體不支了。那個在加爾各答的專科醫生是怎麼說來著？「下一個！請進！快點！」突然，響起了尖刻語氣打斷了她的思緒，她這才曉得對方是在跟她說話。思理瑪悌抬起頭來，一個男人正皺眉不屑地俯瞰著她：

「這可不是村裡的大樹！你是要去看出嫁的女兒嗎？二號辦公桌，快點，現在是我們的喝茶時間了。」

她蹣跚走進門口，來到光燦燦的辦公室裡，頭暈眼花了好一陣子。

「又是個最後趕來的香客。」有個聲音嘀咕著。

思理瑪悌生起氣來，走上前去，怒目看著講話的人。她見到了一號辦公桌，然後她轉過身去，希望不會被坐在二號那張爛辦公桌後面的男人趕走。桌上名牌寫著「H．R．戴」。

「啊！也是孟加拉邦[1]的人。」她露出了微笑。

那人正埋首忙著寫東西，他有張年輕的光滑臉孔，身上透著香皂味。當那人突然抬頭跟她四目交接時，她知道自己已經遇到貴人了。本來她還擔心永遠找不到愛民的官呢！

「請坐，有什麼我能幫忙的嗎？」

「有，您能不能幫忙安排一趟環遊印度的旅行？」

「當然可以！什麼性質的旅行？是去朝聖嗎？要哪一等的？是你自己要去嗎？只限女士的？」

他的發問就像連珠砲。思理瑪悌還在暈眩中，她慢慢取出文件放在膝上展平，讓自己逐漸回過神來。

「是這樣的，我想要讓我村裡的人看看整個印度，要他們去參觀壯觀的古蹟、神廟，還有那些偉大神明的所在。我要他們來德里開開眼界，參觀政府建築；到孟買坐船去象島（Elephanta），然後北上去看那些乳牛場。我想要他們從喜馬拉雅山到柯墨林角（Cape Comorin）去一趟，然後再回來。他們一定要見識所有這些地方。」

她一下子上不來氣，開始喘了起來。那個矮小男人起身拿了一杯茶過來，然後又坐下。那杯茶是給她喝的，不是這人自己要喝的。思理瑪悌驚訝地看著他，不知道這人在想什麼。接著她又開始講下去：

「你知道，我的村子在孟加拉邦，又小又窮，村人只知道自己很窮，其他一無所知。要是命很好的話，他們的兒女或許還可以上學，將來說不定不會再這麼窮。可是村人不怎麼送孩子上學，他們並不知道，印度需要他們送孩子上學。他們聽老故事，卻不知道有很多神廟和古蹟以及宮殿可以讓人參觀、讓人接觸。他們不知道印度雖然很窮，可是幅員遼闊，也很美麗。我要他們去見識這些，去看看人家村子裡的人怎麼生存，怎麼教導兒女。我到過美國和英國，見過很多世面，可是我想要我村裡的人見識印度，以後這個村子就不會再是個井底蛙小村了。您能幫忙安排一趟環遊印度的旅行嗎？」

這人滿臉困惑地看著她，一面等到她不再喘氣為止，才說道：

「我希望可以幫得上忙，不知道您想要我怎麼做？我應該幫全村的人都開好車票嗎？我想，他們會認為像這樣一趟旅行很不可能，太混亂了！」

「不是的，很抱歉，我講得太快了，因為時間不夠。你得要安排一節專用車廂，以便有地方可以讓他們睡覺，還要有個廚子幫他們做孟加拉飲食。這個車廂起初只載某些村民，等到第一趟旅程結束後，就換其他人去，直到所有村人都出外見識過印度為止，不過他們一定要環遊過所有地方才行。旅程會很長，大概兩個月左右，而且一定要他們冬天去，趁著耕種季節尚未開始之前。他們得先去看看加爾各答，然後再去貝那拉斯（Benares）、鹿野苑（Sarnath），接著去勒克瑙（Lucknow）、哈爾德瓦（Hardwar）和喀什米爾（Kashmir），再南下到昌第加市（Chandigar），還有德里這裡。」

雖然她講得很慢，彷彿在回味著每個地名的相關記憶，戴先生卻運筆如飛。

「再從這裡到阿格拉（Agra）、占西（Jhansi）和克久拉霍（Khajuraho），之後再到桑吉（Sanchi）和曼杜（Mandu），橫越過古加拉特（Gujerat）去看拉其普特人（Rajput）的廢墟古蹟，再去阿杰梅爾（Ajmer）、安柏（Amber）、齋浦爾（Jaipur），然後是孟買。我不是說這路線不對，不過你得再安排好一點，但一定要有孟買、象島和卡爾利（Karli）。經過阿旃陀（Ajanta）、埃洛拉（Ellora）和奧蘭加巴德（Aurangabad），南下到海德拉巴（Hyderabad）、邁所（Mysore）、哈勒比（Halebid）和貝魯爾（Belur）。然後上山到烏醍（Ooty），再下山到哥印拜陀（Coimbatore）和科欽（Cochin），去柯墨林角、馬杜賴（Madurai）、特里其（Trichy）、馬德拉斯（Madras）、馬哈巴里普蘭（Mahaballipuram）和拉梅斯沃勒姆（Rameshwaram）。再北行到普里（Puri）、布邦內夏瓦（Bubaneshwar）和康納拉克（Konarak），繼續北上到大吉嶺（Darjeeling）和干托（Gangtok），最後再回到加爾各答老家。」

她住口了，戴先生仍然不停地寫著。之後他停下筆來，審核著這張長長的名單，再看看眼前弱不禁風的人，然後又很困惑地低頭看名單：

「我沒弄懂！因為替這樣的旅行安排一節車廂要花很多錢的。」

「沒錯，沒錯，這當然。但我有這筆錢，你看……」她把手上的銀行信件和律師證明遞給戴先生。戴先生細讀文件，眼睛愈睜愈大，之後很驚愕地凝視這位女士：

「這是您的遺囑？您要把這筆錢全部花在讓村民旅行？您難道沒有兒子或姪兒嗎？這是您的遺囑，您全部的錢，自己的錢！」他驚奇地重複說道。

「沒錯。」她有點被逗樂了。「家父和先夫對我都很大方。我全部的錢都要變成基金，用來支付這些旅行費用。這些旅行一定要持續很多年，好讓孩子們也可以去。」

「我可以安排一節車廂，沿途停站，並且開好車票，」戴先生帶著驚訝沉吟著，「但是誰跟他們一起去呢？有誰會為他們解說見到的一切？您會去嗎？可是這又是您的遺囑？」

見他大惑不解的樣子，她不覺又微笑起來，然後很平靜地說道：

「戴先生，我是個行將就木的人，大概不到兩個月就要離開人世了，這樣一趟旅行我是無法成行的。不瞞您說，這份遺囑是有效的，而且會及時宣布，以便支付今年冬天的第一趟旅行費用。我們村裡有個人在加爾各答當老師，他知道我的夢想，所以每趟旅行他都會跟去。只要您把車廂和路線安排好了，他就會來您這裡，以便了解他在每個地方該做的事。這人是個好人，您能教的他都會學。可是您能做到這件事嗎？您有辦法讓我村裡的人見識印度嗎？」

「可以，」戴先生幾乎是喃喃低語，「行，我可以安排，不過能夠成事的人卻是您。」他抬起頭來看著她，她發現他正在落淚。

一月初的那個星期，恆河岸上清朗寒冷，月亮周圍出現了月暈。有天晚上，村民照例圍火取暖，沒怎麼講話，只是湊在一起怡然自得，其中一個老農夫抬頭見到月暈，於是說道：

「會有大變化了，有奇蹟會出現。」

其他人大笑著揶揄他：

「我們這裡可不是會出現奇蹟的村子。」

「別傻了，蘇倫德拉，黑天神絕對不會在我們的果園裡唱歌的。」

「啊！他一定是找到什麼老酒了，老友，酒在哪裡？」

「別吵，呆瓜，出現月暈總是代表有奇蹟出現，要不就是有人要死了。」

「說不定兩樣都有咧？」他們哄然大笑。夜深氣寒，大家都不再逗鬧了，只是坐著沉默不語。此時，沈家高牆內突然傳出了哭嚎聲，有個家僕跑了出來：

「思理瑪悌．烏瑪死了，太太死了。」

這群人傳出一聲低嘆。

「她終於不用再受罪了。」

「你看，沒錯吧？真的有人死了，蘇倫德拉，而且是個很特別的人。我們就知道這事要發生了。」

「那些錢不知道會怎麼樣？」

一個星期之後，思理瑪悌．烏瑪的遺囑在村中廣場上宣讀了出來。村裡的一些寡婦、長者和老人家忽然獲悉：二月的第二個星期，他們就要乘坐專用車廂開始到印度各地旅行。

「我們要去看濕婆神住的地方了。」聽完遺囑宣告離去時，一個婦女悄悄對另一人咬耳朵。

「幹麼要把全部的錢都花在我們身上？讓我們去旅行，勞民又傷財！」另一個人嘀咕著。

「啊！她後來一定是神智不清了，大老遠跑到德里去，把孟加拉的錢送去給印度鐵路局，這有什麼好處？」

老人想起了月暈，一面暗忖：「說不定我會見到巍峨的喜馬拉雅山呢！」

【注釋】

1 孟加拉（Bengal）：古名萬加，印度次大陸東北部的一個歷史地區。現分屬印度西孟加拉邦和孟加拉人民共和國。統治北印度的早期帝國，大都以孟加拉為其疆域的一部分。八至十二世紀由信奉佛教的巴拉王朝統治，約一二〇〇年起受穆斯林統治者治理。一五七六年孟加拉歸屬蒙兀兒帝國。十八世紀在孟加拉、比哈爾和奧利薩出現一個單獨的王朝。一七五七～一七六四年，英國侵占孟加拉，作為向全印度擴張的基地。一七七三年起，英國駐孟加拉總督成為英屬印度的最高行政長官。一九四七年印度獨立，西孟加拉、比哈爾及奧利薩成為印度共和國的一部分；東孟加拉歸屬巴基斯坦，一九七一年又獨立成為孟加拉國。

第一章

走過加爾各答

那個擺渡船夫早已傳話給上下游的所有船夫，要他們在這天黎明時分，把渡船划到村子渡口。此時，船夫已在晨霧中和小船之間穿梭，跟朋友打招呼，興奮地彼此較勁。擺渡中央沒有拉起遮陽帆布篷，看來更像一葉輕舟，撐遮陽篷的環架透著雅致，很有結構感。岸邊生起了火堆，船夫站著圍火取暖聊天，樹叢盡頭的村子似乎仍在沉睡之中，一點動靜都沒有。起初晨霧略散，接著又濃濃罩下，然後又促狹地升起，露出大部分的河面，跟著又籠罩住整條河。這條河流到此處河面已寬，水勢緩慢，船夫撐篙過河大約要花四十分鐘。其中最費工夫的是撐回到來時的津渡，要謹慎萬分，近乎戰戰兢兢，靠這條河吃飯的人，對這條神聖河流可是一點都不敢掉以輕心的。冬季退潮時，這裡的河水呈棕灰色，水位很低。船夫踏上岸的地方是一片黑色爛泥地，散發著潮濕而腐爛的霉味，但再走兩步就是黏土地和青草，腐氣漸消，終而被村子各種氣息蓋過。

村裡突然出現了那群負重而行的村民，流露出歷代培養出的負重優雅之姿，然而這天早上卻顯得扭扭捏捏的。通常這村子是人聲喧譁很熱鬧的，送行時尤其吵吵鬧鬧。然而眼前這黎明時刻，卻似乎不容他們對未來歷險置喙。婦女穿上了鑲紅邊的紗麗盛裝，人人都以披巾保暖，扛著旅途必備品，包括捲成一捆的衣物、鋪蓋和額外食物。男人穿了印度腰布，裹著披巾，帶了大捆行李，由兒孫、親友簇擁著，在這奇特時刻也靜默不語，但個個都馱著雜七雜八的東西，準備往等候的擺渡小船裡硬塞進去；有銅鍋、陶壺，壺裡裝了村中井水，還有一紮紮蔞葉[1]、小包甜食、一瓶當地最好的棕櫚酒、柴火、花圈，甚至還有木頭小馬，滿懷興奮地塞進老奶奶的包裹裡之後，從此就遺忘了它的存在。

往小船裝東西激起了全村的熱心和挫折感，船夫費了不少耐性，又用了點粗暴手段，才把每樣東西都裝上船，但那些該出發的人卻還沒上船。等這些人坐定之後，船往水中下沉許多，晨霧已散，遼闊的河面扭曲地倒映著黯然多雲的黎明。天很冷。船夫撐起了船篙，大聲喊著村民，要他們幫忙推船離岸。

「幫珠奴買件出嫁穿的貝那拉斯紗麗裝。」

「那你先把銀子給我！」

「別忘了去看老表的丈母娘，順便再幫娃兒多要點藥。」

「你好好餵娃兒吃飯才是正經。」

「到了貝那拉斯別忘了祭神，求神保佑多生幾個兒子。」

「那裡的祭司我哪付得起？」

「爺爺，到了德里什麼東西都不要喝，那些賈特人（Jat）樣樣都下毒的。」

「到了南部千萬別打赤腳，那裡有傳染病的。」

「幫老盧葩找個老公回來。」

「我才不要老公呢！」

「你當然要，傻丫頭！」

「要是我們回來之前天氣就轉暖的話，記得先在那塊小田種豆。」

「趁著雨季沒來之前，想辦法先把後面廚房屋頂鋪好茅草。」

「我們會的，會做的！」

「要記得，阿信哥會在豪拉火車站跟你會合，不是在席達（Sealdah）火車站。」

呼聲和揮手不斷，直到這支小型船隊離了岸上的人群，順流而下，開始大圓弧拐彎，朝向遠處津口靠岸為止。這時岸上的人才漸漸散去，去做那天等著要幹的活兒。有幾個小孩站在原處極力眺望遠岸，猜想著那些大人要去坐的「火車」究竟是什麼玩意。然而河面水光開始發亮，早上的各種氣息紛紛飄過來，於是他們也散去了。坐在船上的那幫人，卻開始拿家中老小能力不足的故事互相比較，等他們抵達遠岸時，那些老人家已經完全認為，自己離家遠行不是為了別的，而是要讓那些身在福中不知福的家人嘗嘗滋味。他們是一群快樂的挑剔挖苦者，一起串通好背叛家庭責任，其實人人心裡有數，他們對於眼前要做的事充滿了恐懼，因此不敢多講別的。

等他們跟阿信哥會合之後，全部人數就會有四十五人，足夠坐滿一節三等車廂，但又不至於太過擁擠。他們從小船上卸下捆捆行李時，彼此互望，好像初次相遇的同行旅人。以後大家會朝夕共處，完全沒有房舍牆壁或村中工作分隔彼此。他們跟船夫說笑，講些自己回來時會發了財、見了很多世面等話題，然後上岸離去，而其實他們根本就不相信那些玩笑話。婦女成群地走在男人後面，妻子不跟丈夫走在一起，兄弟刻意互相迴避。蘇倫德拉負責定下步伐的速度，他很慶幸自己還記得怎麼通過兩座村莊、經過田野，走到市區和火車站去。全程只不過八英里，但他們卻幾乎走了一個上午，魚貫而行，步伐穩定，像一條很有耐性與毅力的蛇。有時他們在水井旁駐足，換換扛行李的位置，順便喝水，但通常他們只喝自己用陶壺帶來的村中井水，有三個陶壺已經打破了。其中一兩個年紀大的婦女走起路來已經開始一瘸一拐，大多數男人都脫掉了鞋子，默默赤腳走著，享受著從學步開始就踩著大地塵土的感覺。

第一張三等車票

中午陽光下的縣城景象破敗，房舍的米黃與淡棕油漆剝落，灰塵很厚，許多骨瘦如柴的狗舔著身上醜陋的癩皮。每家商店都播著震耳欲聾的電影音樂，又吵又刺耳，節奏太快，而且每家都至少在跟其他四家播出音樂的商店打對台，終而產生久入鮑魚之肆的效果，讓人對這片市囂置若罔聞。村民走得更慢了，彼此緊隨。他們以前為了喜事採辦來過這鎮上的市集，所以知道此地。一些男人在戰爭期間年年都來這裡，為道路和鐵路施工。有兩個婦女在本地的女修院學校念過一年書，經過學校時還笑呵呵的。當年暴亂期間，班上的女穆斯林突然都失蹤了，於是她們兩人也跟著逃掉。村民認得那家小醫院，他們不好意思地看著阿米雅，因為阿米雅最小的孫子最近才死在這家醫院的。高大的阿米雅雖然邊走邊哭，卻沒有現出踉蹌姿態。他們很高興終於走到了簡陋的火車站。

蘇倫德拉詢問一名警衛，想知道下班前往席達的火車幾點開出，那人卻叫他去問詢問處的人。詢問處關門了，因此他又去問另一名警衛，那人說他得去問站長。站長正在吃午飯，不能打擾，蘇倫德拉於是去找票務主任。那人抬頭說道：「三等車票，單程，席達。」蘇倫德拉摸不著頭腦。票務主任又重複了一次，然後把車票摔在老人面前，蘇倫德拉笨手笨腳地摸取著票，一面暗想：「我到底要不要付錢？」

票務主任稍等了一會兒，擺夠了無所不知的派頭之後，才說道：

「老頭，你從思理瑪悌．烏瑪．沈村子裡來的，對吧？」

「是的，先生。」

「你們總共應該有四十四個人，都到齊了嗎？」

「到齊了，先生。」

「你們大家的車票都在這裡，不用付錢，只要叫他們一個個上前來拿票，好讓我可以數人頭，免得那些可惡的乞丐混進來拿票。」

蘇倫德拉向後退縮著：「我們不用付錢？」

「不用付，思理瑪悌．烏瑪．沈已經付過了。車票都在我這兒，我還接到指示，要好好對待一群從沈家莊來的笨村民。鐵路總局有公函給我們。我看這簡直就是胡亂浪費金錢。」

他很不以為然地看著蘇倫德拉沾滿泥漿灰塵的雙腳，還有縐巴巴的腰布、瘦骨嶙峋的肩上圍著的破舊披巾，以及老人的花白頭髮和迷惑目光。

「我得去問問老戴。」蘇倫德拉喃喃說道，趕緊擺脫了這番責備。

「喔！用不著了，老傢伙。先拿你的票，要不你別想走，我還要吃午飯哪！」

蘇倫德拉小心翼翼拿了那張小小的綠色硬卡車票。

「你可得拿好，有這張票你就可以到席達去。現在你去叫其他人來我這裡，趕快！」

蘇倫德拉拿著票去給那群人看。等到他們把票還給他時，他發現那張票已經變得又髒又縐。他本來滿喜歡那張票剛到手時乾淨硬挺的感覺。他順勢往下一滑，改為平常蹲坐的姿勢，把票夾在兩膝之間，想看清楚上面已經模糊的地名——席達。

每個村民都走到票務主任那裡，開口說：「沈家莊來的，請給車票到席達。」他們已經商量好了，認為這是最妥當的接觸法。票務主任每次都從那疊票裡，取出一張綠色的小票卡，摔到來人面前，一面核對著那份用粗體字標示出「鐵路總局公函」的名單，然後說道：「三等車票，單程。」等他們大家都拿到票時，他已經不耐煩地對他們喝叱，嫌他們動作太慢。光拿票不用付錢這件事本身就夠奇怪的了，拿到票不付錢，動作還慢吞吞的，簡直就難以忍受。他吼著說：「真他媽的亂浪費錢。」然後把窗閘拉下，吃午飯去了。

村民在水泥月台上坐了下來，開始東張西望。

他們背後是拱頂車站，如今雖然破敗不堪，當年卻是仿效堂皇建築蓋成的。拱形軒窗被塵垢染得黯不透光，因此在車站裡得小心翼翼地摸索，像個睜眼瞎子似的，穿過堆了滿地的郵件、行李和甘蔗。雖然有幾盞燈籠，不過只在晚上燃亮，光天化日的中午時分是不點燈的。每個售票窗口和辦公處前面都有沉重鐵柵，由於長年被人抓著上面的鐵枝問些簡單問題，問者手心沁出的油摩挲得鐵枝光滑油亮。通往月台的出口大門一邊卸掉了，人來人往暢順無阻。這時村民坐在寬敞的一號月台上，從行李中取出東西悠閒地吃著，月台上有成行的簍子、碰撞凹痕的鋼鐵箱子、還有補過的帆布袋，全部貼了顯眼標籤，被人不當一回事似的遺棄在那裡。這堆行李前面有幾個腳夫，骨瘦如柴，卻纏著泰山壓頂的紅頭巾，正彼此靠著睡覺。前方軌道對面的階梯底下，有一群乞丐正在小火堆上煮東西；不時有個衣衫襤褸的兒童沿著鐵軌遊蕩，然後跑回來扔點東西到鍋裡去。阿米雅在吃東西時就看著這些人，後來忍不住好奇，不顧肚子餓，站起身來略為離開大隊，理一理身上的紗麗，想要看清楚那些孩子把什麼東西扔進鍋裡。憨婆娣帕卡平時在村裡經常跟阿米雅形影不離，這時趕忙舔乾淨手指，站起身來跟著她，兩人站在一起。娣帕卡有點困惑，因為不知道究竟要看什麼，而且經過長途跋涉之後她感到很睏倦。老戴吃完了午飯，也走上前來，朝著兩個女人微笑，想著該說什麼好。

「火車還沒這麼快來，你們應該歇歇。」他想到說辭了。

這兩個女人沒理他，只顧看著兩個小孩沿著鐵軌飛奔經過他們，又把一些東西扔進鍋裡。阿米雅一把抓住娣帕卡手臂：

「那是垃圾！一團骯髒的飯，還有吃了一半的橙子，他們從那堆垃圾撿來的，是人家吃剩扔掉的。」由於太震驚了，她簡直是尖叫著說出來的。她喝叱那群乞丐，想要趕他們走，其他村民也呼喝乞丐走開。阿米雅拾起一塊煤炭，對準他們扔過去，好像在村裡拿石頭趕狗一樣，煤炭打中鍋子，還把鍋子打翻了，那群乞丐搶抓著那點食物，有些小孩更被四濺的炭火燙到手而抽泣著，那些較年長的乞丐一面很快哄得他們不再哭了，一面拿著那個鍋子和破衣服，走在月台下的陰暗處。有一陣子，他們來到一片陽光下，被陽光照得有點眼花，然後在另一排階梯下找到了庇蔭所。阿米雅和娣帕卡回到原位上，她們吃了從村裡帶來的飲食之後，還不時彼此驚訝的嘀咕說：

「那是人家扔在鐵軌上的垃圾耶。」

然後也像其他村民一樣，靠著行李睡著了，這大概是離開村子、踏上旅程之前的祥和時刻吧！

終於出現腳夫喧嚷的景象，買車票的婦女吱吱喳喳聊天講話，兒童好奇地東張西望，村民也收拾著，準備要上火車了。

「你們都拿了車票了嗎？都拿了車票了嗎？」老戴在他們中間來回踱步，扯著嗓門問，一下擋住了人，一下又被行李捆絆倒，卻極力做出很沉著的樣子。尖銳的火車汽笛聲突然響起，劃破了喧囂，餘音繚繞於古老車站的拱頂下，嚇了村民一跳，四十四個人不自覺相互靠緊。火車來了，一面噴著蒸氣，挾千鈞之勢駛來，接著放慢速度，噴出的蒸氣驅散了一群沒綁好的雞，那些雞是個農夫的，他要去的地方不很遠。乘客紛紛忙著拿自己的行李，那些雞也亂衝亂飛，蘇倫德拉反覆唸著：

「媽呀！看那火車！」

驚慌失措的村民你推我擠，唯恐火車撇下他們就開走了。必要時，蘇倫德拉總會咧嘴笑著伸出援手，他撩高腰布下襬，好像要下田似的，幫忙把行李捆扔上火車，把粗壯的娣帕卡推上火車踏階，然後把所有村民都安頓好在三等車廂裡。

「黎娜在哪裡？」

「杰德夫在哪兒？」

「巴柏拉在哪？」

「都在這，要不就在那。」蘇倫德拉來回忙亂地數著人頭，再回過頭去看看月台，確定沒有留下了東西，他的目光掃過那些腳夫、揮手送行的親友、一灘灘濺在水泥地上的紅色檳榔漬，還有一隻被農夫拋棄的雞，正逍遙地啄食一些散落在地的穀粒。他又審視了擠在車廂長椅上的村民，他們正努力把鋪蓋攤在上鋪，一面設法找地方擺好所有行李捆和包袱。然後他把自己的鋪蓋捲從老戴旁邊拿過來，鋪在靠近車門的地方，那裡會聞到廁所的氣味，不過空間夠大。接著安頓下來，點起了土菸，享受接下來的每一時刻。有個警衛走過來，把他前面的鐵閘用力拉下，問他：

「老傢伙，出遠門嗎？」

「對，要去看看整個印度。」

「還有月亮？」

「那個不用，我已經看過了。」老農夫吼回去說。那個警衛咧嘴笑著走遠了，蘇倫德拉搖晃著身子，對這番幽默和實話感到竊喜。腳夫在火車的另一頭又擾攘了一番，尖銳的汽笛響起，車身突然顛簸起來，一次又一次，終於緩緩地從月台遮頂下開動了，經過那群被攆走的乞丐，駛向夕陽餘暉中的縣城邊境。

「我的車票掉了，我的三等車票。」有個聲音慘叫著說。

「沒掉，在這，娣帕卡，塞在你的腰繩上呢！」

「啊！我都是把紙鈔塞在這裡的。」

「你這憨人，你太胖了，塞在這裡不保險。」

「你別笑我，我生了十二個孩子，免不了腰會變粗。」

「娣帕卡，還有腦筋也變粗了嗎？」

「只有在他們小時候才是。」她報以一笑，然後又想到說：「或者是他們死掉以後。」她有六個兒女還活著，四個女兒，兩個兒子，他們把土地打理得很好。

她的身子順著火車晃動而前後搖擺著，對車窗外景色還沒產生興趣，一心掛念著家裡的孫子們，還有遠嫁各地的女兒。沒多久，她就悄悄哭了。哭著哭著又覺得很傻，於是偷眼望望周圍，哪知見到其他女伴也都用紗麗捂著臉哭。這些傻婆娘，還有傻烏瑪姐，安排這些婆娘來參加旅行。奇怪，我們大家怎麼都叫她「烏瑪姐」？其實她又不是老人家。她還沒出嫁的時候，我已經生了五個孩子了。可憐的烏瑪姐，沒兒沒女的日子實在孤單，可能因為這樣，所以她才把錢都花在火車上，而不是捐給廟裡。嗯，這也不錯，所以我們現在才能去席達。我不知道阿信是不是還記得娣帕卡？如今又胖又醜而且又老，沒資格跟他一起唱歌了。

蘇倫德拉瞄瞄他身後滿滿一車廂的人，有些女人正在拭淚，轉而眺望車窗外面。那些男人早就拿出了紙牌；老戴很努力地在看一幅地圖。更前面的一節車廂裡，有些村民正在跟那個農夫聊天，農夫仍然抓著那些雞。

「就跟在村裡水井邊一樣。」蘇倫德拉咧嘴一笑，又燃起了另一根土菸。他蹲著，背靠金屬車壁，很喜歡車身搖動的感覺，還可以看到兩邊車外的景色。大地非常乾旱，雨季的雨量得要很多才行。他瞄一眼就能看出土壤狀況，接著扭扭腳趾頭，好像正走在自家土地上。他瞥見右前方出現一座村莊，這才發現火車又掉頭朝恆河駛去。

「就跟我們那條河一樣，永遠不變。」

電報線的橙銀兩色在午後陽光中閃著鮮明的色彩，一根接一根的電信杆彷彿在召喚火車加速向南疾馳而去。愈接近村莊，低矮樹叢就愈濃密，有時蘇倫德拉還瞥見炊火，或者矮屋茅頂的曲線。除了有隻被拴住的羊，還有些牧童一邊玩弄著牲口尾巴，一邊趕著牛群回家。有時透過那道碧籬，他窺見一個婦女正慢慢走著，頭上頂著一個裝水的大銅罐，剛打滿了水，很小心頂在頭上保持平衡，還舉起一隻手扶著。火車速度有點加快了，蘇倫德拉透過沿岸林木間隙，看著波光粼粼的河流。天色漸漸黑了，暮靄逐漸籠罩，車廂裡出現了查票員。

查票員在三等車廂的車尾，先幫即將於下一站下車的那家人打了票，然後走到正專心玩牌的男村民身邊，他們擱下紙牌，摸索出車票，一面大聲罵查票員毀了他們的牌局。查票員也回敬他們，罵他們妨礙公務，並說他們是討人厭的乘客。如此這般，他們就交起朋友來了，然後查票員跟他們混了很久，聽聽八卦新聞，於是知道了有關烏瑪姐的遺囑，以及這趟旅行的事。他還數落那些女人沒帶夠村裡的甜食，不夠在這整趟旅行享用，結果馬上有人從行李中掏出最好的甜食送給他。他逗著阿米雅說，等她回到老家，一定會發現，因為她不在的緣故，村裡天下大亂；接著又吃娣帕卡的老豆腐，她正梳理著一頭散髮，查票員對那頭灰髮的長度驚嘆了一番。等到查票員來打票時，蘇倫德拉對他發牢騷說，他拿的可是第一張票，卻被大家弄得又皺又髒，於是那個快樂的人就在口袋裡摸索，掏出了一張沒打過洞的無效票，是他之前在別的車廂沒收的；他把這張票給了蘇倫德拉做紀念，老人等他走出了視線範圍之內，才很不屑地把那張票扔出了車窗外，然後把那張打過洞、上面有席達地名的爛車票，塞進旁邊的檳榔包裡。

火車速度漸漸放慢，駛入一座小鎮車站的燈光下。賣茶水的推車響著鈴鐺，大盤油炸美食的香辣氣息從車窗外飄來。乞丐的哀聲乞討朝著車窗和車門湧來，更有新乘客尖叫著推擠上車，車上則有幾個乘客慢慢地下到月台上。村民探身窗外買茶喝，一面打量這個車站。他們頗感失望，因為這個車站跟前一個看起來沒什麼兩樣。汽笛又再度響起，火車開出了車站，這回卻是駛向夜色中。愉快的閒話家常使食物吃得久些，褐色小陶杯中的茶早已喝盡，卻還滿懷溫馨地捧在手中。廁所發出的臭氣愈來愈難忍受，於是蘇倫德拉抱起了鋪蓋，擠到壅塞的車廂裡。過道上坐滿了剛才上來的新乘客，行李架上也都塞滿了，實在很難找到位子。後來他在那群玩牌的男人以及女客區之間找到了空間，於是鋪好鋪蓋躺下，縮著身子準備過夜。他轉身面對著村民，點燃了一根土菸，然後問米圖還有多久才會到席達。

「很久，半夜之前是到不了的。」

「我們要睡在哪裡？」

「我想大概是睡在火車站吧！」米圖想了一下前景，又補充說：「那裡會有很多人，席達是個大地方。老爸和我以前每年都南下來此，帶玩偶和鍋盆來賣。我們通常都在巴利貢蓋（Ballygunge）的表親家裡過夜，可是今天晚上去那裡太遠了，而且他恐怕已經過世了。」

米圖家人世代都是村中陶匠，他整天伸直兩腿坐在黏土堆中，全神貫注地用連枷揉打黏土，然後捏成形狀，因此人長得瘦，又滿臉皺紋，一身古銅色。他是個手藝很好的陶匠，每年雨季過後，總喜歡在村廟附近捏製易破的陶器，然而如今不鏽鋼便宜，連村子裡也可買到，所以他的兒子們已經愈來愈少製作陶器了，反而進了愈來愈多的塑膠玩具貨到店裡來賣。上了顏色花花綠綠的陶器很好賣，可是老米圖瞧著就不順眼，而且對他的巧手來說，這種東西實在太醜了。他那頭灰髮和憂傷的眼神，跟蘇倫德拉的果決倒是很相稱。他們兒時常在一起，可是現在很生疏，因為蘇倫德拉是個農民，而陶匠卻屬於不怎麼受人尊重的階層。然而此刻，這些階級藩籬都遠遠地留在夜色的陰影中，他們長談起來，聊著從小就知道的村子，還有多年來的變化，村中年輕人日益往外發展，到黃麻廠或加爾各答街頭找工作，以致農作物逐漸減產。他們講到離開人世已久的老婆，談到兒孫的失意與希望。他們談到如今的孫兒輩不肯學習老作風，實在是很不智。待周圍的嘈雜已轉為鼾聲之後，這兩個男人還在低低細語。最後終於鄭重互道晚安，各自睡去。

抵達第一站席達

阿米雅摸黑走在左搖右擺的火車過道上，跌跌撞撞，卻發現廁所塞住了，穢物濕了一地，讓她覺得噁心，於是對著窗外嘔吐，她乾嘔了一次又一次，卻無力離開瀰漫的惡臭。後來，她終於撩起紗麗裝，把浸濕的下襬提到小腿肚上，走回過道，靠在冰涼的金屬車壁上，望著窗外的黑暗，讓自己在火車的律動中慢慢回過神來。她回想當天最初的情景，陶醉在長途跋涉到火車站的記憶裡。一想到扔擲煤塊打翻那群乞丐的鍋子，她又開始作嘔了。她回到自己在女客區的位置上，從行李捆中翻出家常工作粗穿的紗麗裝，把身上那件下襬濕掉的衣服換下來，那件是為了啟程而隆重穿著的。換上乾淨衣服之後，她從水罐裡倒些最後剩下的水出來，洗了把臉。然後又哭了一會兒，再洗了一把臉，這才坐下來恢復平靜，準備睡覺。這時她留意到，前方的黑暗中有一點微光閃爍，火車速度也開始放慢。當火車蜿蜒行經加爾各答北部貧民窟時，她就這樣獨自觀看了一個小時左右。她拉起紗麗蓋住頭，不時感到顫慄。等見到前面有燈籠搖晃時，不覺挪身向前，搖醒正在睡夢中的老友：

「娣帕卡姐，快醒醒，我們到了，那一定是席達。」

娣帕卡驚醒過來，訝異萬分地看著外面，過了很久才明白過來，這是阿米雅生平第一次對她用這個尊稱。

村民實在太疲倦了，精神呆滯，因此根本沒留意這座北部城市火車站的大小與擁擠情況，只是忙不迭從車上下來，匆匆搬下行李集合在一起，然後漠然跟著大隊走，任由米圖領著他們，走進一間龐大的候車室裡。他們再度倒身在隨身行李之間，挨靠著陌生人睡著了。這一晚實在不得安寧，火車汽笛頻頻響著，鬧哄哄的人潮來來去去，但是他們照樣呼呼大睡。天亮時，一群掃地工人出動了，這才讓村民醒來，梳洗一番，準備徒步經過市區前往豪拉，去跟阿信哥會合。他們在水龍頭前面匆匆洗澡，換上家常便服，一面打量周圍，這才留意到有如龐然幽洞的火車站；陰暗、幽深，到處是跑來跑去的腳夫、你推我擠的人潮，以及行李。不時見到有個男人穿了邋遢的襯衫和腰布，外罩一件藍外套，似乎在跟憂心忡忡的旅客起爭執。不用說，這人一定是公家機關的。村民聚在一起，吃著剩下的食物，那個穿藍外套的人卻突然站在一旁，低頭看著他們問道：

「你們是從思理瑪悌．烏瑪．沈的村裡來的？」

「是的。」他們異口同聲說。

「你們總共有幾個人？」

「四十四個。」老戴答道。

「離開村子以後一個都沒少？也沒掉了隨身行李？」這人露出一絲微笑。

「沒有，沒有，只少了幾個水罐。」他們環顧一周，拍拍行李捆，都很放心。

「你們知道要去豪拉跟阿信先生會合，然後今晚十點鐘要上你們的專用車廂吧？」

「知道，知道，阿信會等我們的。」

「這裡有張地圖，上面有你們該走的路線。」他在他們面前攤開了一張殘舊發黃的地圖，順著上面一條簡單的路線，唸出所經的地區和街道名稱，並寫在一張紙上交給老戴：

「要是你們走不動的話，就去坐客運，這裡也有電車去，但過豪拉橋的時候最好用走的，橋上人太多了，車子要堵半天。你們有沒有人不舒服的？都走得動嗎？」

「沒事，沒事，我們走得動。那裡不遠，而且我們可以順便看看這個城市。」

「哪裡！很遠的呢！而且這個城市沒什麼好看的。他怎麼樣？還有她呢？」這人指指蘇倫德拉，以及彎腰駝背、瘦小的黎娜。

「大家都跟著他的速度走，而她負責看著掉隊的人，帶他們歸隊。」杰德夫朗聲笑說。黎娜也咧嘴笑了，因為知道這話不假，她的確比很多年紀比她輕的人還能走遠路。

「要是你們還需要什麼，就到站長室來，我們已經接到鐵路總局的指示，要好好照顧你們。」這人匆匆走開了，馬上又被一群人圍住，向他提出請求。

「大家準備好了沒有？」老戴喃喃問說。然後米圖和老戴帶頭走在前面，村民魚貫踏出了席達車站，來到外面清爽的黎明中。

這座古老車站前面龐大的空地上，林立著腳踏車和三輪車，車夫蹲在車子旁邊，有些在吃東西，有幾個還在睡覺，大多數都是邊抽菸、邊打量，看看從車站裡走出的人堆中，有哪個是可能會雇車的。陽光照在車輪上，也照在一輛高大的馬車上，車夫纏著頭巾，高高在上地坐著，對一大家子人發號施令，看著他們把箱子、籃簍以及包袱等塞進他身後的空間。到處五光十色、熙來攘往，然而此刻，兩者似乎搭配得天衣無縫，甚至連嘈雜也幾乎帶著韻律感。村民往前走去，一路引起騷動，頻頻有人向他們招呼，村民訝異萬分，停步下來，因為有愈來愈多三輪車夫迎上前來，打躬作揖向他們報上車資。老戴被這廣場之大震懾住了，一邊抹著眼鏡，一邊左顧右盼，想弄清楚這片金屬叢林的中央是什麼樣子。米圖喝叱那些車夫，叫他們走開，一面把村民集合起來，要大家跟著他走過廣場。這回是蘇倫德拉和黎娜幫忙盯著脫隊的村民，趕他們歸隊，見到有人停下步來，看著亂哄哄的場面發呆時，就追過去拉他們，或者幫忙另一個村民調整行李捆。當他們走在聚集的拖車與發動中的黑色客車之間時，見到了廣場周邊櫛比鱗次的商店和建築，由家家戶戶的陽台、曬出的衣物、色彩與交疊晨影串連起來。眼前出現了一座小平台，上面有幫浦，有人正在那裡洗銅鍋，或者沐浴。米圖來到這座水源旁邊的空地上停了下來，村民圍著他集合，一面驚訝於剛才經過的這個廣場之大。老戴找出了站長給他的紙條，開始唸著上面寫的街名以及他們要走的路線。村民馬上嘀咕起來，說這太難走了，他們走不來；他們怎麼能按圖索驥找到那些街呢？最後米圖站出來，以恭敬態度建議老戴說，大家最好分成小組來走，不要拉大隊，而且每個小組都要抄一份路線街名帶著。接著是七嘴八舌的爭論，不過很快就平息下來，因為接下來要做的事，讓大家都感到很震驚。巴柏拉說他要去逛逛喬林吉區的商店，米圖則說想去拜訪時母河階神廟[2]那裡的陶匠。一提到時母河階神廟，村民不約而同叫好，於是就決定先去神廟拜拜，蒙受加持之後，再尋路前往豪拉。

到了這時，村民已被大群乞丐團團圍住；衣衫襤褸、病容滿面的女丐，抱著臉色蒼白、衣不蔽體的孩子，可能還牽個正在學步的失明兒童。男人夾著枴杖，裹著繃帶，不是少了手腳，就是少了眼睛。發育不良、骨瘦如柴的兒童或成群、或單獨地圍上來。這些乞丐對著村民哀嚎，或者詈罵，或者扯著村婦的紗麗裝，偷摸他們的行李捆，他們死盯著村民，乞討的動作絲毫不放鬆。村民被這外來干擾纏得頭昏腦脹，先是感到喪氣，然後漸漸轉為火氣。有人出言侮辱，有人回敬，斥令也不當一回事。米圖走進了一條小巷裡，光線還是很暗，密密匝匝的商店樓上是住家，家家戶戶晨起上香，走在巷中嗅得到香火氣息。村民像迷途羔羊似地跟在他後面邊走邊看。他們身後還有些乞丐緊追不捨，若即若離，近得足夠繼續花言巧語地乞討，又遠得不至於產生威脅感。真是一幕驚心動魄的遊行場面。

來到街尾卻見到有座小神龕，粉刷成白色，一邊是女神肖像，俗麗但很迷人，拜神則要到裡面，那悅目的黑色線條只有加爾各答的巧匠才能掌握。村民駐足觀看，想起他們村中的小神龕，隱蔽在榕樹下，棕色而且破破爛爛，但是神龕橫飾帶上有一排生靈造型，突顯這是生靈守護神的小廟。米圖在肖像旁邊坐下來，手指順著上面的線條滑動，從黑色到綠色，再到紅色，然後又回到黑色。那些村婦認為既然在這裡暫停歇腳，就順便在此開始一日之計，做早上的拜神功課。男人則放下行李捆，坐下來抽菸。那些婦女踏上三層台階，魚貫走進黑暗的神祠裡面，心滿意足地聚在一起等著輪流拜神，做這日常功課為她們的心境帶來了平靜。米圖從折疊的披巾裡取出新本子和一支鉛筆，很仔細地照著牆上的神像具體而微地描繪著，尤其留意地畫出乜斜眼神和所有的渾圓線條。蘇倫德拉興趣盎然地看著他描摹，村中的文書哈里斯昌德拉也是。

「你為什麼要畫圖？」蘇倫德拉問他。

「留下來參考。說不定哪天可以用在婚禮大盤，或者陶罐上。」

「我不知道你還會畫畫。」哈里斯昌德拉道出了看法。

「畫畫、捏玩具、捏罐子，都靠這雙手。」米圖一面忙著完成描摹，一面低聲說，不時舔舔鉛筆讓筆心更好用。

「這跟廟宇上的形狀很不一樣，跟我們常見的也不大一樣。」蘇倫德拉也提出了看法。

「沒錯，這是時母河階神像畫派[3]的畫法，我想不是很古老。」米圖回他說。

「走吧！走吧！老太太們，我們上路吧！」老戴見到那些村婦拜完神之後，樂悠悠地聚在一起，不免緊張操心起來。

於是他們慢慢出發了，此時心無恐懼。見到熟悉的神龕，再加上那些乞丐走掉了，使他們恢復了開朗的本性。

「早知我們要去時母河階神廟，就該從村裡帶隻山羊來[4]。」

「山羊可不會喜歡坐火車的。」

「可是那些雞也沒怎樣啊！」

「雞反正沒有思想的。」

「你是發神經了？還是聰明過頭？」

「瞧瞧那邊！大門上掛的花環是怎麼回事？」

「一定是有人結婚。」

「才不，才不呢，你沒見到人家在準備拜辯才天女[5]。」

「對喔！村裡今天下午和晚上也要拜她。」

「她真漂亮。」

「那件紗麗有織金的，我很肯定。」

「才沒有，不可能的。可是瞧瞧人家把她的眼睛畫得多好。」

「那頂冠真難看，好像外國人戴的帽子。」

「這些彩色燈光一加上去，真是夠看的，可不是？」

他們站著窺視著那小小的院落，看著幾個年輕人正忙著為神像穿衣打扮。這回輪到蘇倫德拉開口警告大家了：太陽開始熱了起來。冬天的早上開始得晚，他們得加緊趕路。村民對他的緊張取笑了一番，但還是跟隨著米圖開步走了。偶爾駛來一輛黃色計程車，像頭水牛般怒吼，由一個大塊頭錫克司機駕駛，從他們身邊呼嘯而過。村民見到繪飾成五顏六色的小客貨車，滿載著準備開工的男人，還不用怎麼閃躲，但見了計程車卻避之唯恐不及。

時母河階神廟

他們走過一條又一條街，經過一處又一處的市集，這個城市範圍之大，開始讓他們感到有壓力了。那些房子蓋得密密麻麻的，彼此之間完全沒有樹蔭可以遮人，而且好像無論做什麼都是當著滿街的人，家人跟外人沒有兩樣。老黎娜對這種不雅觀開口咒罵，還問哈里斯昌德拉，這些人怎麼一點都不知羞？

「有些人是無家可歸的，只能露宿街頭。你看那門口有一堆爛衣服，昨晚一定有些洗好的放在這裡。這裡大多數房子都住了很多戶人家，沒有地方可以洗衣服，只有來這裡的水龍頭洗。」他住口望望周圍，想起從前在專科念過一年的情景，他在學校裡學過會計和寫信，如今在村裡就是靠此維生。念書那年很寂寞，他還記得當年走在這些街道上時，想著村裡的那種思鄉之苦。說起來，饑荒雖然毀了他家，卻迫使他返鄉，對他來說其實也是種解脫。

「實在很髒，真希望我帶了掃把。」黎娜匆匆往前走，嘴裡嘮叨著。

這時他們已經置身在人潮之中，雖然努力地跟上米圖、蘇倫德拉或老戴，卻不時被人群擠散。沒有人可以落後，因為這時已到了早上的繁忙時刻，交通比路兩旁的人潮移動得還要緩慢。村民經過一條小橋，橋下古老的河流幾乎乾涸。接著一股火葬場的氣息便迎面撲來，包圍住他們。當他們從橋上走下去，來到你推我擠的人潮中時，就知道已經到了時母河階了。哈里斯昌德拉守在一條小巷口數人頭，很快地集合大家。有的人坐下來休息，但隨即被人趕開，有個魁梧大漢叫他們讓路，他是為一群衣著光鮮的婦女開路的，她們可不適合跟人群推擠。村民讓了路，那些太太小姐們走了過去，這時老戴叫說：米圖不見了。巴柏拉笑道，若是換了他，要在這洶湧人潮中找出這四十三個村民可真困難。哈里斯昌德拉催大家往前走，到廟前的廣場去，反正米圖一定會想到他們去了神廟那兒。於是他們又清點行李，開始上路，離開大街上呼嘯的計程車和交通，走進滿是進香商店的小巷。

最先經過的一家商店黑幽幽的，一件展示商品都沒有，可是沿著巷子旁邊卻擺滿了一堆堆黏土和木頭、破陶器碎片，還有許多擺在大盤中的時母小神像，等著曬乾。這必然是一家陶器廠，事實上，他們還聽到米圖的嚷嚷聲從店門後面傳出來。

老戴走上前去拍門：

「米圖，我們要去廟裡拜拜，你要不要跟我們去？」

「喔！我待會兒才來，等一下。我要先看完這些再說。」在一片嘈雜聲中，米圖提高了嗓門回答說，聲音有些震顫。

他們經過了成行成市賣拜神用品的商店，還有賣花的攤販，懸掛著茉莉花、萬壽菊、玫瑰等串成的花環，編籃匠鋪子裡挨牆擺了簸穀器，看起來像一排排的馬蹄。籃匠正忙著在拜神用的器皿上，環繞著時母像，描出鮮豔的粉紅色花朵圖案。黎娜彎著腰，湊上前去看他繪飾。

「不對，不對，用來裝穀粒和米粒的簸箕上面不可以畫時母的。」她責備說。「你得要畫上吉祥天女[6]，她是守護財富的神。」

「你要買個簸穀箕嗎？」店主問她。

「不買，簸穀箕上面沒有畫吉祥天女，這會倒楣的。」

「你要是不買，就別來煩我。」他不客氣地頂回去。

「你娘一定是幫掃地人洗衣服的[7]，才會教出你這種態度。你幹麼要畫這麼爛的畫？」

店主聽了上半截話，不禁莞爾，於是回答：

「我們就在時母神廟這裡。」他指指聳立在巷尾的神廟蛋白色的圓頂，「很多遊客來這裡看我們的神廟，想買一樣跟時母有關的紀念品，回去之後可以跟朋友炫耀，說他們來過這裡，他們根本不知道這是用來簸穀的器具，就算知道，也不會用到的，因為這是有圖飾的。他們可能住在城裡的某棟住宅，廚房裡用的全是不鏽鋼器具。」

黎娜在他身邊蹲下來，一面聽他說話，一面看著村民混入小巷中的人群，逛著玩具店和花攤。

「遊客是什麼人？」

「遊客就是那些到處旅行看新鮮事的人，不是去探親或者參加婚禮的。那些人大多是外國人，有很多錢可以來印度，可是他們什麼都不懂；什麼時母啦！吉祥天女啦！他們連黑天神往往是畫成藍皮膚都不懂，反正對他們來說都一樣。」

黎娜很敏銳地看著他，「要是他們花了這麼多錢來這裡觀光，你就應該告訴他們什麼才是正確的，他們才能增長見聞。」

「他們根本就不想增廣見聞，只想要拍照。時母的舌頭比吉祥天女的笑容還好賣錢。」

「可是這是不對的。」

「沒錯，這是不對的。可我也得養家呀！多的是人願意畫，什麼都肯畫，甚至在簸穀箕上寫首英文詩句也可以。」

「這些遊客都很有錢嗎？」

「那當然。要是荷包不滿的話，誰能夠扔下工作和家庭，像條母牛一樣到處遊蕩？」

「香客也一樣到外面去見識、去拜神呀！他們也沒有什麼錢。」

「那可不見得，他們得要比你我都有錢才行，大娘，要不就沒辦法扔下工作，到沒去過的神廟進香。」

「這你可說錯了，」黎娜咧嘴笑了，「我也是個遊客呢！」她很樂於用上這個剛學到的名詞。

「大娘，你老家在哪裡？你要到哪兒？你把身家財富都藏在哪兒啦？」店主提高了嗓門，也是朝著圍上來的村民和生人說的，那些人一面聽著他們的妙語對答，一面看著店主熟練地彩繪一個又一個的器具。

「我們從思理瑪悌．烏瑪．沈村子來的，那是在北邊的布德萬（Burdwan）區。我們現在要去環遊印度，不是我們付的錢，我們沒錢，統統是由鐵路總局安排的。」

黎娜眼見周圍的人現出困惑之色，注意力漸增，於是好整以暇做起準備。她是村中的講古能手，對於聽眾反應最是敏感。這時，有人遞了些五香果仁給她吃，要求她說：

「老太婆，你倒說給我們聽聽，沒有錢怎麼還能夠出來做遊客？」

「事情是這樣的，等我從頭說給你們聽。」於是黎娜細說從頭，先講烏瑪姐繼承了父親的遺產，嫁了個有錢男人，卻沒有生兒育女。有聽眾為她助興，加油添醋地扯到「為富不仁」的俗話，所以沒有好報，黎娜卻對烏瑪姐的人品歌功頌德一番，跟這些人唱反調，並且告訴那些聽眾說，烏瑪姐因為求兒不遂，而把整個村子當作自己的兒女來愛護。聽眾裡有多心的人，大聲說：

「哦？那她還不是照樣跟你們收地租？」

「她給我們穀種，而且不收利息。」蘇倫德拉也大著嗓門說。

黎娜用很老練的目光掃過眾人，大家果然安靜下來，然後她又開始講述故事的第二部分，關於烏瑪姐丈夫的去世，還有她自己也開始病疾纏身，然後突然很神秘地去了加爾各答和德里，總是拒絕多帶幾個傭人，只帶了一個男僕當保鑣。黎娜講到一個月前的那幾個晚上，他們都在做心理準備，知道烏瑪姐要離開人間了。蘇倫德拉打岔說：

「那天晚上有一圈月暈。」

聽眾不約而同發出一陣驚嘆，月暈向來就是伴隨神秘現象出現的。

黎娜有聲有色地敘述著烏瑪姐的去世，以及大家的哀悼，把故事推向高潮，接著帶到在村廟前宣讀遺囑的那一幕，選在村廟前面宣讀富人的遺囑，怎麼說都是很奇怪的地方。她講到豪拉有專用的車廂等著他們上車，載他們去環遊印度。他們是最年長、最飽經世故的一群，所以是第一批出發的，以為後來者吸收經驗，並教他們做準備。黎娜告訴聽眾，錢已經付給了德里的鐵路總局，用來支付旅費、飯錢，還有他們每人手上的那張車票。

聽眾坐著聽得目瞪口呆，接著發出連珠炮般的疑問和評語：

「全部的錢都這樣用掉？」

「有誰跟你們一起去，帶你們去看印度？」

「你們可以離開村子多久？」

「你們要去看些什麼？」

每個問題一提出來，幾乎都有十個、甚至二十個村民搶答，大家都急於出出鋒頭。

到後來，店主轉向黎娜說：「你們這些飽經世故的遊客啊！應該去時母廟裡獻上一隻山羊，好讓她保佑你們活著遊完這趟大旅行。順便把我這個畫得不成規矩的簸穀箕帶著，作為開場紀念吧！」他微笑著說。

黎娜樂呵呵的，接過了那個張冠李戴、畫錯神像的簸穀箕，然後領著村民往神廟走去。那些留下來沒走的聽眾，還在談著剛才聽到的故事，並且紛紛向店主買簸穀箕。店主咧嘴笑開了，聽個神秘故事的確有助於做點生意，尤其是個跟錢有關的神秘故事。

他們來到廟前的範圍，見到有個小門口，通往真正拜神的地方，於是安靜地整隊進入。哈里斯昌德拉決定帶著行李坐在樹下，他從來都不是個見廟就拜的人，而且村民之中就只有他以前就來過時母河階神廟。其他男人見到隊伍排得那麼長，也接二連三過來加入他。他們有的蹲著抽菸，有的靠著行李捆坐著，看著廣場上熙來攘往的人潮和成行成列的攤子。只見走進小門裡的村民，來到一座封閉的中庭裡，神廟高塔赫然聳立。右邊是可以潔淨自己的長廊，還有一間寄存處，由幾個人看守著，入廟者得把身上所有的皮製品和鞋子寄存在這裡。正在用水潔淨自己的香客，努力地壓抑著興奮，竊竊私語著，因為前面那條小過道的盡頭，可以看到三五成群的人，還有從石頭上流下來的鮮血，不時更可聽見獻祭羔羊被宰所發出的哀鳴。娣帕卡和阿米雅一起潔淨手腳，一面慶幸在席達火車站已經沐浴過。等到他們都準備好了，就去台階前排隊進廟。走進很小的廟門之後，只見裡面一片漆黑，周圍不斷傳來儀式的擊鼓聲。

輪到娣帕卡鑽進那個如洞穴般的神廟內殿了。她正看著腳下，因為站在狹窄的台階上覺得很不穩，一見輪到她，就趕快加入移動的人潮走進去。等到眼睛適應光線之後，這才知道如洞穴的屋頂原來是個圓頂，高高的位於頭頂上方，聲音朝她傾瀉而下，回音蕩漾交織，愈加突顯。她轉向左邊，因為主要活動是在這裡，這才曉得那塊龐大的紅黑色石頭就是女神，不免吃了一驚。娣帕卡深深彎下腰禮拜女神，卻被後面擠上來的人一推，跌個正著。

「喔！拜託！別靠得這麼近。」她嘀咕著，一面略為退後到陰暗中。

但她卻身不由己地被人潮帶著走，直到見到祭司正在接受每個善男信女的禮拜，並把花環擺在石頭前面，有時祭司在每個人踏出外面陽光之前，會彎腰給其中一人某樣東西。人們大聲喊出自己的拜神辭，大鼓沒有停過，外面也傳來急促、高昂的鼓聲，那是每次要落刀宰殺犧牲之前敲擊出來的。娣帕卡等在一邊，讓其他村民先走，她很害怕這麼靠近女神。神像那雙渾然天成的大眼，跟她家裡牆壁上貼的畫像太相似了，令人無法漠視。她看著黎娜往前走，虔誠有禮地拜過女神和祭司，然後出去了。接著是巴柏拉、阿米雅，再來是盧努和阿瓏達悌，還有其他人，一個接一個。娣帕卡看著祭司，覺得他雖然有點急急忙忙，不過還是對所做的事情很有興趣的模樣，不像她以前跟母親去求子嗣的那座廟裡的祭司，那個祭司看來就笨笨的，這個看來很機伶，對每個走上前來到石頭神像前的信徒，皆投以審察的目光。娣帕卡很好奇，祭司除了問每個人的階層血緣和名字之外，還問些什麼？她看了好一會兒，最後終於被人潮帶著走到了石頭前面。她看著上面嚇人的紅漆（還是血跡？），以及神像雙眼透出的剛毅，有很長時間忘了轉過頭去看那名年輕祭司。她害羞地朝著石像彎身合十，接著抬起頭來，卻見祭司銳利的雙眼露出笑意看她。她心想：「祭司看來真像我那個不到三歲就因為天花死掉的兒子。」她也向祭司報以微笑。祭司俯身摸摸她的腳，遞給她一朵白蓮。她不解地凝視著白蓮花，卻被人潮推到外面的陽光下，因而來不及問這是什麼意思。身後的廟裡又傳出了急促的鼓聲，於是娣帕卡走開了，跨過流有鮮血的溝渠，進到露天中庭裡。她還在凝視著那朵白蓮。

阿米雅迎上前來，見到白蓮，面露驚訝之色。

「蓮花，」她悄聲說，「娣帕卡，祭司給了你這蓮花。」她對這朵最神聖的花充滿敬畏，這朵花握在娣帕卡蒼老的手上，顯得素雅、白淨如蠟。

「就是啊！他還對我笑笑，摸摸我的腳呢。」娣帕卡答道，儘管周遭喧鬧，她還是壓低了嗓門說話。

「我可從來沒當你是聖女呢！」阿米雅說，然後事情就過去了。

貧富之間

她們拿回了涼鞋，走出小門口來到外面廣場上，那些男人正在那裡吃東西。大多數村民也正等在那兒，連米圖也在，他正把先前在陶匠店裡描摹的草圖拿給哈里斯昌德拉看。娣帕卡坐下來，含笑對著白蓮花靜靜流淚。阿米雅和其他人買了一大串青皮香蕉吃了起來。娣帕卡把蓮花塞在紗麗裝裡的胸口上，加入了那群安靜的村民。

老戴和米圖拿著一張地圖在研究，並參考席達火車站那人寫在紙上的街名：

「米圖，我們還沒走到一半呢！我們去不成國立博物館了。我們得趕快吃飽上路，走完這段路到豪拉，天黑之前才到得了，要不然就找不到阿信了。」

「可是那個學生說博物館裡面有很多非常好的塑像，還有從前皇帝時代留下來的東西。」

「可是我們要是天黑了才到的話，就碰不到阿信了，再說也沒有幾個人想看這些石像。」

「說的也沒錯。」米圖很難過地同意了。他把本子擺到一邊，搖搖頭，提議找個地方吃東西。那些等候已久的男人開始收拾東西，可是女人卻在廣場周邊徘徊不去，花了很長的時間參觀琳瑯滿目的貨色；有項鍊、服裝、拜神飾品和用黏土捏成的女神像，還有玩具店和工具店，最後才走出了廣場，只見一家又一家的紗麗店，將紗麗裝像萬國旗似的掛在外面，高懸在過往人潮的頭頂上。

「蘇倫德拉，你最好押後，別讓這些女人家走丟了。」老戴努力擠出笑容說。

「還得看著她們別把我們的錢都亂花光了。」巴柏拉咕噥著，一面瞅了老婆阿瓏達悌一眼，他老婆已經停下腳步，用手指去試一件披巾的料子。他們緩緩沿著巷子前行，大隊被人潮打斷，散成了幾個小隊，但大家都知道要走到外面熱鬧的大街上，然後再沿著大街走。蘇倫德拉像趕水牛一樣有耐心，態度堅定，大夥在他盯梢下，誰都不好意思停步太久。他的耐心比腳下速度更讓人不得不從，因為他們知道，蘇倫德拉做起事來從來不打馬虎眼的。

「我沒別的事情好做。」他總是咧嘴這樣笑說，卻是第一個下田，最後一個回家的。

阿瓏達悌匆匆進到一家紗麗裝店鋪裡詢問價錢，卻被人趕了出來，就像村裡的人見到瘋瘋患者一樣。

「出去！出去！」店主大聲喝叱著，一身白襯衫與白褲頗為耀眼，「這可不是街頭流浪的人來的地方。」他嘀咕著。一群身穿絲綢的婦女正在店裡喝可口可樂，哈哈大笑地看著這人和阿瓏達悌。

阿瓏達悌驚愕萬分地回到蘇倫德拉這裡，問他：「難道這人以為我沒錢嗎？」她和巴柏拉是村裡有名的小氣鬼，但沒有人真正知道他們是不是比別人有錢。

「當然不是，鄉下婆，瞧瞧你自己。你就像是個從火車上剛下來的遊客，而不是來買結婚紗麗裝的太太小姐。」黎娜責備她說。

阿瓏達悌躊躇不前，看著飄揚在她頭頂上的那些服裝。

「走吧！前面有尊很漂亮的辯才天女像。」村民在一處小院落的門前集合，這回卻是震耳欲聾的音樂，從神像旁邊的古老唱機播放出來。眼見無法聽見彼此對女神所發出的評論，於是他們決定馬上離開，沒多久卻又被乞丐盯上，那些乞丐一見到這些陌生人扛著東西，就馬上離開典禮迎上前來。

村民和乞丐走在一起，前者加快腳步擺脫，後者則努力緊隨不捨，企圖引起注意。有個渾身爛瘡的年輕媽媽挨近了阿瓏達悌，將她的盲眼嬰兒舉向這個胖女人。

「不要這樣，不要這樣，走開！」阿瓏達悌嚇壞了。那個媽媽卻鍥而不捨，孩子則不安地扭動、抽泣著。阿瓏達悌把塞在行李捆裡的香蕉拿出來給了小孩，正在向別人乞討的幾個乞丐見狀，馬上抽身轉而包圍阿瓏達悌，每個都在抽抽搭搭、或者哭鬧。這個小婦人嚇壞了，左右迴避，緊抱著她的鋪蓋捲和衣物，拉起紗麗一角遮住臉。蘇倫德拉見義勇為走上前去，推開兩個乞丐，迅速把阿瓏達悌從人牆中拉出來，帶到阿米雅身邊。

「我們歇歇吧！我得休息一下才行。」她氣喘如牛，可是阿米雅只瞄了她一眼，就把行李捆挪到頭頂上，挺起腰板兒，悠然邁步前進，完全就是個習於在田野間行走的人。阿瓏達悌吃力地跟著走，一面不停發牢騷說有多辛苦，可她還是跟得上。蘇倫德拉暗笑：

「就跟水牛一樣，永遠不變。」

整個下午他們都在走路，走過寬廣的林蔭大道、破敗的小巷，經過成行成列的陰暗小店和營業所。走到有幫浦的地方，他們總會歇歇腳；有一次來到某個水源站，老戴數了數人頭，卻發現黎娜不見了。哈里斯昌德拉趕緊回頭，沿著來路找人，卻在幾百碼之外見到黎娜，蹲在街角，行李捆放在旁邊，聚精會神看著街對面一支奇怪的遊行隊伍。

「哈里斯昌德拉，你瞧！那都是些什麼樣的聖人呀？」她指向一群穿著手紡橘黃布袍的年輕人，他們正在一家高級餐廳門口又舞又唱的，哈里斯昌德拉也在她身邊蹲下來觀看。

那些人很年輕，剃了光頭不久，隱約透著白。他們圍成一圈慢慢舞著，嘴裡誦著經，黎娜和哈里斯昌德拉只聽得出黑天神和羅姆神[8]的名字；這種誦唱法不像是他們聽過的。突然，這些人停了下來，走向門口伸出化緣缽。

「哈里斯昌德拉，那些外國人也在乞討嗎？」黎娜的聲音幾近呢喃，她太吃驚了。

「他們為什麼唱到黑天神和羅姆神的名字呢？又為什麼要裝成雲遊僧的樣子？」

「可是他們跟人討飯，哈里斯昌德拉，外國人很有錢的，要不然他們就不能飄洋過海了。他們為什麼要討飯呢？」

「他們好骯髒。」

「你看，那個廚子認識他們，他在拿吃的給他們。」

他們看著廚子把化緣缽裝滿，然後瞪大眼睛，驚訝地看著那些人在原地坐下，也不先洗過手，就在眾目睽睽之下吃了起來。最後才坐下的那個人，先去站在廚子面前，舉起一手，嘴裡喃喃唸著，好像在祝福。哈里斯昌德拉聽不到說話內容，卻見廚子咧著嘴笑。然後那個年輕人才走開，面對其他人開始吃起來。

「哎，哎，哈里斯昌德拉，這實在不像話。那個祝福廚子的小子是什麼人啊？哎，我們走吧！

我實在看不順眼。」

等他趕上這位老婦時，哈哈笑說：

「大娘，那些要當聖人的人不是永遠都不用做事的嗎？檳榔小販說他們這些人來這裡，是為了尋求覺悟，但卻不是透過學習去開竅，而是靠著醉生夢死的藥物。等到因為吃不飽、不常洗澡而弄壞了身體，就捎信給父母要他們寄錢來，然後他們就坐著大飛機回老家了。」

他們兩人跟等候的村民會合時，大多數人已經在陽光中陷入半睡狀態。老戴來回踱步，擦拭著眼鏡，眺望著眼前的林蔭大道。阿瓏達悌正在按摩兩腿，一面嘀咕著。阿米雅和盧努正在為某件她們目睹的事情而爭辯。黎娜道出了關於外國聖人的故事，順便加油添醋一番，聽得每個人笑出了眼淚。蘇倫德拉站著伸展身子說：

「走吧！還有兩個鐘頭天就黑了，我們得趁天黑之前過大橋，去跟阿信哥會合。」他扛起行李捲，毫不猶疑地沿著大街走去。

老戴追了上去，揮著手裡的地圖：「可是蘇倫德拉，要走哪條路才對呀？你怎麼知道該往哪裡走？」

蘇倫德拉暫停腳步，向眼前那片遼闊的綠地一揮手，「那一定就是大廣場，加爾各答的肺。走完這段硬地面的路之後，我們可以走到那裡的好土上，讓兩腿舒服一下。接著再往右邊走，過了那些高樓之後，肯定就是大橋了，因為大廣場的另一邊是堡壘和那條河。所以我們只要沿著這條路走下去，就會走到大橋。」他迫不及待地脫掉鞋子。

其他人已經聚攏過來，聽到蘇倫德拉講的話，很多人都跟著他走。巴柏拉、米圖和老戴走得比較慢，哈里斯昌德拉不時停下來等他們。

「蘇倫德拉怎麼會知道路的？他從沒來過這城市。」巴柏拉咕噥著說。「這下子我們全都走錯路了，就因為這個老糊塗蟲。」

「巴柏拉，你知道蘇倫德拉可一點都不笨的，」老戴告誡他說，「我們走這條路是對的，這條路比站長指點我們的那些硬路好走多了。」

「可是他怎麼知道路的？難道月亮出現一圈月暈，就會把地圖連夢全都送進我們這些莊稼漢腦袋裡？」

「我記得以前蘇倫德拉在教會學校上過學的。當然，後來因為他大哥死了，他就只好休學，回家種田了，不過他念的可不是名校。當時他講過很多關於加爾各答還有英國人蓋的宏偉建築的事，跟這條河有關的所有事情他都記得。我也記得他講過關於堡壘和大廣場的故事。」

「對，沒錯。他去念了一季的書。我兄弟和我沒去上學，因為要看顧陶器店。」米圖語帶遺憾地說。他在時母河階的陶匠店裡碰到一個藝術系學生，拿了很多漂亮書籍給他看，裡面有雕刻和繪畫圖片，還有奇特而神秘的彩色石雕，告訴他博物館裡有精美收藏的就是這個學生。他舒展著雙手筋骨；兩天沒碰過陶土了，兩手覺得怪怪的。

「念書有什麼用？」巴柏拉叨叨地說，「以前阿米雅也能讀書識字，盧努也上過學，可是她們做飯、摶牛糞時，念的那些書又有什麼管用？就拿老戴你來說吧，除了只會反反覆覆看那些會計數字，幫放貸的人記帳以外，你根本就不看別的東西，而且也唸不來，瞧你見了地圖就害怕。還有那個哈里斯昌德拉，本來應該靠幫人寫信來養家的，結果卻下田種豆子去了，他家人跟我們一樣穿得破破爛爛的。」

老戴臉上擠出笑容說：「巴柏拉，要是你念過書，說不定就不用付錢給我，叫我幫你作帳了。」

這句話正中要害，巴柏拉光火了：

「上學有個鬼用。我們付學費讓兒女學寫字，可是誰買得起書呀？學會了寫字，在村子裡有什麼用處？我們需要的是兒女幫忙種田，誰去上學就等於損失了收成。」

「反正他們要活下去，總得回來的。」哈里斯昌德拉平靜地說，想起了自己的心頭痛。以前他也有過幾本書，但老婆卻任由那些書放在地面上，讓白蟻吃了。他回鄉的第一年，有時還會買買雜誌或報紙，一遍又一遍朗讀，但是那種讀起來輕而易舉的感覺已經消失了。現在他就跟老戴一樣，只有在必要時才閱讀，而且次數簡直少之又少。

「但如果我們的年輕人上學的話，說不定我們就不會碰上機械井那種災難了。」杰德夫插嘴進來，他的聲音比較年輕。

「那不是我的錯，杰德夫。要是那個技工有留下零件，就能修好幫浦了。並不是看錯說明書，而是因為沒有零件。」老戴一想到村中最近這項改善措施的失敗就火大；他認為，裝設這麼複雜的金屬幫浦，卻不教他們怎麼用才不壞，或者出了毛病時怎麼去找替換零件，只顧著裝完幫浦就走人，實在是愚不可及。可是每次官方人員乘坐著光潔的小客貨車來到村裡，穿著高統鞋到田裡時，他就只會說：「是！是！是！」事後再對兒孫大罵那個技工笨。這完全於事無補。

豪拉大橋上

他們走在綠地廣場上，三五成群跟著走，像小孩項鍊上的珠子。大多數男人都學蘇倫德拉脫下了沉重的鞋子，背在肩上，像個舞者般走著，用腳趾抓著土壤，純然只為感受而已。那時已近傍晚，綠地廣場周圍的交通川流不息，計程車依然如水牛般怒吼，每個司機都在互別苗頭，力爭寸土空間。置身在這片廣闊公園中央，卻十分安全，山羊在這裡吃草，乞丐家庭正在吃飯，村民停下腳步看著這幕混亂景象。喬林吉區建築的高大，是他們前所未見的，部分建築被交通製造的烏煙瘴氣遮掩了。總督府（Raj Bhavan）閃著一抹粉紅色光輝，龐然的市政府「文書大樓」（Writer's Building）有道黑痕，接著可見到大旅館、地毯店、珠寶店、通往市集的巷子、更多的店鋪，全由拱廊相連，廊下則是川流不息的行人。在這些建物後方有高大樹木，還有通往阿利普（Alipore）的條條道路。維多利亞紀念堂（Victoria Memorial）前面有賣冰淇淋的小販和攤子，正在等候傍晚來散步的人潮。

有個牧羊人問他們來自何方？要到哪裡去？他們跟他講了去漫遊的小故事，等到他們走時，牧羊人還跟他們道別。不過在離開之前，他先擠了兩隻山羊的奶，招待那些想要喝點熱羊奶補充體力的人，而且這個少年還不肯收他們的錢，他向著大廣場張開雙臂說：「不要客氣，在這裡你們是我的貴客，這裡就等於是我的村子。」

這是第一次聽到人家稱呼他們「貴客」，卻非最後一次——這在東方是最尊榮的稱號。村民一路走到綠地廣場盡頭，來到鬧區中心的大街上時，還在想著這個牧羊少年，不知道他將來會如何。大批下了班的人匆匆經過他們身邊，以致村民往往不是掉了一捆東西，就是要停下來，找找在人潮中失散的成員。他們沒怎麼分散，而且經常瞻前顧後、彼此呼喚，通知別人該轉哪個方向。有一次他們在賣水果的人那裡停下來，買了更多香蕉來當點心，像蝙蝠似地吱吱喳喳、討價還價。

暮靄悄悄襲上他們風塵僕僕的腳，在他們還沒有走過商業區之前，那裡的人潮早已走光了。此刻撲鼻而來的是河水氣息，還有傍晚時的裊裊炊煙，燃燒的牛糞和油煙，混合成膩人的氣味，飄蕩在建築物圍籬之間。他們一群群走得更近了，走出安靜的巷子盡頭時，眼前出現的是一片混亂的豪拉大橋入口。龐然大橋黑壓壓的，伸向淡紫暮靄中，看不到盡頭。橋下深處是河流，悠悠流向大海，然而對於那些大船小艇以及小漁舟來說，這片水域卻有如戰場。

「這就是我們說的那條河？」

「對，還有其他的河匯流在一起。」

「喔！媽呀！你看那些大船。」

「我們在這裡會走失的。」阿瓏達悌指著橋上川流不息的人潮，還有慢慢跟在一輛牛車後面的交通。

「反正我們得過橋，然後下橋到對岸的火車站去，所以咱們各走各的，到橋的那一頭再找空地會合。」

「要是這橋受不了這麼多重量而垮掉了呢？」阿瓏達悌哀聲說道。

「那我們大家就統統在這條聖河洗淨罪孽了，反倒是加爾各答市政府有得頭痛。」黎娜咧嘴笑說。

「這橋以前有沒有垮過？」

「你看像不像會垮的樣子？真是沒長眼睛！」

「我們可不可以不從橋上過，改坐船過河？」

「阿瓏達悌，你看到那河堤沒有？難道你情願沿著那石牆滑下去，也不願走路？」

「哎，我們也不過坐這麼一次而已。」

「老婆，回程時又該怎麼辦？」

「那還早著嘛！」

「小心，這裡兩邊都有來車的。」

巴柏拉急忙拉了阿瓏達悌一把，避開了從橋上匡啷匡啷朝他們駛來的巴士。這兩人一起往前走著，悶不吭聲，擺出慣有的冤家態度，故意不看對方，但卻默契十足。黎娜走在他們後面幾步遠，起初看在眼裡覺得好笑，接著就對周圍的車水馬龍警覺起來。沒多久她也默默不語，等到她走到橋上，來到橋桁之下，見到豪拉大橋高高跨過河流，不覺為之瞠目，但眼中卻無懼色。

比較大型的車輛走橋中間的雙線道，周圍則是徒步的行人，但有時連行人也從車輛之間穿過：彷彿一齣如夢似幻的奇異芭蕾舞劇，那些人忽前忽後，忽上忽下，轉了又轉，彎腰、搖擺，彼此點頭、鞠躬。在這些走動人群後方，靠近橋壁的地方，則是那些乞丐，他們來到世上時是滿懷希望的窮人，死時卻充滿絕望。他們癱瘓在橋上，無力再向前行，找不到任何上岸的地方。他們是黎娜這一整天見過最骯髒、最無助的人，她生平第一次見到這種沒了希望、放棄所有尊嚴的人，成群坐在水泥地上，甚至不敢再開口向比他們命好的人乞討。

「唉！天哪！這是怎麼回事，怎麼回事啊？」黎娜見到有個男孩餓成皮包骨，身上只有幾塊灰色爛布蔽體，目光渙散呆滯，就像垂死的人，還有一群痲瘋患者，旁邊有一捆行李，頹然倒在橋桁旁，無法動彈。再過去一點有三個兒童和一位姑娘，姑娘已經身懷六甲，正設法生火取暖。他們身上的衣服少之又少，彎腰做事的時候，棕黃色皮膚因為冷得發抖而泛出灰色。黎娜停下腳步，一面看著，一面彎下腰幫忙，他們卻害怕得四散而逃，躲進了人群裡。有個彎腰駝背、瘦骨嶙峋的老頭，慢慢拉著一輛拖車，跟著交通走。雖然交通緩慢是因為前面的牛車造成的，並非老頭的錯，可是周圍的人卻把他罵得狗血淋頭。有個男人無助地倚著長枴杖，疾病和年紀使他麻木了。黎娜看著這男人的雙手，因為風濕關節的病痛而變了形，胸口因為呼吸困難而急劇起伏著，雙腳紮了稻草，以免傷口加劇。黎娜站在他身邊，快速除下自己那條有點破舊的披巾，圍在那人身上。然後就馬上走開了。有那麼一會兒，那老人似乎慌亂不知所措，接著猛然醒悟，一手向上摸索，抓住了披巾，然後開始一跳一跳地又往前走了。黎娜牙尖嘴利地不停咒罵著。哈里斯昌德拉從後面追上來問她：

「大娘，大娘，要不要我幫你去拿回那條披巾？往後的旅行還長著呢，況且天氣又冷。」

「哎，我們可是坐在大車廂裡，像有錢的遊客一樣，還管吃的，別的也全包了。」

「你還有沒有別的披巾？」

「有的，孩子，還有一條跟那老頭一樣的，等我的時候到了，就披著那條到恆河去。」[9]

「沒有人會送那老頭到恆河的。」

「對，不過起碼他活過今天晚上的話，他還會有口氣。」

「大娘，你等著瞧，等你女兒知道這件事，你就沒太平日子好過了。」

「說不定這趟旅行就注定這樣，哈里斯昌德拉。」

哈里斯昌德拉退了下去，想著這個乾癟醜老太婆的話。這個黎娜有時被人當作老巫婆，她講的話很簡單，聽起來好像沒什麼意義。哈里斯昌德拉記得有很多個夜晚，大家坐著聽她講故事，聽得毛骨悚然，他幾乎敢發誓說，黎娜講的那些角色活靈活現，正在她眼前走動、開口說話。她在村裡經常是孤老太婆一個，常跟全家人翻臉，活到她這把年紀，卻很少心平氣和、心滿意足的。哈里斯昌德拉奇怪她怎麼會把披巾給了那個老頭。他又追上前去：

「大娘，你為什麼把披巾給人呢？」

「那是我的，我愛給就給。」

「沒錯，可是我沒見過你給很多乞丐東西。」

「他又沒跟我討！」

「那你為什麼要給呢？」

「說不定他是我老公。」

「可是你老公三年前就死了，早在我老婆死之前，我孫子差不多也三歲了。」

「你這人還真是個呆瓜，哈里斯昌德拉。」

「這可能是因為我想多學學吧！」

「你記不記得濕婆神的故事？他在悲痛中把愛妻薩提[10]分了屍。」

「當然記得，這是大家都知道的故事。我們還要去看她屍塊掉落的那些地方。」

「哎，誰又知道薩提現在是以什麼形式出現？」

黎娜蹲坐下來，摸出最後一點發黑的檳榔，揮手趕走了哈里斯昌德拉。繼續往前走之前，她還要在這裡觀看一陣子；就像她經常做的，她想要一個人跟周遭的世界獨處。

跟阿信會合

蘇倫德拉跟上了哈里斯昌德拉的腳步：

「黎娜在搞什麼鬼？」

「我不知道。」然後他把披巾的故事講給蘇倫德拉聽，等他講完了，蘇倫德拉停下腳步，示意要哈里斯昌德拉先走。

「我會在這裡等她。」

他合著兩手抽菸，縮著身子，窺探背後的暮色。哈里斯昌德拉則繼續向前走，覺得已經快走完這條橋了。忽聽得前面一片喧嚷，他在微微顫動的橋桁下走到盡頭，往左下方一看，隨即明白了喧嚷的原因；村民已紛紛從周遭推擠的人潮中脫身而出，圍著老戴集合在一起，他們全都看著左邊，瞠目結舌、畏懼得說不出話來。人數很快就增加至二十多個、三十個，接著夜幕低垂，他們又等了很久。

「那就是豪拉火車站了。」老戴喃喃地說。

「阿信在那裡等我們。」

「我們永遠、永遠找不到他的。」

「當然找得到，他會在那裡看著我們，他知道我們要來。」

「車站裡有多少人？」

「不知道，我不知道。」阿米雅驚愕萬分，環顧村民的臉色，見他們幾近驚慌失措，她常在初次生產的年輕女人臉上見到這種神情。不過她的反應倒很快：

「走吧！走吧！我們得兩兩從這條小路走下去。」她打著手勢，「你，納倫，領著盧努；巴柏拉，去找你老婆，然後跟在米圖後面。快點，大家跟著來。」她一個接一個點名，分派他們上前去攙扶老朋友，一塊兒走那段頗長的下坡路，進入那片亂哄哄的場面中。她發號施令的語氣很鎮靜，村民不由得乖乖聽命。沒多久，就只剩下阿米雅自己、老戴、蘇倫德拉和黎娜，隨後慢慢往下朝廣場走去。蘇倫德拉和黎娜下橋之後，就跟阿米雅和老戴一起走著下坡路。這兩個年紀最大的人靜靜跟在後頭，對景象不予置評。這時差不多已經天黑了，他們很累。加爾各答已被他們拋在身後，在辯才天女法像眷顧的冬夜裡，大概早已進入夢鄉。

他們下方停著一排排的三輪車，車夫縮在車轅之間。腳夫纏了紅頭巾，醒目得有如汪洋中的救生圈，急匆匆地在豪拉車站龐然的正門出出入入。從大橋的高度可以看到火車，長長地延伸在微微閃亮的鐵軌上。村民一路往下坡走時，漸漸看不到火車，倒是要努力殺出重圍：因為人人都或跑或走，或停車，或放下行李，或者在找某個走失的人。村民身不由己地隨著人潮，加快了腳步，等到他們終於來到廣場上時，幾乎已是跟著群眾在跑步了。他們根本沒停下來回頭張望大橋，也顧不得朋友和旅伴，只能往前衝，閃避車輛和兇巴巴的腳夫，最後終於進到車站，站在拱頂高聳的大堂裡。過了一會兒，老戴也到了，一面努力緩和喘氣，一面數著人頭。四十四個人都到齊了。這個驚魂未定的老人家嘆了口氣，擦擦眼鏡，打量著眼前的車站內部。比起席達車站，這個車站更大，光線也好得多，人也更多。他感到挺害怕的。

突然，他被阿信一把抱住，阿信顯然沐浴過後沒多久，身上帶著椰油和檀香的氣息，以及一身光鮮的白色腰布和襯衫。

「歡迎，歡迎，大叔。老天保佑你，大嬸，路上辛苦嗎？你們可終於來了！」阿信頻頻重複地跟村民說著同樣的歡迎辭，聽得人人臉上都蕩漾起笑意，心情頓時輕鬆起來。阿信找到了他們，不用多久他們就可以去睡了，這可是漫長的一天。

兩個穿藍外套的車站人員在一旁，等著阿信把他們介紹給村民，然後這兩人發表了冗長的官腔致詞來歡迎他們，並說烏瑪．沈對他們賦予了無比的信賴，但尤其是印度鐵路局。但這番致詞卻是言者諄諄，聽者藐藐，大家只對著阿信笑咪咪的，留意到他雖然老了一點，但看起來精神挺不錯的，且似乎隱約對他們的衝刺頗為讚許。後來，阿信和那兩人終於領他們走過一條很不好走的鐵軌旁小徑，來到後火車站。那裡停著一節藍色車廂，裡面亮著燈。大家上了車，見到車廂內是新油漆過的，此時瀰漫著飯菜香。他們見到車尾有個年輕伙夫正在忙著，伙夫歡迎過他們之後，就請他們各就各位，然後在自助餐盤裡盛了滿滿的飯、豆子和凝乳，一盤又一盤。他們坐著吃將起來，但是當娣帕卡抬頭向車尾望去時，卻見到一幅烏瑪姐的遺照，照片裡的烏瑪姐正微笑著俯看他們。遺照周圍掛了茉莉和萬壽菊串成的傳統花環，用以表示敬意。阿信跟兩個鐵路局長官握了手，踏上火車的三層高階，進到車廂裡，看著這安詳的景象，然後關上了車門。村民聽到關門聲，不約而同抬起頭來，齊聲向他招呼。

「我們今晚出發，」他說，「現在你們得好好休息。」

【注釋】

1 蔞葉：用以咀嚼，常用來跟檳榔、酸橙等製成，有提神作用。

2 時母河階神廟（Kalighat）：位於加爾各答時母河階的時母廟。時母形象可怖，既能造福生靈，又能毀滅生靈。在印度西孟加拉邦最受膜拜，有兩座著名神廟：Kalighat和Dakshineshvara。

3 時母河階神廟畫派：十九世紀期間曇花一現的畫風，原為大量生產、賣給香客的水彩神像畫，特色為筆觸線條粗獷，用色大膽、型態簡化。

4 時母河階神廟習俗以山羊獻祭。

5 辯才天女（Saravati）：梵天之妻。

6 吉祥天女（Laskhmi）：毘濕奴之妻。

7 掃地人在印度階層中極為低下，此處意味低下又低下。

8 黑天神和羅姆神：Krishna，牧牛神訶里什納，或稱黑天神，象徵豐收和幸福，為司掌「保存」的毘濕奴的化身之一；Ram，羅姆，為羅摩神（Rama）的化身；羅摩，最高神毘濕奴（Vishnu）的第六、七、八化身之一。

9 意指去世後，在河邊火化，骨灰撒於河中。

10 薩提（Sati）：濕婆神之妻，因濕婆神錯待岳父，薩提投入獻祭火中自焚而死。濕婆（Shiva）為印度教主神之一，為毀滅之神。

第二章

神聖的貝那拉斯

娣帕卡猛然驚醒過來。起初她瞪眼看著周遭橫七豎八睡著的人，還有捆捆行李，一時不知自己身在何處，然後見到忽明忽滅的光線，照在烏瑪姐遺照搖晃的花環上，不覺對自己的夢境微笑起來。

「我們一定已經出發了，火車晃得像搖籃一樣。」她掀起窗簾往外看，驚訝地倒抽一口氣，然後挪到車窗旁，看著貧民窟房舍：瓦楞鐵皮、茅草、草蓆，一一從窗外滑過。火車正經過豪拉郊區，緩緩向西北駛去。有時娣帕卡見到火堆，以及圍著火堆取暖的一群人影；還有一次見到坐落在空曠院落裡的孤廟，尖塔聳立，她於是雙手合十，對著孤廟彎身敬禮。

「那可能是羅摩黑天神的廟。」阿信溫和的聲音嚇了娣帕卡一跳，阿信挪開一捆行李，騰出空間在她對面坐下，娣帕卡對他投以歡迎的一笑。

「你為我們忙了半天之後，沒去睡一下嗎？」

「沒有，我一直等到火車開出，這好像很重要。」

「對，沒錯，是很重要。可是，阿信，你看來累壞了。是不是這趟準備工夫讓你很吃不消？還是你這學期教的學生太頑皮了？」

「說不定兩樣都有關係吧！大姐，不過話說回來，我們大家不是都比上次見面時老多了？」

「哎，說的也是，也比以前彎腰駝背了，還有很多更嚇人的呢！」

「加爾各答，加上走這麼遠的路，有沒有嚇壞你？」

「沒有，沒有，」娣帕卡沉吟了一會兒，「可是第一次等火車的時候，我真的很害怕。前面有那麼多事等著我，阿信，我不知道自己是不是做好心理準備了？」

「我想大概就跟第一次要生孩子的姑娘，或者是要幫父親送終的男人所做的心理準備差不多吧？」

娣帕卡在黑暗中極力想看清楚阿信是不是在調侃她，但阿信的臉卻埋沒在陰影中，定定地凝望車窗外冬夜籠罩的原野。阿信似乎心如止水，平靜無波，娣帕卡沒見過比這更祥和的心境，阿信臉上的皺紋不深，然而歲月還是在他臉上留下了痕跡。

「他頭髮也開始花白了。」娣帕卡很訝異地留意到這點。

「要是你說得對，我們是應該害怕的。可我會忍不住想到烏瑪姐希望我們……。」她也把視線轉移到車窗外。

「你有沒有發現……」他們兩個異口同聲，話說到一半，然後都笑了起來，想到以前那些歲月，兩人就因為經常如出一口，所以老被人取笑。

「發現什麼，大姐？」阿信趕快打斷回憶，趁著眼淚奪眶而出之前問道。

「阿信，你有沒有發現，我們都像小孩一樣只管吃、蜷著身子睡覺，完全不管東南西北，也不管明天早上會怎樣。而且我們都一把年紀了，平時都是連隔天的早餐都做好了，才最後一個上床的！」娣帕卡語氣中帶著點羞怯，顯得年輕了，這讓阿信想起當年，那時他還是個學生，娣帕卡則是個年輕媽媽，他們兩個經常一搭一唱。

「是呀！我也留意到了，不過並不是每個人都馬上睡去。蘇倫德拉和米圖聊了很久；我在看報紙的時候，老戴拚命保持清醒；還有阿米雅，她在看著廚子清洗。」想到那個高大的人影，阿信就忍不住微笑了，阿米雅悄悄地沿著車廂走道巡視，好像非得要看著每個人都安枕無憂，她才放心去睡。

「沒錯，阿米雅姐還是靜不下來。」娣帕卡看見她朋友正在輾轉反側，喃喃自語。

「大姐，你認為……」阿信住口不語，避開了那雙關注的眼睛。

「阿信哥，什麼事？」

「你認為阿米雅在這幾個星期之內會不會變得很軟弱，反而要倚靠我們？因為我們有很多事要仰仗她。」

「怎麼說呢？阿信，你在煩惱什麼？」

「她在村裡是最堅強的人，向來不甘寂寞，除此之外，大家都知道她很會照顧人。現在她死了小孫子，需要的可能是好好大哭一場。」阿信沒有再說下去，可是他想到阿米雅在車尾詈罵伙夫時，哈里斯昌德拉曾告訴他阿米雅打翻乞丐鍋子的事。

「阿信哥，你是指她會不會又再看到乞丐就害怕，以及往後旅行在晚上暈車而覺得很丟臉，像這類的事？」娣帕卡對著這位尷尬的教師和藹地微笑說。

「對，我想說的就是這個。」

「說不定會。誰知道呢？在我們沒打開烏瑪姐的禮物之前，大家都有很多事情要弄清楚。」

「打開禮物？」

「對，現在這是個秘密，就像她死的時候出現月暈一樣。但總有一天我們每個人都會明白得到了什麼，而且每個人得到的都不一樣。」

「你真該去當老師，而不是我。」

「瞧你說的！別忘了，我是頭腦簡單的娣帕卡，不是那些聰明人。」她笑了起來，視線從他身上移開，轉到車窗和黑暗中。她發現黑暗很令人感到安適，就像她每次臥病在床看到小油燈周圍的黑暗一樣。她不明白為什麼女兒會害怕黑暗，她倒是向來都很喜歡夜晚的。

阿信轉過頭去，看著蜷縮在臥鋪另一頭的人，那是能言善道、雙手靈巧的盧努，此時她蓋著披肩睡著了。盧努對面是她的老公納倫，正嘆了口氣，將毯子拉高蓋好。阿信的思緒遊走在每個村民之間，也想到德里的那位戴先生，阿信去他那裡了解所有的細節安排時，戴先生曾跟他說：

「這可不是趟容易的旅程。你們要付出很多，也會學到很多。我希望你們都有強健的雙手和堅強的心，幫助你們走完這趟旅程。」阿信回想起村中婦女吵起架來的凶悍，還有男人之間經年累月的積怨，讓親戚、兒子等也身不由己地牽扯進去，不覺皺起眉來。他望著娣帕卡，但見她仰頭靠著車窗，張著嘴睡著了。

「虎落平陽，鱷魚在河，是嗎？小老弟。」黎娜嚇了阿信一跳。她居高臨下對著阿信，因為她是首先爬到上鋪的人，在過道的微弱光線下，可以看見她閃爍的眼睛，阿信無法判斷黎娜是否在取笑自己。他從小就有點畏懼黎娜，到現在還是，可是他也像其他村人一樣，被黎娜那種奇異、魔法般的舌粲蓮花給迷住。

「大娘，你在聽我們講話嗎？」

「我在聽火車聲、睡覺的人說的夢話，還有我腦袋裡的想法，喔！你這隻好奇心重的孔雀。」

「看來我應該把我的想法帶走，好讓你睡覺。」阿信站起來準備走開。

「別那麼想不開，老弟，用你的音樂平靜自己。我們每個人都有優點和弱點的。你得要為我們大家帶路，今天是辯才天女節，她是賜給人智慧的女神。」

「這倒沒錯，而且她也是掌管音樂的女神。睡覺前我得收收心才是，謝謝你提醒了我。」他走了出去，在過道上略停了一會兒，關上身後的隔間門，然後走到車廂盡頭處，他的行李箱和鋪蓋都堆在那裡。蘇倫德拉在他進來的時候醒了過來，然而一見他臉上若有所思的表情，就沒有跟這個比他年輕的人說話了。他看著阿信把鋪蓋攤開在杰德夫的上鋪，爬了上去，盤腿而坐，從腰帶裡取出念珠。蘇倫德拉看他在祈禱時，臉上緩緩現出平和之色，火車裡一片寂靜。

蘇倫德拉的視線從對面那個靜坐的人影挪開，伸了一下身子，動了動腳趾，很想讓腳趾結實地陷進他家溫暖的泥地裡，而不是貼著這冰冷的金屬。自從上次像這樣靜心祈禱到現在，究竟有多長的時間了？他記不起來，但又有什麼關係呢？祈禱是婦道人家和老師做的事，不是他這類人常做的。阿信從小就怪怪的，很靜，老像孤魂野鬼似的待在教室裡。蘇倫德拉擦亮火柴，望著沉睡的老戴；這個老傻瓜，想要的總是太多，結果因為發現得到的太少，於是永遠都不開心。蘇倫德拉想起了村長，不過村長是個老好人，抽地租和穀種稅都很公道，雖然不是很懂得怎樣把事情做得更好，卻很盡心盡力。

蘇倫德拉邊抽菸，邊看著貼得很近的車頂，光影在上面不斷變化，他記起了上次祈禱是在什麼時候了。那是在他老婆死後沒多久，女兒臨盆時。女兒由於剛剛經歷過喪母之痛而很虛弱，卻生了個小壯丁出來；這是第四個兒子，加上三個女兒，總共生了七個孩子。她依然體態輕盈，經常帶領村女在井邊打水，頭上頂著沉重的水罐，優雅地款步回家。通常生完孩子之後，阿米雅都會來幫忙的，那次她也在，還有那個老糊塗親家母，老是礙手礙腳的，妨礙阿米雅和接生婆做事。結果事情出了岔，阿米雅說應該去鎮上把醫生請來，親家母卻說醫生來了就一定會死人，無論如何都不肯請醫生，不過阿米雅還是派她女婿去找醫生來。蘇倫德拉還記得那天，他在河堤上走了又走，等那個跑腿小子回來。他回到村裡靠牆坐著，因為那些女人不准他踏進屋子一步。

阿米雅從屋裡出來，很生氣地告訴他，臍帶堵住了，胎盤出不來。她說親家母想把胎盤硬拉出來，根本就不聽她的警告。

「不，阿米雅，你照我幫水牛接生的方法去做：用溫熱的油按摩她的肚皮，胎盤就會出來的。」

「我曉得，蘇倫德拉，可是她不准我這樣做；說我不是這家裡的人。」

「那你去告訴她，我自己來，要不她就把嫁妝退還給我。」

他等了很久。然後聽到屋裡傳出尖叫聲，他一驚，忙衝進屋裡，但是那片哭喪哀嚎已經等於告訴他：為時已晚。親家母真的把臍帶胎盤硬拉出來，結果導致他的女兒血崩而死。接著，蘇倫德拉為女兒祈禱，低頭靠著泥牆。此時他抽著菸，老淚縱橫，回想起當時的禱詞：

「神明呀！請帶她投胎找個好一點的父親和老公；帶她去綠油油的大地、河水乾淨的地方投胎做人。讓她生出健壯的兒女。帶她去投胎時，好好地領著她，用笑臉對待她，因為她已經把我的笑容帶走了。」

奇怪，剎那間，這些禱詞再度出現了。在村裡的時候，他從來沒有想過他死去的老婆或女兒，甚至是帶著老愛去扯水牛尾巴的小外孫提心吊膽地走在一起時，也沒有想過她們。他啐了一口，翻身臉朝著車壁，決心入睡。

阿瓏達悌又暈車了，巴柏拉醒過來才知道。她本來應該睡在他的下鋪，卻不見人影，讓他感到很納悶。他輾轉反側換著蓋毯子的方向，想要找個比較舒服的方位，卻怎麼都不對勁。火車速度似乎不怎麼快，他在想，不知道是不是就快要停站了？要是的話，他要下車透透氣。他想起家中的田地，隨即心煩意亂放不下心，擔心家人沒有好好照顧田地。他根本就不想參加這次旅行的，可是別無選擇。那份遺囑已經指定了所有老一輩的人。要是人家都有免費旅行，他才不願意坐在家裡呢！可是他又嘀嘀咕咕，認為這根本就是白搭，而且要不了多久，這趟旅行就會讓他完蛋。阿瓏達悌搖搖晃晃來到門口，摸黑進到車廂隔間。他看著她，語帶責備地說：

「沒用的女人，吃下去的好東西都白白浪費了。」

「你醒了？」

巴柏拉朝她做了個怪表情，她打個冷顫看著他。

「這是該祈禱的時候，不是罵人的時候。」

「祈禱能求到什麼？發財？兒子？有錢的孫子？」巴柏拉肆意挖苦自己的心頭痛，卻沒有留意到阿瓏達悌在掉淚。巴柏拉心裡有數，他們沒有村民想像的那麼有錢，但最好讓人家這麼以為。他們只有一個獨生女，兩個外孫還很小的時候，女兒就死了。女婿在多年前就離開村子，從此不歸。兩個外孫一個是醜女，一個是智障兒；外孫經常發脾氣，阿瓏達悌知道巴柏拉痛恨這個外孫，因此很護著這孩子。外孫女一天到晚哭哭啼啼，想到這裡，巴柏拉又覺得來這趟旅行也不錯，起碼不用每天一到時候就聽到要命的哭喊。他見阿瓏達悌摸到了床，並看見她的淚光。

「快睡吧！別哭哭啼啼的了！我們還得捱完這趟旅行呢，說不定你還會因此被累垮。」

「說不定火車會撞車，大夥一起死掉。」

「世上再沒有比你更沒腦筋、更膽小沒用的人了。快睡吧！別再吐了，白白浪費糧食。」

阿瓏達悌爬上自己的鋪位，拉上披肩裹住自己。她努力回想加爾各答的景象，卻什麼都不記得，只記得那些飄動的紗麗。要是她那時買下一件就好了：肯定往後再也見不到那麼漂亮的貨色了。她會把它收藏在鐵箱裡，留給外孫女出嫁時穿。唉！他們要到哪兒去幫她找個老公啊？要是那些人家來相親的時候，她肯對人家笑笑就好了，可是她偏不，總是哭哭啼啼的，還把她那個笨手笨腳的弟弟推在前面，嚇得那些來相親的人忙不迭地跑了。阿瓏達悌哭了又哭，愈想到紗麗就愈後悔。她摸過一件很漂亮的滾金邊藍色紗麗裝，然後就被人抽走了，想著想著，她睡著了。有道光線一閃，掠過她的臉龐，在睡夢中，那張臉露出了微笑。

火車速度放慢了，長長的汽笛聲響徹遠方的黎明。米圖起身看著火車緩緩進到一座小火車站裡。巴柏拉搶著從他身邊經過，於是米圖讓路給他，過一會兒才晃到月台上。巴柏拉見到有些腳夫正在一角喝著茶，這才感覺到自己很口渴。其他乘客此時也紛紛從火車的其他車廂下來，但只有幾個人上車。米圖朝著腳夫走去，跟他們蹲在一塊兒，沒多久，他手上把玩著一只小陶杯，杯裡有茶。巴柏拉悄悄走過去問米圖：

「你花多少錢買的？」

「不用錢的，巴柏拉，他們當我是朋友，請我喝的。」

「當你是朋友？你跟火車站的腳夫交朋友？你去問問一杯茶要多少錢？」巴柏拉把視線移開，卻很尷尬地聽見米圖平靜地告訴腳夫，巴柏拉因為坐火車感到很不舒服，可不可以也分杯茶提提神？其中一個腳夫站起身來，把一杯熱茶遞到巴柏拉的手上說：「兄弟，喝了這杯茶，希望你沒事，火車實在挺討厭的。」巴柏拉走開後，一口氣喝完了茶，再把杯子摔爛，然後爬上火車。他根本就沒毛病。那個陶匠怎麼有膽子跟一個自耕農開這種玩笑？他拉上毯子蓋好，喝了茶之後全身發暖，很好入睡。巴柏拉沒有聽到那些腳夫的笑聲，因為米圖已跟那些腳夫告了別，並為村中牢騷大王的惡劣態度向他們道歉。

火車又開動了，嘶嘶作響地奮力離開車站。米圖見到窗外有一行棕櫚，襯著紫色的夜空。他取出本子，一筆一筆很穩地勾勒出連綿棕櫚的優雅之姿。接著，他翻過畫好的一頁，轉而望向周圍正在熟睡的朋友，把眼睛見到的都描繪到紙上去：一堆亂七八糟的衣物，鋪位垂下來的一隻細瘦胳臂或半吊懸的腿，女人的髮絲露在紗麗外，微微飄動。他看著熟睡中的盧努那張苦澀的臉孔，然後勾勒出一幅肖像，其所流露出的罕有美麗，大概只有他才見得到。

嶄新的友誼

「醒醒！醒醒！美人兒。知不知道你們現在正離開孟加拉邦？來來，老友，過來跟太陽打個招呼，把車票拿出來給我瞧瞧。」查票員開開心心地巡視著眼前這片混亂，邊看邊打哈哈，把村民弄醒了，一再向他們要票。

「我們可沒有票呀！」阿瓏達悌很害怕地說。

「什麼？沒有車票？而且還像天王老子似的睡在這裡？」

「對，我們是沒有車票。我們坐這火車是因為烏瑪姐付了錢給鐵路總局。」村民七嘴八舌，愈扯愈不清，吵聲終於驚動了阿信，他正在車廂的另一頭梳洗。

「車票在這裡。」阿信拿出一個公文包，裡面裝滿了污漬斑斑的文件。「四十五張三等車票，可以乘這節車廂環遊一圈。」

「我們要環遊印度。」阿信很驕傲地拿出那疊車票，還有鐵路總局戴先生開出的知會公函。

「啊！沒錯，是有人通知過我們說你們要來，」查票員說，「一切都順利吧？伙食還好吧？你們還缺什麼？」查票員轉而面對那些憂心忡忡的臉孔，極力表現出親切和藹的態度，想要他們放心。

「不缺，不缺，就跟您說的一樣，簡直就是用來招待天王老子的待遇。」

「伙食很好，我們有個孟加拉伙夫。」

「您可不可以在票上打洞？」

「沒問題，如果你想要的話。我瞧瞧，比哈爾邦（Bihar）在票上的哪兒呢？」查票員審視著模糊的打字痕跡，找到了他要的地名。接著，他拿出笨重的票剪，在上面的地名打了個清清楚楚的洞，把那張票交給了蘇倫德拉。

「這張票是我的嗎？」蘇倫德拉問阿信。

「對，要是你喜歡的話。你們要自己保管這疊車票嗎？可別弄丟了。」

「要，拜託讓我們自己保管車票。」

「別把車票交到女人手裡，這可不保險。」

「誰說的，我們也要自己保管車票。」

「烏瑪姐會希望我們這樣做的。」

查票員慢慢地在四十五張車票上打了洞，阿信從公事包裡一張張取出來交給他。等他打完票時，聞到了很濃烈的茶香和飯香，他滿心歡喜地索索鼻子，阿信立刻邀他坐下來一起吃。其他人都去梳洗、穿衣，這兩人則在商量著火車上以及到了第一站貝那拉斯時該怎麼安排。廚子送上早茶時，大家都很安靜。

「有個人可不是個無所事事的哪！瞧瞧烏瑪姐的照片。」

「喔！這豈不是很美嗎？」

「咦？誰會趁我們還在睡覺時做這事呢？」

「烏瑪姐，我在這外地的太陽下跟您請安。」矮小的烏瑪邊說邊行禮致意，其他人也都有樣學樣。遺照周圍掛了新鮮的玫瑰茉莉花環，前面的框架上綁了一支點燃的香。查票員起身準備要走，跟阿信和老戴握過手，又向其他村民鞠了個躬。

「各位，要是你們把箱子和行李捆放在鋪位底下，再把鋪蓋放在那些吊床上，你們會舒服得多。」說著就示範給他們看：他從床尾拿起巴柏拉的行李箱，推到阿瓏達悌的鋪位底下，藏了起來。然後解開一堆網繩，橫過小小的隔間，掛起了兩端，於是頭頂上就多了一幅寬大、柔軟的置物空間。

「孩子，這繩牢不牢靠？」黎娜顯然很迫不及待地問。

「很牢的，大娘，你躺上去都沒問題，不會掉下來的。」

「那我往後旅行都可以睡得跟娃兒一樣甜了。」說完，黎娜已經趕回自己的隔間裡，解開了那堆同樣的網繩，學查票員的方法綁得牢牢的，像個猴子似的窩在上鋪床緣，開始把她鋪蓋的那幾樣東西擺到吊床上去。

「黎娜，你可不能睡在上面，那是用來放行李的。」阿米雅見狀，覺得很不像樣，丟人現眼的，於是鄭重其事地說。

「胡說，你管我面子呢！我會比你們都舒服得多，勸你最好在隔壁的小間裡也這樣做，阿米雅，說不定醒過來時你心情會好得多。」

「可是，黎娜，你這把老骨頭再跟著火車這樣搖來搖去，可能會吃不消。」娣帕卡顯然真的很關心。然而黎娜此時卻橫躺在吊床裡，咧嘴笑著，像個小男孩對自己的搗蛋成功感到很得意：

「我們把孩子綁在樹下的吊床時，才不會這麼說哩！甭提了，娣帕卡，你做媽媽的本領可比想著怎麼照顧我這個老寶貝要強多了。」黎娜朗笑著，很得意自己的這番作怪。

那個早上過得很快，村民各自在隔間裡整理東西：這裡擺張聖人照片，那裡掛串念珠，過道對面擺尊女神小銅像。人人經過黎娜的隔間時，見到她端坐在吊床上，都講了點話。哈里斯昌德拉發現可以在鋪位一角做個小書架，於是很自豪地把車票陳列在上面，坐在那裡想著不知道能不能再擁有一本書。米圖把鋪蓋捲成枕頭，然後坐在視野很好的角度上，足以望見兩邊車窗外和車廂內部，膝蓋上則攤著素描本。巴柏拉和阿瓏達悌在吵嘴，爭執著每件行李捆和小梳子應該擺在哪裡？這使得跟他們同一隔間的人不勝其擾，阿米雅終於忍不住火大，衝上前去告訴他們：要不就趕快解決爭執，要不以後的旅行兩人就分開。巴柏拉沒有對這位發威的表親回嘴，卻坐在阿瓏達悌的鋪位上繼續嘀嘀咕咕。阿米雅自己先是很仔細地整理好了床位和東西，然後見到可以插手的地方就去幫忙。她根本就閒不下來，坐不住的。沒多久她就在伙夫旁邊盯著他，一邊訓斥伙夫，一邊管些不相干的事情。老戴沒停過嘴地問著阿信：接下來做什麼？他們要怎樣安排在貝那拉斯的行程？他們要睡在哪裡？什麼時候再出發上路？蘇倫德拉在旁聽著，插嘴提出了另一個問題：

「阿信，你說的坐船遊河，還有參觀大博物館這些，都要花錢的。我們怎麼付錢？」

「要付的費用全都在我這裡。」

「這可不太好，萬一被人偷了什麼的，我們怎麼是好？」

「蘇倫德拉說得有理，侄兒，你身上不該帶那麼多錢。」

「那我們該怎麼辦？我們得帶著錢付各種費用，我又不能把錢存在銀行裡。」

「把錢分成幾份，分別讓幾個人收藏好，這樣一來我們就可以確保錢一定會夠。」

「大叔，要找誰來幫忙帶錢呢？」

「每次收成之後，當我們帶著地租的錢，哈里斯昌德拉會負責帶一些，連同帳目在內，我也會幫忙帶一些，剩下的部分就由巴柏拉和蘇倫德拉負責。巴柏拉會很小心的，沒有人會想到蘇倫德拉是個保管貴重財物的人。」老戴朝著這個邋遢的莊稼漢微笑，只見這個心滿意足、頭髮花白的人，正隨著火車搖晃著身子。

「那我們現在也照老規矩做。我身上會帶著每天的開銷，你們四個負責保管其餘的經費。到了孟買和馬德拉斯，我們再去領錢，鐵路總局把款項存在那裡。」

「我去把巴柏拉叫來。」說著，哈里斯昌德拉就到車廂隔間裡，找那個小氣鬼去了。他向巴柏拉宣布消息並解說任務之後，這個老頭的情緒馬上轉變，神氣活現地走到老戴和阿信那裡。

「你們要我幫忙管錢嗎？」他對阿信說。

阿信把情況向他解釋了一遍。巴柏拉於是提出建議說，不但要記下每個人身上帶了多少錢，阿信每天管的開銷也要記帳。這個小組議會先是津津樂道於新的業務，沒多久後，就輕鬆自如地抽著菸，在過道上像賭徒一樣地打起牌來。車尾處則有幾個女人窩在阿米雅周圍，分工合作幫忙做飯，大家都很快樂地做著熟練的事情。伙夫看著這些女人，露出帶睡意的微笑。她們大家似乎都忘了：在村子裡的時候，她們是絕對不會一起做飯的。儘管這自由頗為詭異，但她們卻信心十足。盧努獨坐一處，手裡仍然握著那隻小木馬，不時用手指審慎地摸索著畫在上面的線條。

「盧努，這是你做的小馬？」米圖壯大膽子打破了盧努的沉默。

「大概是吧。」盧努馬上把小馬藏在紗麗裝的襞褶裡。

「做得很好，可不可以讓我畫它？」

「畫它？」

「是啊！畫在我的本子上。」米圖拿出了本子，翻出素描給她看，包括廟裡的繪畫、綠地大廣場上的牧羊少年、巍巍的豪拉橋在陰影中高高聳立在眾人之上，以及他在夜晚時從火車上看到的景色。

「你為什麼要畫畫呢？」

「好打發時間啊！也讓我的手指筋骨鬆動鬆動。說不定等我們回到村子之後，這些圖畫都可以運用在陶器上。」

「都是我們在這裡看到的東西麼。」盧努打量周圍，然後又看著那些素描。

「每樣東西都有一種美，或是某種我想記住的東西，就如同你的小馬也一樣。」米圖一面很刻意地把他描繪盧努的那頁掩飾過去，但其實根本沒有必要，因為盧努正小心地把小馬從收藏處取出來，凝望著它。

「那你就畫吧！」她突然冒出了這句話，一面把小馬扔給了米圖。

阿瓏達悌此時走到了那群男人那裡，一直等到他們不得不理會她為止，這才開口問阿信：火車什麼時候會到貝那拉斯？

「今天下午會到，在我們吃午飯之前。」

「我們會不會去那些賣紗麗裝的店鋪？」

「啊！大娘，我看我是攔不住你去那裡的了，恐怕濕婆神也攔你不住。」

「我們會不會有時間看看、買買紗麗裝呢？」

「當然有，明天或者是接下來的那幾天都可以。我們會在貝那拉斯待上四天，會有時間的。」

「貝那拉斯的紗麗裝很貴的。」巴柏拉嘀咕著說。

「可是比起加爾各答的還是便宜。」

「你是要幫小丫頭買結婚穿的紗麗裝嗎？」烏瑪問她。

「對，要是有看中的話。」阿瓏達悌坐了下來，很想跟人聊聊。

「已經定了親嗎？」

「還沒有，可我總得做好準備。」

「要幫這些傻丫頭找個合適的老公，永遠都是件難事。」烏瑪回話說。她和杰德夫一直很貧困，因為兩個兒子都是學生，而且兩個都說不想結婚。烏瑪提醒阿瓏達悌，他兩夫妻想替兒子找老婆有多困難。這兩個女人逐漸成了朋友。她們兩人一個弱不禁風、身體瘦削，但動作很快，雙眼藏在厚厚的鏡片後面；另一個則豐滿健壯，很愛發牢騷。烏瑪就像她丈夫杰德夫一樣，很想改造村子，對兩個學生兒子也望子成龍。阿瓏達悌則很懷念還沒出嫁之前在娘家過的快樂日子，非但生活如意，而且擁有很多套紗麗裝，起碼在她的記憶中有很多套。她不肯讓外孫女到村裡的學校去上學，唯恐這樣一來她就要單獨跟巴柏拉相處了。有時當她忙著做一頓特別的飯菜時，會想到巴柏拉可能是自暴自棄，但大多數時候，她認為巴柏拉是對她感到失望。這兩個女人在村裡的時候完全沒有任何交集，只不過偶爾在井邊碰頭，通常都是聆聽對方抱怨自己的老公。車廂裡有很多村民雖然住得很近，但在村中時卻不相往來，然而此時都聚在一起講起話來，準備在未來的旅程中有福同享，有難同當。

飯做好了送上來，大家安靜地吃著，各吃各的，互不干擾，老婆等著老公先吃完了，她們才開始吃。飯菜不是很豐盛，但比起在村裡吃的份量要多。黎娜覺得這伙食簡直就像是過年過節吃的大餐，巴柏拉抱怨沒有他愛吃的泡菜和甜食。火車經過異常乾旱、坡巒起伏的鄉間。有時可以瞥見煤礦礦坑，像個大地坑疤；有時火車停靠的車站擠上奇裝異服的部落勞工，急著要在火車上找到位子。氣溫上升，風扇又壞了，這個冬天真是灰塵很大。黎娜睡在吊床上；蘇倫德拉邊抽著菸，邊拍拍腰間裝了錢的荷包。阿信本來想看看報紙的，卻很快睡著了。阿米雅又暈車了，躺在鋪位上極力讓自己好過一點，但不管用，她見到娣帕卡走到車尾火爐那裡泡了茶，很小心地放進了一些草藥，那是她自己帶來的，放在行李捆裡面。阿米雅並不是唯一精通治療的人。喝了藥草茶之後，她又躺下。娣帕卡為朋友搧著扇子，一面哼著泰戈爾（Tagore）的一首歌。隨後，阿米雅平靜下來，娣帕卡的扇子也止息了，低垂著頭睡著了。盧努看著這一幕幕的情景，其間不時偷瞧著米圖。

查票員拍著車廂門，把大家都吵醒了：

「起來準備準備，不到半個小時我們就會到那個神聖的城市了。」

沒有什麼東西需要打包收拾的，但是接下來的時間裡，整團人都忙亂著做準備。盧努突然大聲叫道：

「我們要過橋了，恆河在那裡！」

他們守在車窗旁興奮地前呼後喊，因為看到橋了，接著又看到那條大河，低低流過河岸，河邊卻有很多形形色色的船隻。更遠處還可以見到河階，此刻漸近黃昏，河階上點綴很多穿了一身白色的身影。廟塔、現代建築、清真宣禮塔、殘破的王宮等，交織在天際線上。火車過了橋之後，就只能見到窄巷和擁擠的交通。他們來到了鐵軌縱橫的地方，見到前面的火車站。火車停了下來，車廂兩邊的車門都湧出不成人形的旅客，還有患病的香客，大家都奮力往前擠去。等到人潮過了之後，村民這才下了車，集合在一起。阿信先去找站長，要問他下一步該怎麼做？還有在他們逗留期間，車廂要停靠在哪裡？他回來時帶了一個神色匆忙的人，這人拿著一大疊文件，似乎恨不得趕快擺脫這項新責任。他向村民點點頭，叫他們一定得要睡在車廂裡，不可以睡在月台上；他打著手勢指向後面靠近水塔的地方，說車廂可以停靠在那裡，請村民出入不要經由火車站，而要走鐵路調車場的大門。顯然這些村民很不對他的胃口。阿信向他問起有關帶領這團人前往鹿野苑[1]和克久拉霍的安排，這人拿著那疊文件，朝著車站大堂樓上的某個辦公室指揮說：

「這不關我的事，你要去問觀光局的人。」然後很快地走掉了。阿信建議村民先出火車站，到火車站前面的廣場上等他，他要去找觀光局的人。老戴看著阿信離去，摘掉了眼鏡，擦了又擦，然後轉向盧努的老公，那個高個兒、不多話的納倫，對他說：

「我們一定要待在一起，我想他是找不到那個觀光局長官的。」

「我想也是，都這麼晚了。」

「要是接下來沒人管我們的話，那怎麼辦？」

「回去照樣耕田嘍！」納倫向村民招招手，示意他們跟著走，杰德夫走在他的旁邊，揮著雨傘當隊旗。他們兩兩並排著走，才走了沒多遠，娣帕卡便開始唱起一首耳熟能詳的漁夫之歌。於是走起路來覺得輕鬆許多，他們露出了愉快的笑容，別的旅客紛紛駐足，看著這支奇怪的隊伍走過。阿信從樓上的一處陽台現身出來，向下眺望，也面露笑容：

「他們會安排的，他們真的會安排的。」他一面想著，一面更堅決地拍著辦公室的門。最後有個清潔女工經過，告訴他所有的職員都下班了。阿信在走廊上坐了下來，攤開地圖。過了一會兒，他把地圖折好，站起身來找通路往外面廣場走去。村民正在吃熱騰騰的油炸食物，雖然還沒看見他們吃的是什麼，但老遠的就嗅到了那股濃烈的氣味。

「小老弟，接下來做什麼？我們可不可以走去大河階那裡沐浴？他們准不准耕田的人去？」

「明天一大早我們再去，有船可以帶我們遊河的。現在我們先徒步到濕婆神廟（Viswanath）那兒，可是我不知道要怎樣保持大家不走丟？」

「剛才是納倫帶頭，因為他個子最高，大家則用唱歌來配合腳步的速度。現在我們也可以照做。」

「阿信，我們往哪兒走？」

「咱們上路吧！往哪兒走？往哪個方向？」

他們毫不遲疑地動身了，一邊唱著歌，兩腿本來因為坐久了很累，但此時村中的勞動曲韻讓他們消除了疲勞。他們沿著蜿蜒的街道走著，不時停下來，因為阿信要查看地圖。有時見到新奇的廟宇，或者當導遊拿著擴音器對著成群的外國人解說時，他們也會忘了唱歌，彼此議論起來。

沐浴在聖河中

等他們要回去時，納倫大步走在前面，打算幫大家帶路。然而一雙雙眼睛卻都被此城的五光十色迷住了，戀戀不捨，一雙雙手撫摸著紗麗裝、玩偶、美麗雕刻。等到他們從城區中心的小巷裡鑽出來時，天已經完全黑了，可是還有很長的一段路要走，這時很難走在一起，因為天黑而看不到前面帶路的納倫，所以不時有人喊著「等一下，等一下」，以致隊伍要停下來。

「我好害怕。」阿瓏達悌挨近了烏瑪身邊。

「我也有點怕，不過我們很快就會回到火車站的。納倫記性很好，從來不會迷路。」

「淹大水那天晚上，是他把醫生帶到家裡來的，對不對？那時他兒子得了霍亂。」

「沒錯，他們坐著小筏過河，河水很洶湧，醫生一直在大聲祈禱。」烏瑪哈哈大笑了起來，有幾個人也加入了回憶中。

「總之這人一定是個好醫生，因為他醫好了霍亂。」

「才不呢！不是靠他醫好的，是靠盧努；盧努要兒子喝鹽水，等到醫生來的時候，他已經好多了。」阿米雅一直忘不了盧努當年做出的這個奇怪決定。

「走吧！各位大娘，我們得往前走了。你們看！蘇倫德拉和納倫跟三輪車夫買了火把，現在我們會好走多了。」

結果又花了一個鐘頭才找到火車站，在找到側門和停靠在水塔旁邊的車廂之前，這中間亂騰騰了很久，不少人走丟了。起初車站警衛不讓他們進去，然而黎娜繪聲繪影地對警衛講起他們祖先的故事，終於博得警衛的笑聲和讚賞，欣然對這位講古者和隨眾讓步。他們回到車廂時，伙夫很生氣，因為他們這麼晚才回來，伙夫跟他們說飯菜都完蛋了，然而陣陣飯菜香卻讓他露了馬腳。

「娣帕卡，你那盤飯菜已經盛好了，快來吃吧！」阿米雅叫她。

「不吃了，阿米雅，太陽已經下山了，現在我不能吃飯。」娣帕卡微笑著，踏著階梯上到車廂，「再說，看了迦尸[2]的恆河，還在神廟裡得到加持，等於已經吃過最好的飲食了。」阿米雅聽了大感震驚，因為她之前根本不知道娣帕卡竟然嚴守做寡婦的規矩。

「可是你總得吃呀！今天熬了一整天，我餓得頭都在痛。」

「那你就趕快去吃，別等飯菜涼了，哪！還有我這份，你也吃了吧！我來幫大家唱晚禱歌。」

娣帕卡安然來到烏瑪姐的遺像前，從紗麗裝的襞褶取出萬壽菊鮮花串成的花環。她把花環套在遺像周圍，然後鞠躬致敬，開始唱了起來。正在吃飯的其他村民此時都停下來看著她的舉動，有些寡婦則縮到暗處去吃飯。熟悉的歌曲和溫柔的歌聲響起之後，消除了眼前的緊張感；村民暗自微笑著低頭吃飯。等到娣帕卡唱完了晚禱歌，稍稍從遺像前退下時，車廂尾卻響起了低沉渾厚的歌聲，嚇了她一跳。她再走過去瞧瞧，認出了阿信的歌聲，那是泰戈爾所作的夜歌，阿信正輪到他該唱的歌詞，他們小時候常在一起對唱這首夜歌。她適時加入了合唱部分，然後從這首曲子又唱起別首曲子，有時還有其他聲音加入合唱，但大多數時候都只聽到他們兩人和諧的歌聲，飄逝到車廂燈光之外的夜空裡。外面聚了一群乞丐，縮在當處傾聽著歌聲，但村民並不知道。最後，阿信唱起了他最喜歡的一首泰戈爾的歌曲，講述漂泊的旅人敲盡外界的門，最後才找到自己的那扇。輕快活潑的孟加拉語歌詞聽來很有新鮮感，為聽者的內心深處帶來了平靜。唱完之後，娣帕卡站起身來打算回到自己的臥鋪去，大家卻喧鬧不停，大聲稱讚著她。她才走到一半，阿信已經迎了上來，緊抓著她的雙手：

「大姊，你唱得真美，你看，我們還沒老，還可以表演唱歌給村子裡的人聽。」

娣帕卡臉紅了，突然顯出年輕、容光煥發的美。她把紗麗的一端拉到頭上蓋住，走到臥鋪隔間裡最暗的角落裡。盧努冷眼看著米圖把這幕都畫了下來，此刻卻偷偷藏起了素描本。納倫一面在盧努旁邊的臥鋪上舒展他的頤長身軀，一面看著老婆。娣帕卡在他們的上鋪梳頭髮，黎娜則悶不吭聲地躺在吊床裡。娣帕卡是納倫的堂親，雖然血緣很近，但過去這麼多年來，他很少把她放在眼裡。人家稱她做「頭腦簡單的娣帕卡」，因為她會問些別人不敢問的問題，而且說些別人不敢說的話，換了別人，只怕如此的問法與說法會被人當作笨蛋。娣帕卡的老公生前就經常笑她，但老公卻去世得太早，未能見到娣帕卡把兒子扶養得很好，也沒能見到那些女兒都成了辛勤工作的母親。納倫的胃咕嚕咕嚕響著，於是他想到娣帕卡一定很餓了，然而卻沒有任何怨言。小時候他們在一起玩耍，即使他扯娣帕卡的頭髮，娣帕卡害怕得要命，她也是從無怨言。

「要你的胃安靜下來。」盧努低低細語著說。儘管壓著嗓門講話，但還是很尖銳，他感到聲音帶著顫抖。他伸出手去，摸到枕頭上盧努的頭部，接著手指輕輕觸到了她臉頰上的淚水。

「怎麼了？老婆。」他悄聲問，手仍然停在她臉上。然而只有沉默，納倫聽得到熟睡旅伴們的沉重呼吸聲。然後盧努粗糙生繭的有力手指抓住了他的手，納倫知道，縱然盧努無法說出在煩些什麼，不過現在卻可以入睡了。他們的手分了開來。盧努轉身蓋上毯子，納倫也伸直了身軀，卻還是醒著。過去這些年來，他常常納悶老婆心裡究竟在想些什麼？她往往很尖刻、愛罵人，可是照顧起他和兒子，卻比村裡任何女人都更溫柔細心。他們兩個都是不愛講話的人，大概就是因為如此，所以他們父母才幫他們定了親。現在看到她掉淚，讓他感到心痛。他翻身撐起，又在黑暗中見到她的臉，她正在熟睡中，納倫很小心不去驚醒她，輕輕拭掉了她臉上和脖子上的淚水，拉高毯子幫她蓋好。盧努在睡夢中有點不寧，納倫停下舉動，等到她恢復靜止狀態，他才起身，慢慢走到隔間通往走道的門口。大家都在睡覺。他赤腳摸索著金屬地板走到車尾去，實在很冷。他就像村裡的狗一樣，在溜出車門、踏下車廂階梯、踩到外面的煤渣地面上之前，先用鼻子嗅嗅。往前跨了幾步之後，他來到調車場的圍牆旁邊，靠著牆蹲下，燃起了一支土菸。黎娜見到火柴光而找到了他。

「大娘，你像個鬼影一樣走過來，小心可千萬別把我給嚇死了，回頭我變鬼來纏著你。」納倫調侃她說。他們是老朋友了，兩人經常睡不著覺，不時無意中在黑暗裡碰到。黎娜是盧努的小阿姨，她很疼這個難纏的外甥女，外甥女也很喜歡她。黎娜跟不愛講話的納倫反而能夠談得來。

「盧努心很亂。」黎娜在納倫身邊蹲下。

「是啊！」

「你得叫米圖幫幫她。」

「叫米圖幫她？她需要米圖幫忙嗎？」納倫知道黎娜要給他的答案會很敏感，可是他倒不像其他人那麼怕聽黎娜講的話。

「盧努想要像米圖一樣在本子上畫畫。」

「你是說像畫孟加拉粉彩（alpana）畫？」

「對，只不過並不是反覆畫同樣的東西。」

「不可能，她從來都不喜歡那玩意。」

「我姊姊還活著的時候，盧努學過一段時間畫畫，那時候在招商局有個老師在教畫。」

「可是她說她們只畫過孟加拉粉彩畫，還有刺繡和女紅之類。米圖現在做這些嗎？」

「不，米圖只畫畫。」

「哎，我明白了，她說米圖畫了我孫子的那隻小木馬。這孩子忘了小馬，以後會難過的，那是盧努上次收成時做給他的。」他靜靜抽著菸，不再說什麼了。黎娜知道他會看時機設法幫盧努的。她望望調車場周圍，留意到附近睡著一些乞丐，於是又開口了：

「奇怪，來到迦尸卻老想著那些外國人。」

「你是說我們今天傍晚見到的那些？」

「對，而且是在廟裡。」

「你在加爾各答見過別的外國人。」

「那些人不一樣，那些是吃迷幻藥的傻瓜。今天這些人很不一樣。」

「可是我們也見到一些很骯髒的外國人，穿著從市集買來的衣服。」

「話雖這麼說，可是他們看起來還是不一樣。」

「你倒說說看。」

「我說不上來，我還沒搞懂。大概我是太老了。」

「這可是我頭一回聽你認老。」

「在老眼看來，外國人是很奇怪的，比恆河上空的神聖星星還要奇怪。」

「走吧！愈來愈冷了。」納倫帶頭走回車廂裡，兩人悄悄回到臥鋪去睡覺。這個高個子男人留意到黎娜的那條舊披肩很單薄，她睡在吊床上，就只蓋著這條披肩，因此想起了哈里斯昌德拉跟他講過橋上老頭的故事。他入了夢鄉，頻頻作夢。好幾次，火車的啟動聲和汽笛聲驚醒了這些熟睡的人。天快亮之前，外面的狗正開始四下搜尋食物、相互嚎吠，蘇倫德拉已經起身在車廂裡走動，當他來到阿信身邊，彎下腰想要叫醒這個比他年輕的人時，卻見到那張疲憊的臉，於是打消了主意。

「反正我們已經等了一輩子要去恆河洗脫罪孽，再多等一天也沒什麼兩樣，這添不了多少罪孽的。」蘇倫德拉暗笑自己。照說平時的此刻，他已經鬧醒了他的水牛，出門下田幹活了。

他望天尋思，不知今年的雨水是否充足？他回到自己的臥鋪，從行李捆抽出了一些衣物，走到外面昏暗的清晨裡。伙夫發現他在洗自己的衣服。

「這像什麼話啊？老頭，你居然做起洗衣婦的工作來了？」

「別嚷嚷，呆瓜，大家都還在睡覺呢！」蘇倫德拉猛地把頭扭向車廂示意說。

「你卻不睡覺。」

「不睡了，平常這時我已經下田幹活了。人總不能因為新的習慣而壞了老骨頭。」

「這麼說來，你以前是不是都自己洗衣服？」

「有時候媳婦幫我洗，我自己也不介意洗衣服，洗好了在太陽底下曬曬就乾了，還帶有露水和泥土的氣息。」

「喲，他是個農夫、洗衣婦，這會兒又成了詩人了。下回我大概會發現他成了妖魔。」伙夫伸出茶壺裝滿了水。

「你會第一個發現的，小子。你告訴我，這水能不能生喝？」蘇倫德拉對於水塔的水很本能地感到不信賴。

「車站的警衛說是可以的，但我還是會燒開，讓水滾久一點，這樣比較保險。」

「凡是吃的還有喝的水，千萬別信人家說的話，你得記住，我們現在離開孟加拉邦在外，凡事得留神點。」蘇倫德拉走到一塊野草和綠草遍生的空地上，用熟練的手法把洗好的衣服攤在上面，然後在晨霧中開始梳洗。車廂裡開始有動靜了，有些女人見到蘇倫德拉在晾衣服，很快地也拿了她們的衣物出來。沒多久，調車場邊緣就晾滿了五顏六色、濕漉漉的衣物。太陽還沒升起之前，阿信就從車廂裡出來，匆匆走進車站裡。烏瑪急急離開了火車，沒多久就帶了一群掃地工人回來，他們很快地就把車廂裡的兩間廁所打掃乾淨，讓所有人都鬆了口氣。

「烏瑪，你在哪裡找到這些人的？」杰德夫很訝異她竟然獨自行動。

「到車站的廁所呀！不然還到哪裡去找？」

「他們還會不會再來？」

「會的，我叫他們每天早晚都來打掃一趟，我們在這裡的幾天裡，天天都要來。」

「為什麼要每天兩次？我們村裡都是每天一次的。」

「我們總共有四十六個人，只有兩間廁所，一定要保持乾淨，不然會生病的。」

「萬一我們生病的話，我看你會要我們大家排隊，好讓一個不認識的醫生給我們打針，對不？」

「那當然。」烏瑪很正經地說，其實杰德夫是在開她玩笑，可是卻明白烏瑪這麼做是對的。

「走吧！快走吧！你們準備好了沒有？我們要到河邊迎接黎明。」阿信興高采烈地帶了一個穿藍制服的人回來。根本就不需要多做解釋，車廂迅速一空，所有村民都匆匆跟著阿信和那個車站職員的腳步出發了。納倫和蘇倫德拉走在一起，米圖走在後面，三人費了不少勁才能讓巴柏拉和阿瓏達悌跟上大隊。這兩夫妻還在為了一件阿瓏達悌認定要買的紗麗裝的價錢兒爭吵不休。前一晚臨睡前，他倆就在為此爭吵了，即使現在要到恆河去洗淨罪孽，也無法讓這兩人暫時拋開這事。最後他們把蘇倫德拉惹煩了，蘇倫德拉打著手勢，要納倫和米圖從前面包圍住這對夫妻。

「我們現在要往前走，你們兩個也是，我們可不想錯過黎明的加持。你們兩個這麼愛吵嘴，恐怕連恆河也救不了你們。」說完之後，三個男人邁步往前走去，跟上了大隊。巴柏拉馬上拔腿追上去，經過那些生氣的人，一直來到村民中間。阿瓏達悌也氣喘吁吁地追上了蘇倫德拉，那時這三人正停下腳步，先讓一輛巴士經過廣場。

「別丟下我，別丟下我。」她懇求著。這回又是阿米雅過來，領著阿瓏達悌跟著她走，按照她的速度前進。才一轉眼工夫，阿信和鐵路局職員已經領著他們鑽進了一條小過道，出了過道就來到一處長形平台，下方就是河階，恆河出現在他們眼前。對岸出現了黃色曙光，乍現的陽光正映在河水中央。他們不約而同地高舉雙手，唸著太陽讚頌辭。接著，就像沿岸其他幾百個人一樣，慢慢走下河階，走進河水中，彎身用雙手掬水到頭上，讓水從頭淋下，流過他們的臉。人人按照自己的方式進行沐浴儀式，看著前方在水中帶頭的祭司。等到結束儀式動作之後，他們站著，滿懷敬畏地看著曙光照在他們的身上，以空前未有的形式賜福給他們、溫暖他們，並向他們致意。有些村民上岸坐在河階上，看著其他的陌生人，有些則繼續在河中重複著儀式，為家中某個人祈福。黎娜默誦著前一晚講過的故事內容，如魚得水，然後才出水上岸，到平台上去曬乾自己。過了一段時間之後，有兩艘船駛近前來，靠近他們所在的岸邊，兩艘長舟都有帆布棚。阿信向他們解釋說，這兩艘船會帶著他們遊城一周。他們渾身滴水地上了船，當船夫撐篙離岸，划向河中央時，大家都牢牢地盯著看。然後他們回頭望向岸邊；接下來的那個鐘頭，他們全被眼前一幕幕的異鄉景色給迷住了。

河階滿是上上下下的人潮，此刻在黎明中更是朝氣蓬勃。他們剛離開的那處河階此時已擠滿了生面孔，不過他們卻是過了好一會兒才看出來的。就在兩艘船離了岸邊撐向遠處時，村民見到有一群祭司正魚貫步下河階，每人都帶了一把收攏的傘，挽起下襬走過河階的潮濕處，莊嚴肅穆地一直往河中走去，那堆留在岸上的雨傘和旁邊河階上的火葬柴堆倒頗神似。旁邊那處河階是主要的火葬場，城裡的死者在此火化之後，骨灰就灑到這條聖河裡。有三個小家庭已經分別等在裹住屍布的遺體旁邊，有個祭司在靠近三具遺體的地方坐下，有人竭力點燃了第一把火，其中一具遺體被人挪動向前，火焰蔓延到遺體上，在遺體上躍動。村民發出嘆息。整整一個鐘頭，他們坐著船緩緩經過在河邊沐浴的人，卻百看不厭。蘇倫德拉跟黎娜開玩笑說，她們這些女人趁著站在祈禱的地方，順便也洗了身上的紗麗裝。老戴見到有一群祭司坐在陽光下的河階上睡著了，他很欣賞那種恬然安適，哪知卻招來大家對他揶揄。最後，船夫開始朝著一處河岸撐去，河邊有個牧童正在洗他的水牛。那群黑色畜生很不老實，當這兩艘滿載乘客的船出現在牠們的後方時，牛群竟然分成兩批，有一批更朝著下游游去，一面還咆哮著。那個牧童在水裡跳腳，對著村民尖叫，蘇倫德拉、納倫和其他六個人見勢，立即從船上躍入水中。非常老練又像兒戲似的把那些畜生趕在一起，然後又趕上了岸。他們可是玩得開心極了，爬上岸之後，又責怪了那個牧童半天，說他沒有好好照顧這些畜生，一面指著其中一條腿上長瘡的水牛，還有一條水牛的眼睛受到了感染。牧童趕著牛群吆喝著走遠了。

岸上的乞丐正燃著火堆，他們催這幾個農夫去火堆旁邊烤乾身子，這幾個人照做了，還跟這些乞丐主人家說說笑笑。這裡的二月天比孟加拉邦要冷多了，儘管有陽光和風曬乾、吹乾沐浴者，但是他們上岸循著水牛群走過的小路去跟阿信和導遊碰頭時，還是冷得渾身發抖。

【注釋】

1　鹿野苑（Sarnath）：印度瓦拉納西以北的佛教遺址。相傳為釋迦牟尼成道後第一次說法處，有佛塔及西元前三世紀孔雀王朝阿育王所立的獅形柱頭紀念柱。

2　迦尸（Kasi）：貝那拉斯（即瓦拉納西）古名。

第三章

疑懼與外國人

村民終於來到巴士停靠的廣場，大家都餓了，也被城市的塵囂嚇怕了。阿信建議大家找一家飯館吃飯，然後再去鹿野苑，哪知，不但阿米雅對這個主意恐懼萬分，其他人也是，阿信面對生氣的眾人，發現自己孤掌難鳴。很多村民自從離開村子以來，一路上大多安安靜靜的、或是乖乖睡覺，這時卻忽然大吵大鬧起來，只為了這個有違他們習俗的大不韙提議，而不惜跟這位溫文的教師翻臉。阿信苦口婆心解釋說，路程很遠，而且他也不敢保證到了那裡會找到吃的。

「我們在村裡的時候，規矩是不吃陌生人的東西，到了這裡我們也要按照規矩來。」

「我們可以捱到火車上，再吃伙夫做的飯菜。」

「他也不是我們村裡的人。」

「可是我們認得他。」

「別再講這些廢話了。我們不吃就是，直接去坐巴士。」

「阿信，巴士什麼時候開出？」小烏瑪趁村民紛紛上車時，向阿信問道。

「一個鐘頭之內。」阿信被村民的固執已見打敗了，想到以後還會沒完沒了，簡直要垮掉。

「跟我來。」烏瑪領著杰德夫、盧努和納倫，消逝在人潮中。他們沿著來時路往回走。阿信說服了其他村民，要他們待在巴士上，他自己則在車外踱步。等見到那幾個人回來時，他和司機不由得哈哈大笑。這四人每個都提了很大的籃子，籃裡堆滿了水果。納倫手提一只大茶壺，壺身撞得凹凸不平，一邊還冒著蒸騰的熱氣。盧努頭頂著一個大籃，等他們走近巴士，村民才見到籃裡擺滿了小陶杯，還是剛從陶匠那裡買來的。烏瑪的披肩綁了一個鼓脹包裹，包裹搖晃得太厲害時，幾乎要把她給撞倒。

「你們從哪裡弄來這些吃的？」

「這是煮過的？還是可以就這樣吃？」
「你們怎麼有錢買這麼多東西？」
「我們是不是也要像在火車上一樣，喝完茶把杯子摔爛？」
「我們是不是要等你還掉茶壺？」
「快告訴我們，快告訴我們，你們買了些什麼？」
「我把茶壺買了下來，以後不管到哪裡，我們都可以自己燒茶。」
「不要摔爛杯子，把杯子綁在披肩、或者紗麗的一頭。」
「哪，把水果傳給大家吃。」
「烏瑪的那個包袱裡是什麼？」
「你們看，這是我們偶爾在過節吃的清真麵餅，瞧，還是熱的呢！那個伙夫會講孟加拉話，他是穆席達巴德（Murshidabad）人。」

村民飽餐了一頓，不過這幾個供應飲食的人很有智慧，籃子裡還留了很多，所以不用擔心待會兒再有人叫肚子餓。巴士司機開車上路了，烏瑪這時才告訴阿信，從恆河走來的路上，曾經見到市場，他們就是回到其中一個市場買的。她笑著敘述納倫如何從一個辦公室小弟那裡買來這個大茶壺。這茶壺本來是某些打瞌睡的職員差遣辦公室小弟去提的。那個小弟原本很不願意將它賣掉，但是納倫鼓起如簧之舌，跟小弟解釋說，把茶壺賣給這些朝聖香客，他會積陰德；況且，不提茶回去給那些職員，可以讓他們工作更勤奮些，而不會因為喝茶偷懶。結果就在一陣哈哈大笑之中，辦公室小弟把那壺茶賣給了納倫。盧努在市場見到一個陶匠擺攤，於是當機立斷，買了夠大家用的杯子，老闆都傻了眼。阿信問他們錢從哪裡來的？烏瑪顯得很驚訝。

「嗄？當然是杰德夫口袋裡掏出來的，他說他負責保管一部分烏瑪姐給的錢，用來支付路上的開銷，我們當然應該用這筆錢來買吃的，不是嗎？」

阿信眨眨眼，「那當然，你們做得很對。杰德夫，我得要記帳，你們總共花了多少錢？」杰德夫把金額告訴他，穿藍制服的導遊聽完吹了聲口哨。

「朋友，你在村裡一定是很會講價的人。你花的錢是我們在貝那拉斯買水果的一半。」

「那你們每天都被人騙了，因為這些東西就只值我們付出的這個價錢。那個人開的價碼，盧努根本就不理，等到她覺得價錢合理了，她才接受。」

鹿野苑聽法

巴士載著他們經過市區，車速很慢，因為早上交通擁擠，腳踏車又多，不管巴士如何求情，那些腳踏車都不肯讓路。後來車子終於駛經大聚落，那些聚落看起來都像村莊。早上已經過了大半，他們還是沒有暖和過來，於是要求導遊和阿信講講鹿野苑，好讓他們分散注意力，減低難受的感覺。

阿信很簡要地向他們提及佛祖的故事，釋迦牟尼就是在鹿野苑首次說法的。起初，村民似乎頗為狐疑，等到黎娜指出他們都聽過大象撫養失怙牛犢、獅子與老鼠的故事，大家這才恍然大悟。

「這些都是佛祖講的故事，就是在這裡說法的那位佛祖。我們要去看他宣揚法輪的所在，還有他對法輪的正見。」黎娜往前走，準備下車。

「可是我們又不知道什麼法輪，也不知道他說過什麼法。」有幾個村民抱怨著說。

在中午的大太陽下，村民見到一團耀眼的橘黃色，過了好一會兒才看清楚，原來那是個修行僧侶之類的人物。這人跟他們在村裡見過的僧侶都不一樣；頭是不久前才剃光的，個子矮小，大概因為千里跋涉，吃得又少，所以人很精瘦。身披袈裟，顏色鮮明，跟露出的一肩深褐膚色恰成對比。導遊花了很長的時間，講解佛塔的歷史背景，然而從頭到尾，村民卻都望向那個奇怪的人。等到講解完畢，村民最先問起的，就是這個奇怪的出家人。

「這個出家人為什麼來這裡的佛塔？」

「他坐在這個佛祖說法的地方之前，已經走遍了大半個印度。」導遊回答。

「我們可不可以去跟他講話？」

「當然可以，他喜歡跟來這裡的人見見面。」

娣帕卡帶頭走過那些平壇，去跟素昧平生的出家人見面，她向來對此最是熱心。很多村民都在笑她，也有幾個村民索性靠著曬熱的石頭睡起覺來，懶得再聽長篇大論。娣帕卡含羞地向那位僧人鞠躬行禮，對方報以微笑。跟在娣帕卡身後的村民湊上前來，娣帕卡則略為退後，跟他們站在一起。阿信問這人，村民可不可以跟他講講話？那個陌生人用英語回答，他很樂意跟這一大群朝聖香客談談。

「我們不是來朝聖的佛教徒。」尼爾瑪堅持說。

「人家說你是從斯里蘭卡來的，那是惡魔拉摩那（Ravana）的老家。」哈里斯昌德拉吞吞吐吐地努力講出了英文。

「不是，我的老家是在東邊的泰國。我渡海到斯里蘭卡，去跟那裡的和尚談談。」

「你在老家的時候，是不是專門幫某個家族舉行儀式的祭司？」

「不是，不是，」那僧侶微笑了。「我是在曼谷一家寺院裡修行，學習佛法的。我幫那些來拜佛的人寫禱辭。」

「可是你也有個化緣的缽。」

「對，我也是來這裡朝聖的，不過就算在我自己的國家裡，我們出家人也一定要化緣。」

「所以出家人的肚皮老是空空的。」

阿信把這話翻譯給和尚聽，他呵呵笑開了，村民很高興，不過他們倒是笑得頗為緊張。這人調整一下坐姿之後，就開始慢慢跟村民講起佛祖來。日正當中，這處中庭相當熱，大部分的聽眾都很快打起瞌睡。娣帕卡和少數幾個很用心聽著，等到這個年輕人的聲音漸漸疲乏時，他們感到十分遺憾。這個和尚終於起身，取了他的僧杖。

「你要走了嗎？」娣帕卡用英文說，這讓阿信驚訝萬分。

「你，還有你朋友都該休息了。聽佛法是很累的。」

「你走之前能不能為我們加持？」尼爾瑪和阿米雅對娣帕卡這個要求感到很震驚，很不以為然，然而那個老婦卻很認真。

「我很樂意盡我所能為你加持。」和尚說完，鞠了個躬，泰然邁步走過石頭，逐漸遠去，只聽到袈裟飄揚的颯颯聲，在岩石之間輕輕迴響。

「娣帕卡，你為什麼要臨時起意，去信別的神明？你不該要求別地方的祭司為你加持的。」

「他看起來是個單純的人，我也很單純，所以說不定他的加持對我正好。」

「娣帕卡，我忘了你還學過英文呢！」

「還不止她一個。」黎娜咧嘴笑著，也用外國話講起來。「阿米雅和蘇倫德拉應該也會說一點，因為以前我們都在河邊那棟大屋裡學過。」

「你還記得英文嗎？」阿信轉而問蘇倫德拉。

「一點點，一點點。」老農回答說，看著周圍這些念過書的老頭一臉迷惑，他感到很樂。

「我們去把那些睡覺的叫起來，多看看這地方。我們已經聽聞佛法了，現在就去悟道吧！」蘇倫德拉一面開玩笑，一面看看周圍。「那是什麼地方？」

導遊說：「那是博物館。」

「博物館？是不是跟加爾各答的那個博物館一樣，裡面有很多雕像和圖畫？」米圖一聽，馬上醒了，立刻起勁地站起身來。

「對，對，這個博物館裡面的東西都是鹿野苑出土的，大約都是佛祖那個時代的文物。」導遊開始領著村民往那座建築物走去。那些睡著的村民拖了好久才醒來，勉強起身，走到導遊等候他們的地方。米圖早已進了博物館大廳，雖然迫不及待，卻又覺得獨自參觀不太好。後來阿信和導遊終於來了，村民也跟著他們瀏覽一個個的陳列櫃，看著一尊又一尊的雕像。米圖描摹一尊微笑青年的石雕頭像，由於雕得非常生動，那微笑栩栩如生。這個陶匠走在導遊前面，經過一個個陳列櫃，直到賞遍所有輝煌古物之後，他們又在外面集合了。

「你有沒有看到從前那些女人戴的珠寶首飾？」阿瓏達悌驚奇地說。

「有沒有看到從前人的貨幣上面還寫了字？」

「米圖，以前那些陶匠怎麼做得出那樣的造型，現在我們的廟裡卻沒什麼看頭？」

「我不知道。一定是那時候的神明雕出來的，不是陶匠塑造的。」

「佛陀本來是個王子，你有沒有看到他年輕時穿金戴銀的？唉！後來竟然出家做和尚了。他媽媽一定很痛心。」烏瑪嘆息著說。

「不過，烏瑪，話說回來，有這樣一個成佛的兒子也是無上光榮。」

「剛開始的時候才不咧！而是他名氣大了以後才是。」

「在這個聖地上可不要亂講話。」

「這裡才不是聖地呢，只是佛祖第一次說法的地方。」

「對別人來說是聖地。」

「在我們來說卻不是。」

「你講給我們聽，阿信，講講從前人可以讓石頭活過來的事。」米圖請求說。

「不了，別再說教，我已經聽夠了。我們回巴士去吧！太陽已經開始往下沉了。聽完這些聖人的事讓我渾身作痛。」巴柏拉打著手勢，指著已經拖長的影子，村民這才曉得這天過得有多快。他們慢慢走過廣場，經過那些花園，不時回頭張望某些新鮮事物，娣帕卡的目光老是在搜尋那個和尚。然後不知怎地，他們已經全部上了車、數過人頭，離開了這個城鎮。

等他們回到貝那拉斯，熙來攘往的市區正陷入落日餘暉當中。民眾紛紛外出，趁著黃昏時刻散步，擁擠的交通正忙著運送下班回家的人。小店周圍亮起燈光，街上擠滿小販，喧譁噪音、五光十色，使得剛剛經歷了一下午寧靜的村民感到很吃不消。他們從巴士總站走了很長的路，才回到火車站，但很快找到車廂，大家都很高興。伙夫等在車門階梯上。天很冷，當伙夫裝好熱騰騰的飯菜給他們時，人人滿懷著感激。娣帕卡看看暮色，正想著該不該吃飯，這時阿米雅走上前來，指著說：

「你看，太陽還沒有完全下沉，還掛在尖塔上，你快過來吃飯吧！」娣帕卡先帶頭做過晚禱，然後也吃起飯來。吃過飯後，大夥安靜地聊了一會兒，但在阿信還沒來得及取出公文以前，村民就已經準備睡覺了。阿信去跟蘇倫德拉一起。

「明天我們做什麼？」

「去看更多的神廟，然後參觀大學，我想。」這個累壞的老師說。

「幹麼去參觀大學？我們只是種田的，又不是讀書人。」

「沒錯，不過那地方有很多書。很多人都去那裡研習梵文和古老的傳說。」

「這麼說來，黎娜一定會很開心的。」蘇倫德拉向阿信行過禮後，就去睡了。阿信坐著，藉著守夜人的燈籠光線，記下要點事項。吃東西會成問題；村民在外觀光時，不能老是靠著吃水果和喝茶來維持體力，才剛過兩天而已，有些人看來已經老了些，臉色也不好看。這該怎麼辦才好？阿信拿起了念珠，想起他和娣帕卡合唱的時刻。怪的是，她並不像他那樣會對所唱的歌產生冥想，難道是她已經從祈禱和加持中獲得心靜？阿信想到她極力想找到新的禮拜詞，想到他自己的落寞。或許她每次的祈禱都有些真理在其中吧。說不定這是她的慰藉。可是他在腦裡懷想著拉加[1]樂曲時，不也找到了同樣的真理？同樣最超凡入聖的道，不也在他裡面和諧運行？阿信收縮肌肉、深深呼氣，感到第一個拉加音符開始在他的內在深處悠然響起。他闔上雙眼，這種內在的音樂為他注入了力量和平靜，彷彿充電一般。

車廂裡還有哈里斯昌德拉，也試著要聽到這種心籟，結果卻不然，只好在妒羨與寂寥之中逐漸入睡。在這個城市的另一處，那個做了整天地陪的職員，正在告訴妻子有關這個奇怪遊客團的事，團員都是窮苦村民，這天還在恆河裡幫人趕水牛，後來又到市場花很少的錢買水果，接著又要一個來自海外的和尚加持。

「老公，他們一定是在故意耍你，」她責怪說，「有錢人才會環遊印度，而且又這麼笨拙。明天你得跟他們收費才行。」

尋求悟道解脫

天還沒亮，蘇倫德拉就醒了，卻發現娣帕卡和黎娜已經在水龍頭下洗衣服。阿米雅跟在蘇倫德拉後面，下了車廂，走到露水和黑暗中。

「蘇倫德拉，你還記得到河邊的路怎麼走嗎？」

「記得，不怎麼遠。」

「你現在能不能帶我們去？」

「說真的，為什麼？你們昨天不是已經在恆河沐浴過了嗎？」

「我們要趁著在這裡的時候，每天清晨都去一趟。」

「我會帶你們去的。其他人也想去嗎？」

阿米雅回到車廂上，沒多久又回來了，後面跟著睡眼惺忪的隊伍。她把村裡的寡婦都叫醒了，還有兩個上了年紀的老師——尼爾瑪和班金，平時他們在村廟裡負責唸經。到目前為止，他們兩個在旅行時只管祈禱，極盡袖手旁觀之能事。阿米雅認為他們既可惡又不肯承擔責任；她無法原諒這兩人什麼事都不做。寒氣逼人，這些後來的人在水龍頭下梳洗，忽見黎娜從車站走來，提了熱氣騰騰的茶壺，都感到很訝異。

「黎娜，你從哪裡弄來的茶水？」

「從車站督察的辦公室裡。用一個蛇王子的故事換來的，講故事的時間剛好可以把茶燒開。」

「天亮了，走吧！我們得趕快。」

蘇倫德拉領著他們，沿著黑暗的牆根走，一直來到車站前的廣場，那裡群集了三輪車，像等著攫取獵物的猛禽。昏暗的光線包圍著這幫人。他們彼此靠著走，身上的披肩曾經溫暖過許多兒孫的身軀，此時卻嫌太薄而無法溫暖老骨頭。每個人手裡都提了個小水壺。由於寒冷刺骨，所以人人都不想講話，只是快步跟著蘇倫德拉走，一心想著前面要做的事。等來到河階高處的小巷時，他們停下步來，脫掉輕便涼鞋或拖鞋。然後繼續走向前方的高台上，俯瞰恆河。這天早上，沿河浮著一層薄霧。隨著天空由紫轉綠，又轉為淺紅色，這時薄霧才漸漸散去，露出了河面。水面捲著白浪花，村民看得入迷。當太陽橙黃色的光環甫露出部分時，他們走下河階，莊嚴肅穆地在水中站成一排。接著，太陽突然升了上來，要人向它致敬。在還沒結束第一輪的祈禱之前，村民已經沐浴在陽光之中。最後那層霧氣也終於升起，謝幕並且告退。恆河戲弄著沿岸肅穆祈禱的人影。剎那間，已是清晨了。村民聽見後方與高處逐漸傳來城市甦醒的聲響，從嚎叫轉成吠叫，再轉成互鬥的吼聲。蘇倫德拉本來看著水中的村民，這時走下河階，匆匆對太陽祈禱了一番，把頭往水中一浸，然後問尼爾瑪：

「我們現在是不是該走了？我們不想要讓那些留在車裡的人窮緊張吧？而且不能被丟下來。」

「不，不，老天，我還得做完一個禱告。」

這些老人緩緩地上了岸，依依不捨地回顧恆河之後，就消逝在朝聖人群之中。沒多久，他們就回到車站，來到車廂，發現阿信正擔心不已。早餐已經準備好，衣服也都洗好了，正在滴水晾乾。他們解釋行蹤始末，阿信偷偷對這些虔誠的禮拜者發出尊敬的微笑。他們很快又出發了，交織在人潮之中，一路上走著，不時留意到一家更五花八門的店鋪，一支出殯隊伍，一個編織傳統花環的人。他們穿越迷宮般的小巷，找到一條通往濕婆神妃難近母（Durga）神廟的路，當牆頭驟然出現一窩猴子家族向他們招呼時，把他們嚇了一跳。這是座古廟，在村民眼中可說頗為寒酸。阿米雅停下腳步，觀看一隻正在餵奶的母猴，忽然抬頭望見附近有棟屋子裡，一群外國人正在偷看民眾拜神的情景。她氣得七竅生煙，大罵不已，還對阿信大發雷霆。之所以會這樣，是因為有個外國人舉起了照相機，顯然要拍下阿米雅指著他的畫面。這種放肆之舉嚇住了她，使她為之退縮而從那個窗戶的視線之內跑開。娣帕卡走了過去，設法讓她轉移注意力。娣帕卡指著一個賣各種彩粉的小販要她看，因為那個小販把一堆堆的彩粉排成一列，十分悅目地點綴了神廟牆緣。阿米雅不理不睬，也不開口。阿信帶著其他人從廟裡走出來。阿米雅對他問了又問：

「難道他們在自己的國家裡，也花錢去看人家拜神嗎？」

她也一次又一次聽到同樣的回答：

「阿米雅，這我不知道。他們來這裡是為了增長見識，卻不知道他們的舉止對人是種侮辱。」

阿米雅的不開心頗具感染力，整團人也跟著心情渙散，多少也帶點惱怒，大家一起走向通往林木公園的大道。他們離開大馬路，跟著阿信來到層層的階梯。一路上到處都可見到祭司和僧侶，也可看到成群的外國人在拍攝祭司的照片。

「這是座猴神廟。」阿信宣布說。

村民一聽，迫不及待地加快腳步，沿著卵石路往前走。他們都很敬愛那位鼎力襄助羅摩王的猴神，能夠來到猴神廟致敬，大家都感到很興奮，也很開心。阿米雅走得比其他人略為慢些，娣帕卡走在她旁邊，費心地為她溫習猴神的神奇事蹟。一群經常把阿米雅當做榜樣的婦女，都跟著自己朋友走在一起。她們正好走在一對外國青年男女的後面，阿米雅又火冒三丈了。正當娣帕卡想拉著她，趕快走過這兩人身邊時，忽然有個聲音跟這兩個外國人說起話來：

「兩位早，你們喜歡我們的廟宇嗎？」

阿米雅看著這兩人停下腳步。這對青年瞧見打招呼者，是個坐在傘下、矮小乾癟的僧人，正對著他們面露微笑，兩人於是現出一臉困惑表情，停下腳步，欠欠身子等在原地。阿米雅和其他人也停下腳步觀看。

「你在跟我們講英語。」那女孩遲疑地說。

「是的，很久以前我曾經在倫敦做過學生。你們是哪裡人？」

那個男孩答道：「我是美國人，我朋友來自倫敦。」

「你們為什麼來印度呢？」這個矮小的人問。

「我們想要達到……」但他接下去說的話，阿米雅和其他人都聽不懂，哈里斯昌德拉也翻不出來。這個矮小男人朝男孩鞠著躬。

「請見諒，我沒聽懂，請再說一遍。」

男孩臉紅了，說道：「你知道的，達到覺悟境界或解脫。」這些又是奇怪的字眼。

「啊！你是說希望得到天啟，或者按照我們的說法，天人合一。」這位洞明世事的長者把身子靠後坐好，很高興自己聽懂了，但那對男女卻很苦惱。

「不是，不是，我們說的是覺悟、涅槃、四大皆空，就像古書上說的，你知道的。」

「可是覺悟就是領悟天人合一，或者就像你們傳統所說的，認識上帝啊！」這位長者淡然說道。

「不，我們全部學過了，大我和小我，還有證得空性。」

「可是話說回來，小朋友，所謂大我就是宇宙，也就是神，而天人合一就是我們大家所追求的境界。」

「我們曾經在里希蓋什[2]跟過一位上師，」女孩努力解釋，「他說我們得要靜坐，讓自己虛心。」

「對，像個接受神的器皿，也就是天人合一，裡外皆然。」

「不是這樣的，而是要放下人生，這樣我們才能解脫。你知道，出世。」

「可是你們還年輕，人生根本還沒開始，還不到要求解脫的時候。等你們到了我這把年紀，盡了所有職責，然後才能外求解脫。」這長者話鋒一轉。他的聽眾愈來愈多，大家對這番評論都發出贊同的低語。

「我們沒有職責要盡，只想要解脫。」

「你們當然有很多職責要盡：要學習、要工作、要結婚、生兒育女，盡力撫養兒女。等到他們也有了兒女，你們才可以選擇這條路。」

「可是我們根本就不想要這些，也不需要做這些，只想馬上求得解脫。」

「朋友，我不懂『求得解脫』這話怎麼說。我們這裡把覺悟看做是靠著學習、自律和奉獻而得來的。人要獲得解脫，也就是天啟，除了內心覺悟之外，別無外力可藉，也無法藉助別人的心靈。首先你們得要掌握天啟的語言，無論是用我們傳統的一套，還是你們自己那套，接下來則要努力修行，直到能夠達到喜樂的境界。只有藉著工作和不斷了悟，否則是無法修成的。」這個矮小的人用外國語言講著句子，哈里斯昌德拉翻譯得很吃力。

「可是上師不就是做這個的嗎？他幫人解脫，指點人覺悟。在里希蓋什的時候，他們都說這一點也不難的。我們一直在找師父，一起點化我們兩個。」男孩伸出一臂擁住女孩。阿米雅轉頭不看他們。這位長者微微一笑，接著露出哀傷神色，漸漸自顧自地回到內心世界，於是那些印度人知道這場對談已經結束了。那對青年眼見別人紛紛往前走，老人又開始喃喃自語，根本無視於他們，感到大為不解。

「他為什麼不再繼續談下去了？為什麼看起來一臉悲傷？」

這對青年轉而問留在原地的旁觀者，有個表情專注的男人，先看看那位老僧，再看看那個男孩老老實實的一臉困惑，終於說道：

「我想他是唯恐你對前路只有失望，他不希望你們懷著這種失望離開我們的國家。世上沒有通往真理的捷徑。」

「可是我們在沒有達到覺悟境界之前，是不會走的。你們印度人知道很多關於靈性方面的事，還有簡便的解脫方法，所以我們才來這裡的。」

「那我只好祝你們在這裡玩得開心了。不過請你們務必記住：這位在貝那拉斯的僧人也是經過學習的，而且他推崇工作的重要。說不定他以前還是個工程師呢！」那個白領人士走開了，阿米雅和娣帕卡還有其他村民，也跟著那人往小路走。

「這兩個不像那些在神廟附近偷看的外國人。」娣帕卡說。

「是不像，這兩人髒得很。」阿米雅很不喜歡自己像現在這樣，被搞得亂無頭緒。

「而且他們還說沒有職責呢！」阿米雅啐了一口。有人叨叨地說：「他們的家人在哪裡？要是見到自己兒女穿著髒衣服到處亂跑，要尋求解脫，不知道家裡人怎麼想？」

娣帕卡停下腳步，回過頭去，見到那兩個年輕人手牽手走在小路上，看起來好像參加完派對要回家的小孩；淒然、疲累、空虛。

「難怪那長老一副想哭的樣子。」娣帕卡嘆息著。她追上了阿米雅和其他村民，他們正要進到廟裡去，接下來的那個鐘頭，她完全忘了那對青年。等她走出寺廟範圍，有隻猴子過來扯了一下她的紗麗，嚇得她尖叫起來，馬上招來其他人尋她開心。村民聚集在一棵樹下吃水果。阿米雅語帶尖刻地提及那對年輕人，然而哈里斯昌德拉、阿信、黎娜和娣帕卡卻都表示很同情那兩人，對此阿米雅感到很吃驚。

「阿米雅，他們來是為了學習，不是來冒犯我們的。」

「他們很髒，那女孩像男人似的穿條藍長褲。他們為什麼不在自己國家念書學習？」

「說不定他們已經試過了。」

「沒有，他們來這裡就是要偷懶、不洗身體。我們這裡跟他們自己的國家，都有很多事要做的。」阿米雅見到有人同意地點點頭，顯然站在她這邊，於是講起話來就更斬釘截鐵了。

「他們一定很有錢，才能來到這裡，而且又不用做事。飄洋過海來這裡得花多少錢呢？」

「要好幾千盧比呢！」

「看吧！他們根本就在耍我們，跟那些在廟附近偷拍我們拜神的人沒有兩樣。他們明明是有錢人，卻裝做窮人。他們說自己沒有職責，跑來這裡找解脫，要看破紅塵，真是沒腦筋。要是他們在自己國家跳河，還可以少讓幾個人生氣呢，不是嗎？那是最容易達到解脫的方法！」那一刻響起了幾聲很不自在的乾笑，等到阿信催著大家動身去搭巴士時，村民都感到如釋重負。

參觀大學

傍晚還未來臨，所以沒什麼交通流量。儘管冬天寒氣襲人，卻還有很多人睡在人家門口，村民每次見到這樣的人都議論紛紛，及至聽導遊說這些人大部分都是來朝聖的，反應相當驚訝。導遊於是更進一步解釋：由於來這個城市的人很多，所以住宿費用也比別的地方昂貴很多。有幾次他們經過成群外國人，導遊說這些外國人都是來觀光或學習的，而且他們很少自己一個人來。阿信問起前面那些大建築物是什麼地方？

「那就是大學。現在我們得認真學習了，有個教授會來帶你們參觀。」

村民交頭接耳，很不留情地批評導遊帶群鄉下農夫來參觀大學，簡直就是愚蠢。其中有些村民還叫阿米雅注意一群學生：

「這裡也有外國人。你看他們正在那裡走著，一定是來上課的。」

「他們都帶著書本，全部都是。唉！他們一定很有錢。」哈里斯昌德拉嘆息說。

導遊帶著一位紳士迎上前來。起初他用印地語招呼他們，邊鞠躬、邊微笑著，但又突然停住了，看看大家，然後很小心地用英語問：

「原來你們聽不懂。請問你們講什麼話？」

「孟加拉語。」

「啊！孟加拉語。」這人嘴裡馬上冒出了幾句泰戈爾的詩句。村民聽了很開心。這位教授又重新代表大學向他們致一次歡迎詞，並告訴他們，教育才是印度的希望，他們來參觀這所印度最古老也最優秀的學府，可說為所有印度村民豎立了好榜樣。村民本來頗彆扭的，及至聽說這是一所古老學府，這才用心聆聽致詞。等到致詞完畢，有個村民請問教授：為什麼這大學裡有外國人？

「他們從各地來這裡，學習我們的古梵文，也對我們的哲學非常感興趣。通常他們都會在這裡逗留一年左右，然後就得回國，不過這才等於剛入門而已。其中也有很多人是已經學了很多年再來這裡的，他們都是最用功的學生。」

「誰幫他們付學費呢？」

「他們得自己付，不是靠家裡，就是靠獎學金。」

「請問什麼叫做獎學金？」

於是教授邊走邊說，告訴他們什麼叫獎學金、考試、課程，一面把他們帶進一棟建築物裡，裡面有著塵封的氣息。

「這是一棟藏書的房子。」米圖難以置信地瞪大了眼。他們的主人解釋：這叫圖書館，學生來這裡念書或借書；他並且示範怎麼借書。

「可是誰來收書籍費呢？」

「不用，誰都不需要付錢的，需要書的話就來這裡拿，然後再帶回來還，好讓別的學生也可以看。這些書都是圖書館的，不賣的。」

「你們這裡也有圖畫嗎？」盧努幾近悄聲地說。

「有的。」過了一會兒，教授就讓他們看古卷和手抄本，還在其中一卷翻出幾則佛教《本生經》的故事。

「你們看，這裡有隻小象站在公牛腿下的圖，上面寫的內容是……」說著，教授就開始唸起卷上的文字來。

「這可不是我講的大象故事嗎？那頭大象收養的孤兒就是佛祖。」黎娜插嘴說。「哎！天哪！原來早已寫下來了。這圖全部畫出來了。」黎娜順著古卷指下去，村民聚攏過來，靠著桌子，分享她的興奮。黎娜向教授發出連珠炮似的問題：有沒有這個傳說故事？有沒有那個傳說故事？有沒有關於蛇的傳說故事？問得教授無法回答時，就找圖書館員幫忙，然後一起盡力討好這位講古老婦。他們走到另一區，黎娜的嗓門在寂靜的館中顯得特別尖銳。圖書館員的態度一反慣例，而且對於黎娜所知之多嘆為觀止。米圖又開始描繪起來，這回他的手指卻不太聽使喚，因而戰戰兢兢地描摹著大象故事的微形插畫。

「畫得很不錯，」教授對米圖說，「你以前學過畫圖嗎？」

「沒有，我是村裡的陶匠。」

「我老婆以前學過畫。她是村裡畫粉彩畫得最好的人。」納倫的聲音嚇了村民一跳，大家轉過頭去，看著這對夫妻。

「那麼就過來看看畫冊吧！」教授說道，並帶他們到另一個房間裡。這裡的光線好得多，那些書一攤開來，盧努和其他女人馬上就忘了害羞，上前瞧個仔細。

「我可不可以摸一摸？」盧努問教授說。

「當然可以，你可以翻看個夠。」

盧努和米圖站在桌邊看了很久，訝異於眼前突然出現的多樣化。默默不語看了好一陣子之後，開始互相指出某些特別部分，一件服飾、壇場、常見的玩具馬，就像盧努所做的那隻，或者飾有一排鸚鵡圖像的陶壺，就像米圖興許做過的。其他村民跟著教授走到一扇窗戶旁邊，聽他告訴大家哪棟建築是什麼，學生到哪裡吃飯，還有在經費短缺之下，經營大學有多困難。哈里斯昌德拉很仔細地在一大套書和另一大套書之間瀏覽，不時刻意伸手摸摸裝訂，曉得原來世上有這麼多書等著要念，不禁為之瞠目結舌。等到教授要帶他們離開圖書館時，阿信費了不少唇舌才叫得動哈里斯昌德拉、米圖和盧努。哈里斯昌德拉轉而問教授：

「只有學生才能讀這些書嗎？」

「不見得，我們這裡有很多學者都來這城市度過餘生，他們住在旅社裡，來大學讀我們的書籍。」

「學者只不過幾個而已。」哈里斯昌德拉語帶艷羨地說。

「凡真心追求真理又獻身研究的人都是學者。」教授回答說。

「但人就算花上一輩子時間，也不見得能夠從這麼多書裡面找到真理吧？」

「說不定會找到的，要是一開始已經知道一點真理的話。」教授覺得很有意思。黎娜已經站在最下層階梯處叫說：

「走吧！那人說這裡有家書店，只要幾派沙[3]就可以買好幾本故事書了。他說書店也有在賣外國的故事書。」

「等我們參觀完了大學其他部分再逛書店。」

待黎娜和哈里斯昌德拉摸過圖書館員的腳之後，村民才離開圖書館。教授頗難為情，於是力催他們走進另一個大廳裡。

「這些都是教室。」他們走過一條長走廊，看著一間間經過的陰暗房間，還有裡面的一排排椅子、凌亂紙張。接著他們來到一間長而低矮的陋屋裡，裡面排了很多飯桌，教授說這是大學餐廳。

「你是說，不同家庭背景的學生，甚至外國人，都坐在這裡，當著對方面前吃同樣的飯菜？」

「對，還有好幾個伙夫負責煮伙食。大家都在一起吃飯。另外也備有飯菜給那些住旅社的人吃。」

「學生也跟外人住在一個屋簷下嗎？」

「我會帶你們去看的。」

他們離開學生餐廳，一直走到另一棟建築，那裡到處掛著晾曬衣物，喧譁充斥，不絕於耳。教授帶著他們走進一條走廊，步步為營，因為到處都擺了雜七雜八的東西。教授在一間宿舍房門上敲，有個年輕人來應門，這位青年向教授寒暄致意之後，站在當處看著這群陌生人。

「拉克斯曼，他們是從孟加拉邦來的村民，現在正環遊印度，認識教育。他們可不可以參觀你的房間？」教授又轉過去向這群人說：「這位是拉克斯曼，來自波帕爾（Bhopal），他念的是文科，是個好學生。」村民向拉克斯曼鞠躬，使他頗為尷尬。他後退讓出門口，示意請他們進去。這房間本來就很擁擠，擺了一張床、一張書桌和一把椅子，到處都是書籍。床底下露出一口金屬箱子，書桌上方有一幅大地圖，上面用墨水畫了很多星星。每組進到房間的村民都先在門外脫下鞋子，走出房間之前再鞠個躬。輪到哈里斯昌德拉進房間時，他驚訝地盯著那些書籍，不好意思地問那個青年：

「這些書都是你的嗎？」

「大部分都是，有些是從圖書館借來的。」

「你全部都讀過了？」

「喔！都讀過了，有的還不止一遍。」

「你從書上學到什麼？」

這青年被問糊塗了，卻見教授正看著他。

「我從書上學到美麗的梵文，知道在世界其他地方還沒出現字母之前，印度已經有偉大的詩人寫下詩篇了。」

「喔！」這話換來了訝嘆。

「可是你這裡也有報紙。」

「對，我想要了解一切有關政治、還有民主的情況。印度是世界上最大的民主國。」

「民主是什麼？」

這青年看來丈二金剛摸不著頭腦，向教授求援又不得其果，於是只好回答了：

「這是自從我們獨立建國以來就有的，印度是世界上最大的獨立民主國。也是最古老的國家。」

「你為什麼要學習文法？是不是想成為祭司？」

「不，我想當教授。我的家族裡已經有很多祭司了。」

「拉克斯曼想要到波帕爾大學教梵文。」

「那個年輕人念的是什麼？」

「他念的是哲學，另外那個念的是現代文學，他想要去美國。」

村民向這個學生道謝之後，離開了他的宿舍。娣帕卡問阿信：

「貼在他書桌上方的那張奇怪的圖畫是什麼？我從來沒有看過像這樣的神明畫像。」

「那是世界地圖，娣帕卡，藍色部分是海洋，其他各種顏色代表多處陸地。」

「哪個部分是印度？」

「右邊那塊伸到海洋中的紅色三角部分。」

「可是那只不過是很小塊的紅色。」

「世界很大的，但是把所有地方都印在一張紙上時，就顯得很小了。」

「那個年輕人說印度是最大的國家。」

「不是，他說的是最大的民主國。」

「還有別的國家比印度大嗎？」

「有，很多國家都比印度大。」

「那些星星是什麼？」

「我不知道，一定是那個年輕人自己畫上去的。」

「是他畫上去的沒錯，那些都是他讀過的地方。他每讀了一個地方的資料之後，就在地圖上找出這個地方，順便畫個星星。」教授解釋說。

「有沒有只有印上印度的地圖？」蘇倫德拉問。

「有，還有印度區域圖。」

「既然他要念書，實在應該掛張神明畫像，尤其是辯才天女的像。」

後來他們又去參觀了幾棟建築。來到實驗室時，杰德夫見到那些儀器和工具，簡直欣喜若狂。之後，村民終於來到書店，阿信卻得兩次回頭去實驗室叫杰德夫，才把他帶來歸隊。

「你看，阿信，這些東西的重量才等於一粒米。你看這裡，光線透過這玻璃就會出現一道彩虹。你看！你看！」

很多村民都待在書店外面沒有進去，男人抽菸，女人說著東家長西家短。米圖和盧努正看著那些印滿圖畫的書籍，黎娜則在那些書櫃之間轉來轉去，仔細瀏覽那些故事書。蘇倫德拉彎腰翻看一疊紙張，納倫則站在他的身邊。娣帕卡和阿米雅笑著催其他人快點。哈里斯昌德拉翻開一本文字書，隨即倒抽一口冷氣，連聲說：「太小了，太小了。」

教授另外找了一本書給他，並說：

「這本比較容易，你試試看。」

哈里斯昌德拉遲疑地接過這本比較大本的書，發現印刷字體的確比較大，他可以讀得來。巴士來的時候，阿信派蘇倫德拉去把那幾個還在看書的村民叫回來，結果費了一番唇舌才把他們拉上車。村民離去之後，教授獨自站在原地。

「他們都是很單純的人。出錢讓他們做這樣一趟旅行可真浪費，我倒希望能讓我的學生去旅行。」然後就走開了。

紀念品與貼心禮

這次巴士載著他們前往一座大工廠，送他們到那裡下車之後，巴士就搖搖晃晃駛回市區了。

「我們現在要看什麼新鮮事？」

「這是家紡織廠，生產最好的紗麗。」

接下來的幾個小時，女人對著紗麗讚嘆不絕，男人則爬上爬下看著機器，看人操作這些紡織機的訣竅。米圖盡快地素描所見一切，阿瓏達悌簡直就樂昏了。有個房間角落堆了顏色亮麗的羊毛料，就像那個大學生所披的那種。

「這些是什麼？」

「這些是用淘汰的羊毛屑製成的披肩，我們用美國進口的化學原料來染色。在市場上賣的價格大概是十盧比，很多學生都買來圍披。」

蘇倫德拉拿了一條紅色披肩圍在身上，昂首闊步地說：「我是個穿華麗衣服的王子。」

「不過要小心可別變成一條蛇。」黎娜哈哈笑說。

「蘇倫德拉，這披肩暖不暖？」

「很暖，我示範給你看。」然後這個莊稼漢就窩在那堆披肩上面睡著了，其他人這時正在紡織機和店鋪裡逛著。

「我們可以在這裡買到你們的紗麗嗎？」阿瓏達悌迫切地問道。

「在這裡，或者在市區裡的市場都可以買到。」

「來，烏瑪，我們去買紗麗裝。」

「我們還會不會再回來這裡？」

「不會了，明天我們要去看更多的神廟，還要參觀一家印刷廠。」

納倫走了開來，阿信眼見天就要黑了，他們還得自行找路，經由市區回去。於是他開始設法集合村民，然而徒勞無功。隨著夜幕低垂，廠裡的工人要下班了，於是停下工作，關掉機器，還來了個警衛，請他們離去。阿信找到紡織工頭，向他問完路之後，準備要走很長的路回去。工頭聽到村民竟然要走路回火車站，大吃了一驚。他叫阿信等一等，然後衝進辦公室。阿信找到村民所在的店鋪，他們正在裡面翻看著絲織品、繡花拖鞋、柔軟披肩，他又再催他們從店裡出來，踏進外頭的夜色中。納倫和盧努兩人各自帶了個輕便的包袱出來；烏瑪手上則緊抓著一個小包。巴柏拉極盡粗聲惡氣地要阿瓏達悌離開那一堆堆的紗麗，最後終於把她拉走了；仍然在比價的阿瓏達悌，最後還是空手而歸。等到他們全都出了店裡，阿信就開始數人頭，四十五個都到齊了。這時工頭出現了，宣稱可以用公司的貨車送他們到火車站。一輛塗得五顏六色的貨車晃盪到他們面前，村民笑聲不絕地爬上後面的無頂載貨台。阿信再三向工頭道謝，卻換來這樣的婉辭：

「你們是我們的貴賓。」

由於灰塵和噪音很大，無法彼此交談，他們乾坐在貨車後面經過市區，終於回到火車站，見到伙夫正生著氣。吃過飯後，大夥又開始追問：

「你那包袱裡是什麼？你買了什麼？」

小烏瑪首先開口：

「我們替未來的大媳婦買了一件紗麗裝。」她解開那塊絲料，從膝蓋上攤落，宛如漣漪。那是亮麗的粉紅色，有深黃色寬邊。烏瑪從來沒見過這麼華美的東西，所以當別人讚不絕口時，她的手指也不停把弄著紗麗。阿瓏達悌回到臥鋪上，沉著臉說：

「我什麼也沒買，就這樣走掉了。我本來想要買那件有金邊的，村裡除了烏瑪姐之外，沒人穿過有金邊的紗麗裝，可是現在我什麼都沒買到。」她把一肚子火都發洩到巴柏拉身上，後來巴柏拉也不甘示弱地跟她大聲吵起來，直到發現大家都在聽他們吵架，兩人才靜下來。然後蘇倫德拉說：

「我也買了一點東西，但不是跟紡織廠買的。」他從襯衫裡面取出一個小紙包，其他人都圍攏過來，看看裡面有什麼寶貝。

「你們看，這是張地圖，跟那個年輕人拉克斯曼的地圖一樣。」

「不，不一樣的，這張地圖的周圍只有一點點藍色。」

「這是我的印度地圖。」蘇倫德拉顯然很自豪。「阿信哥，我們用你的筆來把旅行過的地方都做個記號，以後每天晚上我都可以在上面做記號，等我們回去以後，大家就可以看到我們到過哪裡。我要把這張地圖掛在媳婦的房子裡。」阿信慢條斯理的從村莊起點開始，很仔細地沿著道路畫到了大鎮，再沿著鐵路線畫到了加爾各答，接著再到貝那拉斯。他停了下來，圍觀的村民馬上要他繼續標出到鹿野苑的路線。哈里斯昌德拉彎身向前，唸出所有他們旅行過的地點。

「嗨，這真是很好的紀念。」米圖很開心，回到自己的臥鋪上，拿出素描簿，努力把村民看地圖的情景畫下來。

「納倫，你買了什麼？」杰德夫拍拍那個鼓脹的包袱問。

「給家人買了那些顏色鮮豔的披肩。他們把披肩給了我，好讓我在這次旅行中披戴。不知道能不能郵寄回去給他們？」

「明天不行，不過後天是我們在這裡的最後一天，我已經想過要讓想買東西的人自由活動。我們可以一起去寄信，或者寄你的包裹。」

「啊呀！寄信！」

「哈里斯昌德拉，你有沒有帶信紙簿？」

「幫我寫一封信給我兒子。」

「我答應過你會從聖城寫信來。」

哈里斯昌德拉在燈下一直忙到很晚。村民一個個上床睡覺去了。阿瓏達悌決心列出一張購物單。娣帕卡正思忖著，不知在圖書館裡捧過一本《薄伽梵歌》[4]之後，是否可以因此蒙福？黎娜冷眼旁觀，只見納倫把其中一包禮物打包好，準備郵寄。及至夜闌人靜，納倫從禮物包裡摸出兩樣小東西，遞給了盧努。

「這是什麼，老公？」

「你也學學米圖，把旅行經過畫成一本紀錄。我買了這些粉彩筆，因為你以前不慣用墨水筆的。」盧努蹙著眉，一心一意看著那本子，裡面有很多白紙，但紙質非常柔軟。接著，她打開另一個盒子，見到盒裡整齊排列著許多彩色筆。她看看納倫，然後挑了其中一支，很小心地在紙張一角畫個記號。詫異了一會兒之後，很快在本子上的第一頁畫了張孟加拉風格的粉彩畫，駕輕就熟繪出熟悉的形式。等到畫完之後，她怯怯地看著納倫。

「對，就像這樣。現在你會畫畫了。很晚了，我們睡吧！」

盧努蓋上神奇的畫筆盒，闔起本子，很小心地放在自己身邊。她轉過去背對納倫，拉上毯子蓋好，希望納倫沒見到她在流淚。然後她聽到黎娜的嘆息聲，知道這個老阿姨看到了經過情形。什麼事情都瞞不過黎娜的。盧努轉過身，卻見納倫不在他的臥鋪上，而是跪在地上，正從禮物包裡拿出一樣東西，她看著他站起身來，打開那件看來像毯子的東西，然後蓋在睡在吊床裡的黎娜身上。

「納倫，這是什麼？」黎娜馬上醒了過來。

「只不過是條披肩，阿姨，你需要一條披肩的，因為你把你那條送給了別人。」納倫躺上床準備睡覺。

「可是納倫，這條是淺紫色的，一個老寡婦要條淺紫色披肩幹麼？你為什麼不買條白色、或者灰色的呢？」

「他們沒生產這類顏色的。」

「阿姨，圖書館那些畫冊裡的講古者，披的是條紫色披肩。」盧努輕輕地說，但這樣一來便揭露了納倫的心思，不免讓納倫心裡犯嘀咕。

「喔呀！說的也是。那我也要披一條紫色的。」於是黎娜笑著就寢。

盧努伸出手去摸到納倫的肩膀。

「老天保佑你，老公。」然後她也翻身入睡了。

失蹤事件

這一晚可真是漫漫長夜，因為阿瓏達悌和阿米雅兩個不停起身嘔吐，鬧得其他人也睡不安穩。到了大清早，同樣的隊伍又出發前往恆河沐浴，但這個黎明是灰暗的，河邊見不到太陽。當這些濕淋淋的禮拜者匆忙回到車廂時，雲層正低壓壓地籠罩住整個城市。他們來到車廂，只有其他幾個人在。他們遲遲才出發，跟在導遊後面再度走向這個城市。這天早上過得很快，到了中午，他們已經站在樹下，仰頭觀看那座西藏式廟宇，那是個現代化的地方，每座山牆上都有奇異的圖像和妖魔鬼怪。這時來了一群遊客和一個帶擴音器的人，就站在村民旁邊，有些外國人對著那些圖像指指點點。阿米雅隨即走開，一面等著別人也離開那些外國人的視線範圍，幾個總是聽從她的婦女依然寸步不離。娣帕卡順著那些外國遊客指指點點的方向望過去，卻發現原來他們正在觀賞男歡女愛的圖像。娣帕卡震驚得倒抽一口冷氣，一時嚇壞了，忙不迭地走到阿米雅那裡去。

「他們真是齷齪，」阿米雅說，「聞不到他們身上有檀香或椰油的氣味。」

「對，他們一定是很骯髒的人，才會造出這種圖像。」娣帕卡回答這話時，腦子裡想的盡是那些男歡女愛的小塑像，還有經常在這類廟宇裡膜拜的神秘山地民族。

「沒錯，他們還把這種相片拿到外國去，讓人家以為我們都是乞丐，舉止跟他們一樣。」

「他們為什麼要製造這樣的圖像呢？」娣帕卡依然苦思不解。

「為什麼？為了要給那些沒來這裡旅行的人看呀！」

「你認為現實生活裡的人真的是這樣嗎？」娣帕卡顯然很吃驚，但不是衝著阿米雅。

「呃，我想這些外國人在感受方面跟我們不一樣，但我認為他們都是這樣表現的。沒錯，我很肯定。」

「可是阿米雅，他們有傭僕的呀！」娣帕卡瞪看著她朋友說。

「對，不過此地的有錢人也有傭僕。」

「有錢人？」

「是啊！他們表現得就像加爾各答那些人一樣，去哪裡都帶著傭僕，替他們拿包裹，用擴音器講話，所有事都插一手，我猜想。」

「所有事？」

「對，他們不親自執行職務的，不像你和我。」

「喔，天哪！那些算是職務嗎？」娣帕卡倒抽一口冷氣，又驚訝又困惑。阿米雅自鳴得意的語調，引起村民的附和。沒有人跟娣帕卡談起她所見到的。阿信和導遊在前面帶路，巴柏拉費了好大的勁才攔住阿瓏達悌，不讓她進到那些紗麗店裡。娣帕卡落在後面，不時回過頭去。黎娜故意落後，跟她走在一起。黎娜已經很自豪地把那條顏色鮮豔的披肩圍在彎腰駝背的肩上。

「娣帕卡，你在煩些什麼？」黎娜突然問。

「你有沒有看到那些外國人對那座廟指指點點的？」

「你是指那些舞孃和男人的小雕像？」

「那些是舞孃嗎？」

「還有什麼樣的人能夠在做那事的時候，還笑嘻嘻表演這麼多花招？」

「廟裡為什麼會有這種圖像？」

「聽那些智者說，這是為了辟邪，像妖魔鬼怪之類的。」

「要真是這樣，應該會有很多廟都有這些東西，但這卻是我第一回見到。」

「你還會見到更多的。說不定當年蓋這些廟的時候，人們有另一種信仰。」

「那些外國人對著這些在拍照。」

「什麼？」

「拿照相機拍照。他們還對著那些圖像指指點點的，我很肯定。」

「唉！當外國人的媽媽一定是很不幸的事。」

「我實在被這種事情嚇壞了，我們趕快跟上別人吧！要咱們守寡的人回想起洞房花燭夜的情景，實在不大好。」娣帕卡加快腳步追上前去，黎娜則表情銳利地跟隨著。

來到林蔭大道盡頭，一路要閃避很多腳踏車，然後村民走進了一棟大建築，裡面有很多間會客室，有個高大的男人正在等他們。這人用孟加拉語致敬之後，示意要他們跟著他走。村民全都很小心地跟隨，因為他帶著他們從龐大屋頂上方的一條窄陽台走過，大屋頂上有很多機器正在運作，轟然的響聲震得整個陽台都感覺得到。過了一段時間之後，機器才停下來，於是這人又帶著大家往下走到機器附近。起初他們見到很多書桌，許多男人正在一張張紙上作業，一面用紅色做出記號。做好之後，就把紙交給另一人，這人管理一部有很多小槓桿的機器，他負責推動這些槓桿。這個機器發出很吵的聲音，最後便有一片小塊灰色金屬從狹長孔中掉出來，落到籃子裡。等到籃子積滿了，就有個少年過來把它拿走，交給另一個人，那人很仔細地把籃中的小金屬片按照某種次序排列在一個大盤中。排好之後，沉重的大盤就放進廠房中央那架機器裡。過程很奇特。這個高大的男人解釋說，書籍就是這樣印出來的。說著就示範給他們看；他把墨水倒進機器的洞裡，拿起一些紙，放在機器另一頭，於是第一張紙上的文字就全部印到這些白紙上了，一行行印好，就像書裡一樣。

村民默然站著，大為不解。米圖見到其中一塊排版是金屬做成的地圖，他指給其他人看，使大家都很好奇地看著機器另一頭印出來的地圖。過了一會兒，工頭要他們都退後，因為他要開始印東西了。一切立即震動起來，村民驚駭地笑著，看著紙從機器一頭捲進去，中間不知藏在何處，然後再從機器裡面出來時，已經清楚印了文字和圖畫。工頭停掉機器走過去，從印刷好的紙上撕下一張。他把紙交給阿信，對他說：「這是你寫來的那封信，留著做紀念。」

阿信驚訝地瞪大了眼，因為那是他以前從加爾各答寫給印刷廠的信，提到烏瑪姐的遺囑，有關環遊印度的事，甚至還寫了團員名字，現在這封信印出來了。他把信展示給村民看，順便向他們解說，但是他們就是無法相信這中間沒有任何魔術花招。這個高大男人把一個籃子拿過來，開始從籃裡取出一片片金屬小塊，每次取出一片，就唸一個名字，過了一會兒，村民才曉得原來是他們的名字。終於每個人都上前去，從那人手中領了自己的金屬小片。等大家都拿到了，並謝過這位印刷廠的先生之後，眾人便出現在傍晚繁忙的交通中。

「阿信，他們為什麼這麼好？」

「他們說我們是客人。」

「而且可以講給其他工人聽。」

他們又走在回火車站的路上了，輕而易舉就找到了歸路。伙夫對他們的歸無定時大大訓斥了一番：昨晚回來得那麼晚，今天又這麼早。要他怎麼辦？

「你就照樣讓我吃飽就行了。」老戴說。飯後，烏瑪催阿信唸那本歷史書，老戴插嘴說：

「不如等到火車啟程之後再唸好了。你先告訴我們，明天我們要去看什麼，好讓我們先有點概念。」

「這倒也說得過去，大叔，不過明天是自由活動，讓大家自行沐浴禮拜、買買東西，或者到廟裡看看。」

「我們不跟團行動了嗎？」

「不了，現在大家對這裡都摸熟了，不用導遊帶我們出去。」

「我想要回大學書店去逛逛，誰要跟我去？」黎娜問道。

「拜託，我要跟你去。」哈里斯昌德拉熱切地說。

「還有我。」娣帕卡說。

「我要去博物館，沒人要跟我去嗎？」米圖看看周圍。

「我要。」盧努馬上說。

「我想去買紗麗。」阿瓏達悌說。

「很多人要去買東西，你最好跟著我，老表。」阿米雅堅決地說。

這些旅人按照個人興趣，分成了不同的小組，阿信也確定每組之中有人認得回來的路。班金忽然開口要求娣帕卡帶頭唱晚禱，阿信這回還是跟她合唱，他們唱了漁光曲，還有村中的節慶歌曲。等他們唱完了，車廂裡已是一片漆黑，各人摸回到自己的臥鋪，回想著白天，但不久就入睡了。

等早上那小支寡婦隊伍回來之後，阿信提醒大家，一定要在日落之前回到火車上，因為晚上便要出發。

「我們要到印度中部去看克久拉霍的神廟，時間很趕，因為接下來的那晚，我們就要到北部的阿拉哈巴德、勒克瑙和喜馬拉雅。」

到了九點多、十點左右，車廂裡已經人去一空，阿信獨自沿著鐵軌走到站長辦公室去。他們兩人花了幾個鐘頭的時間，發電報給沿線的幾個站，通知他們村民要來的事。中間過程被打斷很多次，但阿信終於能夠在下午步出辦公室，到市區去走走。他先逛了一家書店，接著又在一家咖啡館裡獨自坐了半天，聽周圍的學生閒聊，想起了在家的妻子。漸漸他發現中午休息時間已過，街上的人又多了起來。他找到幾家工藝品店，幫孩子買了些玩具。他已經寫了一封長信給妻子桑達拉，把旅行經過情形告訴她，並且私心盼望每天晚上能跟妻子談談自己的操心事。桑達拉曾叫他不要在貝那拉斯買紗麗裝，到了南部再幫她帶一件回來，可是他還是買了一塊紅色絲料，叫店裡的人包好，準備郵寄回去。納倫是怎麼應付那麼多信件的？阿信加快了腳步，卻見到人潮往恆河走去要看日落，於是知道自己得加入他們，去向恆河告別。他走下坡來到河階上。此時陰影已拖得很長，正在焚火的河階上有一股輕煙，夾雜著灰燼向他迎面撲來。阿信向恆河致意過後，就在陽光下坐著，對自己唱起歌來。獨自一人實在是很好的事。

「好啊！阿信哥，幸虧我找到你了。我真丟臉透了。」見到巴柏拉氣急敗壞又悶悶不樂地出現在自己身邊，阿信嚇了一跳。

「出了什麼事？你身體不舒服嗎？」

「不是，這事可真說不出口。昨晚你不是也聽到阿瓏達悌發牢騷說沒買到一件紗麗裝嗎？她吵得像隻母老虎似的。」

「是，我聽到了。」

「嗯，我怕我是信不過我那個笨老婆，你有個頭腦冷靜的老婆桑達拉，所以大概不會了解。」

「沒錯，我很惦念我太太，不過我想我了解的。」

「阿信，昨晚我把錢藏起來了，因為我怕她會把錢花掉，去替那個不想出嫁的丫頭買件什麼鬼紗麗裝，我們還得走完整個行程呢！」

「這聽起來很合情合理。」

「就是，可是我沒想到我老婆這麼壞。話說回來，我跟杰德夫和納倫在一家機械鋪子裡看……」

「機械鋪子？」

「對，就是那種有很多工具的地方，還有人鑽到汽車底下。那是杰德夫的主意，他認為說不定我們可以學會怎麼修理那口新水井的幫浦，還有怎麼組裝一部馬達耕耘機。他的看法沒錯，我想我們都學會了。」

「那很好，大叔，我得稱讚你們真行。」

「不過後來我自己也想買樣工具，一把萬能扳鉗，可以用來修各種機器，不只修理一種。我跑到店鋪後面去拿出錢，免得被貝那拉斯人看見，結果發現你叫我保管的公費，也就是烏瑪姐留下來的錢，被人打開過了。」

「那沒關係，大叔，你沒掉錢就好。」

「阿信哥，我難過死了。因為阿瓏達悌拿走了一百盧比。」巴柏拉羞愧得無地自容。

「她拿了一百盧比？」

「沒錯，我很清楚烏瑪姐的錢有多少，我自己的錢有多少。她拿了一張一百盧比的鈔票。」

「她有沒有私房錢？」

「有，所以才糟糕。今天早上我給了她一百盧比，因為她說一定要買一件結婚用的紗麗裝。雖然有點言之過早，不過說不定花點心思還可以幫那個傻丫頭找個老公。這下子可就什麼都沒了。」

「說不定她還沒把錢花掉，兩百盧比的紗麗裝可是很貴的。我們先回火車上再說，一路上看看經過的店鋪，說不定會見到她還在買東西。」

「我們得走了，不過阿信，趁我們兩人單獨在一塊兒，你先把烏瑪姐的錢拿回去。我沒能好好保管錢，實在丟臉，我很慚愧。」

巴柏拉讓阿信很驚訝，但他還是從這個農夫手裡接過了錢，然後一起往上坡路走去，進入城市陰影中。他們很快走過幾條鬧街，街上有很多店鋪，不過最後還是回頭往火車車廂走。就快來到車廂的時候，碰到了老戴和尼爾瑪，還有班金和其他人。這群老人樂不可支，滔滔不絕地講了他們在河邊的奇遇、神廟音樂，以及有群路過的外國人給了他們每人五盧比的事。

「你想想看，阿信，我們舉起雙手向恆河行禮的時候，那些外國人居然以為我們在討錢！」

「你瞧，這就是五盧比。」

「千萬別告訴阿米雅，不然我們全都別想睡了。」

「班金，你可真不要臉！」

「半斤八兩啦！巴柏拉，你那包是什麼東西？」

「用來修理水井幫浦的扳鉗。」

「這可是你第一次浪費錢，巴柏拉，等我看到那個幫浦能用的時候，又是一樁奇蹟了。」

「不見得，我可不這樣想。杰德夫還有其他幾個人在那家機械工場裡，跟那些工人一起搞了很久，他說他很肯定我們可以修好幫浦。杰德夫有幾張草圖，今天晚上他會請米圖幫忙整理。」

「你們看，黎娜和娣帕卡也回來了。」

那些女人家在車廂旁邊摺疊洗好的衣物，車廂裡有許多村民都對伙夫很不耐煩，因為伙夫原本以為他們會遲歸的。黎娜逮到阿信，拉著要他看她買來的書：

「你看，這是羅摩王的故事，還有這本小書，是隔海的翻譯故事，那些故事是一個叫做格林的人寫的。這些書才賣幾派沙，這下可好，等我死了以後，村子裡還是照樣有故事可以聽。你聽聽這個越洋故事。」黎娜當場就想講起故事，阿信很難勸她等到有更合適的聽眾再開講。

「阿信，巴柏拉是怎麼回事？他坐在外面，我看他正在哭呢！」娣帕卡從來沒見到這個小氣鬼動容過，心底察覺不妥。

「巴柏拉在哭？才不可能呢！娣帕卡，你今天晚上一定是發傻了。」

阿信站起身來走了出去，正好碰到阿米雅和大群村民回來，每個人都告訴他一個驚人的價格故事。阿信向阿米雅問起阿瓏達悌的下落時，阿米雅嚇了一跳。

「她還沒回來嗎？小烏瑪說她覺得很累，所以那時阿瓏達悌就跟她離開我們了，我還以為她們早就回來了。在她們跟我們分手之前，阿瓏達悌光是看那些紗麗裝，什麼也沒買，連新鮮的五香果仁也不買。」

米圖、盧努還有蘇倫德拉很開心地回來了，後面緊跟著納倫、杰德夫以及其餘的人。就在日落之際，伙夫端出了飯菜。烏瑪和阿瓏達悌還是沒回來。巴柏拉食不下嚥，杰德夫不斷地問阿米雅，究竟在哪裡跟這兩個女人分手的。他不敢出去找人。忽然間，小烏瑪姐出現在車廂階梯口，累得臉色灰白，還帶了兩包東西。

「老婆，老婆，你這麼晚才回來！是不是病了？出了什麼事？」

「阿瓏達悌在哪裡？」

「是不是發生意外了？」

「男人家讓開，烏瑪，先喝了這杯，休息一下再說。」阿米雅一面吩咐著，一面遞出一杯飲料。烏瑪這才漸漸緩過神來。

「我們走了又走，每家紗麗店阿瓏達悌都要進去看看，根本就不肯停下來喝杯茶或者歇一會兒。我們在每家紗麗店都坐了好久，因為店裡的人當我們是乞丐，不肯把紗麗拿出來給我們看，總要等到阿瓏達悌把錢掏出來，他們才肯。」

「她把錢掏出來給一個店裡的人看？」

「不是只給一個人看，而是給很多、很多人看。她的錢還真不少。」

「巴柏拉，你掉了什麼東西沒有？」這話本來是要開開玩笑的，可是巴柏拉卻走開了，頹然靠著車窗。

「後來我被一條狗咬了，我想那畜生是餓了。」

「快讓我們瞧瞧，烏瑪，傷得很嚴重嗎？那條狗有沒有病？」

「沒有，沒有，不過咬得我走路很痛苦。」烏瑪把腳踝上慘不忍睹的傷口給阿米雅和盧努看，她們馬上就叫伙夫送熱水來。阿米雅和娣帕卡隨即去翻抄行囊，將掏出來的藥物很壯觀地擺了一大排。正當烏瑪說著話的時候，阿米雅清洗著傷口，然後包紮好，動作非常熟練，一點也沒有笨手笨腳的樣子。

「後來我見到阿米雅，於是我說我要回來這裡。那時我已經幫孩子買了些猴神玩具，還有路上嚼的新鮮檳榔，沒什麼其他東西好買了。阿瓏達悌說她要跟我在一起。但我們才跟其他人分手，她又說我可以幫她家的丫頭挑件結婚穿的紗麗裝。看她那麼心急，我很不忍心，所以能陪多久就陪多久。可是我的腳又開始流血，而且也不能沒先去跟恆河道別就走，我以為她也會去做最後的行禮，哪知一轉眼，她已經不見人影了。她一定是在我走下河階的時候走掉的。我找不到她，只好憑著自己的記憶一路走回來，可是店鋪都打烊了，沒有幾家可以問是否見到她走回來。那些還沒打烊的店家還記得她是跟我在一起的，但他們都沒再看到她。真對不起，我實在是太累，無能為力了。」烏瑪趴在阿米雅壯碩身軀上哭了起來。

「巴柏拉，我看我們得出去找人才行，現在已經晚了，而且天色也黑了，阿瓏達悌一個人一定找不到路回來的。」納倫叫了蘇倫德拉，然後兩人走了出去，開始準備火把。阿信交代老戴一些事項，告訴他發車的時間，萬一到時他們還沒回來的話，他應該怎麼跟站長說。杰德夫留下來陪烏瑪。巴柏拉很彆扭地加入了等在外面的那三人，走時黎娜言語犀利地送他說：

「巴柏拉，等你找到她的時候，先揍她一頓，然後把錢收好。我們還得走完整個行程呢！不能讓這個愛哭鬼拖累大家。」

在車廂裡等候的村民沒有一個想去睡，紙牌和買的紀念品全都擱在一邊，他們講著八卦，談著村裡的事，不時扯到這對小氣夫婦以及他們的霉運，一時全陷入了不愉快的情緒中。

巴柏拉、阿信、米圖、蘇倫德拉和納倫邁開大步前進，市中心仍然相當熱鬧，小街上的檳榔小攤販也還在做生意。

「你們說的是個子小小的孟加拉女士？有點胖？穿著有紅邊的白色紗麗裝？貝那拉斯的人那麼多，他們都到我店裡來買好吃的檳榔，我怎麼會認得這位女士呢？」

「她想要買一件紗麗裝。」

「所有來到貝那拉斯的女人都想買紗麗裝。」

「她嗓門很高，很愛哭。」巴柏拉試圖進一步描述他老婆。

「我幫不上忙。你們有沒有去問過警察？」

他們走遍大街小巷與廣場空地，有時甚至叫醒一個乞丐，問對方有沒有見到這個落單的女人。警察根本就不管事。找了一個多鐘頭之後，這幾個男人停了下來，蘇倫德拉點燃一支土菸，蹲下來思考。

「巴柏拉，我看她是沒把錢花掉，要不然那些店裡的人應該會留意到拿著一包東西的人。」阿信試著安慰對方。

「錢倒還在其次，真要是不見了，我會賠錢的。可是阿瓏達悌的安全怎麼辦？她自己一個人，萬一有人傷害她，或者想偷她的錢呢？」

「不會的，她看起來不像有錢人，不會有人想到要偷她的錢的。」

「可是她在市區裡把錢亮出來給人看過，一定有很多人看到的。她雖然不是個好老婆，可我還是要把她找回來。」他自言自語地說著最後一句，沒有想到旁邊的人卻都聽在耳裡。

「來，我們先來想想這情況，」蘇倫德拉說，「她想要買一件紗麗裝，可是等到大多數店鋪都打烊了，她還是沒買到，這時她會想到上哪裡去買呢？」

「那還用說，當然是去那家她見過生產紗麗裝的工廠啊！」米圖驚呼著說。

「我們是坐貨車離開那家大工廠，你想她會記得哪條路線呢？」

「什麼都不記得，她就跟大多數人一樣，根本沒留意車子經過的地方。」

「不，你錯了，巴柏拉，她見到一座很大的粉紅色建築，雖然那是貝那拉斯大富翁的房子，可是導遊說那是一所學校。」

「那麼我們應該去那棟建築問問，看她有沒有經過那裡去工廠。你知道路嗎？」

「不知道。」

「我知道。今天我們去參觀了那所學校，因為盧努想去看看。那個地方是由一些外國女士在管理，專為沒有家的孤女而設的。」

「我記得路，應該離這裡不遠。」納倫領著他們上路了，見到門口或小巷裡的人影就停下來，用火把照照，看看是否會照到那張熟悉的臉孔。

他們又走了一個鐘頭，找到了那所粉紅色的學校，然後朝著工廠走去。阿信不停看著手錶，擔心他們不知是否能趕上火車，準時出發。終於來到了工廠，眾人停下腳步，可是叫了半天都沒人應門。看起來阿瓏達悌不可能走這麼遠。於是他們慢慢走回去，又走到了學校門口，這時納倫停下腳步。

「我們問問這裡，說不定她真的走到了這裡，人家可能見她孤零零的。」

「可是那些人是外國人，她們才不會去留意一個老太婆。」巴柏拉沒好氣地說。「說不定這時候警察已經找到她了。」

「學校裡還有燈亮著，我去問問看。」納倫踏上了建築門口的台階，米圖緊跟在後，其他人則站在街上。過了一會兒，有個修女來應門。

「請問有什麼事？」

「不好意思，我不會講印地語，請問您會講英語或孟加拉語嗎？」

「會的，我會講英語。」修女帶著濃厚的口音說。

「請問，您有沒有見到一個矮小的印度女士？大約這麼高，胖胖的，看起來嚇壞了。她要去買紗麗裝，可是卻迷了路。」

「請等一下，我是剛換班來看門的，我得去問問其他人知不知道。」門又關上了。

「她會不會回來？」米圖問。

「會，她是去問別人知不知道這事。」

「你是什麼時候學會講英語的？」

「戰爭期間，那時候我們在鐵路局幫軍人工作。」

門打開了，走出來一位比較高層的修女：「你們有位婦女走失了嗎？」

「對，個子小小的孟加拉女士，大概只有這麼高，有點胖胖的，而且嚇壞了。」

「你說的沒錯，她在這裡。我們在黑漆漆的台階上發現她，她因為哭累而睡著了。我是不是該去把她叫醒，帶她過來見你們？」

「好，好，拜託！」納倫轉身朝著黑暗中叫喊：「巴柏拉，阿信，她在這裡。」

「在外國人的房子裡？」

「她們在台階上發現她，她睡著了，那位戴帽的女士已經去叫她了。」

沒多久，阿瓏達悌就出現了，俯身到地面上，輕拍他們的腳，一面哭起來。巴柏拉扶她起身，只見她雖然很可憐的樣子，卻安然無恙。她並沒有買大包小包的。那位修女聽了阿信告訴她經過情形之後，又請他們稍候一下。等到她回來時，手上拿了一包東西，還有幾把鑰匙。

「時間太晚了，而且她也飽受驚嚇，你們帶她走回火車站實在不妥當，還是讓我用校車送你們回去吧！」她帶著他們快速通過黑暗，上了一輛堅固、嶄新的巴士，然後老練地載著他們經過街道。阿瓏達悌告訴巴柏拉，說她一點錢都沒花，然後把裝了鈔票的小錢包交給他。巴柏拉收起了小錢包，阿瓏達悌很驚訝他居然沒罵人。到了火車站之後，他們再度向修女道謝，修女跟他們一樣放了心，心情愉快。她把那包東西交給阿瓏達悌說：

「再會了，孩子，這個給你，好讓你記得曾經睡過外國人的房子。」修女走了之後，這小群人也回到車廂裡，接受大家七嘴八舌的歡迎。當阿瓏達悌打開那包東西時，驚訝地倒抽一口氣。紙包裡面是一件華麗的棉質紗麗，周邊繡了很多孔雀。

「你們看，這就是學校裡那些孤女學的手藝，今天下午我們去參觀時，就看到她們在教室裡做這些。」盧努用手指摸索著這件美麗的工藝品說。

「這是什麼料子？看起來好像絲，摸起來卻像棉。」

「這是絲棉混紡的，就跟那些小販有時給我們看的紗麗裝一樣，像山達族[5]婦女穿的那種。」

「那位外國女士為什麼要把它送給我？」

「她說要你記得她們。」

「阿瓏達悌，這件紗麗可真漂亮，你一定要好好收起來。我們村裡沒有一個姑娘穿過這麼漂亮的紗麗裝，留著出嫁穿最合適。」烏瑪極力安撫這個哭哭啼啼的太太，巴柏拉去找阿信，火車就快要開出貝那拉斯了。

「阿信，這是那一百盧比，她是個沒腦筋的女人。我們一定要寫封英文信去謝謝那些外國女士。」

「我會寫英文，不過現在該去睡了。等到天亮的時候我們再寫吧！」

「願你平安，阿信哥，今天可真夠受的了。」這個小氣鬼沿著搖搖晃晃的車廂，一路跌跌撞撞地走回隔間裡。阿瓏達悌已經睡了，他彎下腰，拿起自己的毯子幫她蓋上。那一晚大部分的時間，他就躺在上鋪看著天花板上的陰影，快到天亮才入睡，要是有人經過的話，一定會看到這個老人枕上的淚痕。然而卻沒有人經過，火車繼續向南疾駛而去。

【注釋】

1 拉加（raga）：印度傳統音樂中的旋律類型。

2 里希蓋什（Rishikesh）：位於喜馬拉雅山，為印度教聖地，修行中心之一。

3 派沙（paisa）：一盧比等於一百派沙。

4《薄伽梵歌》（Bhagavad Gita）：或譯《福者之歌》、《世尊歌》、《主之歌》、《聖歌》。這是印度史詩《摩訶婆羅多》（Mahabharata）的關鍵部分：訶里什納（Krishna）說服畏縮不前的有修（Arjuna）投入俱盧之野（Kurukshetra）的戰役，告訴他必須盡忠職守，色即是空。這一系列梵歌是印度教教義中最神聖的經文。

5 山達族（Santali）：或稱Munda-Santal族，居於印度東北部與尼泊爾的部落民族，包括有九支相近的族群。

第四章

北往眾神家鄉喜馬拉雅

天亮時，火車靠站停下，阿信立刻去找站長。他叫醒了站長，這位長官趕忙熱切討好這位陌生訪客，因為鐵路總局早有通知下來。結果阿信發現自己竟然一大早就有茶和甜食可以享用。巴士已經停在外面，司機人很好，這時正在睡覺。這天已經安排好一個官方導遊，這人會在觀光局招待所等他們。他們出去遊覽的時候，車廂會打掃乾淨，而且有關當晚火車北上的事宜也都打點好了。站長的溫文有禮，使得阿信在驚訝之餘鬆了一口氣。他們兩人一起走到車廂那裡，村民正在鐵軌上集合。等到站長致詞歡迎之後，眾人便絕塵而去。一路上，司機指著經過的景物，對他們講述曾經住在這些平原上的眾神以及戰爭故事，他有聽眾就開心得很，根本沒去留意這些聽眾聽不懂他的語言。大約十點鐘左右，他們到了克久拉霍，那裡有個穿制服的年輕人坐在台階上等著。

「總共有二十二座神廟要參觀，我們動作得快點才行。」說著，他就邁開大步領著他們出發了。導遊帶他們來到第一座神廟旁邊，開始解說這些廟宇的歷史背景，以及重見天日的經過。他講得很快，而且很緊張，還常常斷了思緒，忘了強記的內容。這有點讓村民吃不消，因為他們聽不懂他在講什麼。他們站著仰望神廟，神廟遍布著具體而微的小像。他們逐漸豁然大悟，認出了那些小像，接著又轉為震驚，於是紛紛抽身而退。突然間，他們很謹慎地分成了男女兩群，刻意不去看那座廟宇。導遊渾然不覺，繼續單調乏味的陳述。

「那到底是什麼？那是什麼意思？」

「神廟上有舞孃的像！」

「那一定是神仙的，不屬於凡人。」

「那不是為神仙裝飾的，是為了那些藩王。」

「可這是在一座神廟上面！」

「這是故意用醜事來嚇走惡魔的。」

「才不，不可能的，這是個拜神的地方。」

「不知道廟裡面怎麼樣？」

「裡面就跟一般常見的廟一樣，有個靈迦[1]。」

「我們進去拜神。」

「不要，不要，才不要在這裡拜神呢！」

「才不要在外面有這種東西的廟裡拜神！」

「別人說不定會以為我們是在拜那種東西。」

「哎，我們可不可以去別的地方？」

從早上到中午，然後又到下午，每座神廟都讓村民愈來愈困惑。好不容易定下神來問旁人時，旁人卻也不知道答案。沒有一個婦女敢去問阿信，那到底是什麼意思？每次他們又見到一座有這種雕像的神廟時，就裝作沒看到，眼睛看著別的地方。男人家在私底下互相說笑著，說那個導遊學生不可能是結過婚的，所以他根本不知道自己在說些什麼。偶爾有一、兩個會欣賞雕像上的珠寶，但通常他們都背對神廟坐著，假裝在曬太陽。有個祭司從廟裡出來，問要不要他為他們唸禱辭。祭司一再向他們保證，這裡最適合替他們的女兒求子，因為在這裡拜神特別討神明喜歡。但是村民實在難以忍受那種尷尬，於是這位祭司就走了。在他們面前的小路上，有個農夫推著一輛手推車慢吞吞走著，一點也沒打算要把車推到路邊，好讓村民先過，村民聯想到自己的手推車反而來勁了，還消遣起這個農夫。他們在下一個參觀的廟裡見到多個圓錐形，代表眾神居住的須彌山[2]，村民見到幾百個妖魔鬼怪以及眾神僕役的小像時，忍不住開懷而笑。黎娜講了一個須彌山上的辯論故事，她說得活靈活現，這座神廟似乎也為之天搖地動。米圖上前仔細描摹，把神廟最下層的一排花卉裝飾圖案畫下來。娣帕卡看著一個當地婦女走進神廟內殿，開始拜起神來，於是她也跟著有樣學樣。這只不過是一座神廟而已，神明在廟裡，沒跟那些奇形怪狀的小像擺在一起。導遊開始醒覺到沒有人理會他，於是對著阿信大發脾氣，抱怨那些村民愚昧無知，對眼前的古物藝術毫無所覺，簡直對牛彈琴。他領著村民走一條灰塵很大的土路，經過村莊，回到巴士上。村民上車之後，阿信向這個年輕人道謝，哪知這個男孩卻惡言相向，讓他大吃一驚。

送烏瑪就醫

巴士向北駛去。這時他們打開了簡餐便當，每人都吃了一點冷飯，準備的飯量不足以讓每個人吃飽。巴士一路緩緩駛向火車站的途中，車裡一陣沉默。有幾個男人在談論著村裡的工具，幾個女人在講紀念品攤子上的價錢。見到火車站時，大家都鬆了口氣，人人回到床上，鑽進毯子裡尋求私人空間。夜車開出之前，車上的村民早已進入了夢鄉。阿米雅、阿瓏達悌、小烏瑪以及其他幾個人，照例又暈車了，蘇倫德拉、米圖也照常失眠，瞪眼看著、聽著，魂遊天外。火車來到一個大站時轉換了軌道。黎明時，一層薄霧籠罩了大地。伙夫試著生火做飯，但由於車身搖晃，先是火星四濺，接著火就熄滅了。第二次生火的時候，火爐搖翻了，火苗很快竄到旁邊的破布上，緊接著又燒到了伙夫的衣服。老戴離伙夫最近，見狀立刻抓起衣服扔到車窗外，提起廁所裡的水桶往伙夫身上潑去，這場火災才結束了。村民鬧哄哄地圍攏過來查看災情，伙夫哭號著，以致大部分人都聽不清楚他在講什麼。

「大叔，你應付得好。」

「火車走動的時候生火，這實在是很笨的行為。」

「要這麼說的話，那我們坐火車的時候就不用吃飯了。」

「我們可以在經過火車站的時候買吃的東西。」

「可是那是生人弄的食物。」

「我們得學著吃。」

「這我們可不敢。」

「難道沒人來幫幫我嗎？」伙夫哭喊著，於是阿米雅上前去。她看到伙夫的一條腿燒傷了，於是吩咐大家讓出地方，找個鋪位給伙夫。等到阿米雅清洗好傷口，盧努就幫忙敷藥，然後伙夫便一瘸一拐地走回到他的角落去。

「阿米雅姐，你真是妙手回春啊！」阿信深深佩服。

「烏瑪，你過來，反正我把藥都拿出來了，就順便看看狗咬的傷勢。」阿米雅留意到傷口並未好轉，反而還開始變色。

「阿信，下一站我們會停在哪裡？」她問。

「阿拉哈巴德，聖河匯流的地方。」

「到了那裡，烏瑪一定得要去看醫生，因為傷口開始爛了。」

「那裡有家醫學院的附屬醫院，我很肯定。可是你跟我所見過的醫生一樣行，難道你醫不好她的傷口嗎？」

「有藥可以讓傷口好得更快，我只能做到保持傷口清潔，光是這樣還是不夠的。」

「聽你講話就像是很懂得醫療訣竅似的，我以前一直以為你只是那些醫療者的好幫手而已。」

杰德夫故意開玩笑說。

「我還是個姑娘的時候，本來很想學醫的，我求過父親讓我去加爾各答，可是我母親取笑我，還幫我找了個丈夫。我們走到鎮上，去買紗麗和一件特別的祭祀器皿，那時我從一個沒念成醫科的學生那裡買來了一些書。為此我父親狠狠鞭打了我一頓，母親把兩本我沒藏好的書賣掉了，其他的書都收在我的箱子裡。烏瑪，別把腳縮回去，一定要先這樣痛過之後，傷口才會好的。」

村民傾聽著阿米雅從前的秘密，這才明白每次村裡有人病了、或者發生意外時，為什麼她能夠那麼果斷處置。以前他們只知道阿米雅是突然出嫁的，而且幾乎是很不快樂的，她丈夫還取笑說，她是在他的臨終床前學到臨床經驗。哈里斯昌德拉暗想，起碼阿米雅還知道自己原本是有能力做到的，但生活卻只為她帶來失望。然而他在失望來臨之前，還先在專校裡念了一年書，可是卻從來不知道自己是否有能力達成目標。

他正要開口說話，此時阿瓏達悌卻出現在眾人面前：

「大姐，你的行李裡面有沒有東西可以治我的胃？」

「哎，我的胃也在翻攪。」

「趁我去找的時候，先嚼嚼這個。」

直到火車速度放慢，停靠在車站之前，阿米雅一直為了村民忙得團團轉。幾個男人圍著賣茶水的小販，把納倫買來的大茶壺裝滿。伙夫弄來了水果，一跛一跛沿著車廂走道分發給大家。稍後他又設法買到了薄餅，可是大多數村民卻拒絕碰這已做好的食物。阿信為此十分擔心。儘管火車已經進站到阿拉哈巴德，這也未能消除他的憂慮，因為站長回家了，卻沒有留下任何交代。村民睡前先在鐵路支軌走動，他們倒不介意餓肚子，因為在村裡的時候，已經習慣吃得比現在少。阿信的憂慮彷彿會傳染似的，村民見到這位老師對著記事本一籌莫展，他們也無法入睡。老戴喊著黎娜：

「黎娜，我們都像睡不著的小孩，趕快講個故事給我們聽聽，免得我們胡鬧搗亂。」

「哎，黎娜，講個故事給我們聽吧！」

「黎娜，講個好聽的故事，讓我們滿腦子都是那些公主的夢。」

「別傻了，她一定是講個王子的故事。」

黎娜哈哈大笑，然後在火邊安坐好。沒有人會錯過黎娜講故事的，除非那人就快死了。這一晚，她沒有講村野傳說，而是講了喜馬拉雅女兒烏摩[3]的婚禮故事，烏摩嫁給濕婆神，這是個經典傳說。她講得香豔刺激又逗笑，高潮迭起，充滿道德寓意，但最了不起的是，她把故事活生生呈現在火光掩映的村民眼前。講到芭梵悌[4]等待普盧濕[5]的那一段，年輕的新娘盼望丈夫能記得她，這時黎娜還唱出了烏摩流淚的情形。

「我在門邊搗穀物，直到粉末細如塵，風就吹散四方，可是你還是沒來。」村民不知道黎娜究竟是自己編出這首歌，還是她學過的，可是大家聽得都哭了。黎娜讓他們想起濕婆神的舞蹈，當下沒有人敢移動，在她講故事的時候，大地甚至為之震動，沒有村民留意到遠處徐徐進站的火車。故事發展到濕婆神終於想起了烏摩，於是兩位神仙回到家中歡聚、入睡，這時故事就到了尾聲。村民像醒來的小狗似地甩甩頭，而後沉沉進入夢鄉。那天晚上沒有人感到不適，只有黎娜一個人靜不下心。

天還沒亮，娣帕卡就起床到外面去盥洗，她真希望自己知道聖河在哪裡。後來尼爾瑪、班金、還有幾個寡婦也都來了。這小群人各自在晨曦的天空下禮拜祈禱。伙夫開始做早飯，蘇倫德拉的衣服又是最先洗好拿出來晾曬的。

阿信找到了站長，這人有點神經質，但人很好，急著想幫忙，卻又不知道該從何幫起。他安排了一艘船，準備載村民到兩條聖河的匯流處去。阿信問起到醫院的路要怎麼走？站長一聽，馬上就警覺地退避三舍，保持距離，一面問他們是否從孟加拉邦帶病過來？

「不是的，不是的，是我們有個婦女在貝那拉斯被狗咬到了，傷口沒有好轉，需要就醫。」

「我會派我的傭人幫忙帶路。」

沒多久，阿米雅就和小烏瑪動身走了。未幾，來了個導遊向阿信報到，接著船夫也來了。於是村民終於出發前往聖河。走在路上時，他們順便買了萬壽菊和茉莉花串成的花環，花環一路搖晃的情景，就像在克久拉霍神廟所見的橫飾帶，米圖見到這支小隊伍所散發出的優雅與色彩，深受感動，他素描了一會兒，可是就是畫得不對，等到大家駐足時，他向盧努說：

「大姐，你有沒有帶彩色筆？」

「為什麼這樣問？」

「等大家再度前進時，請你留意花環搖晃的情景。我嘗試畫下來，可是你看，用黑色畫的就是不對勁。」

盧努看看草圖沒有說話。當這群人又開始動身時，她故意落後，總算見到米圖所看到的情景。她蹲下身來，取出色筆盒和本子，用很快的筆觸捕捉這支隊伍，以及婦女和花環的律動。米圖見到她勾勒的筆觸極穩，不覺驚嘆不已。盧努一畫完就闔上本子，跑上前去，一直來到村民隊伍中，她的花環也跟著悠然搖起來。

他們來到河岸邊，上船安頓好。從船上這個角度觀看這條河，似乎平淡無奇，跟別的河流沒什麼兩樣，最多只不過大一點，而且也不特別美麗或壯觀。之前船夫一直讓船保持離岸邊不遠，這時才漸漸開始橫渡波流，村民因此發現遠處的河岸已經消失不見，取而代之的是另一條河流，匯流入恆河中，原來他們已經來到了兩條聖河的匯流處。導遊指點他們應該在哪裡投下花環，如此花環才會被匯流的河水捲入水中。當花環落到水面上時，突然一片花團錦簇，像流動的圖案，往下漂向更寬廣的波流。導遊背誦幾段禱辭，並提醒村民：聖雄甘地的骨灰就是撒在這處匯流的河水中。隨著船隻緩緩前行，這趟短途旅遊也成了一場同樂會。等到該上岸時，大家都戀戀不捨。岸上有個大學生來迎接他們，杰德夫問導遊，他們是否可以回火車站，看看烏瑪有沒有找到醫生。這兩位導遊告訴他，一個外地來的鄉下婦女要是能在日落之前見到醫生，那可真是走運了，但前提是，如果她能見到的話：

「那要等很多個鐘頭的。不過別擔心，那個傭人一定會負責把她們平安帶回來的。」杰德夫聽了之後，勉強隨著其他人上了巴士，前往參觀議會總部。阿信試圖警告那位大學生：

「幾天以前，我們在火車上有過一場討論，村民想知道什麼叫做民主，他們也想要知道什麼叫做獨立，還有為什麼如今我們會為了脫離英國獨立而慶祝？他們也問起為什麼印度是個統一國家？因為老百姓並不是說同一種語言，也不是信仰同樣的神明，甚至連飲食習慣都不同。」

「他們知不知道印度是世界上最大的民主國家？」

「已經告訴過他們了。但還沒有人跟他們說過什麼是民主，以及為什麼連尋常百姓也屬於民主的一部分。」這個大學生沉思了一會兒，開始好奇地看著他身後這些人，他們正對著沿途窗外的市景指指點點。然後他又轉過頭來對阿信說：

「說不定在議會總部裡會遇到某個政治人物，他可以解說這些。」

「但願如此，我發現這很難的。我已經變得很沒有把握，因為我在學校裡教的內容，都被這些人義正詞嚴地否決掉了。」

烏瑪坐在醫院長椅上，帶路的傭人睡著了，阿米雅看著擁擠的眾人。她們進到醫院時，院方先給了她們一個號碼，叫她們等到有人喊她們的號碼為止。那時候只有幾個人而已，然而這時卻已萬頭攢動，阿米雅覺得好像根本沒有喊過任何號碼。當然更沒有人是已經看完病離開的。帶路的傭人還建議阿米雅塞點錢給護士，但阿米雅聞之色變，責怪這個傭人不該把醫生當作政府官僚的同類。一個鐘頭接著一個鐘頭過去了，候診室裡百味雜陳：肥皂味、燒柴的煙火味、油煙味、檳榔味、消毒藥水味。阿米雅的思緒有時飄忽回到大鎮醫院裡，想起以前她經常在那家醫院裡等候的情景，等著生孩子，等著孫兒在那裡夭折。最小的孫子就是死在那家醫院裡的。阿米雅生了六個孩子，其中四個還沒到結婚成家的年齡就死了。

她想到每一個孩子。有兩個出生才幾天，還沒來得及取名字就夭折了。有個女兒長了亮晶晶的眼睛，笑聲清脆，很讓人疼愛，但卻在某年冬天發高燒，全身僵硬，痛苦得啼哭不已。阿米雅為此翻遍手上那幾本醫學書，希望找出應對之方，因為她丈夫認為不值得為一個女兒去看醫生。後來女兒實在哭叫得太厲害了，阿米雅偷偷帶她坐船過河，抱著女兒走過田野，來到鎮上看醫生。醫生很和善，但他也向阿米雅指出她女兒呼吸困難的情況。孩子拖了漫長的兩日才死去。阿米雅還記得走回河邊的情景，懷裡空盪盪的，丈夫站在遠遠的岸邊罵她。接下來又生了一男一女，這兩個都存活了下來，如今也已生兒育女。

最小的一個是兒子，曾經是她的希望，不但在學校裡是最優秀的學生，也是村裡帶頭搗蛋的孩子王。這個兒子十二歲的時候，經常跟媽媽說，將來有一天要帶著她的書本去學醫，但她卻留意到兒子的氣色日漸發黑，而且也不像以前玩得那麼起勁了。有一天晚上，她睡得很不安穩，滿懷憂慮地驚醒過來，發現兒子已陷入昏迷。阿米雅毫不遲疑去叫了船夫，跟不停嘮叨抗議的丈夫連夜帶著孩子來到醫院。那些醫生靜聽完她能夠道出的一切之後，又從頭詢問她兒子是從何時開始衰弱的？第二天晚上，兒子就死了。醫生告訴她，是因為腎臟老早就有病，但遲遲未曾發覺，所以回天乏術。醫生把書裡的圖片指給她看，阿米雅看著內文時，丈夫衝著她厲聲喝叱。兒子的手相完全看不出有早死的掌紋。阿米雅後來也送其他兩個兒女去看醫生，而且醫好了腎病，不過兒子死後的那個黎明，這對夫婦卻是步履蹣跚地回到村裡。不到一年，阿米雅就成了寡婦。她看看烏瑪，然後又環顧候診室。

護士桌子那邊，有一群人在高聲講話，吸引了阿米雅的注意。其中有個男人跟她年紀差不多，看起來很面熟。阿米雅看著他，端詳又端詳，終於想起來了。她小兒子死的時候，這人還是個實習醫生，就是他指出書裡的圖片給阿米雅看的，並向她解釋她兒子的死因是什麼。阿米雅悄然走到候診室另一頭，來到醫生旁邊，向他一鞠躬。醫生轉向她，正要叫她走開，不要打岔，阿米雅就用孟加拉語講起話來，醫生聽到熟悉的母語，於是停了下來。

「很久以前您在對岸的鎮上做過實習醫生，我曾經帶我那個十二歲的兒子去看病。他因為腎衰竭死了，您還給我看過書裡的圖片。」醫生戴上眼鏡，丈二金剛摸不著頭腦。其他人則看笑話似的望著這幕情景。突然，這位老醫生露出了笑容。

「你就是那個不相信手相、掌紋，而向我追根究柢的母親。後來你又把兩個生病的孩子送來給我看，結果他們活下來了。現在我們頭髮都灰白了，你為什麼大老遠從村子跑來這裡？」阿米雅便把遺囑的事情告訴他，聽到烏瑪沈的名字，醫生點了點頭，顯然還記得。講完了旅行經過，阿米雅便把醫生帶到烏瑪面前，把狗咬傷的腳趾給他看，醫生彎下腰去檢查了一番：

「哎，我們得做治療才行，傷口已經開始發炎了。之前你是怎麼處理的？」阿米雅告訴他之後，他很驚訝。

「你處理得非常好，沒有用那些雜牌藥膏使傷口惡化。來，幫忙把你朋友扶到我的診室來。」治療完畢之後，醫生轉而對阿米雅說：

「大娘，你得帶著這些藥，好用來醫腳，傷口應該在一個星期內就會痊癒了。要是還沒好的話，你們一定要再去看個醫生，並且把這藥拿給醫生看。」

「我們會先往北邊去，然後再到德里，從德里往南部去。這裡幸虧還有您會講孟加拉語；往後恐怕就碰不到會講孟加拉語的醫生了，而我又沒有辦法用英文講出傷口和藥物的名稱。您一定得告訴我該怎麼做，因為我得自己來。」

「你們總共有多少人？」

「四十五個人，還有伙夫，他有條腿燒傷了。」

「你帶了哪些藥？」

阿米雅一一道出行李中所帶的藥物名稱，醫生細聽著，一面條列下來。等到阿米雅講完了，醫生不發一語地坐了下來：

「大娘，聽我說，你得要趕快學會才行。你們要去很多地方，會出現水土不服的情況，不用多久村民就會吃不消，很容易病倒的。有些事你要留神啊！」醫生花了一個多鐘頭向阿米雅解說：他們可能會染上什麼疾病，並教阿米雅如何治療。等到解說完畢，阿米雅面前已經出現了一大堆各種藥粒和藥瓶。

「你先把每種藥物的作用重複一遍給我聽，我才放心把它們交給你。」

阿米雅拿起每樣藥劑，一一道出藥效針對的病況以及使用藥量，沒有一次說錯，烏瑪在一旁聽得敬畏萬分。阿米雅說完之後，醫生鞠了個躬：

「大娘，但願我的學生都能夠像你這麼用心就好了。過來喝杯茶聊聊，跟我講講那個大鎮；從我們年輕時候到現在，那個鎮有沒有變很多？」這三人就在眾目睽睽之下暢談起來，使在場的人不禁面面相覷。等到她們走到護士桌旁，醫生便祝她們一路平安。

「我們現在得付醫藥費，包括醫腳的費用和其他藥錢。」

「不用，只要付醫腳的費用就行了。其他的藥物當做我向烏瑪沈表達的心意。我很記得她，她長得很美。」說完，醫生就走了。阿米雅和烏瑪轉向護士，護士要收她們十五盧比診費，這讓烏瑪大吃一驚。

「你以為這裡是什麼地方？旁門另類診所呀？這裡可是正統醫學院的實習醫院，教授親自診療是很貴的。」

「你可不可以告訴我那位醫生的姓名？」

「來巧杜利教授。你們真不應該浪費他的時間。」

「烏瑪，我們回去吧！」她們從候診室來到外面，這時正是交通繁忙時刻。那個僕役幫她們雇了一輛雙輪輕便馬車，讓她們坐回火車站，兩人坐車很興奮，開心得笑個不停。回到車廂時，還不見其他人的蹤影，於是這兩個女人整理起東西。後來阿米雅去幫忙伙夫，讓烏瑪休息。這時站長跑來看她們：

「你們找到醫院看醫生了嗎？」

「有，他們都很幫忙。」

「有個孟加拉人，叫來巧杜利醫生。」

「他是個教授，到過美國，他有沒有講起？」

「他幫烏瑪治療腳傷，還教我們一些旅途上的保健方法。您怎麼認識他的？」

「我兒子正在學醫，大女兒已經當醫生了，在一間小兒科診所工作。」

「家裡出了兩個醫生？您一定是個有錢人。」

「哪裡，我的孩子都很用功，兩個都拿到獎學金。如果一個學生成績好又很用功，家長卻付不起學費，大學就會補助學雜費。這在本地很平常，因為有很多外國人捐錢給我們的大專院校。」

「外國人拿錢給我們的老百姓念書？」

「對，還有很多錢用在書籍和校舍上。海外有些人很有錢，不過即使是來這裡念書的學生也都有獎學金。」

「您女兒也拿到獎學金？他們也給女孩子嗎？」

「如果女孩子念書成績好的話。」

「我們孟加拉大概沒有這些獎學金。」

「我從來沒有聽兒子們講過獎學金的事。」

「我不知道孟加拉的情況怎麼樣，不過我們這裡的學生一定要努力爭取獎學金。」

「您一定很為自己的兒女感到光榮。」

「托福，他們很努力。最小的女兒比較麻煩，她想要在大專畢業以前結婚。沒念個學位怎麼找得到老公呢？」

「哎，每個女孩都上學嗎？」

「那當然，我們有很多所女校，女孩子在那裡都有老師照顧得很好。」

烏瑪和阿米雅所知的跟這人視為理所當然的情況，宛若天淵之別，讓她們感到很難為情。站長向她們欠身致意，準備離去，忽然又想起了一件事：

「我得告訴你們，其他人會提早回來吃飯，然後你們要去大學看舞蹈劇，都已經安排好了。」

「什麼樣的戲？」

「我不知道，是跳古典舞蹈的學生演出的。」

觀看舞蹈劇

伙夫和烏瑪做完飯後，換阿米雅回到鋪位上休息，她坐著陷入了沉思。等到村民在尼赫魯堂聽完了政治辯論回到火車上，那時他們的肚子已經餓得咕咕叫。杰德夫先衝著烏瑪和阿米雅問了一堆問題，然後才告訴她們這趟出遊經過：

「我們先到河邊禱告，之後就有人帶我們去尼赫魯堂。那裡有個大學生拚命解說關於獨立的事，可是有幾個本地的政壇大人一直插嘴爭論著，所以我們就提早回來了。」

「我們要去大學看舞蹈劇，這是站長來告訴我們的。」

「我得去洗把臉才行。」

他們各自安靜地吃著飯，還沒來得及喘口氣，那個學生就跑來了：

「巴士已經在等著了，快走吧！這樣一來，我們在表演開始之前還可以先在校園裡逛逛。」

他們很快跟著他往巴士走去，夕陽西下，身上的乾淨衣服沐浴在粉紅和金色陽光中，留下陰影。巴士載著他們來到大學，這個大學生扯著嗓門，大聲介紹這個古老學府，背出一連串律師和名人的姓名，這些人都是從這所大學畢業的。

「難道從來沒有人學習怎麼鑿水井，或者製造比較好用的耕耘機嗎？」老戴嘀咕著。

「這裡不是工學院。」

「什麼是工學院？」

「讓男孩子學習關於水井和工業之類的地方啊！」

「我們會不會去參觀這樣的地方？」

「不會。」

此時他們已經來到了禮堂。

「是不是有人結婚？你們看那些紗麗裝。」

「來，我們要去找我們的位子。」

「在這個大堂裡面？」

「喲，看看那些有錢人！」

「你們看，那個女人帶了個金錢包。」

「哇！老天，她們一定是把陪嫁的首飾統統戴上了！」

村民小心翼翼跟在那個年輕人後面，群眾沉靜下來，瞪眼看著他們。他們梳洗得很乾淨，陳舊的衣服依然帶有早上陽光的氣息，但卻沒有人佩帶珠寶首飾或穿著絲服。黎娜披著鮮明的紫色披肩走進禮堂時，引來了一陣竊笑。老戴渾身不自在，走起路來手足無措。眼見這些有錢人因為他們這麼不體面的入侵而感到彆扭，蘇倫德拉則覺得很逗笑。來到禮堂裡面，他們看著繪飾的天花板、織錦布幕，以及正在入座的觀眾服飾。村民連大氣都不敢吭，阿信私下盼望他們不要被這場面嚇倒才好。燈光暗了下來，舞台上出現王宮布景，村民開心得發出讚嘆。音樂響起，接下來的幾小時，舞者在台上演出王子和惡魔、神仙以及天庭使者，村民坐在那裡看得出神。儘管他們並不懂那些冗長的台詞，但是演到有個聖人因為禁得起考驗而獲得好報時，卻馬上明白了。他們頻頻發出喝采，不時隨著鼓聲節奏打拍子，演出結束時，他們還高聲歡呼，完全就跟在村裡看跑碼頭的戲班子演出一樣。觀眾笑開懷。之後，台上的表演者轉向村民，並對他們鞠躬。有位紳士從幕後走到台前，講起世代沿襲已久的傳統音樂，並表示剛才表演的舞劇不知有多古老，他稱讚了舞蹈老師和舞者一番，然後轉向村民，形容這群孟加拉人的光臨對大學來說，堪稱鴻福，並說由於他們還保有村莊傳統作風，使得像這樣的表演精神，得以在現代印度重現。在觀眾的掌聲中，燈光熄滅了。

「他說我們讓表演精神重現，這是什麼意思？」

「那些只是客套話而已。」

「他是說，在故事沒有寫下來之前，都是靠講古人讓它們流傳世間的。」黎娜說道，淨往自己臉上貼金。

「我們那些傳說故事跟這個不一樣，我們的舞蹈也不是在王宮裡面跳的。」

「是那些大人物學我們的。」

「我看你是吃不消夜晚的空氣，你該上床去了。」

「阿信，你已經計畫好明天的行程了嗎？」

「火車要到勒克瑙。明天早上我們應該會聽到大節慶的事。」

「噓，你們沒見到這是該睡覺的時候了？」

參觀清真寺

早上在河邊時，盧努最先退到一旁，畫下河水景致。幾個祭司已經聚在一起等候他們。村民受召喚走上前去，聆聽古城缽邏耶伽[6]的傳說，還有眾神、帝王、朝聖客與戰爭，以及可怖刑罰的故事。這天早上就在反覆吟詠的傳說中過去了，河面吹來的寒風逼得村民跑回火車站。阿信忘了他的約會，杰德夫也沒安排飲食。站長把他們統統趕上已經在冒著蒸氣的火車，查票員跑來查問他們為什麼遲到了？老戴上氣不接下氣說：

「都是祭司啦！」於是在笑聲中，他們離開了阿拉哈巴德。

到傍晚時，他們已經看了好幾個鐘頭的富庶農場，引得那些男人家為了灌溉用的機械輔助工具爭辯不休。火車來到勒克瑙，上了一座橋，等到進站停靠好時，已經是晚上了。有位頗為冷淡的長官前來迎接他們，並建議他們入境隨俗，晚上不妨出去散個步，然後就帶他們朝穆斯林齋期集會庭園（Imambara）走去。

娣帕卡走下車廂，到外面盥洗、做清晨禮拜，忽見車廂旁邊有兩個男人，在那裡等著天亮，他們留了一臉大鬍子，還有歷經風霜的一身褐色，娣帕卡嚇了一大跳。她停下來，然後走上前去，在黑暗中窺探著這兩人。

「你們是陰魂還是精靈？」

「我們是你們的導遊。這位老先生在這城裡做老師，我們要帶你們參加晨禮，你能不能叫大家快一點，我們一定要趕在天亮之前到清真寺去。」

這兩人還沒料想村民要多久才能準備好，四十五個人就已經站在眼前，準備就緒了。彼此照例先問候一番，然後便快步走過尚未甦醒的市區，來到清真寺門外站立。比較年長的那個男人，此時轉而對村民解釋說，進清真寺的時候，男人走在前面，女人跟在後面，而且只能坐在其中一張草蓆上。村民遲疑地跟著做，馬上感覺到許多目光向他們投來，充滿敵意，也充滿質疑。

進到清真寺裡面之後，有好一會兒什麼都看不清楚。接著他們就對清真寺規模之大肅然起敬。清真寺的寬度幾乎就跟家鄉的村子一樣；從地板往上，一直到最頂處的穹頂，高度甚至超過了時母神廟。突然，從高處傳來了呼喊，聲音先是拖長，接著低沉下來，然後又升高、拖長。原來是宣禮員在召喚回教信徒禮拜真主。那位老師輕柔地用孟加拉語翻譯內容給他們聽，村民卻只聽懂了一句：「真神是獨一的」。村民坐在清真寺裡，留神觀看眼前的人跟著這個強而有力的聲音一齊跪拜，聽他們跟著唸誦。剎那間，陽光穿透高處的窗子照射進來，此時禮拜的人抬頭致意。接著又是忽高忽低呼喚般的祈禱。禮拜至此結束。老師和導遊站起身來，走到了陽光下，村民則跟在他們後面，一直來到清真寺外面，都沒有人開口說話。娣帕卡走向老師，彎下腰去摸摸他的腳，以示敬意。尼爾瑪和班金見到此舉大感震驚，娣帕卡這下子可打破了清真寺的魔咒。

「不可以，不可以，娣帕卡，你這是邪惡之舉，他們會宰了我們。」

「蠢婆娘誘惑不了他們的。」

「別亂講，他們就和你們在自家拜神是一樣的。」

就這樣一個接一個鐘頭，老師領著他們，從橋上走到王宮，從清真寺走到住宅區，從墓塚走到花園，中間很少停下來，除非是為了要聽更深入的講解。將近傍晚時，他們發現又來到了奧朗則布（Aurangzeb）清真寺前面。這回是昏禮的呼喚從大圓頂上傳遍四方，磁磚上燦爛的餘暉逐漸消逝，沒入陰暗中。大家已經筋疲力盡，是到了跟老師道別的時候了。儘管老師很想回家，但仍有人提出問題：

「您在哪裡學的孟加拉語？」

「為什麼要帶我們去看你們的禮拜？」

「我們又不是伊斯蘭教信徒，怎麼會讓我們進你們的廟裡？」

「波斯人和英國人為什麼要來我們的國家？」

「你們廟裡的磁磚上為什麼沒有舞孃，沒有藩王呢？」

「為什麼這個城市以前是戰場？」

「為什麼我們國家裡有回教徒、侍奉濕婆神的人，還有基督教徒，他們還讓那些基督教女士穿得像寡婦似的，來教導我們的孩子，這究竟是怎麼回事？」

「為什麼在你們的廟裡，女人要坐在後面？我們拜神的時候都是由我們帶頭的，也是由我們付錢給祭司。」

「你們的神像在哪裡？為什麼那個唱歌的人唱得那麼悲傷？」

「我還記得孟加拉鬧分裂的時候，兄弟和表親之間鬧得血流成河。你是個很和平的人。究竟是什麼造成殺人流血的呢？」

「我姪女嫁了一個伊斯蘭教男人，結果我們大家都發誓不再提她。可是你們的女兒不但可以嫁給拜濕婆神的男人，而且大家還是當她是個好女人。為什麼我們卻得為此抬不起頭來，講起來覺得丟臉？」

政府是什麼？

第二天早上，他們又循著走過的路線去參觀博物館。下午他們參加了一場文藝聚會，有好些詩人朗誦，但村民只聞其聲不知其義。蘇倫德拉抱怨說，這簡直是受罪多過受用，於是兀自溜去買土菸。晚上，巴柏拉和阿信坐在車廂外面，他對阿信說：

「阿信，看了這麼多，我眼睛都看累了，腦袋塞得滿滿的。明天我們要做什麼？能不能休息呢？難道沒有時間給我們大家聊聊，講講彼此做了些什麼？」

「明天天亮之前，火車就會開出，到北邊去。我們要去看恆河誕生的地方。這趟旅途很長，你們可以趁機在火車上休息，一路上火車還會停很多站。」

「我們這幾天已經看太多了，我反而覺得，耕田更能讓我認識印度。」

火車開始發動時，只有幾個村民騷動了一下；開往山區時，也只有阿信一個站著觀望。到了早上，村民滿懷妒羨看向窗外豐饒的鄉間。那是片好土，房舍也比較大，耕牛健壯，農作物結實纍纍。快到中午的時候，阿信拿了一份報紙想看，卻老是被人打斷：

「阿信哥，報上說些什麼？」

「靠近喀什米爾邊境的地方又打起來了。」

「這表示什麼？」

「可能是有人鬧出了血仇吧！」

「不是，報上只有登出關於軍隊和有權勢的人。」

「有軍隊嗎？」

「我不知道。」

「他們為什麼打起來？」

「因為他們雙方都要爭奪土地。」

「那是很好的農地嗎？」

「住在那裡的人不想要受一方的統治，可是另一方的人也不想要受這一方的統治。」

「他們會不會一直打下去？」

「如果是為了爭奪土地，他們是會一直打下去的。你看看村裡高嗇家的例子，從我祖父時代就在爭奪了，而且爭的只是很小塊的土地。」

「小塊？誰說那塊地小？在那塊地上走起來，不管走哪個方向，一天都走不到盡頭。我們誰都沒有耕種過這麼大塊的土地。」

蘇倫德拉拿出他的地圖，找到了喀什米爾，然後又找到了孟加拉邦：

「你們看，我們走了有多遠！而且還有更長的一大段，才能從印度的這邊走到那邊。」

「派那些軍隊來的波斯位在哪裡？」

「英國在哪裡？」

「它們都不在這張地圖上，這是印度地圖。英國要過海才到，這裡是孟買，那些船是從孟買開出去的。」

「那個老師說波斯人是牽著馬走過來的。他們是走哪條路呢？」

「他們是翻過這些山來的。」阿信努力指點他們，哈里斯昌德拉則努力想看地圖，但每件事情都要先經過刨根問柢和解說，而且還要拿村裡的情況做個比較，才能讓村民聽得真切。很多村民根本就不願意聽有關錫克教徒改革運動的事，哈里斯昌德拉想要解說時，就遭到他們的喝叱。其他人則想知道更多統治者的故事，於是阿信就講了阿克巴[7]的事蹟，有關他的包容、他興建的建築，以及他引進的新作風和新理念。

「這個大王是印度人嗎？」

「當然是印度人，他在印度出生長大的，他一定很愛自己的國土。」

「可是他是北方人。」

「而我們則是小孟加拉人，沒有人信賴我們，人家稱我們是膽小鬼。誰才算是印度人？」

「哪，你看，我們是孟加拉人，也自認為是孟加拉人，只有那些到別的地方去的人，才會被人家叫做印度人，我們是不會自稱為印度人的。」

「這話倒不假，而且我們周圍還有賈特人[8]和信德人[9]。」

「我們幹麼要印度這個名稱呢？」

「我們是不需要，我們有我們自己的地方。誰想要當馬德拉斯人[10]呢？」

「只有那裡的人才想當馬德拉斯人。」

「說起來真是個叫人傷心的笑話。我們坐在火車上，差不多走了半個印度。孟加拉語是我們的語言，可是孟加拉本身卻不算是我們的國家。到了外地，遇到的人都是把我們當客人、兄弟姊妹，可是我們還是害怕外國人，卻不害怕在這些田裡做活的人。哪，為什麼我們不怕這些人呢？」老戴懇切地說。

「我在清真寺裡面的時候很害怕。」

「我也是，他們看到我們去那裡，很生氣。」

「可是你們並不害怕那個老師，他也是他們的信徒之一。」

「我們已經知道其實不需要害怕的。」

「我們怕惹上麻煩是對的，因為以前伊斯蘭教信徒跟我們之間老是打仗。我們居然進了他們的廟，真是丟臉。」班金說著，馬上就唸唸有詞地做了祈禱。

「大叔，這話說得不對，你也見到那個老師是有智慧的人。他禮拜的時候很虔誠，就跟我們拜神時也想誠心誠意是一樣的。我不相信信徒之間真的打過仗，打那些仗都是為了要爭奪土地、錢財、或權力，絕不是為了贏得祈禱者的順從。」

「這話有道理。早期那些回教徒都是外來的人，而且也沒有把持土地。可是英國人走的時候，為什麼有這麼多殺人流血的事呢？」

「那根本就是瘋狂，是那個狂人想要這樣的。假如他得不到印度，他就要毀掉印度，所以後來他們把巴基斯坦給了他，然後他就死了。」

「阿米雅，你說的簡直就是個謎語，我聽不懂。」

「她在講真納[11]啦！。」

「你們還記不記得那些伊斯蘭教小孩全都失蹤了，然後那些破房子統統沒有人住了？唉！真是可怕。」

「政府是不是會下很多命令，造成人們互相殘殺？這實在沒有天理——把人將來的生活都毀了。」尼爾瑪真得感到心寒。

阿信拚命要為政府下各種定義，他的聽眾卻心浮氣躁。老戴輕輕說：

「話說回來，我們不就算是村子裡的政府嗎？凡是跟我們大家有關的事情，都是我們大家一起解決的，沒有人可以獨斷獨行。我們也負責維持秩序，難道不是這樣嗎？」

「這倒是真的，而且還有放貸人和地主告訴我們該怎麼做。」

「印度或孟加拉，甚至我們那區的政府，難道不像是我們的議會嗎？」

「才不咧！那些坐在議會裡面的人都不耕種的，所以他們一定是有錢人。」

「有錢人怎麼會知道跟窮人有關的事？」

「聖雄甘地就沒有錢。」

「喔，才不呢！他以前是有錢的；他本來是個滿有錢的律師，而且那些有錢人向來都很關照他。再說，聖人就是聖人，不管他是有錢人還是窮人。」

「可是聖雄甘地並不是政府，那時候英國人才是政府，他想要趕走他們。」

「英國人只是少數，他們怎麼能成為政府呢？」

「從前交易所裡只有一個家族在管，可是他們不但管穀種，也管仲裁糾紛，逢年過節還負責送禮呢！如今你要問個關於繳稅的問題，就得問上一年時間，還要經過那麼多職員。以前英國人管的時候，怎麼可以不需要這些文件的呢？」

「政府裡的印度人是不是比英國人多？」

「對，多很多，派到印度來的英國人總是少數。」

「如果現在政府已經是印度人當家，當然會有更多印度人在政府裡面做事，因為每個人都一定會再雇用自己親友，這是必然的。」

「英國人有沒有家人？」

「他們的家人都留在自己的國家，只有年輕人才來這裡。」

「難道弟弟也要跟著來嗎？」

「要是有土地可以耕作的話，那當然。」

「說來說去又回到土地，講了半天，我還是不知道印度是什麼？」巴柏拉走開了，這群人也跟著散去。過了沒多久，玩紙牌的人吵吵鬧鬧，女人家也為了討價還價吵成一團，阿米雅走到阿信身邊：

「阿信哥，我可不可以問你一件事？」

「什麼事？烏瑪的腳傷還沒癒合嗎？」

「傷口癒合得很好。」這個平日很威嚴的老祖母，此時扭著紗麗一端，終於開口問：「阿信，有沒有獎學金是給鄉下女孩到孟加拉大專院校念書的？」

「有，加爾各答有些大專設有這種獎學金。」

「女孩家要怎樣才能申請？」

「首先她得成績很好，有老師推薦。如果家人不讓她念完，而要她出嫁的話，校方是不會給這類女孩子獎學金的。」

「所以她們家人一定要有承諾？」

「也不是，不過老師一定要清楚而且信賴她家人才行。女孩必須很優秀，因為要通過很多考試的。」

「是在加爾各答考試嗎？」

「我想你以前念的那所學校，現在也有這種考試了。有些女孩子就是從那個大鎮到加爾各答去念大專院校。」

「真的？」

「去年還有兩個女孩跟我小姨子一起住。她們念的是羅瑞托學院。」

「送個女孩去上學，要花多少錢？」

「我不知道，每個月大概要一百盧比吧？供女孩念書不是那麼貴的，因為她們不出去玩，是寄宿在別人家裡，而且還幫忙做家務。」

「那些老師都很有錢嗎？」

「不，他們待遇很差的。政府公務員就賺得多了。」

「在我看來，老師也賺得很多。」

「你是已經習慣住在村子裡，住的是自己房子，既不用付錢，也不需要到市場買食物。城裡的人太多了，生活很貴的。」

給修女的信

阿米雅回到自己鋪位上。阿信看著她，本來還想再講的，但這時阿瓏達悌和巴柏拉卻在他面前坐了下來。兩人看來頗猶疑不定，這時阿信才想到，自從離開貝那拉斯之後，他就再沒有聽到這對夫妻互相粗聲惡氣地講話了。

「阿信哥，我們還沒寫信給那些外國女士。」

「是啊，你們要我用英文寫。」阿信找到他的文具盒，然後問：「你們希望我寫些什麼？」

「首先，告訴她們，我是個老頭，外孫、外孫女都大了。」阿信依言寫下，巴柏拉一邊等著。

「跟她們說，這趟旅行剛開始時，我連加爾各答都沒去過，可是現在我們卻成為環遊印度的遊客。說我常常都很害怕陌生景物和陌生人，我想待在老家，腳踏實地耕田。」

「不好，巴柏拉，不要講這些，外國女士不懂耕田和做遊客。她們是教女孩子縫紉的。」阿瓏達悌插嘴說。

「就照我說的來寫，等我講完，她們就會懂了。說我老婆很沒腦筋，」阿瓏達悌用紗麗遮住了頭，跟著車身律動搖晃著，巴柏拉講下去之前，先看看她，「她向來就想要漂亮東西，可是不願花什麼力氣，但她從來都沒有得到過。所以當她在加爾各答見了那些紗麗之後，眼睛愈來愈大，也愈來愈貪心。」

「不要跟外國女士說這些。」

「說我向來是個心懷恐懼的男人；我害怕沒有穀種，老牛死了之後，又害怕沒有新的耕牛或母牛。我總是把錢管得緊緊的，從來不讓阿瓏達悌在過節的時候買小玩偶，或者向流動小販買花布。有時她瞞著我偷偷買了，事後我知道就會打她一頓。」巴柏拉羞愧地垂下頭，阿信不動聲色。巴柏拉又接下去說：

「到了貝那拉斯之後，阿瓏達悌已經因為貪念昏了頭，甚至在禮拜恆河時也靜不下心來，沒有辦法不想著紗麗裝。我卻因恐懼而感到頭暈，覺得她可能會沒腦筋地把我的錢亂花掉，往後的旅途就什麼都沒有，或者萬一收成不好，我們也沒有剩下的錢可以拿回家。她恨我的恐懼，我恨她的貪心，結果我們兩人都像瞎了眼。後來，她外出去買最好的紗麗，儘管是要給一個醜丫頭，而且這個丫頭反正什麼都不喜歡就是了。可是她卻因此迷路了。我們出去找她時，我真的不知道自己心裡較怕哪一樣？是怕她把我的錢花光？還是怕我這個傻老婆會獨自害怕地死在這個聖城的某個地方？這一來就沒有人罵她，沒有人叫她做飯，沒有人去找她，抬她到聖河邊安葬。那天晚上走在陰暗街道上，我才知道原來這個沒腦筋的老婆是我的一部分，要是她孤零零死了，那麼剩下來的我就只有恐懼了。再沒有人跟我吵架，沒有人跟我講兒孫的事，也沒有人用取笑的方式來安慰我。」阿瓏達悌睜大了雙眼，看著巴柏拉。

「後來我們走到了你們的大宅，人家說那是一所學校，由外國人負責經營，我知道去那裡看看也是沒用的，外國人才不會關心一個晚上還在外面、貪心又害怕的老婆，說不定她們還會把她當成賊或者乞丐。等到您帶她出來見我們時，我覺得很丟臉。您在我國是個外人，卻給了她安慰，而我卻還不肯相信這是可能的。如今我更丟臉的是，您給了她這件最漂亮的紗麗，說不定還是您親手做的。這份禮應該是送給貴賓的，不是給賊或者乞丐，或者是給鄉下笨老婆的。我付不起您這件紗麗裝的錢，因為我知道您學生所做的活兒是無價的；何況我認為您也會對收錢感到生氣，就像我招待客人吃東西之後，客人要付我錢，我也一樣會生氣。所以我要向您說，感謝您賜給心懷恐懼的老頭平靜，也感謝您送給我老婆這樣的禮物，這是她這輩子得到的真正漂亮東西。我是耕田的巴柏拉，是烏瑪沈村裡的人。這封信寫於火車從勒克瑙往北方的路上。」阿信很仔細地寫完了信，巴柏拉伸手拿過信紙，笨拙地在上面簽了自己的名字。他把鉛筆遞給阿瓏達悌，她也在上面畫了代表符號。然後他們站起身來：

「你會在下一站寄出這封信嗎？」

「跟那些外國女士講這些事，合不合適？」

「講得很好啊！我會幫你把信寄出去。」阿信突然轉過身去，而巴柏拉和阿瓏達悌也一起往車廂內走去。

車廂百態

娣帕卡正在補紗麗的縫邊，看看經過的鄉間景色，然後又繼續做她的針線活兒。盧努坐在她對面，很仔細地素描著這位老婦。線條捕捉了她豐滿的身軀，坐在鋪位上，盤著雙膝，也畫下了那件正在縫補中的紗麗衣褶，一隻手腕上戴著寡婦手鐲。她微微靠著車窗，盧努也因此捕捉了映在她臉上的陽光，以及灰髮後面的陰影。這是一幅充滿安詳的肖像。等到盧努的手靜止不動，她即知道畫已經確實完成了。

「我可不可以看看？」娣帕卡問。

「我不知道你在看我畫。」盧努巧妙地回答說，一面趕緊闔上本子，匆忙之間打翻了色筆盒，筆掉了一地，娣帕卡彎下腰幫忙撿拾，花了一會兒工夫才全部撿齊，裝滿了盒子，盧努此時也鎮靜下來。闔上的素描本擺在鋪位上，娣帕卡拿起針線活兒繼續做，沒再要求看素描。過了一陣子，盧努打開素描本，鄭重其事遞給她，手有點發抖。娣帕卡看了畫像，又看看盧努，然後再看看那幅畫。

「盧努啊！你把我畫得像個聖人一樣！」

「我只不過把自己看到的畫下來而已。」

「畫得非常美，你真是太抬舉我了。」

「我畫得很慢。」

「孩子，孩子，永遠不要辜負你的天賦，這些都是女神賜予的。你只要盡力而為，就是在榮耀女神了。」娣帕卡闔上本子還給她。盧努抬頭看著她說：

「你真的認為畫得很好嗎？」

「那當然，你把我畫得像活的一樣。這是女神賜予的本領。」

「每次畫好了粉彩畫，我自己還沒來得及評判一番，別人就已經先稱讚了。其實我總是很在乎別人怎麼講。」

「那你應該和女神賜予你的天賦和解，唯有你自己才知道，什麼時候有好好運用這天份，別人講的話不要放在心上。這就跟拜神一樣，心誠自然會討神明喜悅。你絕對不要懷疑自己的天份，也不要懷疑你的女神，要不然這等於是對一切都不信賴。」

「凡眼睛看到，或者心靈感受到的，不見得能夠完全靠雙手畫出來。」

「那你就得學了。我不是就能靠這十根老指頭縫補，還一面跟你講話，一面看著經過的風景？」

杰德夫和納倫本來在聊天。他們經過此刻正安然而坐的娣帕卡和盧努，然後叫米圖下鋪位，接著又一齊回到巴柏拉那裡：

「醒醒，老弟，幫我們指點米圖怎麼畫出修理幫浦的方法。」杰德夫搖醒了巴柏拉之後，這四人就坐在走道上，想要仔細畫出可靠的幫浦圖，也畫出技工事先告訴他們可能要用上的修理步驟，他們身邊圍了很多好奇的人。這花了他們很長時間，每幅小圖他們都要爭論半天，旁觀者又七嘴八舌加添評論，結果米圖只好從頭再畫，改正之前畫錯的地方。最後終於很滿意了，開始抽起菸來。老戴一直興致勃勃地看著：

「米圖，你能不能畫一幅村裡的地圖，而且把我們每個人田裡的水渠畫上去？」

「可以，只要你告訴我該怎麼畫。」

「可是老戴，你為什麼想要這地圖？我們每個人都知道田溝裡的水怎麼個流法啊！」

「你們看看外面，有沒有見到那些噴水龍頭把水灑得很均勻？整塊地都灑到了。」

「是啊！所有灌溉田地的水都很平均。」

「這一定要花很多錢，你們看那些金屬水管。」

「我們灌溉田地的水就不均勻。靠近水渠的田地，灌溉的水太多；在邊緣地區的田地，水又太少，可不就是這樣？」

「真的。」

「我們有沒有辦法自己做這些噴水龍頭？」

「得要有個幫浦加強水壓才行。」

「可是我們已經有一個幫浦了呀！你們已經叫米圖畫成圖了。我們能不能在幫浦上安裝水管，好讓幫浦可以噴水出來？」

「是可以做得到。」

「從前那些外國技術師曾經帶來水管，可是不合幫浦用，這些水管還在。」

「對，說不定可以派上用場。」

「我們想辦法去看看這種農場。」

車廂中央有一群婦女在講八卦，談論村裡此時可能會有什麼事發生，說著說著，就互相指控，這時更是扯足嗓門吵起來。有幾個男人原本在走道上玩牌，現在也大吵大嚷的，互指對方出老千。喧鬧變本加厲，起初別的村民還當這吵吵鬧鬧頗好玩的，沒多久這喧鬧就成了威脅。阿米雅站起身來，不動聲色走到那群男人那裡，從中間擠過去，然後靜靜站在那群尖著嗓門的女人旁邊，她們卻沒有留意到她。阿米雅大吼：

「你們別吵了，這火車又不是村裡的河岸。這是要讓北方人知道你們有多無聊嗎？」

「老是愛管閒事，阿米雅，難道你家的人數不夠讓你管得痛快嗎？」這一招實在夠尖酸刻薄的，就在阿米雅還沒反應過來加入吵架之前，原本就坐在附近的老尼爾瑪像是自言自語，又像是在跟她們全體說似的：

「要是一個人被妖魔鬼怪包圍住了，怎麼還能指望進天堂呢？」

這老頭不懂為什麼突然間整個車廂發出一陣爆笑。那些玩牌的人笑得眼淚都掉出來了。吵架的女人也彼此靠在一起哈哈大笑。阿米雅回到原位上。車廂裡恢復了平靜，那時再沒有人吵架了。娣帕卡湊上前去對阿米雅說：

「要是他們經常這樣吵架的話，這可不太好。」

「是不好，可是坐火車的時間太長了，他們對一路上的風景沒什麼興趣。往後還有更長的車程呢！」

「不如到了下個站時，我們來慫恿大家下車走走。」

「黎娜，你能不能講個故事來讓大家消磨時間？」

「哎，哎，我看了這本書上的一個外國故事。來！來！孩子們，過來聽白雪皇后的故事。」

黎娜召喚村民聽故事從來不落空的，人人都急忙跑到她那裡去，這時就更加熱切了，因為故事名稱很奇怪，是他們從來沒聽過的，而且黎娜的語氣裡有著特別的興奮。她換了座位，好讓大家都能聽到，村民還六個人擠到一張鋪位上，盡量靠近黎娜。然後黎娜開始講起故事。

故事裡的加伊以及凍徹心扉的北方寒氣，漸漸鋪展開來，黎娜把白雪皇后[12]變成喜馬拉雅的女藩王，加伊則來自孟加拉邦氣候溫暖的三角洲地區，像村民一樣前往北方旅行。黎娜使盡渾身解數，把這個愛情故事講得扣人心弦，交織著旅行、尋覓和憂心。講完的時候，也正是火車徐徐靠站之際，她的聽眾報以熱烈掌聲，比上次看舞蹈劇時有過之而無不及：

「哇！太棒了！書裡是不是還有很多這類故事？」

「對，雖然這只是一本小書。」

「不用擔心，每個城市裡都有書店的，我會陪你去買更多故事書，可是你一定要答應找一天講故事給我孩子聽。」阿信親切地說道。

「鄉下醜老太婆要講故事給城裡小孩聽？他們才聽不下去呢！」

「要是你講的就像現在這麼精采的話，不光是他們，還有整個加爾各答的人都要聽的。」

「別說了，我們下車去吧。現在有太陽。」

他們走了一下，又喝了茶。杰德夫想找噴水龍頭，卻徒勞無功。阿瓏達悌買了新鮮檳榔，阿信買了報紙。伙夫也把茶壺裝滿了水。盧努為孫女買了一個石頭玩偶。火車開動之後，她就忙著把這個小騎士安放到那隻雕刻木馬的背上，交給哈里斯昌德拉郵寄回去，阿米雅也託他寄一封信。哈里斯昌德拉已看著阿米雅為了寫這封信努力了大半天。阿信也寫了信給太太，班金為孫子題了一篇禱文，烏瑪則是付錢給哈里斯昌德拉這位代書，幫她寫信給兩個兒子。哈里斯昌德拉把這些待寄的郵件綁成一大包。夜色將近，伙夫發給大家茶和一些冷飯。蘇倫德拉開伙夫玩笑，說他供應給大家的就像是村子裡的一頓晚餐，可是伙夫卻笑不出來。他又冷又餓，灼傷讓他疼得要命。等到收回所有餐盤，村民輕鬆下來時，伙夫蜷縮在一角，心想要怎樣才能擺脫這火車以及這些愚民。他想住在城裡的好房子裡，這些房子住著有錢人，每天早上都睡到很晚才起床，而且總是待在同一個地方。

寒風中入聖河沐浴

這一晚的睡眠經常被打斷，每個小鎮似乎都在等著這班火車，而每一站的喧嚷聲也都無可避免，連蘇倫德拉都發起脾氣，對著窗外的群眾大吼，沒有人聽懂他的話，但是他的語氣卻毫無疑問地表露出他的憤怒，善詈的旁遮普人也不甘示弱地回罵。

「無知的北方人。」蘇倫德拉咕噥著說。

「可是印度人全都一樣啊！」米圖回他，蘇倫德拉大笑起來，轉頭又睡了。

有一次他們得等著火車駁接，結果等候的時間裡，阿信被叫去三次，要他出示那些公文和車票。到了天亮時，大家脾氣都很不好，動不動就吵架。這時見到有茶喝，大夥都很歡欣。

「我們什麼時候才會到站？要到哪一站？」

「我們會在哈爾德瓦停站。要是第二次的接駁火車不會拖太久的話，應該中午就到那裡了。」

「一定會拖延的。」

「阿信，哈爾德瓦是恆河誕生的地方，對不對？」

「對，我們會從那裡去看喜馬拉雅山。」

「什麼時候？」

「我猜大概是明天吧！」

「明天我們會看到喜馬拉雅山？」

「對，而且別忘了帶你們的披肩，山裡會很冷的。」

聽說眾神家鄉就近在眼前了，大家情緒都緩和下來，蘇倫德拉抽著菸，眺望著北方的地平線。接駁的火車延遲了，直到下午很晚才抵達哈爾德瓦，然後車廂就脫離火車，安置在停靠位上。

「你們看，整個車站到處都是行腳僧和祭司。」

「是不是在過節啊？」

「不是，他們是要去山裡膜拜並祈禱。」

「小心，他們都拿了行腳杖。這些人不像我們的祭司，也不像在貝那拉斯見到的行腳僧那麼胖。你們講話不要太大聲。」

「哎，你們看，他們每個都不一樣，可是都很有威力呢！」

「退後點，退後點。」尼爾瑪語帶謹慎提醒大家，充分流露出威嚴，村民一聽到他的話，不由得離開車窗遠些，以免直接出現在熙來攘往的祭司視野中。

這些祭司來自印度各地，有些年紀很大，雞皮鶴髮，雖然長途跋涉也未能讓他們屈服，但在寒風吹襲之下，還是放慢了腳步。有些頗輕盈靈巧，長長的鬈髮飄揚，步履帶著節奏，眼神銳利。很多人一心嚮往著高處山區，因此只顧四處遊蕩，既不帶領人，也沒跟著人走，而是盡可能遠離哈爾德瓦人多的路徑。

阿信和站長商談過後，找來了一個少年，負責帶領村民到沐浴河階。少年對於這項新奇任務感到興致勃勃。他帶著他們慢慢走，在每家店鋪門口駐足解說，介紹雕刻奇技、神像，或是哈爾德瓦特有的禮拜用披肩。阿信竭盡全力才能聽懂這個少年所說的話。等到風勢轉強，太陽逐漸西沉，他們才來到了主要大路的高處。轉過街角，有個賣紀念品的小販正纏著一群遊客，這時他們眼前出現了那條水流滾滾的小恆河。這條小河又灰又冷，激起的白沫衝向每道堤岸。河裡站著正在禮拜的祭司、男男女女、病童，人人都認為這處聖地會降福給自己，根本不顧嚴寒氣溫。村民迎風望去，頓時驚訝地為之一震。就在北方，赫然浮現出高山輪廓，而且是不同凡響的群山。這些高山就像鐮刀般，豐收著平原的禮讚。

「這是喜馬拉雅山。」蘇倫德拉幾近耳語般地悄聲說。

「不是，這些只是低處的山區，它們後方還有更高的山區，在高山區後面才是真正的喜馬拉雅山。要是天氣好的話，你們明天就可以看到喜馬拉雅山。」這個講話的陌生人用孟加拉語對蘇倫德拉說。這個莊稼漢回頭一看，見到說話的人是個有錢的孟加拉人，可能是從加爾各答來的。兩人互相打了招呼之後，便問起對方家在哪裡。

「我是從德里來的，在那裡幫政府打工。我家鄉是在麥門辛（Mymensingh），當年大分裂的時候逃到加爾各答，後來又到了德里。要是我沒看錯的話，你應該是耕田的人吧？是什麼把你帶到這處聖地來尋找喜馬拉雅山呢？」

蘇倫德拉於是把烏瑪沈遺囑的故事，以及這趟奇異之旅告訴對方。這個整潔光鮮的遊客仔細打量了這團人之後，拿出了外國香菸請蘇倫德拉抽。這人一面抽菸，一面告訴蘇倫德拉，前路有很多事情是不會很平順的：

「這會是趟很艱難的旅程。很多人會罵你們一頓，趕你們離開那些聖地；或是有錢有勢的地方，人家也會趕你們走。留神點，留神點，老兄，要懂得把羊群平安帶到庇護之處。」說完，這人就往山下去了。蘇倫德拉回到村民那裡，他們還在眺望綿綿的高山和滾滾恆河。這個老農首次用一個陌生人的眼光，去看他的同伴們；他們矮小黝黑，衣衫襤褸。婦女用紗麗罩住了頭部，大家裹著披肩瑟縮著，顯然不敵寒意。只有黎娜的披肩看起來夠暖，她整個身軀都裹在披肩裡不見了。蘇倫德拉逐個細看，他們都累了，灰白的臉色似乎彼此相同。阿信看起來緊張憔悴，以前招呼他們的飛揚神采已經不見了。阿米雅高大的身軀傲然聳立，但是舉手投足間的英氣卻不復再現，蘇倫德拉心想，不知為何她在休息的時候看起來也很緊張。娣帕卡訝然微笑著，然而飄拂在額前的髮絲更白了，那隻把髮絲往腦後攏去的手，也微微顫抖著。尼爾瑪和班金分別站著，老態龍鍾，依然全神貫注地對恆河水中的禮拜者抱以敬畏。杰德夫和烏瑪站在一起，烏瑪這時已經不僅是嬌小，而是乾癟；在村裡時，杰德夫的朗笑聲是他的招牌，如今卻聽不到這種笑聲了。每個人臉上都帶有緊張神態，這種壓抑也是過於專注的結果。蘇倫德拉仔細查看，連那些平時大都在睡覺的人，臉上也可見到這種神情。米圖在努力素描，沒有改變，除非是因為開心，或是充滿希望與自信，舉手投足之間才會流露出來。納倫挺立在他旁邊，陰鬱的雙眼看著遠方，勞動慣的雙手此時雖然閒得很不習慣，卻不曾顫抖過。他旁邊的盧努冷得發抖，但她看起來似乎沒有受到其他人緊張神態的感染。蘇倫德拉認為她的臉孔比以前溫和多了。盧努陷在沉默之中，顯然是在傾聽。蘇倫德拉再次看看那些臉孔上深深的陰影，然後往前走去：

「走吧！天冷了，回去吃點熱的東西吧！我們可以明天再來膜拜恆河。」他的聲音驚醒了他們，有幾個人更為周遭環境的熟悉而感到吃驚。於是他們轉身，急急跟著他往路上走去。伙夫沒好氣地招呼他們，然後催他們吃著粗茶淡飯。風對著車廂的活動遮板怒吼。村民很早就心滿意足地鑽進了自己的毯子裡，可是還是冷得發抖。突然有盞燈籠的燈光閃現，大家都害怕得互相挨在一起。阿信上前問道：

「誰啊？」

「是我，你們的導遊。」少年的聲音傳了過來。阿信打開車門，少年跳上車，進到車廂裡，後面還跟了幾個僕役，身上帶了大捆東西。

「你帶什麼來？」

「毯子。從我叔叔旅館裡拿來的，他今天看到你們站在河邊，我回去以後，他向我問起你們，說你們會需要多一點毯子來保暖。現在他旅館沒客人，所以你們待在這裡的時候儘管拿去用，等你們要走時我再來收。」

「我們要付錢嗎？」

「不用，不用。我叔叔說你們是他的客人。以前他曾在孟加拉邦的鐵路局做過事，所以還記得你們的家鄉。我得走了，不然我媽就要生氣了。」說著，少年就領著那些搬運工走了。阿信、納倫、盧努和黎娜幫忙把毯子分發給大家。惟獨蘇倫德拉一人整晚躺著沒睡。

黎明並未帶來溫暖。少數幾個村民去河邊沐浴，回來時慘兮兮的，冬天的河水把他們凍得發青。

「你這個傻娣帕卡，這趟沐浴不會讓你蒙福的。快把這茶喝了。」阿米雅邊責怪她這恬靜的朋友，邊為她忙得團團轉，然而見到娣帕卡沒回嘴，阿米雅不再大聲責怪，而是趕緊又拿了四條旅館毯子，裹住娣帕卡，並且幫她把濕頭髮往後梳攏，一面生氣地嘮嘮叨叨。她命杰德夫和阿信也用同樣的方式去照顧尼爾瑪和班金，這兩人雖然為了在哈爾德瓦沐浴過，而興奮地聊個不停，卻仍然忍不住發抖抽搐。黎娜自己照顧自己，可是當盧努拿來更多毯子給她時，她還是很感激。

「河水真冷，外甥女，可是我們因為沐浴而得福。」

「但願神明保佑愚笨的虔誠者吧！」盧努就只答了這麼一句。阿信離開車廂，過了很久之後才回來，村民已經等得很不耐煩，想要出發，因為起碼他們可以走在陽光下。阿信回來時，心神不寧又滿臉失望。

「有封電報發過來，我們不能再往北方去，因為喀什米爾有動亂。官方認為帶我們去那裡並不明智，所以我們會在這裡和德里逗留得比較久。站長正在安排巴士，送我們沿著恆河到拉克斯曼（Lakshman）橋去。我們先去參觀幾個靜修處，然後再到一座山村過夜。他們認為明天我們該在高山裡走走，好讓你們可以看到喜馬拉雅山。巴士會載我們去，三天內我們就會回到火車上。記得要多帶幾條毯子。」

山區的靜修處

村民匆忙準備了一番，之後就上了巴士。車身兩邊都畫了花朵，以及山區膜拜求福的眾神圖。司機是個活潑開朗、充滿冒險精神的人，開開心心地向他們打了招呼。他開起車來肆無忌憚，還一面大聲唱著禱文，要不就用假音自編自唱一段怪腔怪調。他猛拐急衝，顛簸地開上了彎曲的山路。來到一行石階旁邊時，突然停了車。暈車的村民如逢大赦般慌忙湧下車。高處有個彎腰鞠躬的人正等著他們，示意他們走上台階並且跟著她。村民發現他們來到一處寬廣平地，周圍是低矮、整潔的建築。到處都可見到毛色油亮、梳理過的牛隻，完全不像村民曾經見過的牛，牛群中間有不少男男女女在散步，總是面露微笑，輕撫牛隻。其中一個門口傳出了喃喃佈道聲。每個散步的人走向另一條牛之前，都會在這個門口前面一鞠躬。有時女人還會跟牛講話，語氣夾雜著尊敬以及老奶奶寵愛小寶寶的口吻。村民感到手足無措，不知如何以對。有個僧人出來迎接他們，這個靜修處是他師父的，他還道出了師父的名字，但是村民卻一無所知。僧人說，人們到這裡來是為了悟道，透過每日例行生活做到這點；包括聽法和祈禱，還有定時靜坐和打掃。每隔一段時期，人人都得以見到師父而蒙福，師父會分別點化他們。

「吃飯的錢由誰來付呢？」巴柏拉問。

「每個信徒剛來到靜修處的時候，都會捐出一筆錢，如果想要逗留久些，就會再捐出更多錢。靜修處就靠這些錢來買食物。」

「哎，那可是一輩子的積蓄，或者是孫子剛開始掙來的錢啊！」杰德夫說。

「為什麼這些牛這麼肥壯？牠們為什麼在這裡走來走去，而不是待在田裡？」

「這些牛是我們的活神明。有牠們在眼前會為我們帶來福氣，所以我們禮拜牠們。」

「你們把牠們餵養得很好。」

「要是不餵得那麼好的話，牠們就會乖乖待在田裡了。」

那個僧人並不認為這話很風趣。後來村民受邀去見大師，看到了一個身穿精美絲綢的男人，還披了一件華麗的喀什米爾披肩，之後他們就回到了巴士上。

「這地方是給有錢人來的，他們想過著舒服而又看來虔誠的生活。」

「你們有沒有看到？那些女人全都穿絲織紗麗！」

「她們在幫那條母牛梳毛，簡直就像是在幫新娘打扮！」

「那個修瑜伽的人就像個旅館老闆，他在閱讀，沒在講道。」

「說不定他是在看禱文。」

「也說不定是在看帳目。對那些拜神的人來說，反正沒什麼分別。」

「那位女士說他們是從德里來的，有幾個還準備待上一年。他們可真有錢，一年都不用做事。」

「看看我們，我們不也沒在做事。」

「那不一樣，我們回家以後還不是照樣要負起重擔。」

「你講話就像那個僧人，他滿口都是職責和負擔，還有做好人的問題。」

「有錢人的家人在這年一定會增加額外負擔的。」

「沒錯，如果要付靜修處的開支的話。」

「那些人看來很快活的樣子，你想他們是不是找到神明了？」

「可想而知人家是這樣告訴他們的，所以他們當然快活啦！這是做好人的一部分。」

「不用說，他們已經有過好日子。他們就像那些牛一樣，喜歡待在靜修處。」

「如果有管牛和管土地的神明，這些神明一定沒來過這種地方。」

「噓，不要講這種話。」

「我的大運已經差不多走完了，可是烏瑪沇給了我朝聖機會。所以別擔心，我下輩子一定不會遭報應的。」

「或許所有拜神的方式，包括有錢人的在內，神明都很會高興的領受。」

「神明一定很寂寞，所以來者不拒。」

「噓，噓，別又亂講話。」

「可是你沒看到有外國人嗎？我告訴你，神明一定是很寂寞的。」

他們開始向上往這個靜修處的台地走去。烏瑪見到此景，聯想起大鎮上的學校。村民吃驚地見到一棟大建築外牆頂上曬了牛糞，就跟村裡的情況一樣。台地上有幾位年輕的外國人跟印度人混在一起。他們正在等待。這時有人領了個外國青年來見村民，青年用吞吞吐吐但清晰的孟加拉語向他們致詞：

「歡迎光臨，現在差不多是吃飯時間了，請大家跟我們一起用餐。我們在那邊的飯堂裡吃。」

青年領著他們走到等候的人群中，然後一起沿著一條暗道，來到一間低矮的廳房裡，盡頭處有一座小講台。村民按照指示在一排排長凳上坐下，接著就進來一列年輕人，捧著餐盤，先招呼村民吃飯，村民見到盤內色香味俱全的飯菜，都瞪大了眼。有個男人走進來，站在講台上向大眾鞠躬。等到他大聲唸起經來時，大家就開動了。村民很想迴避眾人的目光，卻無法做到，結果他們只吃了一點點。那個男人唸的是他們所不熟悉的語言。過了一陣子，唸經聲音停止了，這時大眾站起身來，每個人都端著自己的餐盤，到水龍頭下洗乾淨，然後才堆疊在靠近門口的地方。村民很小心地跟著照做。走到門口，年輕人又加入他們，並且問道：

「你們想不想看看我們種糧食的地方？」

「你們有田地？」一聽到熟悉的事物，馬上引起了興趣。青年領著他們往另一處台地走去，大家都很小心地走著。那裡有很多塊小土地，種了蔬菜和穀類，整片梯田就像個花園。很多年輕人正在田裡鋤草或播種。杰德夫留意到沿著這些小土地都有金屬水管：

「這是你們的灌溉系統？」

「對，這是噴灑灌溉系統。因為這裡太高，所以我們得抽水上來。」

「你們怎麼樣把水抽上來？」幾個村民不約而同嚷著問。

「你們過來看。」年輕人領著他們來到一座棚屋，有很多水管通往各處。

「這就是幫浦，我們要加蓋遮頂防雨，免得雨水會損壞它。」

「雨水會損壞幫浦嗎？」

「對，零件會因為雨水而生鏽，這樣一來整部機器就會故障。」

那些男人湊上前去觀看，其他人就蹲在一旁等候，那裡有擋風的地方遮護他們。這群農夫興奮地問東問西，年輕人應接不暇，幾乎招架不住。他們向青年解釋說，村裡有一部幫浦，但壞了；村裡沒有灌溉系統，所以他們很想要自行建設一套系統。於是年輕人很仔細地向他們解說一切細節，他們聽了很高興。

「你們的靜修處怎麼會關心機器的？難道你們不用拜神嗎？」

「我們是透過工作和學習來悟道的。」

「學孟加拉語也屬於拜神的一部分嗎？」

「不是的，我是在本國的大學念孟加拉文的。現在我學的是打坐。」

「你怎麼學打坐？」

「剛開始的時候，先學盤腿。」

「難不難？」

「痛得要命，而且兩腿會麻痺。有一次因為兩腿還沒舒緩過來，我就站起來，結果踝骨裂了。然後我又要從頭開始練起。等到我練到不再去想兩腿時，就得學著不去理會打噴嚏、或者肚子咕嚕響得像打雷。」

「你講話不太像個神聖的學生。」

「喔，我可不是聖人，要成為聖人的過程是很艱鉅的。」

「你們大家都得下田做活嗎？」

「我們全體都要下田的，還要幫忙清潔打掃、做飯。我們自己服侍自己。」

「你們是不是有時也靠親近師父而沾光呢？」尼爾瑪現買現賣，把才聽來的拿出來問青年。

「那很容易，師父總是在我們周圍工作，也像我們這樣聊天。」

「他是不是個聖人？」

「喔，大概是吧！但他是個幫學生工作的聖人。或許因為他認為光靠我們的努力還不夠。」

「你怎麼來到這個靜修處的？為什麼你要離開你的國家？」

「這位師父曾經到我念的大學去演講，他是我見過最有意思的老師。後來他回印度，我就跟著他來了。我想要從他那裡學到更多人生意義。」

「你會在這裡待多久？」

「你是說在這個靜修處，還是說在印度？」

「都是。」

「我在這個靜修處已經待了兩年，現在得找工作。我想在印度再待個三年，每年冬天都來靜修處。」

「你是做什麼的？」

「我在海德拉巴附近的難民營學校裡教英文。」

「你母親願意你留在這裡嗎？你為什麼要留在我們國家裡教書呢？」

「我媽擔心我穿的衣服不夠，會著涼。所以她幫我織了毛線襪子。」說到此處他停下來，拉起下襬，讓大家看他腳上的厚襪子。

「去年我媽來印度，還去參觀了難民營。她喜歡我的工作，我爸則喜歡這裡的園圃。他們說只要知道我是在做造福人群的事情，他們會尊重我所做的一切。」

「你是個很不尋常的外國人。」黎娜上下打量著這個年輕人。「我們見過別的外國年輕人，他們靠迷幻藥假裝自己已經成為聖人了，但其實連一點梵文都不懂，也不肯腳踏實地實現他們的夢想。」

「這是很讓人難過的事。很多人來印度尋求人生的解答，卻不肯努力。迷幻藥是條易行的途徑。大娘，我很遺憾他們惹你們生氣。」說著，這個青年向她鞠個躬。路上傳來了巴士催促他們上車的喇叭聲，阿信和大家向這個年輕人道了謝，但年輕人只祝他們旅途愉快。娣帕卡靠近年輕人身邊，問他：

「你有沒有找到你的神？或者照你的說法，悟道？」

「大娘，這話怎麼說？」

「我的意思是，你心裡面是不是認識了神，領悟了道？」

「我曾經領悟過，所以才來這裡修行，學更多東西。」

「但如果你已經見到，何必再來一次呢？道不是永遠都在的嗎？」

「那時候我還很年輕，所以我不認為自己有深入的了解。」

「你對悟道毫無疑問嗎？」

「對。」

「悟道的時候是否讓你感到很開心呢？」

「我領悟的那一刻，的確是快樂無比，但是周圍有太多事情都讓我生氣，我想要改變它們。」

「怒氣對神不是一種侮辱嗎？」

「不過要是人做的事情，是不真又邪惡的，我們的怒氣就很正當，怎麼會是種對神的侮辱呢？」

「可是那些人不也是命中注定有邪惡的部分？」

「可我們大家也都是神的一部分，大娘，你說是不是？」

「快上車吧！娣帕卡，我們都在等著你呢！」

「我說不上來，我說不上來。」說著，娣帕卡走開了，留下年輕人獨自站在原地，看著巴士駛向山谷。

「有這種兒子，做父母的會很光榮。」烏瑪喃喃地說。

「沒錯，而且他還教我們怎麼安裝噴水龍頭。米圖，車子在行走的時候，你能畫草圖嗎？」杰德夫看著米圖吃力地在紙上畫著，巴柏拉和納倫從旁把觀察到的幫浦細節，指點米圖畫出來。

上山難又難

車子行經峽谷深處的一座小村，來到一排房舍盡頭時，巴士停了下來，司機指了前面一條小徑給他們看。風挾著雨絲迎面吹來，於是村民雙雙並肩，緩緩走著。後來終於見到前方峽谷高處，有座很不堅實的架構，這時村民加快腳步，因為知道見到目標——拉克斯曼橋了。他們急忙走著，裹緊了身上的披肩，一面邁開大步。最後終於站在橋上並向下眺望。天空河水已轉為紫色，高處森林的最後一抹橙色餘暉尚未散去，仍然持續了好一陣子。就在他們講話的時候，紫氣這才逐漸褪去，夜色悄然潛入峽谷，在橋上擁抱住他們。等到他們完全看不見景色了，蘇倫德拉就領著大家，慢慢沿著小徑走回巴士。大家在車上都保持安靜，司機找到了要走的山路之後，就開始漫長蜿蜒的下坡路，走下山區的第一道山脊。黎娜這時講起拉克斯曼的傳奇故事，一個比一個精采。講到嗓門開始沙啞時，她又講起尤塔育（Jotayu）這隻英勇大鳥的故事，由於牠為拉克斯曼和羅姆神犧牲，所以深受愛戴。故事講完時，村民都潸然淚下。由於聽得入神，完全忘了巴士的顛簸和衝刺，直到車子突然停了下來，他們才察覺到旅程結束。司機站著伸懶腰，很高興工作完畢。村民跟著他走進黑暗中：

「那裡是不是有村子？我沒見到有亮光。」

「在上面，那裡有堆火。」

「那很遠哪！」

「我們到得了嗎？」

「哪，別忘了你們的毯子。」

他們互相幫忙把行李捆扶到頭頂上，然後跟在司機後面，跌跌撞撞地往一條很陡的小徑走上去。他們什麼都看不見，蘇倫德拉和納倫落在後面，看顧那些走在最後面的人繼續往前走。多數村民都因為吃力和寒冷的緣故而氣喘吁吁，況且這天的結尾如此怪異，也讓他們感到害怕。就在烏瑪認定自己無法再走下去時，他們已經來到山頂上。司機從一個陌生人手中接過了燈籠，帶著大家走過一條卵石路，來到一個長形房間，這裡是他們過夜的地方。

蘇倫德拉一直睡到天亮，其他人則睡到陽光從靠近天花板的高窗射進來才醒來。娣帕卡和尼爾瑪兩個都在咳嗽，烏瑪則因為空氣比較稀薄，常常要深呼吸。阿米雅見到門口已經擺了一壺熱茶，於是很快先用茶安撫這三人的不適。等他們都吃飽了之後，便準備出發，一踏出門口來到陽光下，大家立刻發出驚嘆。

原來他們正站在高山頂上，腳下西面是一片雲海，有時他們還可看到恆河在閃爍。轉過身來見到的是巍峨高山，綿延伸向極目所至的遠方。這時米圖抓住了蘇倫德拉的手臂。

「老兄，你看，在天邊舞動的那條線。那些是喜馬拉雅山上的雪。」蘇倫德拉動也不動地站著。沒錯，那些的確是山峰，的確在朝陽下舞動著。在這個距離之下，積雪呈現藍色，而且並非只有蘇倫德拉以為自己見到山區的最高輪廓。村民指著高山欣然而笑，興奮得忘掉了寒冷。後來有個帶著大木杖的矮小男人出現，揮手要他們跟他走。走了一個小時又一個小時，他們拚命想要保持在可以看得到這人的範圍內，可是這人每每不會駐足很久，而且也不向那些經過的村莊解釋他們是什麼人。過了中午之後，村民的隊伍已是七零八落，從森林到峽谷的一路上，每個人都只看得到前一個人，彼此距離拉得很遠。很多人都上氣不接下氣，烏瑪靠著杰德夫，阿瓏達悌靠著巴柏拉，大家都沒有力氣抱怨了。黎娜是走在前面的人，當她見到最前面的那些人已經抵達某個山頭，於是就坐了下來等後面的人。她按摩著冰冷的雙腳，一面想著穿涼鞋來爬這樣的山實在不適合。過了很久，有幾個人趕上了她，這些人看來臉色灰白，繃著臉。黎娜為了減輕班金的負擔，於是自己又多背了第二捆鋪蓋。她迅速沿著小路走上去，找到了阿信，只見他正在導遊身邊喘著氣，他們都坐在一處平緩的草坡上，眺望著白雪：

「阿信，你得阻止這個呆瓜害死我們大家。你看，就這麼幾個人走上來，其他人全都落在後面不見人影，誰知道他們有多吃不消。我們得回頭去幫幫他們。」

阿信自己都疲弱無力，對她的責備根本聽不下去。納倫站起身來望著來時路，見不到人影。阿信設法從導遊那裡打聽出來，只要村民不走離這條路，就絕對不會錯過這晚過夜的地方。納倫叫阿信和導遊先到鎮上去拿燈籠來，他還叫導遊幫黎娜帶那兩捆鋪蓋，又拜託另一個村民幫阿信拿，然後他和黎娜就回頭循著來時蹤跡去找人。那些先頭部隊走下了草坡，進到樹林裡。阿信經常費力地停下步來，或者扶持另一個人。

黎娜和納倫才走了不一會兒，就遇到了杰德夫和烏瑪，還有其他十個人，他們叫這些人繼續往前走，到了有陽光的草坡上再休息。杰德夫扛了兩捆鋪蓋，但其他人都是各扛各的。納倫和黎娜又急忙往前走，陸續找到了其他落在後面的人，多數都坐在路旁喘氣，只有幾個仍然繼續往前走。阿瓏達悌在巴柏拉身旁睡著了，巴柏拉懇求納倫和黎娜不要叫醒她。

「她睡睡之後精神就會好了，到時我們再上路。」

「不行，要是她睡下去，這麼冷她會凍著的。趕快叫醒她往前走，上面高處還有陽光。」

「娣帕卡、阿米雅、還有尼爾瑪，他們在哪裡？」

兩人又沿著來路走去，很快遇到了老戴，他正靠在哈里斯昌德拉身上，兩人走得很慢。

「老戴，你病了嗎？」

「我不知道，我的頭感覺像是祭神時敲的鼓，氣也喘不過來。哈里斯昌德拉也沒比我好多少，可是他還讓我靠著他肩膀。」

「還有其他人落在很後面嗎？」

「有些人停下來休息，看看頭痛會不會消失。娣帕卡咳得很厲害。」

「黎娜，你待在這裡，扛著鋪蓋。大叔，太陽還沒下山，你試著站起身來看看喜馬拉雅山，然後走到下一個村子去過夜。說不定等你往下坡走的時候，頭就不會痛了。我會往回走，去叫醒其他人，並且幫忙照顧娣帕卡。你試著往前走，千萬不要停下來，不然你會發冷的。」

「走吧！納倫。哪，哈里斯昌德拉，把你的鋪蓋給我。」黎娜很快就帶著這兩個男人，步履走得穩當多了，納倫也不再回頭看，他邁開大步，加速走在小路上。只要見到睡著、或坐在寒氣中的村民，他就叫醒他們，要他們繼續往前走，去看喜馬拉雅山。村民聽到前面有草坡和村莊，數小時以來的委靡精神，首次為之一振。納倫繼續獨自前行，他並不覺得辛苦，兩條長腿很樂於走這趟難走的路，要不是心有掛慮，他倒是對於這項體力挑戰很感興奮的。在村裡的時候，他經常工作到筋疲力盡，當作鍛鍊自己的魁梧身軀。這時他感到步伐自如，不像以前受限於阡陌，而且他喜歡這些陰暗高山的清新、稀薄空氣。他急步走向谷中暮色，過了很久，見到遠遠的前方有一小群人，正一步步地走著，但是最中央的兩個人影卻雙雙彎著腰。納倫還看不清楚他們的臉孔，就已經聽到他們傳來單調的咳嗽回音。最後他終於認出原來是阿米雅扶著娣帕卡，蘇倫德拉扶著尼爾瑪，被扶著的兩人看來病得很嚴重，納倫拔腿跑了起來。

「納倫，還有多遠？」阿米雅背了兩副鋪蓋，又扶著娣帕卡，壓得彎腰駝背。

「還很遠，可是走上那道山脊頂處，風景很好，可以看到喜馬拉雅山，然後再往下坡走一小段路，就到我們過夜的村裡了。現在其他人應該已經到那裡了。」

「我們走不到山脊上，你聽聽他們咳得多厲害，而且娣帕卡還頭暈走不動呢！」

「尼爾瑪的情況怎麼樣？」

「他抖得很厲害。喜馬拉雅山很美嗎？」

「你們會看到的。」

納倫解開鋪蓋，取出一條毯子裹住尼爾瑪，另一條裹住娣帕卡。

「阿米雅，你扛這兩副鋪蓋，我來扶娣帕卡走到山脊上去看喜馬拉雅山。蘇倫德拉，你先扶著尼爾瑪走，我回頭再來接你們，千萬不要停下來，辦得到嗎？」

「他現在暖一點了，情況好一點。」

這三人先出發，起初納倫因為承受的重量而有些腳步不穩，但很快就應付得從容自如。娣帕卡一聲不吭，卻又靠著納倫睡著了。阿米雅雖然扛了三副鋪蓋，卻依然緊跟在納倫旁邊。等他們來到山脊上時，草坡上早已不見其他人影，但還可依稀看到老戴和哈里斯昌德拉，偕同黎娜漸漸走進懸崖陰影中。納倫把娣帕卡安置在草坡上時，驚醒了娣帕卡：

「我們到了嗎？」

「娣帕卡，這裡是山脊。你看，喜馬拉雅山在那邊，太陽照得金光閃閃，你會感到暖和一點的。等到覺得好些了，你就得跟著黎娜，哪，在那兒，走到下面的村裡去。阿米雅，我要回頭去接尼爾瑪。」說完，馬上又走回小路上。阿米雅想到他的艱鉅任務，不覺渾身一顫，轉過頭去看著高山：

「娣帕卡姐，你有沒有看到山上的雪？可真美，是不是？」

「離得這麼遠都看得到這些雪的陰影，它們一定是屬於天堂的一部分。」兩人坐了很久，始終見不到納倫的人影。喜馬拉雅山開始由橙色轉為粉紅色，草坡上的陽光也逐漸消逝。阿米雅扛起了鋪蓋捲，娣帕卡站起身來。

「真可惜，說不定蘇倫德拉看不到喜馬拉雅山了。」她說，然後這兩個女人就拖著沉重腳步，緩緩往下走向陰暗。

當天空轉為深紫色，只見喜馬拉雅山的輪廓線條閃耀著金光，納倫帶著尼爾瑪來到了山脊上，蘇倫德拉見到山峰時發出了驚嘆：

「納倫，就在那裡。」

「對。」

「它們一直在光線下，等我們到來，喔，老天！這下我可該看到雪了。」蘇倫德拉蹲了下來，三個男人就看著光芒萬丈的夕陽逐漸轉為深紅色，然後是莊嚴的深紫色，直到山峰終於完全陷入夜色中，只剩下陰影。尼爾瑪訝歎不已，眼中的快樂神采顯示他已經大開眼界了。三人又繼續動身往山下走去。納倫累了，而且又不熟悉這條山路，連摔了幾跤之後，蘇倫德拉懇求他停下來休息一下。

「老弟，我來點個火把，這樣走起路來就容易了。」他在樹林邊緣搜尋了一番，找到了一根合適的木柴，很快他們就有足夠的光線照亮前路。納倫再度扶起尼爾瑪，等到他們走到山路平坦之處時，蘇倫德拉高舉火把，卻不見有村莊。然而納倫卻見到高處的另一座山頭上有燈火。

「哎，天哪！我們走錯路了。」

「我去找人來幫忙。尼爾瑪，你能不能拿著火把？」這老人一聽，從祈禱中回過神來，雙手緊抓住火把，迫切地從亮光尋求安心。蘇倫德拉快步向前走去，納倫看著他走出了火光範圍之外，頓時鬆了口氣，他們一定很快就會平安無事的。然而蘇倫德拉還沒走遠，就見到黑暗中有兩個蜷縮的人影。原來是娣帕卡，這時她喘著大氣，並沒有咳嗽，阿米雅則因為長時間驚慌失措而筋疲力盡，幾乎要睡著了。蘇倫德拉把自己的鋪蓋捲跟她們的堆在一起，然後幫阿米雅點了一支火把。接著他扶起娣帕卡，卻沒想到她有那麼重，因此搖晃了一下，這才慢慢向前往上坡路走去。納倫在下方見到火光一閃，就知道蘇倫德拉碰上了更多問題。他的腳步很慢，但一想到盧努就在山上，步伐就堅定多了。他雙臂作痛，頸後發麻。走到半山處，他停下腳步，放下尼爾瑪休息一會兒。他聽得到山上傳來的狗吠聲、喊叫聲，接著是一片寂靜。他溫柔地扶起尼爾瑪，因為這老人正在喃喃叫苦，然後兩人又一步步往上走去。突然，杰德夫和巴柏拉帶著火把出現了，巴柏拉手裡還提了一壺茶，晃盪潑灑，納倫再度放下尼爾瑪，蹲在他身邊：

「沒事了，老頭，他們來了。」

「喂，納倫，鋪蓋捲在哪裡？」

「前面轉彎處的地方。」

「趁我去搬鋪蓋捲的時候，你們先喝茶。非得跟那個導遊算帳不可，我看他是故意設計我們的。」杰德夫做了個不雅的手勢洩怒，然後就大步往山路走去。巴柏拉邊笑邊倒著茶，這怪異的一晚實在讓他擔心受怕，此時總算鬆了口氣。

「其他人都還好吧？」

「大多數都在嘔吐、頭痛，娣帕卡呻吟得好像要臨終似的，阿信站都站不起來。山上村民給老戴和哈里斯昌德拉喝了點烈酒，他們睡著了。阿米雅在燒茶，村裡的女人把那個房間弄得很暖，可是臭得很。」這時杰德夫拿著鋪蓋捲回來了。他們發現只有納倫還有力氣扶得動尼爾瑪，所以等他扶起這個病懨懨的老人之後，這支隊伍就上路了。他們走到了山頭上，蹣跚地沿著小徑來到通往鋪卵石的中庭裡，先引起狗的吠叫和撲跳，然後就進到建築物裡了。班金迎上前來，幫忙納倫卸下尼爾瑪。杰德夫和巴柏拉往屋內人多的地方走去，來到火爐邊，阿米雅正在爐邊忙碌。納倫站著發了很久的呆，因為燈籠光線搖曳，人影錯亂，使他無法集中焦點。某處傳來蘇倫德拉的叫聲：

「老弟，大功告成，四十五個人全都到齊了。」

然後盧努和黎娜分別出現在他兩旁，帶他到阿米雅火爐邊的一張蓆子上，開始幫他揉手臂、按摩背部，雖然兩人的動作持續了很久，可是納倫根本還沒等到她們幫他脫掉涼鞋就已經睡著了。

這漫長可怕夜晚的每個小時，把痛苦全給引出來了，當黎明曙光透進屋內時，村民都已筋疲力盡，躺著無法動彈。阿米雅一手摟著娣帕卡的肩膀睡著了，阿瓏達悌則睡在巴柏拉懷裡取暖，烏瑪靠著杰德夫，兩人都不敢妄動，生怕驚醒對方。納倫醒來時，發現每個動作都引起胳膊和兩腿作痛。他看看別人，顯然大多數人整晚都很不舒服，呼吸依然沉重，看起來老態龍鍾。娣帕卡睡得很熟，尼爾瑪掙扎起身祈禱。納倫偷偷摸摸地不想驚醒盧努，可是才從毯子裡爬出來，盧努就已經坐起來悄悄問：

「敬愛的老公，你上哪兒去？你病了嗎？」

「沒事，盧努，我要去燒茶。天很冷，我看其他人都病了。你沒不舒服吧？」

「沒有，只有一點頭痛。」兩人一齊彎腰生了火，在水燒開之前，黎娜也湊上了一腳，她默默不語，把村婦送來的茶杯排好。納倫在茶杯裡注滿茶水，兩個女人就來來回回地送茶給每個村民，直到人人手裡都捧了一杯熱茶為止。納倫捧著自己那杯茶，走到阿信躺著的地方：

「阿信哥，你的情況還是很糟嗎？」

「是啊！納倫，身體很痛。」

「巴士什麼時候來接我們？」

「應該是晚上就到這裡了，我們本來一大早就要出發的，可是現在恐怕沒辦法了？」

「我去看看巴士來了沒，我想只要你下山的話，病痛應該就會消失了。假如沒好的話，我會去問問這些人的。」說著，納倫走到外面的晨光中。頭頂高處的天空很晴朗，但周圍卻是一片雲海，昨晚走過的山路完全隱藏在雲海中。不遠處有棟房子冒出輕煙，於是納倫朝著房子走去。來到院子，就見到那輛巴士，而乖乖躲在車上冷得發抖的，竟然是那位脾氣很大的司機。見到納倫，司機站起身來，憤怒地冒出連珠砲般的印地語，然後下車走進屋裡，回來的時候，他拖著前一天的那位嚮導，拚命地對這人拳打腳踢，狠捶他的腦袋和肩膀。杰德夫這時已經過來跟納倫在一起，兩人都想要了解是怎麼回事。司機揍完那人之後，才慢慢跟這兩個農夫說：

「為了其他人的健康著想，我們得趕快下山到平原去。雲霧散了之後，我們就準備出發。」

「他們可不可以到巴士上等？那屋子裡的空氣不好。」杰德夫翻譯了這話，司機很有同感地點點頭，然後就跟他們一起邁步走向村民那裡。

「他為什麼打那個人呢？」

「那個嚮導是司機的老表，司機聽說要載遊客到山區來，他就捎了訊息給這老表，要他準備在這山區帶領遊客。老表認為有錢人才能做這樣一趟旅行，要是他能帶遊客去看最美的山景，遊客就會額外打賞。這個司機昨天開車在山裡到處找我們，他說我們走了最難走的一條路，那是只有山地人才走的路，我們很可能全部命喪此地。他還說，他一個派沙都不付給老表。」

「是不是因為在山上，所以才會有頭痛和這些不舒服的現象？」

「對，他說這很常見。但是我們得趕快下山。」

此時，其他的山地人走來加入他們，陪他們一齊等村民從屋裡出來。雲霧升起，蒸騰而上，終而散去，山區下方深深的斷谷一覽無遺。身體比較硬朗的村民把毯子裝上車，並協助那些仍然虛弱、頭昏的村民找到座位坐下。該地村長來為他們送行，還代表當地人向他們致歉。他的致詞很長，然後突然一鞠躬，很恭敬地把手上一直把弄的雕刻手杖送給納倫。

「這是什麼？」

「他為什麼要給納倫這個？」

「我該怎麼做？」納倫有點結結巴巴地說。司機滿臉笑容地在他背上拍了一下：

「他說你扶持其他人的英勇行為，就像一個道地的山地人，所以他對你的勇氣和力量表示敬意。他把這根山地人的手杖給你，讓你無論到哪裡去都可以用。」阿信為了表示禮貌，勉強提起精神，但結果只能很吃力地喃喃翻譯著。納倫臉紅了，他俯身摸摸村長的腳，轉身向喜馬拉雅山再度清晰可見的山脊致意，然後就攀上了車。

「我們趕快下山吧！」他對司機說。只有杰德夫還回過頭去，看著村民揮手送別。納倫找了位子坐下，擁著那根手杖，望著車窗外，再看看山區最後一眼。後來他就再沒見到這些高山了。整個早上車子在山裡轉來轉去，有時上山，有時下山，司機一面開車，一面不住嘴地咒罵。往往因為有人暈車，車子只好停下來。有時車子則是停下來讓他們打點茶水。就連黎娜和強健的盧努，都因為受不了車子轉來轉去而暈車。最後，這一切苦頭終於都過去了。到了下午，車子行駛在前往哈爾德瓦的最後幾哩路上，這時村民都睡著了。等他們回到火車站之後，司機跑去找站長，向他解釋經過情形。村民一見到車廂裡自己的鋪位，全都縮到鋪位上，把鋪蓋和毯子忘得一乾二淨。結果又是蘇倫德拉、納倫和杰德夫，幫忙把鋪蓋解開，為這些睡著的人蓋上。他們很仔細地把旅館的毯子另外放在一邊。

站長帶著兩名官方人員來了，他說明這兩人是醫生，來看看這些村民的情況。站長還為這番叨擾而道歉。兩個醫生匆匆在車廂裡巡視了一遍，給了杰德夫一大把藥丸，說是「萬一還有問題的話，就吃這些藥」，然後就走了，顯然是很嫌惡這些病人。納倫去把阿信叫醒，因為站長有話要對他說。

「火車一個鐘頭之內就要開出，前往德里。這段路很長，醫生說你們得好好照顧那個女人、那個老人、還有那個戴眼鏡的。」他邊說邊指著娣帕卡、尼爾瑪和老戴。「我已經發電報出去，火車停站的時候，會有熱飯菜供應你們。」

「您能不能告訴我們，我們的伙夫怎麼了？」

「伙夫出了什麼事嗎？」阿信大吃一驚。

「我很遺憾。昨天有幾個有錢的遊客來這裡，他跟這些遊客談起來，我想是他們雇他到家裡去做事，所以他就坐夜車跟他們到德里去了。」

「我們沒了伙夫怎麼辦？」

「我早就告訴過你，明天沒有熱食可吃。」

「請代為謝謝那位旅館老闆，他借給我們的毯子在山上救了我們一命。」

「為人服務過後會更謙卑的。」

「我們還沒有謝謝那位司機。」

「他覺得太丟臉而不好意思來。」

「跟他說不要覺得不好意思，我們會康復的。」

「哎，而且我們已經看到喜馬拉雅山了。」

火車汽笛響起，火車緩緩駛出車站，漸漸遠離了山區。

【注釋】

1 靈迦（lingam）：印度教所崇拜的男性生殖器像，象徵濕婆神。

2 須彌山（Mount Meru）：印度教神話所傳屹立在宇宙中心的金山，是世界之軸。天神居於此山，此山餘脈即喜馬拉雅山，喜馬拉雅山南即婆羅多婆舍國（婆羅多眾子的地方）。主要天神都在此山或其附近有各自的天國，信者死後在這些天國與他們一起等待轉生。

3 烏摩（Uma）：光明與美的女神，與濕婆神妃難近母和芭梵悌皆為濕婆神配偶，為印度孟加拉邦所崇拜的女神。

4 芭梵悌（Parvati）：濕婆神之妻。

5 普盧濕（Purush）：印度教傳說中半陰半陽（陽身為濕婆神）的宇宙之靈。

6 缽邏耶伽（Prayag）：古城，阿拉哈巴德即坐落於其遺址上。

7 阿克巴（Akbar）：一五四二～一六〇五，印度蒙兀兒帝國皇帝。

8 賈特人（Jat）：分布在南亞次大陸的旁遮普地區。

9 信德人（Sindhi）：巴基斯坦信德省人。

10 馬德拉斯（Madras）：印度東南部港市。

11 真納（Mohammed Ali Jinnah）：一八七六～一九四八，印度穆斯林政治家，巴基斯坦國家締造者，第一任總督。

12 白雪皇后（Snow Queen）：為安徒生童話故事之一。

第五章

首都德里

火車抵達德里車站時，村民興趣缺缺。睡覺的睡覺；生病的生病；肚子餓的肚子餓。從哈爾德瓦一路駛來，沿途有兩站的站長確實都派人送來熱飯菜，卻只有蘇倫德拉一個人敢吃。其他人滿懷驚恐看著他吃這些由陌生人做的奇怪飯菜。他坐在車窗旁邊抽菸，不時有人偷眼瞄他；他還沒病倒，大概是那些飯菜沒有被人下毒。夜裡，蘇倫德拉為其他人張羅茶水，還一邊解釋說，總要有人動得了才行。阿信躺在鋪位上，流汗、咳嗽，沒留意到吃飯出了大問題。阿米雅臉色灰白，縮在毯子和披肩下面。甚至在車廂換軌之後，饒是一片寂靜，也未能引起他們的興趣。蘇倫德拉獨自下車去找站長。

「走開，叫化子，這是上班的地方。」

「我不是乞丐，我得見站長。」

「你要先有約，才可以見到站長。」

「鐵路總局和戴先生難道沒有通知站長，說孟加拉邦烏瑪沈村裡的村民要來嗎？」

「站長可不理會每個跑來德里火車站遊蕩的村民。」

「什麼孟加拉邦？」

「這裡有個叫化子說他不是乞丐，他說鐵路總局應該已經通知過您，說孟加拉邦有村民要來。大人，這招想要進您辦公室的花樣可真新，您說是嗎？乞丐總是不肯善罷甘休的。快走吧！」這個服務員想打發掉蘇倫德拉，蘇倫德拉只是咧嘴笑著。服務員後方出現一陣喧擾，有個肥胖男人出現了，雖然已經是下午四點多，但他依然非常整潔，這人衝到門口。

「你是從孟加拉邦烏瑪沈的村子裡來的？」

「是的，大人，那節車廂已經停在這裡，大家都病倒了。」蘇倫德拉打著手勢指著後方。

「負責帶隊的阿信．穆可吉在哪裡？」

「阿信哥因為發高燒正在睡覺，他需要看醫生。山區很冷，所以很多人病倒。我們的伙夫又跑掉了，村民不肯吃車站供應的飯菜，我自己倒是吃了，而且味道真的很不錯。」

「你叫什麼名字？」

「我叫蘇倫德拉，是個耕田的。您可不可以幫我打電話，找我媳婦的表親？她會做孟加拉菜，村民也見過她，他們得趕快吃東西才行。我們還需要有個懂孟加拉語的醫生。」

「老人家，你真會給我找麻煩。」站長帶領他回到自己的辦公室裡。服務員吃驚地看著這一幕，然後跑到月台上講給同事聽。蘇倫德拉蹲在站長辦公桌旁的地板上，從襯衫掏出了一本小記事簿，翻閱到某一頁後，遞給這位好奇的站長：

「這是地址，上面有德里的電話號碼，對不對？」

「對，是有個號碼，雖然寫得很不清楚。」

「這就是那女人的電話，得請她來幫我們做飯。」

「電話在這裡，你為什麼不自己打？」

「站長，我不識字，要是您親自打電話，這個表親會更當一回事，比我這個老莊稼漢來打要好。這個小機器就是電話嗎？怎麼個用法？」

「這我可不敢說，等那個女人接了電話再說吧！」

如此這般找到了表親，並向她細說從頭，於是她同意立刻前來。然而當站長告訴她要幫四十五個人做飯時，表親不但哇哇叫，還臭罵了蘇倫德拉一頓，直說真不該記得她。接著站長又花了很長時間，設法找到孟加拉籍醫生，但最後只有一位肯來。蘇倫德拉如釋重負地燃起一支菸。站長還想打電話給鐵路局的戴先生，不過這位老農卻希望等大家復元了，再通知這位觀光局長官。

「你們那些村民要不要終止這趟旅行呢？」

「當然不要，我們才剛開始呢！」

「可是你說他們都病倒了。」

「每次到了冬天，村裡的老頭和寡婦原本就經常病倒，而今他們又沒事好做，有太多的時間胡思亂想，通常這樣都會生病的。等他們吃飽就會復元了。」

「那位表親這樣咒罵你，可是你好像還很信任她。她又沒辦法跟你們一起旅行。」

「要是我對這位表親的印象沒錯的話，再加上她那套城裡人的作風，我們那些女人家應該很快就會決定親自做飯，以後我們一路上就太平了，而且可以吃得很好。」

「你真是個精明的政治家。」

「什麼是政治家？」

「我們德里有很多，你很快就會見到。」

「我們要在德里停留多久？」

「你不知道嗎？」

「不知道，只有做老師的阿信哥知道這趟旅行的所有計畫。」

「這可不好，因為現在他病倒了，沒法幫你們。還好是發生在這裡，你們要在德里停一個星期，然後到阿格拉，再到拉賈斯坦邦（Rajesthan）。」

「這個星期之內一定要讓大家康復，還要參觀德里，然後繼續上路。時間真的很不夠。」

蘇倫德拉站起身來，向站長致意過後，就走出辦公室。站長馬上拿起電話打給戴先生，隨即就跟戴先生通上話：

「他們已經到這裡了，而且在生病。有個穿得很破爛的農夫像在負責管事。」

「他叫我找個孟加拉醫生來，醫生晚上會來，他還要我打電話給一個表親，要那人來這裡做孟加拉口味的飯菜。」

「不是的，是因為他們的伙夫在哈爾德瓦跑掉了，他們又不肯吃車站供應的飲食。」

「我不知道，那個農夫說他們都著涼了。」

「那個老師病了，農夫什麼事都不知道。」

「他說大家還沒有康復之前，不想見到你，可是你要不要現在終止這趟旅行呢？」

「喔，知道了，你會過來？是，我了解。但我不想要有四十五個生病的人待在我這個車站。話傳出去會很難聽的，我可是個大忙人。」

後來站長又聽了頗久的電話，才結束這次交談。他放下電話，大惑不解。戴先生一點也沒有驚慌失措。站長心很煩，打雜的送茶來給他，還被他罵了一頓。過了兩個鐘頭左右，辦公室前面的月台上傳來鍋壺等的碰撞聲，他向窗外一看，見到三個矮小、瘦巴巴的男人，正設法擺好一大堆鍋碗瓢杓和蔬菜，還有個豐滿的年輕女人，身上緊緊裹著尼龍紗麗，正在用孟加拉語罵這三人。

「您一定是那位我們等候的女士，是來幫那四十五位村民做飯的吧？您帶來的份量夠吃嗎？」他看著大包小包，一面暗想應該是不夠的。

「老年人吃不了多少的。您說他們在做朝聖旅行？吃得太飽去拜神不太好。為什麼沒有人事先寫信警告我？快點，我想趕快了結這件事。」

站長像看好戲似的看著她對挑夫管東管西、呼來喝去，想到蘇倫德拉的先見之明，就忍不住好笑。

「請走這邊，我們很感謝您來協助這些老人。他們因為吃不到您美味的孟加拉口味，所以病倒了。」

站長帶她穿越過混亂的大廳以及鐵軌，來到停在鐵路支軌上的車廂，蘇倫德拉正在車廂旁邊抽菸。車廂裡全無動靜，蘇倫德拉站起身來，朝著廚子咧嘴而笑，這位表親彎下腰，摸摸蘇倫德拉的腳。

「大叔，聽說你們很不順利。您看起來倒還好，您不是要我大老遠白跑這一遭吧？」

「沒叫你白跑，這裡有四十四個又病、脾氣又壞的人，等著要吃你做的飯。我是第四十五個，而且會跟其他人吃得一樣多。自從離開勒克瑙之後，我們就吃得很差，而且我發現，人愈是走遍千山萬水，肚子愈容易餓。」

「哈，這會兒他又成了歷險家了。您怎麼不帶大象來，把您的金銀財寶都裝走？大叔，您在胡說些什麼？」

「做你的飯，要是做得好吃，說不定我會把經過講給你聽。」

阿信病重

站長留下他們走了。廚子跪下來解開帶來的蔬菜和器皿。這女人站到一邊，一會兒忙著弄頭髮，一會兒又理理身上的紗麗。蘇倫德拉幫廚子取了水來，一邊覺得好笑，一邊不停講話。車廂裡一陣騷動，站長瞥見車窗出現了一張臉孔。就在他沿著支線鐵軌走回去時，聽到婦女正彼此寒暄，大家都扯高了嗓門，其中有個聲音卻寡不敵眾地挨了訓斥。站長看著炊煙在火車站裡升起，便很快往辦公室走去。有個年輕人正在來回踱步，不停看著手錶：

「您一定是站長了。您都不留在辦公室裡的嗎？我的時間不多，您說要找我看病的人在哪裡？」

「您是醫生嗎？」

「對，加爾各答醫學院畢業。甲等成績。現在在德里行醫。你有個病人？」

「不是。」

「那您為什麼要我大老遠跑來這個骯髒車站？您以為我們醫生沒事好做呀？我跑來這裡，是因為你說有人需要看醫生，而且要會講孟加拉語。」

「這倒是真的。不過事情是這樣的，不是只有一個病人，而是可能有四十四個，其實我不很確定到底有幾個人病了。」

「您是不是喝了酒？」

「沒有，大人，但我想您應該先過來坐下，聽我解釋。」

「難道我不應該先去看看病人嗎？」

「沒關係，病人反正已經病了。他們要先吃點東西，然後您再去看他們，設法讓他們好起來。」

站長竭盡官方用語講了這個很長的故事，慢慢而又詳細地道出遺囑和旅行的內情。起初這個年輕醫生還不停地看錶，然而等到站長講到他們的遭遇和苦頭，講到喜馬拉雅山上的寒冷，還有他們害怕吃不熟悉的飲食，醫生這才靜下來專心聽。這時有人來找站長，有事求見，站長只好先應付他們。

醫生靜靜問道：

「他們還要繼續環遊印度嗎？」

「是的，那個老農夫是這樣說的。您會發現他們就跟乞丐差不多，而且全都很老，是村裡年紀最大的一群。」

蘇倫德拉向站長咧嘴一笑，上了車廂，幫忙醫生把診療袋提上去。廚子和腳夫正在說笑，而站長也微笑著坐下來吃飯。正當他舔著手指上最後的幾顆飯粒時，身後出現了一個矮小、遲疑的男人；等他漱口洗手完畢，這個陌生人向他一鞠躬，並微笑著說：

「我是觀光局的人，現在情況是不是好一點了？醫生怎麼說？」

站長在尷尬中虛張聲勢地打了一番官腔，因此過了好一陣子，兩人才真正進入話題，談到村民的情況。廚子在旁邊忙東忙西，一面傾聽談話內容。蘇倫德拉在車廂裡領著醫生，先走到阿信床邊。阿信呼吸困難，每次吸氣都皺眉蹙眼，發出垂死呻吟般的聲音。蘇倫德拉跟他講話的時候，他兩眼空洞，顯示出這位老師因為痛苦與害怕，而對周遭事物心不在焉。醫生仔細為他檢查，村民看在眼裡，逐漸安心下來。這是如假包換的醫生，來此出診是為了要把他們醫好。蘇倫德拉告訴大家，醫生會逐個幫他們看病，於是他們分別回到自己的鋪位上。醫生只顧彎腰檢查著阿信，沒有留意到身後的騷動。他轉過身問蘇倫德拉：

「誰負責照顧這人的？」

「那還用說，當然是我們大家。不是每個人都病得這麼嚴重的。」

「難道沒有護士，沒有懂藥物的人嗎？」

「在村裡的時候，阿米雅、娣帕卡、黎娜和盧努都護理過很多人。她們現在有一點不舒服，說不定你要她們來幫忙，還可以讓她們好得更快。」

「誰懂得最多？」

「阿米雅，她在這裡。」蘇倫德拉走進阿米雅的隔間，她正躺在鋪位上，兩頰肌肉鬆皺，臉色蒼白，可是一見到醫生走近，兩眼感興趣地為之一亮。

「這人說你懂得關於藥物的事。」

「一點點。在阿拉哈巴德的時候，有位醫生給了我很多藥，在路上以防萬一。我已經治好了某些人，但是除了安眠藥水之外，其他藥物都對阿信沒有用。今晚他靠著安眠藥水睡得好一些。」

「請把那些藥物拿來給我看看。」

阿米雅起身想要下床，卻猛然咳了起來。醫生輕輕扶她躺下，然後檢查她的情況。接著問：

「藥物在哪一件行李裡面？」

阿米雅指給他看，於是醫生就把行李拿下來，放在她旁邊。阿米雅如數家珍，逐樣告訴醫生藥物用途，還有她給誰吃了這項藥物。醫生先是滿臉驚訝地聽著，漸漸又從驚訝轉為佩服。阿米雅不時咳嗽，說自己很虛弱。

「那是因為你拚命罵我們不該把那個德里女人弄來做飯。可是你看看，現在你能坐起來，就是因為吃了人家做的飯。」

「她很沒腦筋，為老人家做飯之前打扮成那副模樣，簡直丟臉。你說得沒錯，我們是需要她供應的飲食，但願份量再多一點就好了。」

「大姐，你聽我說，你比這位蘇倫德拉更懂得這些藥物。我需要有人幫我餵這些人好好吃藥，尤其是阿信。要是蘇倫德拉扶著你，你能坐下的時候就坐下，那麼你是否可以陪我去護理其他村民？你支氣管發炎，我給你開點藥丸吃吃，很快就會好了。你必須吃得好，其他人需要你幫忙照顧。你能跟我來嗎？」

阿米雅沒有答話，只是傾身向前，抓住蘇倫德拉的肩膀，下了床站在他身邊。他們花了三個鐘頭逐一看完所有的人，中間有兩次，醫生留下這兩個人監管情況，自己跑去辦公室打電話。第二次醫生回來之後，納倫起身去燒茶，沒多久，他就為那些醒著的人分別送上一杯熱茶。站長和戴先生一直默默不語地等候著，納倫找到他們，把茶遞到他們手中，兩人都很感激。納倫請兩人到車廂裡去，因為車上比較暖和，及至聽到戴先生自我介紹，他吃了一驚。這位高大的農夫彎下腰，因為全身肌肉僵硬痠痛而苦著一張臉，伸手去摸摸這位年輕人的腳：

「先生，您讓我們見識到許多新鮮而美好的事物。雖然陌生，卻充滿神奇。」

戴先生感覺到，眼前這個人其實跟自己一樣，也是個沉默寡言的人，因此納倫這樣表示感激，使他很感動，他不好意思地向站長示意，請他坐在車廂前座。蘇倫德拉已經點亮了一盞燈籠，可以照到車廂另一頭。車廂內傳出竊竊私語，村民在背地裡談論著這個醫生。醫生終於診治完畢，跟在阿米雅和蘇倫德拉後面，回到阿米雅的臥鋪，阿米雅如釋重負般往床上一倒。

「不，請不要走。我要先躺躺，可是我們還得談談。請您再從頭交代一次，該為這些病倒的人做些什麼。還有該怎麼照顧阿信？」阿米雅雖然因為支氣管炎痛苦不堪地氣喘，卻依然能夠發號施令，醫生也毫不猶疑遵照她的囑咐。

「阿信的肺部遭到感染，得了肺炎。我已經請醫院派人送藥過來，等送來之後，我就為他用藥。今晚我會留在這裡觀察情況，確保藥效發揮作用。等到天亮，我會教你怎麼幫他注射這種藥物。明天和後天這兩天，每隔四小時一定要為他施打這種藥。明天晚上我再過來接替你。」

「可是您總不能每晚都在這過夜，白天又要到醫院上班。」

「我們念醫學院的時候就得這樣，所以現在溫習一下從前的回憶也不錯。」

「現在再說說其他的人。娣帕卡也病得很嚴重。」

「他們兩人都要用同樣的藥物。至於其他人，像你、睡吊床的女士，還有兩個戴眼鏡的男人——」

「老戴和哈里斯昌德拉。」

「你們都是支氣管發炎，一定要休息，不過這藥很管用，很快就有效。你們大家都得吃好才行。」

「那些咳嗽又常常不舒服的人呢？」

「部分原因是你們都著涼了，部分是因為你們餓太久，體力不支，還有部分原因是因為你們大家都受到某種驚嚇。」

「那一定是我們爬山嚇到了。」

「不是，」蘇倫德拉插嘴說，「而是整個旅程。經歷得太多、看得太多而吃不消。」

「我去拿藥，你得睡睡。大娘，謝謝你幫我的忙，你本來應該會成為很好的醫生的。」

這個年輕人一鞠躬，盡力不去留意淚珠從阿米雅頰上滑落。醫生轉身走近疲累的戴先生，蘇倫德拉則提著燈籠跟在後面。

「醫生，您認為怎麼樣？他們是不是應該終止旅行？」戴先生靜靜地說，但醫生沒有回答，卻朝著等在車廂外的某個人示意，於是有個腳夫上車來遞給他一包東西。醫生小心翼翼地打開，拿出皮下注射用的針頭以及瓶劑，然後蘇倫德拉再度高舉燈籠，好讓醫生分別為生病的村民注射，分發膠囊和藥片給他們服用。他還看著他們把藥吞下去，蘇倫德拉覺得很有趣，原來醫生摸透了他們的猜疑心理。

等兩人回到原位上，納倫為他們送上茶，五個男人就坐在黑暗中。

「我不知道您是否該終止這趟旅行。我認為這場驚嚇是個開端，但不會拖下去。有些人病得很嚴重，不過那個女人阿米雅一旦學會護理方法之後，她就可以看護他們，一點也不亞於護士。這車廂會在德里停留多久？」

「一個星期。」

「到時大多數人都會好多了。那些真正病得很嚴重的，不管是繼續旅行，或者跟陌生人待在一塊兒，也還是一樣的。或許您可以更改部分行程，讓他們有更多時間休息，考慮考慮？」

「是的，我可以刪掉部分行程，改變一下安排。」

「戴先生，這樣會好得多，因為我們需要有時間坐下來，談談那些我們所不懂得的事情。看太多但卻盲目不知，等於什麼也沒見過。」蘇倫德拉很認真地說。

「你認為怎麼樣？」戴先生轉而問納倫。

「我同意，在某些地方，我們的確需要多待一點時間。沒能夠走在泥土地上，或者坐在火邊，對我們來說是很傷神的。但是請不要刪掉烏瑪姐希望我們去看的地方，這旅行是她的心願，我們會盡力為她做到的。」

「烏瑪姐？」醫生問。

「就是我告訴過您的，那位負責出錢給他們旅行的女士。」站長突然插嘴。拖到這麼晚，他實在是又累又煩，而且還要煩惱著承擔這些責任。

「她就在這裡，高高在上，分享我們的旅行。」蘇倫德拉搖晃著燈籠，光線微弱地照在枯萎的花環和遺照上。

「該去睡了，後面要做的事情還多著呢！你還沒有用藥膏按摩。」醫生邊說邊遞了一管藥膏給納倫。戴先生和站長站起身來，準備離去。

「您要在這裡睡？」站長驚訝得已經不知道反對了。

「是的，他們晚上需要看護，天亮之後，我還得回醫院當班。那時您能不能找個廚子來，順便買些像樣的食物？如果他們想在一星期之內好起來，就得吃得好。」

「大人，請不用擔心，我會做飯的。要是這些老大哥們能在天亮時幫我忙，我可以從市場買菜回來做頓好吃的。」陪那位表親來的乾癟廚子，站在車廂入口的階梯上，比他們矮了一截。這麼長的時間裡，他一直等候著，聽了他們的談話，這時明顯表現出他的古道熱腸。

「我們會幫忙你的，有幾個女人也會來管閒事的，這不用說。」

「我們去拿些毯子來，天氣很冷，我看這裡的毯子不夠用。」戴先生領著站長走開了。蘇倫德拉把盥洗的地方指給醫生看，然後就去自己的鋪位，把鋪蓋搬到走道上。戴先生和站長帶了幾個腳夫，搬了毯子回來；納倫和蘇倫德拉向他們道過晚安之後，就很小心地為每個村民加蓋一條毯子。他們幫忙蓋毯子時，沒有幾個人的睡眠受到打擾，甚至沒有人翻身或喃喃低語，只有老黎娜不辭辛苦爬起身來，輕聲祝福他們，然後又躺下，回頭繼續睡很不安穩的覺。蘇倫德拉在自己的臥鋪上另外鋪了床，醫生回來時，他請醫生睡這床位。

「可是這是你的臥鋪。」

「我比您更習慣睡地面，大人，何況您明天還得上班。」蘇倫德拉向他致意過後就走了。納倫細查盧努呼吸順暢，然後才放心，回到自己的臥鋪上。藥膏解除了他的肌肉痠痛，但他卻不明白為什麼總覺得體力不支。他想要躺著思考一番，可是沒多久就睡著了。夜裡，醫生兩度起身去查看阿信和其他人的情況。有一次蘇倫德拉提著燈籠出現。快天亮的時候，阿米雅在醫生經過時悄悄低語問他：

「他們情況怎麼樣？」

「沒什麼變化。你怎麼不睡？」

「在村裡的時候，我總是整晚看護著病人，到了白天就睡整天。」

「大娘，再去睡吧！」

解決飲食問題

好幾天過去了。每晚醫生都來查看他的病人，並睡在蘇倫德拉的臥鋪上。日間逐漸有愈來愈多村民外出去逛首都了，只有少數幾個仍然在阿米雅的看護之下，其中最虛弱的是阿信。娣帕卡反而還能在白天起床一段時間，幫忙做做飯。班金和尼爾瑪儘管呼吸仍然會喘，卻能定時唸他們的禱文。哈里斯昌德拉如影隨形地跟著阿米雅，需要幫忙時，總會見到他在眼前，常常不待吩咐，就已經把要用的東西準備好了。每天早上，老戴會唸報紙給阿信聽，雖然唸得結結巴巴而且很慢。一天傍晚，蘇倫德拉堅持要那些起得了身的人，到車廂外面跟他開個秘密會議，只有阿信和娣帕卡留在車廂裡，其他人都感覺到，蘇倫德拉很想要大家都參與某件事。等到他們集合在一起，蘇倫德拉告訴大家，他們必須要對未來行程的飲食問題做出決定。

「你們之所以接受這個廚子，是因為他是孟加拉人，儘管你們根本就不認識他，只知道他飯做得很好。」

「經過這個星期之後，難道我們還不知道這點才最重要嗎？」巴柏拉插嘴說。

「我想是，我很高興知道別人也這樣想。不過，聽我說，我們不能帶著這個廚子一起走，也沒有辦法每次停留一個地方時，就去找個伙夫。如果在一個地方停留夠久的話，我們可以去市場買菜，自己動手做飯，但是坐火車的時候，我們就得吃別的東西。鐵路局每一站都有供應素食和葷食，我們可以預訂，到時會送來給我們。」

阿米雅向前走到火光範圍之內。其他人見到她的身軀已經失去了往昔的高大之感，不覺一陣沉默。她形容枯槁，未語先咳。

「我們之所以做這趟旅行，是因為烏瑪姐希望我們這樣做。烏瑪姐也環遊過印度，甚至還飄洋過海到過英國，可是她並沒有帶個廚子到處去。」在場的人聽了都點點頭。「沒有伙夫好像旅行起來更困難。不過就算是鐵路局的飯很難下嚥，我們也得吞下去，反正要吃飽就得什麼都吃。」她停下來，似乎還想再講點什麼，然而還是從火堆旁退下來。村民聽了她的話，驚訝得說不出話來。阿米雅一向很謹慎地遵守規矩，離開哈爾德瓦之後，沿途只有蘇倫德拉吃了鐵路局供應的飯菜，而阿米雅則是罵得最凶的一個。黎娜開口講話之前，很審慎地看著每張臉孔：

「我們都老了，身體不中用，有些人還病了，我們需要吃熱的飯菜。要是我們下輩子投胎的地方，是取決於我們年老時所吃的東西的話，那麼我們現在覺得很了不起的這些美德、正當行為，便一點意義都沒有。我贊成阿米雅的看法，我們應該像蘇倫德拉一樣保持健康，有什麼就吃什麼。蘇倫德拉，你告訴我，你有沒有吃過那個什麼冰淇淋甜筒？」其他人也講話了，杰德夫和老戴自動主持起會議來，沒讓蘇倫德拉唱獨角戲。醫生來的時候，發現大家都笑不可遏，因為阿瓏達悌硬是要一個德里的檳榔小販，配製孟加拉口味的檳榔，那是要給巴柏拉嚼的。蘇倫德拉告訴醫生，說他們正在慶祝，因為明天要去參觀國會，了解為什麼印度是最大的民主國家。

「啊！沒錯，」他咧嘴一笑，「我們還決定要偷懶，在旅途中吃你們鐵路局供應的飯菜。那些女人家說，要是能找到菜市場的話，她們願意做做飯，免得技巧生疏了。來吧！大人，那兩個病人都在裡面等著你呢！」蘇倫德拉提著醫生的診療箱，帶他走開了；站長驚訝地看著他們走掉，然後回到火堆邊的村民那裡。

「你們真的想要繼續旅行？」

「沒錯。」

「當然。」

「真的。」

「是這樣。」

「我們為什麼要停止？」

「我們才剛開始。」

「錢都已經付了。」

「還有很多要見識的。」

「烏瑪姐希望大家這樣做。」

「我們不能不認命。」

大家七嘴八舌表示意見，聽得站長大感困惑，接著不禁莞爾。蘇倫德拉這個老農夫還真沒料錯。

「那我明天就發電報，告訴戴先生。」站長說。

「現在我們病好了，可不可以跟戴先生見面，當面謝謝他？」

「他想要這兩天來，趁你們沒走之前看看你們。」

「那我們得好好做些孟加拉菜請他吃。」

「還有請他太太。」

「對，對，而且要做甜食。」那些女人馬上七嘴八舌討論起計畫和食譜來，站長不得不打斷她們。

「要不要我幫你們邀請他？」

「那當然，就在這兩天之內，找一天吃晚飯，您和您太太也一定要來。」

「要是我工作上走得開，我們會很樂意來的。」

站長離開之後，村民也紛紛回到車廂裡。醫生正坐著跟阿信談話，老戴害羞地走上前去問：

「侄兒，昨晚有沒有好一點了？」

「有，叔叔，我剛剛才知道給你們大家添了很多麻煩。」

「沒有，沒有。不過，醫生大人，阿信能不能跟我們一齊旅行？他看起來身體很虛弱。」

「行，他可以旅行，只要他多休息，你們又讓他吃得好。我想他是扛了太多責任，心理負擔太重了。」

「現在情況改變了，我們會吃鐵路局供應的飯菜，阿信，不過要是我們在一個地方停留久些，那些女人會親自做飯。明天我們會請站長解釋路線以及往後的行程安排，這樣大家都可以幫上忙。這兩天我們打算大請客，謝謝戴先生。醫生，您能不能也來參加，還有您太太也一齊來？」

「謝謝你們，能看到你們大家同樂，是件開心的事。」

「叔叔，你說我們要吃鐵路局供應的飯菜？」

「對，大家已經說好了。阿米雅說我們最好不要餓著了，黎娜說要是我們這輩子沒有好好地過，像現在這樣吃法，也不會為我們帶來好的下輩子。」

「叔叔，真的嗎？」

「是的，阿信，我們就像在村子裡的時候一樣，大家好好地談過了這些問題，咒罵也比在村子裡少，連尼爾瑪現在都知道，吃飽比禱告重要。倒是你得要勸勸娣帕卡，因為她跟你都在車廂裡，沒有聽到我們開會的結論。」

「不，不，娣帕卡姐已經同意了，她還說大請客時要負責做甜食。老戴，你先讓阿信休息休息吧，你自己也還沒吃藥呢！既然我們大家病都好了，今晚也該讓醫生回家陪陪太太。」阿米雅笑咪咪地看著他們，一邊發號施令，他們也都毫無異議地服從了。蘇倫德拉照例高舉著燈籠，陪著醫生走到鐵路側線。來到大門口時，這個年輕醫生轉過身來對老農夫說：

「蘇倫德拉，你們明天要去參觀什麼？」

「議院，說不定我們還會明白政府究竟是什麼。這點實在很難，好像沒有人知道該怎麼告訴我們。」

「這對你們來說很重要嗎？」

「對，因為我們都還不清楚印度究竟是什麼。我們環遊印度，到處見識，可是卻覺得我們是孟加拉人。這些導遊一講到印度，就說是民主國家，說印度是世界文明古國，我們都聽不懂。說不定等我們參觀過這個議院之後，就會知道了。不過，這倒不像見識偉大的喜馬拉雅山那麼重要。」

「說的是，是沒有那麼重要。」

「您認為這個議院重要嗎？」

「重要，它可以造禍，也可以造福。但我不認為它能夠解釋印度究竟是什麼。」

「那麼，醫生大人，怎樣才能解釋清楚？」

「我也不知道。說不定你們心裡有數，知道什麼才是認識印度的竅門。」

「這可是個能讓黎娜費盡心思的謎語。」

「我可不是個講古人。」

「對，您是個大夫，而且是個累壞的大夫。阿米雅說得對，今晚您應該在家好好休息。」

「大哥，謝謝你讓我睡你的床。」

「大人，還有我給您的祝福。」

他們互相合十行禮，醫生從蘇倫德拉手中接過診療箱，走向排班的計程車。蘇倫德拉目送他坐進一輛計程車，車子咆哮地駛向市區的燈光。他提著燈籠，轉身沿著小路走回去。有時他會停下步來，晃著燈光照著角落裡縮著身子熟睡的乞丐，有時他窺望昏暗的鐵路，看著一列火車逐漸駛來。回到車廂時，已經是一片沉靜，再也聽不到此起彼落的大咳小咳了。廚子睡在靠近車廂的月台上，蘇倫德拉把燈籠掛在他身邊，也沒驚動他。蘇倫德拉走回到水龍頭那裡，盥洗一番，再把火堆餘燼撥攏，燃起了一支土菸。他正蹲著抽菸時，納倫也來了。

「最糟糕的已經過去了。」

「這可說不準。起碼作物沒在雨水來之前先枯萎。」

「飲食會有幫助的。」

「對，再加上我們知道要幫阿信分擔一些職責。」

「他很虛弱。」

「娣帕卡也是。」

「她會平安度過這一關的。反而是老尼爾瑪要靠祈禱活下去，娣帕卡明理多了。」

「走吧，我不睡覺就活不下去的，偏偏德里又這麼冷。」

「看著也讓人覺得冷冰冰的，這裡也不像在加爾各答，有很多火堆，或湊在一起聊天的人群。」

「啊！你也看出來了？這地方沒什麼人情味。」

「說不定明天我們會見到它的中心。」

「納倫，你現在變得愛講話了。」

「蘇倫德拉，你會不會懷念光腳踩著泥巴的感覺？」

「會，老弟，但願今晚我們會夢到。」

這兩人最晚去睡，卻是最早醒來的。等他們沐浴過，並且洗好衣服時，連廚子都還沒有動靜。沒多久，黎娜加入他們，並且幫忙生了火。天才剛亮，他們就把茶送去給車廂裡的每個村民。阿信也醒得很早，看著大家準備出發。娣帕卡坐在他旁邊，默默不語但卻保持警覺，每次阿米雅望向他們時，娣帕卡立刻報以微笑，讓她安心。最後他們終於走向巴士出發了，娣帕卡和阿信留在車廂裡，整個早上都在睡眠中度過。那天，廚子除了要他們喝湯之外，還設法要他們吃了四頓飽飯。當娣帕卡訓他不該浪費食物時，廚子微笑著道歉，並說也沒多少時間讓他為他們做飯了。阿信問他要到哪裡去。

「咦，當然是回到那個愛笑老頭的表親家裡，那位女士穿著尼龍紗麗，走起路來像這樣。」說著，他就模仿起她走路的樣子，維妙維肖，儘管阿信和娣帕卡那時都因為病得太嚴重，沒有留意到這位到訪的表親，可是看了廚子的模仿，都忍不住哈哈大笑。

「這個星期她放我來這裡，但現在我得回去天天做甜食了。」

「才過了一個星期嗎？人在病中，感覺就像是已經錯過了一個月、或更久的行程了。」阿信想到這裡，似乎很憂慮，於是娣帕卡設法為他開解。

「阿信哥，跟我講講德里的情形，因為你已經見過德里，我卻沒有。」

這就是下議院

巴士載著村民來到下議院前面的廣場，他們保持肅穆地下了車，跟在導遊後面走到門口，警衛卻不肯放這支衣衫襤褸的隊伍進去，導遊很尷尬地走開去找權威人士協助。村民蹲坐在陽光下的台階上，看著過往行人。此時漸漸有議員抵達，有些穿了西裝，有些穿了白色棉布衣服，戴著國大黨的白色黨帽，隨意圍了一條精美披肩。起初村民觀看著大轎車駛到台階下方，這些人物從車裡出來。未幾，他們就對一成不變的車聲感到厭倦，因此把注意轉移到進入大樓的人身上。多數官員對這群村民只是投下幾眼，就很快走開了。在他們眼中、大概也不過是另一群乞丐或請願者，來這裡騷擾某些倒楣的民意代表罷了。有些官員停下腳步問警衛，這群是什麼人；有些則抗議說，應該叫他們走開，免得失了議會體面。有兩個議員在村民面前停下腳步，彼此高談闊論，對村民評頭論足一番：

「您看看，這就是印度，我們就是要改變這些。這個國家一點也沒進步，真想不到吧？」

「他們就這樣坐在這裡，可不是丟人現眼嗎？我問你，換了在美國或英國，您有可能見到這樣的景象嗎？他們坐著像看牛一樣看著我們。」

「就是，而且還當我們是拜他們的選票之賜，幸虧我們心裡有數。光是想到這點，就足夠使人移民到國外了。」

「讓每個家庭生兩個孩子，而且要有新的耕耘和灌溉系統，這是我們所力爭的，結果你看他們做了什麼？像乞丐一樣坐在台階上，說不定每個人還生了十五個孩子。」

「先生，活下來的孩子並沒有那麼多。」烏瑪用印地語說道，兩個男人吃了一驚，匆匆走進了大樓。烏瑪氣得七竅生煙，連杰德夫都不敢跟她講話。

又有幾個民意代表對於村民的出現，感到很不以為然，有不少人態度無禮地朝著他們露出不屑的表情。村民更加彼此聚攏，但卻沉默不語。有個腦滿腸肥的男人從一輛車裡下來，兩個在等候的逢迎者立刻趨向前去，大聲對他說：

「閣下，這些人是不是您的選民？」

「警衛說他們是從孟加拉邦來的，您是不是每張選票都付兩派沙。」

「這些人不可能是選民，八成是家裡的傭人。」其中一個哈哈大笑。那個官員對村民端詳了一番，然後向警衛打聽他們的來歷。

「他們是孟加拉邦來的村民，正在環遊印度。我不肯放他們進到議會裡。大人，他們的導遊已經去尋求許可，讓他們進去參觀大會，我真不懂他為什麼這樣做。真不應該讓他們來這裡丟人現眼的。大人，這些人幹麼要參觀大會？」

「這就難說了，說不定他們是搗亂分子偽裝的。」他那兩名同伴聽了格格笑著，這個腦滿腸肥的人也跟著發噱，滔滔不絕地發表長篇大論：

「唉，天哪，我好累。好像我們還沒有為邊界這些衝突盡夠力似的，這會兒大概是指望我們問這些村民，他們想要為印度爭取些什麼？」他兩眼朝空骨碌碌轉著，踱步走向村民，又引得兩個同伴笑得前俯後仰。這人用很明顯的輕蔑與戲弄眼光，上下打量著村民，並大聲擤著鼻子，朝身後兩個同伴擠擠眼，然後往後一靠，像是自言自語似地說：

「這會兒又是為了什麼事呢？說不定是為了村裡的道路淹水吧？還是你們想要更多的外國大卡車，到村裡幫忙掘井？又或許是有誰死了，你們覺得該為這人豎個紀念碑？你們是怎麼跑到首都來的？你們是要繼續做完最後一趟朝聖，要到黑天神狂歡的遺址上去嗎？」說到這裡，他更是極盡露骨地擠眉弄眼，村民沉默的瞪眼看他。

「怎麼不說話了？大城市嚇倒你們了？嗯，別擔心，我們有些人並沒有被嚇倒，會幫忙看顧你們的。你們只要回村子去，確保今年稻米收成很好就行了。去年的收成不夠好。可能是你們土地不足的緣故？沒關係，反正回去就是了，忘掉在德里的恐懼感。等到收成的時候，心裡要想著那些為你們分擔過的人。」

大家依然一片沉默。巴柏拉、杰德夫、納倫、蘇倫德拉都木然不動，卻充滿對峙的緊張情緒，眼睜睜地看著前面這些人的背影，老戴氣得渾身發抖，拿下眼鏡擦了又擦。

「你們是來見識偉大的政府嗎？全世界最龐大的民主國家，就是靠這裡來統治的。我們在這裡為你們的農作物訂下計畫，我們藉著外國援助做出安排，我們還保存了古老的政治智慧傳統，這種傳統在印度早已為人所知，比起世界上任何地方都要歷史悠久。你所做的每件事都是由這裡來治理，這是國民代表大會。」他堂而皇之比著手勢，幾個駐足傾聽的民意代表則和那兩個同伴一起鼓掌，咧嘴而笑。這人向他們一鞠躬，接著說：

「是什麼造就我們，讓我們偉大的？是什麼讓我們在其他所有文化中保持獨立性？是什麼把你們由一趟真實的朝聖之旅，帶到這個備受尊重的中心？我的子民，我會講給你們聽的。我們是遵循聖雄甘地和偉大尼赫魯的單純途徑，我們是從英國人手中獲得獨立的政黨，如今又要帶領你們在舉世的民族中居於領導地位。我們注重的是精神方式，不是機械化文明。我們所訓練的，就是要帶領你們脫離文盲，成為真知才智。我們會把這未曾開發的最龐大資源、數以百萬計的單純、講究靈性的人民，改變為世上空前未有的偉大社會。我們不知道西方的膚淺，也不知道東方的無聊單一化。我們只知道印度的異中求同，與精神上的真理。我們是印度的公僕。」

在他後面台階上的民意代表大聲鼓掌，兩個同伴則肆無忌憚地大笑。納倫站了起來，他的身高和莊重態度，加上盯著這個矮胖男人的嚴厲目光，使這群人不由得安靜下來：

「我們是印度的耕田人，不希望見到拾荒者和撿垃圾的人，以免骯髒了我們的眼睛。」他轉身坐下，村民也跟著轉身，故意背對著那個大放厥詞的人。納倫的措詞完全就是一種侮辱，其他人配合表現的動作則代表了不屑和羞辱。

這個腦滿腸肥的人臉上掛不住，震驚地看著他們，然後快步衝進大樓裡，兩個同伴也匆匆跟在後面。有幾個民意代表不明白箇中內情，於是朝著心裡有數的幾個代表圍過去。之後，他們很不自然地笑著，再度看著這些農民的背影。這些農民的披肩破爛，頭髮灰白，老態龍鍾。但是那一刻，他們卻有一股奇特威力，台階上的每個人都可真實無誤地感受到。過了好一陣子之後，那個學生導遊才跟一個矮小男人出現，導遊必須連跑帶跳地才跟得上那人。這個矮小男人是孟加拉邦事務部門裡的職員，同意來陪這個學生，帶他們去參觀大會。他根本就不理會這些村民的背對以待，索性繞到他們面前，雀躍萬分地說：

「你們是從我家鄉那條河來的，從烏瑪沈的村子來的。哇！真好，我是在那條河邊長大的。老天！那真是塊美麗的土地。哎，我還記得那些樹和河水，全印度再也沒有這麼美的地方了。喔！老天，趕快告訴我，老思弗是不是還在撐擺渡？鎮上是不是還有一所學校？哎，想當年。你們知道有一次我們對那位傳教女士做了些什麼嗎？那位女士一向對我們非常好。哎，我告訴你們，當年我們這些小鬼有多壞。」

這個矮小男人所講的往事以及他所提的問題，皆使村民大笑不已，隨之輕鬆起來。那個學生則在跟警衛講話，從警衛口中知道之前發生的情形，因此臉色凝重，但矮小男人卻沒有留意到。沒多久，村民就站起身來，跟在矮小男人後面。這人並沒有強調這座建築的富麗堂皇，顯然他與村民一心嚮往著家鄉的那條河，欣賞河風吹彎的甘蔗葉。村民跟他走在一起，很高興能夠找他來。納倫扶著盧努的手臂，也走進了大樓裡。

這群人走過了一個又一個廳堂，一會兒在這裡停下腳步，聽人解說這個辦公室的功能是什麼，一會兒又在那裡看看通訊系統怎麼運作。有時他們聽了學生導遊的描述，在一幅肖像前面留連不去，然後又匆忙追上那個矮小男人，這個人只顧聊著他所懷念的童年，以及跟城市生活相比而顯出美麗的鄉村生活。村民見到民意代表在大會堂裡就座時，這個學生極力要他們保持肅靜，卻遲遲不見議員開始辯論。於是他們又繼續參觀下一個地方，這次他們來到一個小廳裡。村民在學生面前集合，眼中這個小廳頗像個豪華學校——有桌椅和華麗光亮的木頭。然後這個學生就開始講述，很仔細又很用心地闡述每一點，以及大會的運作方式。他講到選舉與投票程序，講到投票的本質乃是一種選擇，以及這樣的選擇如何反映在這個議會上。他告訴他們相關細節，包括提交法案、法案如何通過立法、以及如何行使這些法律。他描述議員的工作，以及許多人兼任政府部門的特殊任務。他也講到總理的職位，並提到她[1]在黨內的權勢。講到這裡時，他的聽眾大多已經睡著。好不容易終於講完了，那個矮小男人於是鼓起掌來，好讓掌聲喚醒村民，而不至於尷尬。這個學生問大家有沒有問題，蘇倫德拉馬上說：

「請告訴我們，民主是什麼？還有，為什麼印度是最大的民主國家？」

「民主是指由人民來掌理國家，由於我們的投票人數比世界各國都來得多，所以我們是最大的民主國家。」

「可是你說投票代表一種選擇？」

「沒錯，那當然。」

「可是我們向來都是聽放貸的人告訴我們在選票上圈哪一個候選人。這哪裡有選擇？」

「你們不應該聽別人教你去投誰。」

「那我們又怎麼知道應該圈哪一個呢？」

「你應該圈下心目中最好的人選，這個人會為你在這裡的議會上做對的事情。」

「不過要是那人在德里的話，又何必關心我們村裡的事？我們沒見到過哪一個了解我們村子的。」

「再說，一個德里人又能為我們做些什麼？修補溝渠、耕種稻田、種豆，全都要靠我們自己，這裡沒有一個人能替我們做那些。他們能做什麼？」

「可是我剛才不是解釋過法案，還有國家議題的討論，以及軍隊等等，這一切都是為你們做的。」

「不，這些才不是為我們做的；是那些在這裡的人為了權力和尋開心做的，就像以前的皇帝。我們才不關心什麼法案和法律，每次我們之中有人犯法，倒楣的便是我們。我們一定要找出罪魁禍首，然後審判他。」

「而且通常我們要付錢給警察，他們才會離我們遠遠的，不會來搶走我們的穀糧。所以我們要你們德里的法律做什麼？」

「可是印度需要法律，才能維持整個國家的運作。沒有了法律，你們根本不能像現在這樣，自由地從孟加拉邦旅行到德里。」

「這倒是真的，可是，真正辦事的是鐵路局，而不是這些氣派的大樓辦公室。」

「等一下，你剛才說政府是民主的，由老百姓當家。是哪一種老百姓？你們這裡只住了有錢人，因為有錢人才能離開他的土地，住到這個城市來，整天什麼事都不做，光是講話，和奉承別的有錢人。民主政府是由有錢人當家的嗎？」

「不是，是由全體人民當家，投票是平等的。」

「我投的票怎麼可能跟老戴的票平等？他會看報紙，知道那些人講些什麼，我什麼都不懂。」

「你還是有你的選擇，因為你的觀點跟他的同樣都有價值。」

「不，才不是這麼回事。他投的票才更算數，因為他懂得比較多。我只能聽從放貸人的話去投票，要不就不投。」

「可是沒有哪個人投的票是比別人更算數的。」

「當然有。我們剛才已經跟你說過，在這裡的就只是有錢人，而那些放貸的人指揮大家投票，所以他投的票就比我們大家的都更有份量。這是理所當然的事，在我們村裡也一樣。」

「如果是這樣，就沒有發揮真正的民主。」

「什麼叫做政府？是不是就是另一種統治者，像以前一樣？」

「當然，當然，只不過以前是爽快宰了你，或者罰你做奴隸，現在是拒絕你申請種子基金，或者是要你去坐牢。其實沒什麼轉變，因為人還是像以前一樣，惡性難改。」黎娜尖酸刻薄地插嘴說，那個學生導遊聽了這番話，著實嚇了一跳。

「大娘，你不認為這個議會是很好的嗎？」

「說不定本來可以很好的，要是人人都能來這裡講話，而且講話也有人聽，要是那些協助當權者的人都像佛陀一樣有智慧，像辯才天女一樣有美德的話。小伙子，我老了，我看過很多放貸的人和警察來來去去，換湯不換藥。有錢有勢的人總想要的更多，貪得無厭。要是我們所知道的選舉真相，在全印度都差不多的話，那麼此地的政府也只不過是個等著腐敗的奇怪紀念物而已。」

「可是這裡也有很多非常高尚的好人，大娘，待會兒你就會看到，有些人就像聖人一樣。」

「就像剛才那個胖子，講話之無禮，比我們這個巴柏拉跟水牛講話還粗魯。」

「黎娜，我對待我的水牛可是很好的。」

「跟剛才那個人比起來，的確也是。」村民哈哈大笑起來。學生感到很氣餒。矮小的男人正在魂遊天外，哼著泰戈爾的一首歌。忽然間，他躍身而起：

「走，朋友們，我們走，你們一定得要看看這裡的圖書館。」

「嗄，這裡還有圖書館？」

「對，對，還有很多印度的舊檔案。」轉眼功夫，他已經走到門外，村民只好跑步追上他。他們跟那些顯貴擦身而過時，引起了這些人的喃喃抱怨。來到圖書室時，矮小男人已經開心地等著他們，大家不由得興奮起來，因為聯想到在貝那拉斯見過的圖書館。他們魚貫走進門內，卻馬上遭到幾個官方人員的攔阻，轟他們出去。學生導遊和那個職員努力解釋，但這些人根本不理。

「出去，出去，這是私人地方，我們不准乞丐或小偷進來。你們的通行證在哪裡？你們當然沒有半張通行證，所以請你們馬上出去。走！走！」

「我們是來參觀的，不是乞丐。」

「反正都一樣。你們沒有通行證。走！走！」

村民退了出去，找到一扇通往大樓外面的門。他們在中庭裡集合，接著又來了輛大轎車，於是遭人喝叱，嫌他們擋住了去路。學生和職員稍後才加入他們，兩人原本想取得通行證，帶大家參觀圖書室，但卻無功而返，眼見村民難過得走掉，他們也感到很難為情。

「已經過了中午，我們走路回火車去吧！」

回到車廂時，村民垂頭喪氣，但飯菜已經準備好了，阿信急欲聆聽經過情形，娣帕卡則已為烏瑪姐的遺照掛上了新鮮花環。那天他們談論著政府和權力，一直談到晚上。廚子碰撞鍋壺器皿的聲音吵醒了村民，那時已經天亮了。就在他們吃飯時，年輕醫生出其不意地出現，他匆匆沿著鐵路支軌走來，繃著一張臉，帶著不耐的神情，但是當他見到坐在陽光下的村民時，表情和緩了下來，眼神流露出喜悅。

「大人，您吃過飯沒？是什麼風把您一大早就吹來這裡？」

「我正要到醫院去上班。很抱歉昨晚我沒能來看你們，因為有急診。」

醫生邊吃邊聽，一面觀察村民，留意到這個人有氣喘聲，那個人臉色灰白，另一個人有顫抖現象。村民講述著議會的情形，他邊聽邊點頭，聽說他們回來之後討論到夜晚，聽到他們說見到這些權貴者的冷漠傲慢感到很難過，醫生的表情也愈來愈專注而肅穆。他就像個不慣處於眾目睽睽之下的男孩，有點手足無措地按照傳統規矩在飯後漱口洗手，然後對阿米雅說：

「我這位助手對於照管的病人可有什麼報告？」

老婦臉紅了，然後他們兩人就逐個巡視。醫生就像第一天晚上一樣，詳細檢查了每個人的情況。阿米雅不但記得之前做過什麼治療、還需要再做什麼，而且能複述無誤。醫生臨走之前，又給了阿米雅一大堆新鮮的藥物，並且聽她一字不差地背出每樣的用法之後，才匆忙離去。蘇倫德拉叫住他：

「醫生大人，今天晚上您會過來跟我們一起吃飯嗎？」

「會的，還有我太太。我們會在太陽下山的時候來。」

餐盤已經收拾乾淨，最後的幾件事也交代過廚子，衣服也都洗好了攤開來曬。阿信和娣帕卡坐著看大家做事。盧努再度表現了幹練，把火車站的清潔工找來，要他們把車廂打掃乾淨。老戴來回踱步。等到太陽高掛天空，廚子跟所有女人一起忙碌著時，有六個男人一塊兒去找站長，聆聽其他部分的行程安排。

忙著做飯的女人覺得這天過得很慢，可是那些等著她們把飯做完的男人，更覺得時間難捱。到了下午三點多鐘，米圖說他還想再去參觀紅堡（Red Fort），於是很快就有一小群人跟著他走了，他們自己去逛，不用導遊。阿瓏達悌和巴柏拉一起去取郵件，因為村裡寄來的郵件也應該到了。阿米雅擺出所有的藥物，很詳細地道出每樣藥物及其功能給哈里斯昌德拉聽，後者一邊記了下來。阿米雅唯恐萬一她又病倒，沒有人懂得用這些藥物，那就可惜了醫生所贈的寶貴禮物。

「你為什麼不自己寫下來呢？」哈里斯昌德拉問。

「那要花太多時間，我寫起來已經不太順手了。」

「可是你以前常常閱讀，而且還寫信給你那個住在城裡的妹妹。」

「沒錯，不過自從她死了以後，我就找不到理由寫東西了，何況你也很清楚，村裡哪有什麼東西可以閱讀的。」

「那我們就多帶點書本回去吧！你看，黎娜現在就在閱讀，再說，讓兒孫瞧瞧我們這些老傢伙也能學習，這也很不錯。」

「哈里斯昌德拉，你講得很對，等阿信好一點時，我們還得求他想辦法，讓外面送一份報紙到村裡來。雖然我們現在坐在德里，我倒很想知道加爾各答發生了些什麼事。」

黎娜朝他們揚揚手中的報紙，讓他們知道她正在看什麼。蘇倫德拉站起來，從她手中接過報紙：「你眼睛看得不吃力嗎？字太小了啦！」

「啊！我有法寶。記不記得在貝那拉斯圖書館裡見到的玻璃？我在這裡找到了，還買了一副。你看，現在看起來多輕鬆。」黎娜拿出放大鏡給他們看。

「黎娜大娘，連我也看得清楚了。我有個任務要派給你。」蘇倫德拉以戲謔的方式朝她鞠個躬，「你和哈里斯昌德拉教我讀書認字，這樣一來，等我回到村裡之後，我也可以看報紙，並寫信給我們在印度的朋友。」

「什麼？你這老骨頭想改頭換面？哎，蘇倫德拉，還有很多更糟的方法去糟蹋你的時間呢！來，哈里斯昌德拉，給我一點紙張，我們來看看這個老傻瓜，能塞些什麼到花白的腦袋裡去。」於是三個人就坐在車廂外面上起課來。蘇倫德拉反應很快，又學得很有勁，他們很快教他學會認孟加拉文的字母。其他人只是在一旁觀看。這股學習熱潮迅速地散布開來，小班人數增加到七個，包括娣帕卡在內，娣帕卡害羞地坐在黎娜身邊，大家像唱歌似地唸著所學的字母。原本獨自外出買東西的盧努，回來時很訝異地見到他們如此全神貫注的上課，臉色突然一沉，現出痛苦惱怒的神情，她已經有很多天沒有出現過這種表情了。她靜靜回到車上，等到後來阿米雅上車去換件紗麗，準備宴客時，這才發現了盧努。

「喔！盧努，這可真美呀！」阿米雅訝歎著。車廂盡頭烏瑪姐遺像的下方，整片地板上都畫了民俗粉彩畫，層層有序。盧努不但用色彩填滿了整片地板，更裝飾了周邊，圖案一直延伸到走道，於是遺照就成為整個畫面的焦點。這時盧努回到鋪位上坐著，遠離走道，手指忙個不停。阿米雅見到她正操作著筆刷，於是退到一邊，知道不管這害羞的女人在做什麼，最好都不要去打擾她。於是阿米雅極力轉移別人的注意力，設法不讓他們進到車廂裡，但此時已接近日落時分，飯菜差不多都準備好了，大家都想要換換衣服。每個村民一上了車，都大聲發出驚嘆，他們步步小心地走著，避免踩到這出人意表的美物。那幾個跟米圖去觀光的人回來之後，有一肚子的興奮之情和故事要宣洩，阿米雅馬上叫米圖跟她到車廂裡，帶這個陶匠去看。米圖看了大為佩服，於是就像別人一樣對著畫作鞠躬，也向上方的遺照致意，接著突然轉向藝術家本人：

「盧努姐，這真是美極了。我可不可以用你的粉彩筆，把它畫在我的本子裡？」

盧努轉過身來，害羞地看著他。納倫帶著滿臉光榮的神情站在後面，笑容燦爛。盧努俯首鞠躬，一面轉身走開，一面說：

「粉彩筆在我鋪蓋下面。」

米圖坐下來描摹，粉彩筆不像畫粉的色彩那麼鮮豔，但米圖還是畫出了長走道的甬道狀，以及沿著走道的繽紛色彩，還有盡頭處烏瑪沈的美麗。納倫看著米圖畫畫，而盧努也終於完成了全部的繪飾，準備加入其他人。納倫溫柔地喚著她：

「來吧！筵席差不多已經準備好，客人很快就會到了。我們去買點花給你插在頭髮上。」

他帶著盧努沿著鐵路支軌走到火車站裡，買了茉莉花和萬壽菊，沉甸甸地回到車廂裡。阿瓏達悌和烏瑪馬上加入盧努，三人一起編了花環，一個掛在遺照上，一個掛在車廂門上，第三個準備等戴先生來了之後獻給他。納倫從花枝上拔下一串茉莉花，笨手笨腳地將花纏繞在盧努的髮髻上。盧努臉紅了，但其他人卻不想揶揄她。

歷史建築之旅

早上十點鐘左右，他們又坐車出發了，先向南行，然後往東，從德里到阿格拉去。納倫在火車站裝滿了整壺茶，烏瑪則發現有人已經在鋪位下很小心地放了一排全新的便當盒。這些便當盒都裝滿了飯菜，所以這天村民又大吃了一頓，兩天之內連吃兩頓大餐，這對他們而言，實在是前所未聞的奢華。便當附有戴先生的字條，上面解釋說，他們會經常需要用到便當盒的，所以只要是離開火車到別處旅行，最好都記得隨身攜帶。村民免不了又祝福了戴先生一番。阿信坐著很不自在，於是又躺在臥鋪上。每次火車的震動都會穿透他的身體，而這時他又失掉了體內的和諧韻律，以減輕長時間乘車的痛苦。娣帕卡留神看著他，同病相憐，她很能知道阿信的痛苦。阿米雅坐著翻弄一本書，這是那位年輕醫生送給她的。黎娜正在閱讀，蘇倫德拉跟這位講古人說：

「老師，你都不理你的學生。要是我想學會讀書認字，你應該每天硬塞點東西到我腦袋才行。趁現在坐火車，你下來，我們來上上課。」

於是這群小班學生聚攏過來，黎娜和哈里斯昌德拉教得很賣力，因而激起了學生的努力。蘇倫德拉記不住全部的字，但很久以前在學校學過的功課，卻漸漸回到他腦中。其他人也很勤奮，所以進度很快。

突然，阿瓏達悌驚呼說：「哎，天哪！巴柏拉，我們忘了，只顧著請客吃飯，把這事給忘得一乾二淨。」

「什麼事，什麼東西不見了，什麼東西不見了嗎？」

「沒有什麼東西不見了，不過我們忘了郵件。哪，都在我的包袱裡，忘了給你們。」她取出一疊信件，哈里斯昌德拉唸出收信人的名字。有幾封信是寄給阿信的，一封給阿米雅，兩封是給杰德夫和烏瑪的，其他十一個人也各收到一封信。哈里斯昌德拉則忙著唸信件內容給收信人聽。

新葺的屋頂已經完工了，看來很堅實。土地又乾又硬。油料作物枯萎了。柏una家的寶寶病了，可是還沒有死。河水水位降得很低，魚很多。上游有人結婚，村裡很多人都接到邀請。兩個女人在井邊為了一項侮辱而吵架，現在鬧到兩家結怨。

就這樣一封封地唸下去，每封信都出於同一人之筆，哈里斯昌德拉不在村中，所以就由另一個人代理了寫信工作。村民來來回回地討論著這些消息，每個話題都燃起了鄉愁，於是很快地燒遍整個車廂。

查票員經過車廂，催他們做好準備，因為火車就快抵達阿格拉了。其實也沒有什麼好準備的。他們望著火車沿著一條寬廣河床行走，河床如今乾涸得很徹底。到站之後，有人來迎接，然後就帶他們去坐巴士。村民很欣賞此城疏闊的面貌。阿信跟導遊之間很少講話，於是杰德夫自動負起交談的重任。

他們去參觀了宮城，當年興建時，這座宮城具有多層功能，既是行政中心，也具備了享樂與防禦作用。米圖用手指摸著細膩的透雕石工，杰德夫則看著石工苦思不解。他們還沒來得及賞完宮城的壯麗，又要上路了，一面趕忙著上車，一面還要為了落後而挨罵。這次巴士是停靠在許多輛巴士旁邊，到處人擠人，兜售廉價小玩意兒的小販和遊客混在一起。走到哪裡都見得到外國人，全都帶著相機，當村民走向高聳的大門時，連他們也被拍攝進去，這讓他們感到很彆扭。走進大門之後，眼前就出現了泰姬陵（Taj），在冬陽下溫柔地閃耀著，後方是灰藍天空。導遊指著大門上的圖案給他們看，一面引領他們往下走，先經過水池，然後再往上走到陵墓前的平台上。他們見了大理石上面的圖案都驚訝不已，盧努坐下來，俯身在本子上，描摹那些繁複的阿拉伯風格花飾，後來導遊等得不耐煩，於是很不客氣地催他們往前走到陵墓裡去，因為裡面還有更多鬼斧神工的奇景。這天結束時，每個人都心滿意足，看飽了美麗事物，坐車回到火車站，吃了第一頓由鐵路局供應的飯菜，然後就去睡了。

大清早，烏瑪、阿米雅、盧努、阿瓏達悌提著便當盒到鐵路餐廳的廚子那兒，看著廚子在便當盒裡裝滿米飯、豆仁、蔬菜和油煎薄餅。接著又到了上巴士的時候。這次是去紅城（Fatehpur Sikri），由阿克巴大帝[2]所興建，後來又遭到棄置。村民進到令人嘆為觀止的私人接見廳裡，見到栩栩如生的石雕花朵，與通往阿克巴王座的拱橋，他們在這裡聆聽阿克巴的種種傳奇故事。阿克巴興建了這些美不勝收的城市，規畫了這座首都，因為有位聖賢告訴他：這樣可以得子；他曾希望印度能夠在包容之下永續長存；他還曾把外國人引薦到朝廷中，使他可以學習一切新奇事物。

導遊領著村民參觀一座座建築，而且一座比一座更蔚為奇觀，使得村民訝歎不已。他們見到大理石華蓋下有樂師在練習，不禁想到當年阿克巴最喜愛的樂師，曾經在此歌唱、彈奏樂器，然而過了四百多年，樂師依然來此取經，希望掌握昔日宮廷音樂的魔力。他們從長廊漫步到宮殿裡，走到最後，阿信、娣帕卡、尼爾瑪、阿米雅還有班金，都累得筋疲力盡，無心再參觀下去。他們坐在透雕屏風的陰涼處，看著陰影閃爍變化，其他人則繼續在長廊中漫步，傾聽更多阿克巴的故事。到了中午，大夥集合上車，又出發上路繼續北行，這次是經由阿格拉前往錫坎德拉（Sikandra），去參觀阿克巴的陵墓。

他們抵達布林達班（Brindaban）時，陰影已經拖得很長了。他們在這裡的黑天神聖園中散步，觀賞了一群村姑的舞蹈表演，但是導遊不准他們駐足，又匆匆帶著他們趕往南邊的瑪蘇拉（Mathura），在那裡參觀了一座又一座的廟宇。之後，他們發現已來到閻牟納河（Jumna），那裡群聚了很多膜拜者和祭司，正在唱著歌。夕陽西下，夜色悄悄籠罩河面，膜拜者俯下身軀，在河面上放燈，小油燈像閃閃發光的小船隊，漂浮在黑暗的水上。站在村民附近的陌生人，見到他們手中沒有油燈，於是就遞了幾個給他們。沒多久，娣帕卡和米圖、盧努、杰德夫也彎身送出了盞盞微光。

「我們現在回阿格拉。」導遊說。

「不，等等，我們先吃了飯再走，茶水小販可以幫我們熱那壺茶，我們也不用糟蹋帶來的飯菜。」烏瑪已經開始把便當盒往巴士後座傳過去。村民把剩下的飯菜吃得精光。

「鐵路局供應的飯菜比我想像中要好吃得多。」

「尤其這又是今天唯一能吃到的飯菜。」

「阿信，你得再病倒一次才行，這樣我們才能再大請客，這些女人會再做飯。」

「別亂講，拜託，你這張烏鴉嘴，想帶來霉運呀？」

車子行駛途中，他們聊了好一陣子，後來卻望著升起的月亮，照射在經過的村莊上。到了阿格拉，他們並沒有前往火車站，而是去了泰姬陵，站在陵前觀賞著月光下的泰姬陵粲然生輝。回到火車站時，又是滿腦子的各種印象，大夥都不想再講話，就連蘇倫德拉也一覺睡到天亮。

到了早上，他們打算生火燒茶，卻有個鐵路服務員很生氣地罵了他們一頓，並要他們回到車廂上。他比手畫腳，又吼又叫，過了好久村民才弄明白，原來這人是在告訴他們，車廂馬上要接駁到另一列火車去。回程往德里要比來時慢得多，等到他們疲累地從車廂上下來，再度踏上熟悉的鐵路支軌時，已經是下午三點多鐘了。

那天深夜，他們又上了同一部巴士，天氣很冷，大家都緊緊地用披肩裹住自己。車子行經寬廣的林蔭大道，不時有輛計程車與巴士擦身而過，但一路上只有很稀疏的車輛。住宅和官方建築赫然聳立在大門後方，置身在這樣的黑暗裡，村民都飽受威脅之感。蘇倫德拉建議司機走河邊那條路，這樣他們還可以再經過那座堡壘。多雲天空下的堡壘，顯得更加龐大，村民到處都可見到弓身熟睡的軀體，或是女人挨著支撐物，身邊簇擁著幾個孩子。然後他們又離開了堡壘，前往火車站。車廂已經移到別的地方，跟一列火車接駁了。村民找到了車廂，但警衛卻不准他們進去。阿信、老戴和蘇倫德拉跑去找夜班督察，但到處都找不到，而辦公室服務員的態度比警衛還可憎。有個睡在自己行李上的男人，抬起頭來對村民說：

「別試了，老兄。趁火車沒開出之前，先睡個覺吧！之後再趁人不留意時找個位子。」

「可是那是我們的車廂啊！我們的鋪蓋都在上面。」

「哎，這還是我的火車站呢！我告訴你們，別再像陰魂不散吵我睡覺。」

「我們到別的地方去，一定得找個沒有風的地方安頓下來。」蘇倫德拉說道。阿信因為筋疲力盡而臉色灰白，加上操心之故，渾身打顫。他沒有把火車票帶在身上，而是留在車廂裡。他們身上完全沒有任何可以證明有權上車的東西。幾個人來到其他人在的地方時，阿信咳得很厲害，於是黎娜就用自己那條厚披肩，像裹住嬰兒似地裹住他，看著他入睡。村民彼此挨近取暖。只有那幾個靠近向風處的村民，眼睜睜地看著黑夜慢慢過去，每次警衛拖著腳步走在月台上時，他們就咒罵這些警衛。

曙光初露，蘇倫德拉就起身朝站長辦公室走去。辦公室服務員正在睡覺，門戶大開，夜班督察正趴在辦公桌上打鼾。蘇倫德拉把茶壺往爐上重重地一放，發出撞擊聲，吵醒了督察，換來連串咒罵，大概只有黎娜才有本事回嘴。蘇倫德拉咧嘴笑著：

「儘管罵個夠吧！老大，等到站長知道你竟然不讓烏瑪沈的村民上車，而要他們在月台上受凍，到時候你就要回去做腳夫了。」

「在胡說些什麼？站長的村子？叫化子，給我出去！」

「慢著，慢著，你先醒醒。哪，喝了這茶再說。」蘇倫德拉等這人神智清醒些，才跟他講話。

「現在你給聽著，我們是思理瑪悌．烏瑪．沈的村民，她已經付了錢給鐵路總局，安排一節車廂讓我們去環遊印度。這一整個星期你都見到我們在這裡，還有醫生來來去去，你們站長更是擔心得要命，怕有人會死掉。這節車廂被移去跟前往齋浦爾的火車接駁，但你們的警衛卻不准我們上車，害得我們大冷天坐在外面挨凍，你卻在火爐旁邊睡大覺。我告訴你，你們站長會很高興聽到這件事的。」

「叫化子，滾出去。你的車票在哪兒？你怎麼溜進我辦公室裡的？來人呀！警察！警察！」

車站警察跑來了，蘇倫德拉因為常跟他們一起賭錢，所以見了蘇倫德拉，便很親切地打招呼。

「把這叫化子帶走，他在威脅我，把他帶走。」

「他不是叫化子，他是個孟加拉的莊稼漢，已經在這裡待了一個星期，跟站長是朋友。」

「你們全都是傻瓜呀？」

「他是那節特別車廂上的乘客，長官，之前車上有很多人病倒了。現在車廂等著天亮後出發去齋浦爾。」

「帶我瞧去！」

於是這四個人就走到火車站裡面。副督察經過他們身邊，滿臉疲憊，神情苦惱，但他們走上月台的時候，副督察還跟蘇倫德拉打招呼，並向他的長官鞠躬。警察領著夜班督察來到村民所在的月台上，村民正在咳嗽，警衛則背靠著他們的那節車廂門上。

「這就是那節特別車廂。要是你從窗口看進去，就會看到那位付費女士的遺照。三天之前的晚上，你沒見到站長來跟這些人吃飯嗎？」

「我沒時間注意人家請客吃飯的事。車票在哪裡？」

「那還用說，當然是在車廂裡，我們全部的隨身行李都在車上。」

「警衛，打開車門。你，上去拿車票。你們看好他，確保他沒偷東西。」

蘇倫德拉上了車，憑直覺在阿信的公事包裡找到了一包文件，下車到月台上。督察伸手要搶那些文件，但蘇倫德拉不肯放手。

「把這些給我，我回辦公室去看。」

「不行，站長還有鐵路總局的戴先生都告訴過我，絕對不可以讓人把文件拿走。你可以看，可是不能拿走。」

「現在是我負責管事，你把那些車票給我。」

「不行，你已經看到車票，我們就該上車。你還有半個鐘頭的時間，決定要怎麼去向站長交代。」蘇倫德拉根本不知道半個鐘頭究竟指什麼，但那個年輕醫生說過，這是指很短的時間。見到督察皺起了眉頭，他知道這話生效了。警察在一旁咧嘴笑著，老戴醒了，看著他們。結果是黎娜打破了這沒有動靜的時刻，她索性走到車廂門口，踏著階梯上了車。督察開口正要管她，黎娜對著蘇倫德拉說：

「你找了這個清潔工來打掃車廂，很好，謝謝警察打開車門。來，我們得趕快讓其他人上車，躺到床上去，不然醫生看到會生氣的。」蘇倫德拉和納倫把阿信扶到床位上，其他人則吃力地紛紛上車。督察很快走下了月台，警察也回到他們的辦公室去。站長來到時，卻見副督察在當班，他報告說，督察因為身體不舒服，所以提早下班了。站長在辦公桌上看到了警察寫來的報告，於是知道了經過情形。不過那時，火車已經在前往齋浦爾的路上了。

阿米雅一直醒著在照顧阿信。火車停下來時，納倫去取茶水。查票員告訴村民有關灰色山嶺，以及拉賈斯坦邦豪勇男兒的故事。

【注釋】

1 此處指的是當年的甘地夫人（英迪拉．甘地〔Indira Gandhi，一九六六～一九七七和一九八〇～一九八四年間任印度總理〕）。

2 阿克巴大帝（Akbar）：一五四二～一六六六，印度蒙兀兒帝國皇帝（一五五六～一六〇五）。他修築道路，建立統一的度量衡制度並調整稅收。他對非穆斯林採取非常容忍的態度，並大力鼓勵文學和藝術。

第六章

命定的難題

冬日清曉下的拉賈斯坦邦乾瘠山區，在納倫眼中看來十分荒涼，他看著這些山岳逐漸轉為褐色，一面心想農夫怎麼能夠在這樣的山上種出農作物？放眼所及，見不到任何作物。有時他見到山上有一道石牆，於是目光敏捷地追蹤這道牆，從這座山頭追到那座山頭，有如看著孟加拉灣裡的一艘船，逐漸從眼前消逝。有時鐵路兩旁出現一行行柏樹，宛如行軍中的哨兵，有時又見到一列駱駝商隊，緩緩向南方行去。除了火車行走在鐵軌上的隆隆聲之外，寂靜籠罩了山巒，也籠罩住納倫。蘇倫德拉醒來走到窗邊眺望時，並未打擾納倫。他們坐在一起，對窗外沙漠感到驚訝萬分，一直要到齋浦爾，為村民帶來了驚喜的訝嘆，這才讓他們如夢初醒，想到要準備下車了。沒多久，他們吃過車站提供的早餐，就出發去參觀這個陌生奇特的城市。城裡到處都可見到一座座王宮、壯麗的門面、視野廣闊的陽台，遍飾紅石透雕以及雕刻。當年統治者的殿堂空盪盪的，儘管令人目眩神迷，村民卻只顧著留意周圍那些新奇的人。

那些人體型高大，曬得一身古銅膚色；邁著大步，完全就像習於商隊步伐的人；他們瞇眼窺看遠山，神態宛如戰士等著出擊或進軍；他們的婦女佩戴首飾與手鐲，叮噹作響。這些矮小的孟加拉村民，突然就像一群小魚陷入了鯊魚群中，被衝得潰散四方，忽而聚在一起，忽而被較大的魚群衝到一邊，有時又孤零零陷在一股渦流中，只能無可奈何觀望一陣。走在風殿旁邊，聽著街上傳來的噪音迴盪在軒敞樓廊之中，甚至連納倫也感到自己渺小，或者該說縮小了。他們的導遊是個態度傲慢的女士，以前曾在加爾各答的羅瑞托學校念過書。她虛應故事地介紹了後宮、天文台、商店陳列的珠寶首飾，顯然認為這些富貴象徵都歸功於她的民族。阿瓏達悌停下來，看著一些女人經過；這些婦女都很傲然，每人頭上頂著一個很大的銅盆，穿了拉賈斯坦農婦的飄逸長裙和寬鬆勞動襯衫。腳踝佩戴了很大的銀圈，手臂上更是掛滿了銀鐲，鼻上都有鼻飾或鼻環，頭巾垂在腦後，像鳥兒飛翔時展開的美麗尾巴。這些婦女走起路來搖曳生姿，叮噹作響。阿瓏達悌看得目瞪口呆，沒有聽到身後有個農民在對她大吼大叫，或者根本沒去留神，等到駱駝伸過頭來，才猛然驚覺地讓路。駱駝經過時，她畏縮在一邊，這才發現駱駝擋住了她的視線，無法看到其他村民在哪裡。原來村民都在等她，一面看著這些婦女魚貫走過街上。

「過來這裡，我們到這家店裡去看看，店主是我朋友，他會讓你們參觀齋浦爾有名的首飾。」這導遊只顧帶頭往前衝，根本就不等她照管的團員有沒有跟上。村民經過兩個彪形大漢身邊，這兩人都手持長槍。巴柏拉感到納悶，問阿信他們是不是軍人。

「不是，我想大概是保全人員，可能是店主雇用的，要他們負責保護首飾。」

「這要用槍嗎？」

「我不清楚，不過他們似乎認為有必要。」

「噓，噓，對這位製作精美珠寶的師傅表示點敬意。他會向你們介紹店裡的東西。」女導遊向一個因生活富裕而發福的矮小男人一鞠躬，然後就退到角落裡，坐著喝咖啡，跟另一個女士閒聊。店老闆帶他們走進一間大廳，玻璃櫃裡擺滿了幾百件閃閃發光的珠寶首飾。老闆走到第一個櫃前停下來，解說手工製作程序。他領著村民，慢慢瀏覽每個展示櫃，不時指著一串紅寶石項鍊，或者鑽石墜子、藍寶石手鐲等等。村民大開眼界，讚嘆不已。等到這天結束，他們步下台階，走進傍晚的喧囂時，又再度置身於農村所熟悉的貧苦孤寂之感，恰如見過的寶石鑲嵌在黃金上一樣適得其所。

「你們有沒有見到？那個女人買了藍寶石項鍊？有沒有看到她掏出的那一堆鈔票？我們村裡沒有一個人有過這麼多鈔票，不管是烏瑪姐，甚至是放貸人。」

「你們有沒有看到那個警衛還得幫她拿項鍊？那個男人還說，她必須把項鍊送回來，擺在他那裡保管，不能放在那女人家裡。買了貴重東西，卻要放在別人那兒鎖起來，這有什麼意思？」

「你們有沒有聽見那個母親告訴那男人，去訂做一條紅寶石項鍊，準備結婚用。她說項鍊價值一定要等於四分之一的嫁妝才行。他們可真有錢！」

「他們也是孟加拉人，在這裡做貿易。」

「可是這裡的土地很乾旱，這麼貧瘠的土地，他們靠什麼發財？」

「這裡不是種稻米的地方，他們種其他作物，而且一定是從地裡挖出寶石的。」

「你們看！那部大轎車裡坐了個新娘，頭上戴的金飾壓得她頭都抬不起來，看看她手上戴的那些戒指！」

火車站前面有一群人圍著幾個耍雜技的人，村民看著這小班子的滑稽動作哈哈大笑。周圍的人比他們高大，但只佩戴了沉甸甸的腳鐲，而且就跟蘇倫德拉一樣，有著長期下田做活的飽經風霜。沒多久，他們就把裝在圓錐捲筒裡的香辣穀粒，遞給這些陌生人分享，而這群人也因為一起尋開心而水乳交融。接著是個講古人的表演，村民到處找導遊，這才發現她已經走掉了。他們索性蹲下來安心聽故事，黎娜更是隨著講古人的抑揚頓挫語調而搖頭晃腦。他們沒有一個人聽懂那人到底說了什麼故事。他們在暮色中回到車廂，安坐下來吃晚飯。互吠的狗隻使得幾個人睡不著，然而深沉的夜卻平靜了他們的不安。阿信咳嗽得很頻繁，而且夢見了妻子。

不想求子的媳婦

巴士載著他們經過早上的人潮，出城前往一座美麗的避暑王宮，那是當年為了一位來自喀什米爾的王后而建，王后思鄉情切，想念家鄉的巍峨青山和湖泊。那座白色建築彷彿懸浮在閃耀的湖面上，村民很能體會王后渴綠的思鄉情懷，見到這一切人工製造出的異國美景，十分喜歡。他們實在很想流連一番，卻再度被導遊像趕鴨子似的催促上車。車子駛向一條較小的路，離開了齋浦爾。沿途右邊的山上，有一道曲折高牆，順著山勢起伏；遠處的左前方，明顯可見到一座堡壘的輪廓。導遊講述著拉其普特[1]戰士和戰役的故事。由於車聲很吵，村民坐在車上根本聽不清楚。當車子停在堡壘下方時，他們才看清了堡壘的宏偉壯麗是拜地利之賜。與其說它是堡壘，倒不如說是座宮城，另一面湖上也高懸著露台和拱道，此外還有陽台、穹頂，更高處則是大漠烈陽下的天空。那是帶有陰森風貌的景象，屬於令人生畏而非引人入勝的美感，因此當村民走進大門口時，都不自覺地靠攏，一起踏上斜坡道路，走向宮殿。這時村民從導遊口中獲悉，此地叫做安柏，以前曾是拉賈斯坦邦的首府。他們認得阿克巴大帝的名字，並知道這裡的統治者曾經效忠過他。有兩隻裝飾華美的大象負載著其他遊客，經過他們身邊，一直走向王宮。村民張大了眼看著大象，反而沒有注意到騎大象的遊客正在拍攝這些驚訝的孟加拉人。導遊先帶他們來到一間到處是鏡子的奇特房間，村民置身其中，忽然變得影影幢幢，瞠目結舌之餘，忍不住對著反映身影的鑲嵌鏡子哈哈大笑。黎娜和蘇倫德拉見到自己的身影倒映在天花板上，兩人拚命耍寶，笑個不停。米圖忙著素描，盧努卻沒有拿出她的素描本。娣帕卡和班金走出房間，想要先行離去，因為他們不喜歡這些鏡子。結果導遊跑出來問他們：為什麼不欣賞這間神奇的房間。

「房間裡有很多鏡子。」

「那當然。這是用鏡子鑲嵌成的國寶古蹟，全印度沒有第二座像這樣的宮殿。」

「那些鏡子照出了我們的臉。」

「我們不都是為了這個目的才要鏡子的嗎？」

「不，它顯示出我們的死亡。」

「什麼？」女導遊按著手指關節咯咯響，「鏡子才不會這樣，它們只會照出我們的臉孔。」

「眾神並不打算要讓我們見到他們的。」導遊走開了，不屑地回頭瞄了瞄這兩個安靜的人。其他人終於出來了，接著開始漫長的一整天。村民前往參觀宮城裡的廳堂宮室。他們認為最好的地方是慶功場所，那裡有一組組鑲嵌的雪花石，上面嵌有花鳥圖案。盧努取出了粉彩畫筆，坐在米圖身旁，兩人竊竊低語，對鬼斧神工的精美發出讚嘆。來到後宮，他們坐在大理石透雕窗口下如織的陰影中抽著菸，怡然聊天，遠離其他遊客的視線範圍。導遊找到他們，問他們想不想去參觀時母廟。

「嗄？你們這裡也有供奉我們時母的廟嗎？」

「來，講給我們聽，帶我們去看。」

「我們還沒有沐浴過。」

「等等，那裡有個賣花的。」

愈走近這位女神的廟堂，他們也愈興奮。遠從加爾各答來到這裡，千里他鄉遇故神，更激起了熱情。男人偕同妻子，一起在神像面前膜拜起來。蘇倫德拉則站在眾人後面看他們膜拜，一面問導遊有關這座神廟的事。

「據說這裡最保佑那些想求子的婦女。你看那邊，都是些婆婆帶著年輕媳婦來的，因為媳婦還沒有幫家裡添香煙。每個人都輪流等著獻祭，因為非要等到良辰吉時，才可以宰殺山羊。真是有夠傻的。」

「這可難說。」

「這麼大費工夫之後，信心有助於求子。」

「心理上認為已經有得醫了，當然會有幫助。」阿米雅淡淡地說，語氣卻帶著權威。導遊不由得看著這個女人，她身上的紗麗污穢，衣邊破損，紗麗蓋住了頭，兩眼充滿自信，然後導遊就從他們身邊走開了。其他人走來跟阿米雅和蘇倫德拉會合。阿瓏達悌已經拜過神，祈求女神保佑外孫女嫁到老公，外孫的癡呆症能夠獲癒。巴柏拉則請求神明，保佑他平安回到自己的土地上。班金和尼爾瑪只求來生能獲得解脫，儘管兩人都不很確信解脫究竟意味著救贖還是慰藉。烏瑪為兒子將來的婚事祈禱，求神保佑婚姻幸福，多子多孫。杰德夫想不到有什麼好求的，於是只想著烏瑪，而她在拜神時非常祥和。盧努為兒孫唸唸有詞地祈禱了一番，並求女神讓她的虔誠應驗在手指上。他們一個接一個上前去，鞠躬禮敬，並且祈願。祭司也用檀香為他們逐一畫符，大家都因為這趟心靈返鄉而容光煥發，坐著觀望別人準備宰山羊祭神。阿米雅把導遊所講的話轉告給大家，道出此地最靈驗的祈願，於是那些婦女都轉而去看後面那些神態緊張的女人。

那些女人之中，年紀較大的多半穿了生絲製成的紗麗裝，這在北方是有錢人拜神所穿的傳統服裝。那些人貧富不一，有緊張的、也有泰然自若的，有些看著祭司的每個動作，有些不時彎腰鞠躬，然後對著身旁的年輕女性講句話。那些年輕女性都彎著背，覺得要來求這麼大的事，實在很丟人，其中有一兩個更在哭泣。她們都低垂著視線，手指把弄著眼前的水罐和花環。鼓聲響起，有隻山羊被拖上來，抗拒地咩咩叫。祭司向一個胖女人以及她那纖弱的媳婦示意，於是她們走上前去，分別做了該做的手勢，媳婦獨自站在神像前。然後刀起刀落，羊血噴濺，注滿了一碗之後，就潑在神像上，之後祭司就為媳婦祈福。這對婆媳退下去後，馬上就輪到另一對婆媳。從頭到尾，急促的鼓聲不斷，血腥味和焚香味瀰漫在中庭裡。山羊屍體被拖到一邊去。

就在村民快要離去之際，他們留意到其他人後面有兩個奇怪的婦女。年紀大的那個盛裝打扮，一頭短髮，捲成像西方人的髮型。戴了戒指的手指被香菸染得顏色很深，一張臉硬邦邦的，那雙眼睛讓人看了絕對不想和她討價還價，舉手投足完全就是個慣於頤指氣使的人。她坐在椅子上搖著扇子，身旁的地上坐著年輕媳婦。媳婦看來就像克久拉霍神廟裡的石像，富麗而柔美的曲線充滿感官之美，她穿著拜神的紗麗裝，長髮在腦後梳成髮髻，佩戴的首飾很少，卻都精美無比，不像那隻在她頭頂上搖扇的手所戴的戒指那麼炫耀。她彎身坐著，一手玩弄著地上幾顆石子，既不東張西望，也不跟她婆婆講話。她的冷靜堅決、安詳有力與機敏，似乎形成一種磁場，吸引了村民的注意力。

「她們是什麼人？」

「有錢有勢的人，所以祭司給她一把椅子坐。」

「這媳婦要是生不出孩子，怎麼一副沒事的樣子？」

「那個女人怎麼看起來冷冰冰的？」

「要是她們有錢有勢，這家人的兒子一定是個重要人物。這媳婦看起來很健康，像是能生兒子似的，不像其他那些來這裡求子的媳婦。」

「她很不開心。」

「娣帕卡，她穿戴了這樣的紗麗和首飾，怎麼可能不開心？」

「我們等著瞧。」

又有兩對婆媳上前，拜神獻祭之後又退了下去，這時，祭司朝著這對奇怪婆媳的方向欠欠身。兩隻山羊被拖上前來，婆婆碰了碰神像上的黃金，媳婦傲然站立，一手拿了一壺酥油，一手拿著花環，兩眼盯著祭司的每個動作。整個拜神過程很簡單，等到祭司舉起那碗羊血，正要潑向神像，媳婦卻突然舉起一手，把那碗羊血打翻掉到地上，羊血四濺。祭司和她婆婆都大吃一驚，嚇得倒退。媳婦卻只是把濺到腳上的血跡抹掉，根本沒接受祝福，就走下台階離開祭壇。其他正在等候的人紛紛用紗麗蓋住她們的頭，趕快離開神廟以及這驚人的一幕。那個婆婆先是厲聲痛罵媳婦，接著態度轉為冷淡，然後就走掉了。村民目瞪口呆，繼而竊竊私語，他們跟在那個媳婦身後走出了神廟。

「這不會靈驗的，她會繼續生不出孩子。」

「真的，真的！」

「她做了什麼好事？女神會詛咒她的。」

「別指望能生兒育女了。」

「我希望這是你們對我的祝福。」那媳婦用孟加拉語說道。

「噓，噓。」

「你可別希望自己落入這樣的命運啊！」

「你有沒有聽到她說什麼？」

「你怎麼會講孟加拉話？」

「你怎麼能這樣做呢？」

巴士在中庭裡等候著，導遊跟那些跑掉的人一起開溜了。媳婦東張西望，村民依然看著她。

「我可不可以坐你們的車回齋浦爾去？我婆婆發火，自己坐汽車走了。你們巴士上還有沒有空位可以讓我坐？」

「不行，不行，她會帶來詛咒的。」

「沒有位子。」

「哎，我們可不能跟著她一起倒楣。」

阿米雅緩緩地打量這女孩。然後挽著她上車，根本就不理大多數人的反對。其他人擠在她們身後，刻意在阿米雅和那名危險美人周圍留出隔絕空間。少數幾個村民則因為好奇心重的緣故，所以還肯坐在她們附近。這女孩問起他們怎會來到安柏，故事說起來很長，女孩還問了很多精明的問題，並對他們的旅行感受深表同情。阿米雅問這個陌生人：

「你在哪裡學的孟加拉話？」

「在加爾各答。我以前在那裡念醫學院，那時候很快樂。」

「念醫學院？」

「對，那是印度最好的醫學院。」

「你不是孟加拉人。」

「不是，我家族是這裡南邊的人，我先去德里念大學，修的是生物化學。」

「那是什麼？」

女孩解說了一番。她講到家裡情形，她是個獨生女兒，有個兄弟在阿杰梅爾軍校念過書，現在是外交人員。她講到有個叔叔看著她長大，這個叔叔一直認為應該因材施教，由於她是家族中最聰明的孩子，所以應該受最好的教育。她告訴村民，當年她去德里念書時的興奮心情，以及她如何努力用功，總是在班上拿第一名。後來她拿到獎學金去加爾各答深造，叔叔很為她的成就感到驕傲，還看著她在學業上逐步適應。她深情地敘述著那個散亂的城市，村民邊聽邊感訝異，沒有想到她對他們參觀過的那些地方，竟然如此懷念。阿米雅率先打斷了她的話：

「你怎麼會來這裡拜神求子呢？」

「現在才真講到正題了。唉，我念到醫學院三年級時，叔叔去世了，於是我母親就成為我唯一的監護人。我的兄弟在海外，我媽一直認為讓我去念書是不對的，叔叔一死，她馬上就勸我回家。她有很多煩惱事，因為我小舅需要她幫忙。小舅是個地主，有兩個賭鬼兒子，兩人都欠了北邊一個有錢有勢人的債，這人也是個賭徒。我母親跟這人也有關聯，因為他以前在軍中是我父親的上級，這在拉其普特人的眼中是很神聖的關係。這人只有一個兒子，出於種種原因，我家裡人也沒事先去調查清楚，為什麼他家有錢有勢，兒子卻三十多歲還沒娶妻。他們不是受過教育的人。這家人跟我母親和舅舅達成協議，要是我母親同意我嫁給他們的兒子，兩個表哥欠的債就一筆勾消。」

「哎，這門親事很好啊！」

「是很恰當的解決方法。」

「噓！結果你就得放棄學業？」阿米雅的苦痛回憶顯然被勾起了。

「我抗議過，我的教授也反對，甚至連德里大學的教授也親自跑來這裡，懇求我母親不要這樣做。下聘訂親都是瞞著我做的，之後我舅舅和兩個表哥跑去加爾各答，把我接回家。我想要偷跑，可是他們像押犯人一樣把我押回來。婚禮很盛大，有很多珠寶首飾。」

「我們已經看到了。」

「沒有人會像我們齋浦爾人一樣，有這麼多珠寶首飾。實在很嚇人，一盤又一盤的項鍊端出來，送給那些根本對這些不感興趣的女人，因為她們已經擁有太多了。」

「難道你對這喜慶場面以及見到夫君不感到開心嗎？」

「辦喜事的那三天裡，人們為他戴上花環，而且將他遠遠帶開，我一直等到洞房花燭夜才見到他。」說到這裡，她住口望向車窗外。

「你這麼受苦，我實在為你難過。」娣帕卡說這話時，眼淚幾乎奪眶而出。

「原來，他是個白癡。他出生的時候出了狀況，所以心智根本無法成長，只有身體長大。他塊頭很大，可是舉止行為像野獸一樣，也可以說像幼兒，因為他沒有思想，也永遠不會有。」村民聽了一驚，全都陷入了沉默。阿瓏達悌和巴柏拉更是毫不遮瞞地哭了起來。最後還是納倫先開口：

「所以你才不願生孩子，因為怕這種白癡特徵也會出現在孩子身上，就像那些有毛病的畜生，會把毛病傳給下一代一樣。」

女子看著這個心細如塵的農夫，流露出敬重目光，感激他的明理。

「這是主要原因，可是還有另一個原因。」

「還有什麼原因？」

「根據拉其普特人的法規，要是已婚婦女在五年之內沒有生產，可以把她休掉，而且不必退還嫁妝。所以如果我五年之內不生孩子，這家人不會喪失所得，我也可以脫身，再回去繼續學業。我母親什麼代價都不用付，因為丟臉的只有我一個。」

「你結婚有多久了？」

「兩年。」

「所以你還得再捱三年。」

「阿米雅，你總不能希望她成事吧？生不出孩子而被休掉是很丟臉的事！她會什麼地位都沒有，只能替婆婆做牛做馬。」

「我猜她現在的地位已經像是奴隸了。」

「我每天晚上都要替婆婆按摩雙腳。」

「這很不得體。」

「從我祖母那一輩之後，已經沒有人這樣做了。」

「這怎麼可能。」

「別亂講，要是她沒生孩子，本來就該服侍婆婆。」

「她得聽話、順從。」

「過了五年，你還能繼續學業嗎？」

「我的書本還在，有時那些教授會寄書給我。這家人都不識字，還嫌我沒事做而打我。」

「哎，天哪！」

「要是家裡有活兒要做，她就得去做。」

「怎麼會這樣。」

「你千萬不能生孩子。」阿米雅堅決地說，其他村民則震驚地瞪眼看她。

「這很不容易。因為我婆婆盯得很緊，我丈夫又很猴急。」女子微笑著說，這群農民全都感染了她的逗趣。巴士在火車站停靠下來，村民下了車。女子解釋說，她得趕快去坐計程車，搶在婆婆之前去悔罪。少數幾個村民如娣帕卡、納倫、哈里斯昌德拉等，在走進火車站之前，先向她祝好，然而大多數都對她避之唯恐不及，滿懷恐懼地議論著她的不從，以及會招來詛咒與倒楣的可能性。

阿米雅把阿信拉回來，又去跟那女子說話：

「你有時會去德里嗎？」

「是的，下個月我們又要去。」

「那你帶著這個地址。那是個年輕醫生的地址，他是孟加拉人，我們生病的時候，他曾經幫我們看過病。把你的事情講給他聽，請他幫你做避孕措施。你看過那些宣傳避孕的海報吧？」

「看過。齋浦爾沒有一個醫生敢瞞著我婆家幫我做，我根本不敢開口。」

「這個醫生會幫你的。你跟他說，是阿米雅叫你去找他的。」阿信寫了張字條，阿米雅則在上面簽了名。他們把這字條交給那女子，女子站在他們面前，驚訝萬分。

「你把地址和人名記在腦裡，這樣就不用寫在紙上。這張字條上只說你是我們的朋友，需要他的照料和協助。」

「我婆家的人都看不懂孟加拉文。」

「那你就把字條帶著，找到機會就去見他。」

「大娘，謝謝你，但願上天保佑這條路行得通。」

「我求老天保佑你能有這勇氣撐住。孩子，這條路或許又長又艱苦，但將來有一天，你總會成功的。」阿米雅轉而走向火車站，阿信還站在這個年輕陌生女子的身邊。

「你們的村民都很古怪。他們看到女人抽菸或上學念書，會很吃驚，可是卻又知道白癡會家族遺傳。現在這人又希望我能夠離成婚。我婆婆就沒有這麼開明了。」

「是的，他們是很奇怪。要是你見到那個醫生，請告訴他，我們都很好。」

「可是你看來並不好呢！大哥。我聽你呼吸很痛苦的樣子，而且你很衰弱。」

「你應該可以成為良醫的，你的見識倒不少。」

「但願我還能夠做個好醫生，人生還沒有完呢！」

「是還沒有完，我真心希望你的人生繼續下去。」這位老師幫這個香煙承傳者叫了一輛計程車，然後在夜色中獨自走回車廂去。

「不想生孩子是不對的。要是她已經結了婚，就算自己不打算生孩子，也得要生。」

「你知道，畜生跟人一樣，一旦有白癡或其他生長缺憾，是會出現在每一代身上的。在這樣的情況下，生孩子是個錯誤。」

「我們又不知道神明的旨意是要保佑哪一個，怎麼能知道生孩子是錯的？」

「我們已經有太多孩子，結果他們死了。我們沒法養活他們。我們既沒能力，也不送他們去上學。要是明明能夠避免，卻還要生出心智不全的孩子，這怎麼是對的呢？」

「可是這都是神明的旨意，我們一定要仰望吉祥天女，這個媳婦也一定要服從她婆婆才行。」

「不，我們應該表現出自己的判斷力，以此敬拜辯才天女。這女子很清楚，在婆家她不會有自己的人生，她母親把她嫁給白癡，實在是做母親的恥辱。」

「你說話太嚴苛了。我們也有個白癡外孫，而且我們還想把他姊姊嫁掉。你認為她只會生出白癡小孩嗎？」巴柏拉過了很久，才鼓起勇氣說出這話。

「我不知道，不過既然你外孫女不願意結婚，換了是我，就會去找個醫生問清楚。」

「說不定她就是害怕會生出白癡小孩，才不肯結婚的。」

「這我倒從來沒想過。」

「這個女子，這個美人兒，能不能捱過三年？生兒育女是命中注定的事，何況她健康得很。她不可能永遠打翻掉祭神羊血的。」

「真正關鍵不在於羊血，而在於她婆婆。她婆婆究竟明不明白媳婦根本不想要有小孩？」

「這女子看起來很有鬥志。」

「可是那個老的一向為所欲為，很狡猾，也很無情。」

「可是做媳婦的就要服從。那樣做是不對的，完全沒有盡到做媳婦的本份。」

「真的，她應該認命的。」

就這樣議論紛紛到深夜。阿信聽著聽著睡著了。阿米雅根本就不加入談論，盧努和納倫也坐著默不吭聲，兩人靈犀互通，彼此相知。最後是黎娜的幾句話，使這場交談安靜下來：

「這是神明管的事，不是凡人管的。我們只能靠祈禱來幫助那個女子。」

米圖畫了一幅又一幅的素描，想要描繪出那個美麗身影站在時母神像前的情景，卻老是無法捕捉住那一刻的神韻，最後只好放棄這番努力。這幅畫應該出自盧努的手才是，他要去叫盧努把它畫出來。

黎明時，火車正向南駛去，乾旱的棕色山嶺紛紛從夜色中浮現。蘇倫德拉看著沙地上捲起狂風沙，形成一股旋風，彷彿是搭在天地之間的活動隧道。納倫來到他身邊蹲下，兩人看著這片乾旱大地，看著逐水草游牧族的帳棚，偶爾還見到赫赫之地的遺跡。黎娜加入了他們，盡量避免驚醒他人，這時光線已經照到了車廂，她睡不著。

「他們能在這沙漠裡耕作嗎？」

「他們非得這樣不可。」

「這是塊爭戰之地，不是給我們這種村民生活的土地。」

「這裡有很多王宮大宅和汽車，我們就沒有這些。」

「說不定是因為這裡根本就沒什麼大變動好讓他們擔心的。我們那裡卻有水災、旱災、狂風巨浪和霍亂。我猜想，這裡自從興建了那些王宮以後，就一直沒有多大改變。」

「昨天我們見到的那個女子，是活在我們這個時代，她婆婆卻是活在那些古堡壘的年代。」

「誰又能說得準呢？黎娜，我們也一樣無情的。」蘇倫德拉大聲說出了心裡話。

「是嗎？蘇倫德拉，我還以為你兒女的婚姻都很美滿。」

「誰有資格去講另一個人的喜樂是什麼？只要生活看來還上軌道，兒女都養得活，我們就說那對夫妻很幸福。可是說不定像巴柏拉和阿瓏達悌那樣吵吵鬧鬧，反而還比那些看似相敬如賓的夫妻更彼此了解。天下有很多傷心媳婦，說不定我女兒就是。」

「阿米雅為什麼要幫她呢？要是在村子裡的話，阿米雅不會這樣做的。」

「阿米雅是看到自己當年的命運重演。」

「沒錯，那女子想要念醫，這正好是阿米雅的心頭痛。可是我想我們都跟那女子一樣，身不由己地去做某件事，而其實最適合我們做的，卻是另一件截然不同的事。」

「納倫，你是在想像自己幫丈母娘按摩雙腳嗎？」

「不，可是盧努卻被迫放棄了畫畫。對於另一半，我們總是要求太多，卻期望太少。」

「怎麼會呢？我們不是永遠都對鄰居大失所望，卻對自己養的牛滿心歡喜？」

「對，如果我們告訴那些畜生，說我們需要牠們賣力，牠們會賣力的。但我們只告訴另一半，我們不想要什麼，還有他們不可以做什麼。蘇倫德拉，誰又要求過你讀書識字了？可是你自己想要的話，還不是也拿本書坐在那裡，跟阿信一樣有能力閱讀。」

「我知道你是怎麼想的了。蘇倫德拉，我忽略了給你上課，我們來證明給納倫看，他講得的確有道理，而且你是能讀書識字的。」

旅行中的學習

此時，全體村民已經習慣了旅行節奏，因此都放鬆下來了。阿米雅獨自倚著車窗，因為別人都刻意避開她。娣帕卡和阿信跟一小群人在唱歌，他們憑記憶挖掘出村中的古老歌曲，一旦把歌詞整理好，哈里斯昌德拉就馬上把歌詞寫下來。老戴在跟杰德夫討論農作物的事。牌局正在進行中。女人們在縫補衣物，一面東家長、西家短，聊著村中來信上所寫的事。米圖柔聲對盧努說：

「大姊，我試想過把那個媳婦畫下來，可是我的手不管用。我想這應該是你的拿手本領，你肯不肯試試看？我們一定要畫一幅出來，帶回去給家鄉裡的人看。」

「米圖，你怎麼會畫不出來呢？」

「你看看這幅。畫出來的女子很年輕優雅，可是卻少了那種尊嚴或者力量。這幅畫裡的婆婆不應該只是漠不關心的樣子，還得要有點冷酷、強勢的感覺才對。」

他們兩人一起翻看了米圖所畫的那幾頁，與他極力想表現出來的效果。盧努很熱切地望著米圖說：

「你真的認為，我們的手能夠把這些表現在紙上嗎？」

「當然可以。記不記得我們在德里博物館裡的時候，還曾經為了那些感傷的圖畫掉過眼淚？」

「可是那些圖畫是訓練有素的人畫出來的。」

「我們一定要試試，盧努，因為只有我們看過。」

「你可以用黏土試試看。」

「或許我會的。雙手重新再摸黏土的感覺一定很好。不過拜託，你可不可以先試著用彩色筆畫出那幅情景？」

「我有沒有聽錯？我們這位陶匠居然說他已經忘了黏土了？米圖，烏瑪姐可不希望我們在這趟旅行裡忘了自己的天賦。」

「的確是，阿信哥，儘管你笑我，我是真的忘了黏土的感覺。看來這些筆很適合我的手。」

「阿信，為什麼我們會忘掉？我已經漸漸忘了手拿搗杵的感覺了，雖然我從很小就一直在搗穀。」

「而我卻是忘了早起的感受。」

「我們都不再是從前的那個人了，每個人都變得比以前豐富，因為我們見識多了。」

「這麼說來，我想這意思是說，等到這趟旅行結束時，我們都會變得跟神明一樣偉大嘍？」尼爾瑪生氣地說。

「不是這意思，但我想，我們會更有長進。」

「我會繼續保持做一個單純、虔誠的人。」

「大叔，這點你永遠都做得到的。」

「說什麼我們會變得比以前更豐富，講這種話是很危險的。萬事皆由神，半點不由人，神明最清楚。我們受苦受罪，是因為我們犯了錯。別忘了，神明可以把我們打得難以翻身，遠離通往神廟路徑的人，往往也很容易把神明惹火的。」尼爾瑪的話甚至吸引了玩牌者的注意。

「可是我們每次都有去神廟呀！不管是新的或比較大的廟，大叔，神明也應該能從那些廟裡聽到我們的祈禱吧？」阿瓏達悌大膽說出心裡的話。

「這趟旅行實在不好。讓我們大家做些奇怪的夢，而且還敢講出來。其實，咱們最好是像在村子裡的時候一樣，保持沉默，低頭認命。命中注定我們要離開村子這麼遠，我們就只好認了。」

「大叔，在村子裡的時候，你不是告訴我們，要盡最大的熱忱去祈禱嗎？現在比起其他的村子，我們可不是正在做最大規模的朝聖旅行嗎？」

「要是我們有祈禱，而且努力控制思想的話，這趟旅行是可以成為朝聖之旅的。然而像這樣瀆神的傲慢想法，已經讓我們偏離正道了。我們不再認為這是朝聖，卻把它當成了我們的旅行。」這番責備讓每個人啞口無言，唯有娣帕卡有話說：

「尼爾瑪，你說瀆神的傲慢想法是指什麼？是我在奇怪的廟宇裡拜神，讓你感到害怕嗎？」

「才不，你這頭腦簡單的人，你招來的命運會降臨到你頭上，不會降到我頭上。好比說，告訴別的女人不要生孩子，還叫她們離開自己的丈夫、不要服從，這根本就是離經叛道。天下無不是的父母，要是我們不尊敬父母，會遭到報應的。」

「沒錯，沒錯。」附和之聲紛紛響起。

「照你的說法，我們所做的事都是命中注定的，所以我們不會傷害到其他人。」

「這倒不見得。好村民現在會想到，人也跟畜生一樣，會把白癡毛病一代一代傳下去。已經生兒育女的好婦女會去告訴陌生婦女，應該怎樣把自己的命運操在自己手裡，把自己當作辯才天女、吉祥天女或是時母。你可知道什麼才是有智慧，什麼才是有價值，什麼才是該毀滅掉的嗎？」

「你說的話很有道理。我們是對於所見所聞一無所知，但是我們勇於協助別人，就像我們旅行途中遇到與幫過我們的那些陌生人。你不也認為，村裡的人要是不肯互相幫忙，這是不對的行為？」娣帕卡看著這個老人拖著腳步走開，避不作答，但她知道大多數人的意見是站在他那邊的。

於是她回到車窗旁。

「娣帕卡，現在你講起話來就跟唱歌一樣行。謝謝你出來幫我講話。」阿米雅的語氣帶著遲疑。娣帕卡並沒有看著她的老友，要是她有看的話，或許就只有她會窺見阿米雅眼中流露出的恐懼。阿米雅自從當年定親的那晚，暗自發誓不在人前流露情感之後，兩眼就從來不曾現出懼色。

「黎娜，你不能只教蘇倫德拉一個念書，其他人也在等著上課。來，哈里斯昌德拉，把報紙拿過來，教教我們怎麼解開上面的秘密。」

關於捍衛家園的對話

火車來到阿杰梅爾安靜的車站，村民紛紛亂亂下了車，去參觀更多的王宮和學校、灰塵瀰漫的街道，還有人去一空的城鎮。相較於他們村莊的隱密、青翠與封閉，那座荒城則顯得疏闊、空曠、迎風。有些大宅高牆環繞，吞吞吐吐的導遊告訴他們，牆內住了王公以及藩王的兒孫。

「那些人都在哪裡？」

「女人在宅裡，男人都到軍隊裡去了。」

「軍隊？」

「我們現在就要去參觀軍營。」

在日正當中的耀眼陽光下，村民見到了坦克和槍砲、一排排大卡車、營房、成堆的補給，覺得很不可思議。軍官向村民解說每種器械的功能、需要多少人去操作、如何訓練這些操作者。只有阿信在努力維持對談，然而他實在不喜歡這種暴力，加上他對那些以此為豪的人感到憐憫，因此使得他也不願多談。何況他的呼吸依然感到困難。軍官帶著村民來到軍中食堂，招待他們喝茶。這中間的休息顯然很受用，村民逐漸放鬆情緒，開始對這個眼神憂傷的高大軍官問東問西。這回卻是那些最愛玩牌和最長舌的人主導了談話內容：

「您說這軍隊是用來保衛印度的，可是要防禦誰呀？又沒有武裝土匪在攻擊全印度，那些土匪只來攻擊小村莊，那時也不見有軍隊來保衛我們。」

「這支軍隊是用來抵禦敵人、保衛印度的，敵人是那些只想用他們的方式來統治我們的人。」

「什麼敵人？」

「中國人就攻擊過我們的邊界。」

「回教徒會跟我們打仗。」

「才不，你明知這不是真的，如今只有軍人才跟軍人打仗。」

「就為了可能會有些中國人攻擊山上隘道，結果這些軍械就要放上很多年，等著備用？這可真是白費很多工夫啊！」

「養兵千日，用在一時，要是他們真的攻打過來，我們早有了準備。要是沒有備戰的話，一旦打起仗來，你們的村子都會成了戰場。」

「不會，根本不會有人有興趣在孟加拉邦打仗。或許在你們這裡的沙漠區會有戰役，可是不會在我們的稻田裡。」

「也許你說的對，不過孟加拉邦比我們這裡更靠近山區，要是為宗教紛爭打起仗來的話，你們孟加拉邦就會成為中心地帶。」

「我希望你的看法是錯的。」阿信溫和地說，「不過請告訴我，你部隊裡的人怎樣為計畫殺人而辯解呢？雖然我們沒有耆那教[2]的教徒那樣嚴格，但我們被教導殺人是惡行，而且來生會有報應。你們在訓練如何殺人的時候，是怎麼跟自己交代的呢？」

「阿信，這個問題應該由母親來問兒子，我希望這位軍官不會因為這個問題感到侮辱，儘管我也想聽聽他的答案。」黎娜微微欠身，代表大家致歉。

「我不能代表其他人講話，只能代表自己，講講我在指導新兵時的感受。我會仰望《薄伽梵歌》裡的黑天神：作戰是軍人的天職，人人都得應命，沒法逃避。但還不僅是這樣，雖然我選擇做軍人，而且一定要盡職，但我只為印度效命。我只會為了保衛印度才去訓練軍人，好讓我們能夠固守家園，這樣我們才能安身立命。我不會去為了別的國家作戰。要是那是我的職務，那我一定無法盡職。」

「即使當年，聖雄甘地的追隨者在跟這裡的英國人作戰，印度軍人也照樣幫英國人對抗那些壞人。」

「對，而且他們有很正當的理由作戰。但我只保衛兒女成長的地方，不會為了別人的國土而戰。」

「長官，我是一頭霧水。要是每個人都遵從《薄伽梵歌》裡的話，那就不會有什麼秩序可言，也不會有職務，就只有命運。要是每個軍人都為家人而戰，那他一定會失掉一切，而且還是無法盡職。」

「我一定要盡自己的職務，別人的職務是什麼，我就不知道了。」

「等一下，雖然你不是孟加拉人，可是你卻會講孟加拉語。你說要是孟加拉遭到攻擊，你會為我們的村子作戰，因為我們都屬於印度的一部分。但萬一我們印度發生內戰，那你的職務又屬於哪一邊？是屬於我們？因為我們比較靠近邊界？還是屬於你們的沙漠地區？因為那是你子女成長的地方？」

「我是以軍人的身分為印度而戰。我祈禱上天，永遠不用受命去攻打其他的印度人。但真有那麼一天的話，我想那不會是軍人之間的爭戰，而是你們村子之間的爭戰，每個地方都有共同的瘋狂，眼中只有自己的稻田。如此一來，印度會陷入迷霧之中。」

「儘管我們正在旅行，不過大多數人還是不了解印度究竟是什麼。對於不會說我們語言的人而言，我們都是外人，可是對於那些我們能夠給予協助，還有協助我們的人，我們是朋友，不管他們是窮人還是有錢人，印度人還是外國人。」

「你們見到外國人的時候，有沒有感到害怕，並因為他們的不潔而責怪他們？」

「沒錯，沒錯。」

「真的會。」

「完全正確。」

「不對，」娣帕卡說道，「他們也一樣認為我們骯髒又愚蠢，而且有時他們也會害怕我們。我們在山區裡認識了一個男孩，他是個很讓父母自豪的兒子，但他卻一點也不害怕，也不生氣。」

「這倒是真的。他實在是個好孩子。他不像別人那樣穿著市集買來的衣服。」

「對於那些我們稱之為印度人、也是穿著市場衣服的人，你們也有同感嗎？」

「說來奇怪，有時我們會害怕，有時不會。我們遇過很好的人，也遇過比外國人還差勁的。」

「那麼，要是印度人跟外國人打起仗來的話，你們會保衛哪一邊？」

沒有人講話。

「如果你們村子安居樂業，又有飯吃，別的印度村子卻受到攻擊，你們會不會去援救那些村民？」

「我們能怎麼援救？只有在這趟旅行中，我們才有飽飯吃，平時在村子裡，可沒有吃得這麼好。」

「你們的兒子可以去打仗，穀米可以拿去養軍人，女兒去做看護……」

「不要，不要，不要講下去了。」

「這樣是不對的。」

「我們的兒子才不打仗，他們只會互相打架。」

「我們根本就沒有穀米可以交出去，沒吃下去的，都被抽稅抽掉了。要是我們把兒女送走的話，村子裡還有什麼？還有什麼好打下去的？實際上，很多兒女都已經走掉了。」

「可是或許會有另一個統治勢力來到，印度很可能受他人奴役。」

「印度已經捱過很多統治者了。」

「或許我們能夠捱過來，就是因為有軍人去打仗。」

「才不，我們所以能夠捱過來，是因為每個人盡自己的本份，軍人打仗，農人固守犁具，聖人祈禱。因為這樣，所以神明才讓印度存留下來。」尼爾瑪對軍官點頭說。

「要是有一天，每個村子都要防著鄰村，那麼印度會在哪裡呢？」

「要是我們教導孩子印度比村子好，印度會在孩子的心目中。我不知道會不會是這樣。」

軍官被人叫走了，村民也回到了巴士上。

「帶我們去個神明或是賜與光明者的所在吧！因為我們已經看厭了凡人的地方。」黎娜向導遊打趣著說。

村民在一座堡壘那裡，聽到了阿克巴大帝興起的故事，他們聽了有關戰役、英國人來到印度、以及種種跟這座堡壘有關的神奇傳說。他們在一座著名的清真寺前面，遭到前來禮拜的回教徒推撞，接著導遊就把他們帶到了阿那颯格（Anasagar）人工湖。風塵僕僕的村民往下走到水畔的低矮擋牆時，非常疲累。湖面被緩緩下沉的夕陽染成一片金色。花園裡飄來的芬芳香氣，瀰漫在大理石步道和亭閣周圍。村民逐漸散開，各自陶醉在如世外桃源的湖光美景之中。阿信坐著寫封長信給妻子，寫完才發現自己竟然在哼歌。附近有個人也跟他一起唱，原來是娣帕卡，她也坐著，正在看湖水，和著他唱起那首熟悉的歌曲。阿信開始跟她合唱起來，歌聲飄過水面，傳到乾旱的山上，回音繚繞。遊客紛紛駐足，先是盯著他們看，然後聽他們唱歌。等到有人叫他們上車時，火把已經燃起。白色的大理石、孤寂的柏樹，都倒映在湖面上。連鳥兒最後的歌聲也停了，唯一的動靜是水面上的蝙蝠吱吱聲。巴士開回火車站的路上，車內掀起了一場爭論，村民爭辯著蝙蝠的危險性。等到回到車廂時，大家脾氣都不好，再加上沒有飯吃，更是火冒三丈。村民三五成群互相指責，辱罵對方子女，連很平常的能力不足之處，也都一一掀出來給車站工人聽。這不能怪任何人，伙夫以為他們會像其他朝聖者一樣，日落後就禁食了，所以沒有做飯。村民只有上床睡覺，準備做惡夢，事實上也如願以償，當導遊在天沒亮之前來叫醒他們時，他們還是一肚子不高興。

「你現在又要帶我們去哪裡？」

「去聖湖普施卡（Pushkar），你們難道不希望天亮時能在湖裡沐浴嗎？」

「我從來沒聽說過有個湖叫做普施卡。」

「這是什麼廢話？」

「梵天神的蓮花曾經掉落在這個湖裡。」

「真的？」

「他有沒有彎腰去撿起來？」

導遊對他們這麼丟人現眼的無知，責備了一番，結果反而出奇地讓大家冷靜下來。尼爾瑪便說起聖地的諸般奇蹟，以及使眾人恢復理智的諸神故事。班金努力背出所有家人以及學生的名字，因為他答應過這些人，每到一處聖地就為他們祈禱。阿瓏達悌又開始小題大作地忙著求神幫外孫女找個丈夫。阿信又咳了起來，娣帕卡因為巴士搖晃而暈得動彈不得。其他人繼續爭論著前一晚的話題，但這回卻安靜多了。納倫和蘇倫德拉則在抽菸。

來到湖邊時，已經有很多祭司在那裡。等到村民站在一座梵天神廟前，各種身形和特徵的祭司都擁上前來，向他們索取費用，要不然就告訴他們，他們不屬於可以進廟去拜神的種姓階層。娣帕卡和阿瓏達悌根本不等祭司來指點，就逕自走進廟裡，按照家鄉的習慣做了膜拜儀式。那些祭司驚駭萬分，最後把村民統統趕走了。蘇倫德拉感覺到村民的惡劣心情，於是拉著大家朝一處可以嗅到烹煮食物的地方走去。

「神明今天還沒有餵過我們，讓我們自己去找那個廚子，要他幫我們把便當盒裝滿吧！」村民吵了半天，爭論哪些食物可以吃，之後終於上了車，由於中午吃了一頓奇怪的餐，村民一路上不斷打嗝，很不舒服。

「為什麼我們朝北去？」

「我們得在森珀爾（Sambhar）接駁站搭上火車，然後往南去耆那教的聖山。」

「從那裡再到哪裡？」
「去古加拉特邦的各個城市，之後再往南到孟買去。」
「我們會去看孟買嗎？」
「要過些天才去。」

意外事故

跟火車銜接的過程很順利。納倫醒過來時，才知道車廂正移動到支軌上，他知道這一晚再也睡不著了，於是走到外面的夜色中，置身在久德浦[3]的一處不知名城市裡。空氣中有一股他認不出來的氣息，一種乾燥清爽的味道，他愈是沿著鐵軌往前走，氣息就愈濃。地面很硬，後來納倫彎腰去把腳上的一枝荊棘拿開時，發現這股香氣非常強烈，沒錯，就是從這枝荊棘上發出來的。他很快採集了這種植物，用披肩一角把它們紮成一束。然後他漫步離開了鐵道，走上河堤斜坡。在他上方似乎有座高山，然而此時納倫只顧回頭看著鐵道進入城裡的路線。他極盡所能看到的，只是夜空下的荒地，沒有火堆，沒有燈光，納倫感到自己彷彿入侵了沙漠的私密處。他開始沿著牆根走。過了一段時間之後，已經摸熟了建築模式，於是開始留意到市內正在熟睡或是走動的人。有一次，他差點跟一個頭頂著大捆木柴的農民相撞，這人放下重負，燃起一根木柴，高高舉著，以便看清楚納倫。他們兩個一樣高，那個拉其普特人肌肉結實，滿臉皺紋，納倫精瘦，肌膚光滑。拉其普特人的眼神看盡一切，也道盡一切；納倫的眼睛不錯過任何事物，卻也什麼都不流露。拉其普特人認定這個不裹頭巾的陌生人並無惡意之後，掏出了土菸請納倫抽，納倫接受了。兩人蹲在一起，湊著取暖，誰也沒說話。拉其普特人站起身來，重新把那捆柴頂到頭上，道別之後就走了。納倫繼續往前走。回到車廂時，天空正好破曉，於是他又為大家燒了茶。

盧努走到他身邊，因此納倫知道她一直擔心地醒著。納倫跟她講述自己去散步的經過情形，並問她這幾個鐘頭都在做什麼。盧努拿出圖畫本給他看，上面一頁又一頁地畫了那個女子在廟裡的情景；包括三五成群的人站在祭司面前等候，好奇又專注的村民，尤其逼真地捕捉了那個婆婆的神態。畫中有個寂寞、美麗的身影在看著祭司；有隻手打翻了一碗羊血，背景則是祭司驚駭的臉孔。陰暗的人影紛紛倉皇離去，女子獨自望著那些人走掉，而她的美麗甚至比她的無懼更予人孤絕之感。接下來畫的是村民擠在一起聽她的故事：娣帕卡的駭嘆，阿米雅的盛怒，阿瓏達悌的畏怯，阿信的黯然神傷。有一幅畫的是女子看著納倫，納倫的表情流露出難過和同情，以及他對這個女子的敬重。這些畫是盧努前所未有的好作品，有些只用黑色線條勾勒出來，有些則用彩色畫出濃淡和細節，耀眼、鮮明、生動。納倫彎下腰去摸摸妻子的腳。黎娜正好要下車廂去盥洗，見到這一幕，於是悄悄抽身而退。納倫和盧努沿著鐵軌，獨自散步到很遠的地方，直到大家等著出發參觀這城市時才回來。

接下來幾天的觀光和旅行，就像之前做過的一樣；參觀的景點太多，精采的遭遇很少，話則講得很多。等他們來到阿布路時，已經聽飽了各種輝煌、不可一世的故事。當局為他們雇用了一個大學生做導遊，他希望花整晚時間講述那些宏偉神廟的雕刻，以及歷代資助人的歷史。阿信極力保持客氣，老戴卻插嘴了：

「我們很願意明天聽你講這些，了解一番。但是現在，我們很需要村中河岸邊的風吹蘆葦來為我們提神。黎娜，講故事給我們聽，逗大家開心，講講那些傻子的故事，不要講王子。」

老戴的邀請獲得眾人歡呼附和，黎娜樂得前俯後仰。車廂裡太擠了，於是他們移師到外面，圍著煮飯的火堆。長長的幾個小時裡，黎娜從火光中變出許多偉大的傳說故事，她的話語從來不曾發揮過如此的迷魂魅力，眼神也空前地懾人心魂。她一直講到聲音變成了細語，卻沒有一個人留意到這轉變。從前對她的魔力一直感到害怕的人，這次卻被吸引得渾然忘我，而且有生之年都會樂道這一晚的神奇感受。她一直講到黎明的綠色警號亮起，招來了巡邏警察，喝叱村民要他們回到車廂去。他們聽得非常投入，隨著情節大笑、落淚，此時雖然只睡幾小時，卻酣然無夢。他們筋疲力盡，像幼兒一樣在大清早裡靜靜躺著，深呼吸著清涼的新鮮空氣。黎娜的吊床文風不動，像個鳥巢似的包住弱小疲累的身軀。蘇倫德拉在睡夢中還咧嘴笑著。阿米雅這幾天緊繃的神情也消失了。娣帕卡就像孫兒一樣蜷著身子，灰髮貼在頸上。阿信的病痛依然未消，卻難得沒有面壁咳嗽，反而對著其他人睡。那張慈悲、害羞的臉孔，簡直就跟他叔叔是一個模子，只不過比較年輕、衰弱而已。老戴睡在走道對面，一手緊握眼鏡，夜晚撫平了他憂慮的皺紋。烏瑪和杰德夫的床位在一起，雖然中間相隔，兩人卻彼此握著對方的手。米圖和盧努都睡在自己的繪畫本上面，兩人都沾染著炭筆和彩色筆的痕跡，卻都安詳睡著。太陽最先照到的是納倫那雙長腿，可是連納倫也把腿一縮，繼續安眠。走道彼端睡著阿瓏達悌，裹在自己的披肩裡，睡夢中的她，看來像個脾氣彆扭的小孩，因為臉上的恐懼感不見了，睡在下鋪打鼾的巴柏拉也一樣，臉上的憂傷表情消失了。查票員偕同當班的高層上車時，見到的就是這幅景象；他們來核對村民的行程，並告知他們哪些巴士是前往各神廟的。

「我聞不到烈酒的味道，可是他們全都好像喝醉了。」

「我們來找點樂子。」

「你要做什麼？」查票員還沒能來得及制止，那位高層就已經敲響了火警的警鐘，一時鐘聲大作，他還一面對著麥克風大叫：「失火了！失火了！」

隨之引起的恐慌，使得查票員感到混亂，於是急忙衝下火車到鐵軌上，而那個官員卻捧腹大笑不已。村民倉皇之中打破車窗，擠身往外跳，結果正好跌到下面的炭渣上。接著他們拚命想跑，耀眼的陽光照得他們一時看不到，只好緊抓著衣服和扯爛的衣袖。蘇倫德拉馬上跳下車門，跑到旁軌上，裝滿水桶，奮力衝過紛亂逃跑的村民，然後把水潑進車門裡。正當他要回頭再去提水時，卻見兩個警衛跟那個官員在一起，笑得前仰後合。蘇倫德拉拿出在村裡隔田喊話的本事，大聲叫住村民，喊說並沒有火災。這個老人頹然站在當處，看著一群跟他一樣枯槁的男女，衣衫襤褸，頭破血流，帶著痛苦和困惑的模樣，向他慢慢走過來。蘇倫德拉面無表情，臉上只有長年勞碌所留下的深深皺紋。對於命中遇到的這場驚險，他既沒有興高采烈，也沒有信賴或驚奇的表現。納倫走過來了，扶持著盧努和黎娜，她們兩個都在流血。蘇倫德拉朝著那三個還在狂笑的人，歪著頭示意。納倫看看那三人，再看看車廂裡面，又看看周圍的村民。等到哈里斯昌德拉、杰德夫、巴柏拉和蘇倫德拉，終於設法把納倫跟官員拉開時，兩個警衛已經攙扶著那個年輕人離去。就在他們需要靜一會兒，也需要有個醫生、熱飲食以及自我獨處時，查票員竟然斗膽跑回來，告訴他們巴士正在等候。說完，他就溜進火車站裡面去了。蘇倫德拉潑的那桶水，只潑濕了他自己的鋪蓋和行李，這一來倒引得他自己哈哈大笑，也暫時讓其他人驚魂略定。他為那些土菸全都泡湯而惋惜一番，然後把那張地圖攤在陽光下晾曬，再用他那塊老舊披肩盡可能小心地擦拭掉溶開的墨水印。突然，他俯對地圖哭泣起來，一面像咒罵他的水牛那樣罵著自己。小烏瑪端茶來給他，對他說道：

「我們得去參觀那些神廟，趕快忘掉這件事。」

蘇倫德拉聽了，馬上恢復常態，一面幫阿米雅和娣帕卡提著藥箱，一面催其他人趕快穿好衣服，上車準備出發。尼爾瑪和班金相互扶持，尼爾瑪頭上裂了個大傷口，鮮血濺了兩人一身。娣帕卡花了很長時間才安撫住這兩個人，並且好不容易才說服了兩人，讓她去碰這個傷口。他們兩個不肯讓阿米雅靠近，而且嘴裡還不停怒罵，說這一切都是因為阿米雅的傲慢，才招致神明懲罰。最後是阿信帶著大家上了巴士，如今他的臉色更蒼白了，不斷咳嗽，而且舉步維艱。站長花了一個早上的時間，督導一群工人修復車廂。

總之，他們還是度過了這一天，甚至還記得參觀過的那些神廟裡的華麗大理石雕刻和天花板。傍晚回到火車站的途中，他們偷眼瞄著身上的瘀痕、傷口以及凝結血塊，這才醒悟到，之前去參觀那些華麗神廟的時候，他們的模樣可真是怪異啊！等到他們找到了車廂，只見車窗破玻璃已經清除了，並用木板封住，車廂已經洗刷過，他們的行李也都整整齊齊擺好。旁軌上有個僕役在為他們燒茶，儘管如此，近旁卻有一列火車嘶嘶響著經過，於是他們知道，車廂即將跟這列火車接駁了。那天晚上他們乘車前往古加拉特，卻睡得斷斷續續的，而且身上作痛，不斷夢見火舌和警鈴。從他們抵達阿罕默德市[4]開始，一直到次日深夜被帶回車廂為止，村民馬不停蹄地從一座清真寺趕到另一座去參觀，從這個城門趕到那個壯觀的墓塚，從甘地曾經發表言論的某地點，趕到他工作過的另一個地點。幾個輪班的導遊，沒有一個能夠讓村民暫時忘掉他們的疲累和疼痛，沒有一個能夠攔阻蘇倫德拉蹲下來跟三輪車夫一起抽土菸，也沒有一個能有辦法把圍觀米圖與盧努作畫的群眾趕開。

「你們明天希望做什麼？請告訴我，我好幫你們安排。」查票員問道。

「睡覺。」

「是，是，現在你們得去睡了。可是你們希望我明天幫你們做什麼？」

「有沒有信件？」

「信件都寄到孟買去了。」

村民一個個都回到車廂裡去了，盧努和納倫等少數幾個，則在外面走動了一下，想要散掉身上那股巴士的氣味，卻無能為力，於是他們也爬上自己的床鋪去睡了。第二天，他們被帶到甘地當年所設的靜修處，聽了很多關於早年打仗的事情。導遊像趕鴨子似的帶著他們到處去，最後就連該城有名的那些棉織廠也都參觀過了，導遊才送他們回到火車上。當他們再度搖晃在奔馳鐵軌上的車中時，終於因為能夠獨處而鬆了口氣。

「我們要去哪裡？」

「到巴羅達（Baroda）。」

「什麼時候才會到孟買？」

「後天。」

「會不會在那裡接到村裡的消息？」

「我想大概會。」

「噓，別吵，你們沒見到我侄兒累了？」老戴噓著大家，有幾個人回過頭去，瞥見阿信的臉上罩著一層死灰色，呼吸沉重。老戴轉而對阿米雅說：

「你那裡還有沒有藥？」

「有，全都在這裡。」

「去把它們統統拿來，你有很多病人要看護。」

阿米雅帶著醫藥箱忙碌起來，驚駭地發現很多人傷口發炎，有大片瘀傷，而且體力不濟。她到處走動幫人療傷，嘴裡唸唸有詞，蘇倫德拉提著燈籠，緊跟在她身邊，車身搖晃時，就伸手扶穩她，而且也像在德里的時候一樣，留意看著阿米雅所做的一切。等到他們結束工作，阿米雅正在收拾藥箱，蘇倫德拉卻意外遞給她一杯熱茶。

「你從哪裡弄來的茶？」

「像這種快車，總有一節車廂裡面有廚子在工作，車上員工也在那裡吃飯。有時夜裡我會摸到那地方去，跟他們一起玩牌。他們那裡總有茶水。」

「你在每個車廂之間走動，難道不害怕嗎？」

「不怕，這就跟我們以前在河上坐船時拿茶一樣。有時候我灑掉的茶，比喝進去的還多，不過通常都不會這樣。」

「謝謝你，你可沒辦法幫很多人拿茶。」

「別這麼安慰你自己，阿米雅。我已經從他手裡接過很多杯茶，還有那些在過道上祈禱的瘋子也是。起碼他們喝茶的時候不能祈禱。」黎娜咕噥著說，很受不了尼爾瑪和班金不斷的疲勞轟炸。這兩個人自從假火警嚇得他們跳到陽光下之後，就變得旁若無人，別人想要睡覺的時候，他們卻用刺耳的聲音在祈禱，一個比一個更快、聲音更尖銳，兩人都沒在聽祈禱內容。蘇倫德拉已經不見人影，再回來時，他遞了兩大杯熱氣騰騰的茶給那些老婦。這時車廂裡一片寂靜，甚至連蘇倫德拉也蜷著身子，睡在阿信旁邊的床鋪上。

尼爾瑪頭部受傷

夜裡，火車停靠在巴羅達車站。天還沒亮，米圖和蘇倫德拉就跑出去逛了。他們回來時很興奮，其他村民正在沐浴：

「快來，我們大家都要去看看。好多地方都有草、有樹，還有水，人家稱那種地方叫做花園，誰都可以去坐坐，就跟村子裡一樣，我們快走！」

「我們不能去，我們得去參觀廢墟和兩座王宮，都安排好了。」

「可是我們不知道有多少天沒在樹下坐坐，看看流水了。」

「你可以等到回村子之後，再去做這件事，但是你以後都不會再有機會來巴羅達了。」

「我們因為看了這麼多，而搞到自己病倒，這實在是說不通的事，這點早就跟戴先生和那個醫生提過，現在到了該歇會兒的時候了。要是我們不好好歇息，遲早會出事的。」

「這個耕田的什麼時候變成了星象家了？不要這麼想不開，蘇倫德拉，還會有別的樹木的。」

結果這一天，又是趕著那些舉步維艱和咳嗽不已的人到處跑，走馬看花地去了一個又一個地方，又是沒有休息的空檔，要看的東西實在太多。等到他們在火車上集合，準備吃晚飯時，大家又累又生氣，連飯菜也無法讓任何人心情好轉。村民留意到米圖和蘇倫德拉不見人影。

「說不定他們走路回孟加拉去了，好讓雙腳感受泥土。」

「這點誰不羡慕他們呢？」

「米圖有到博物館，從那之後有誰見過他？」

「就算是個陶匠，也不會笨到這時候離開我們大家吧？蘇倫德拉向來都會把落在後面的人帶回大隊，所以一定是待在這裡的某個地方。說不定他又認識了幾個叫花子朋友。」

「我一定要去告訴站長。」阿信站起身來，卻又開始咳嗽。老戴馬上把娣帕卡拉上前去，示意她幫忙看護阿信。

「來，納倫，我們去找人，其他人留在這裡。我會去告訴站長，我們現在不想趕路，這樣就不怕丟下米圖和蘇倫德拉了。」

「你們看看，尼爾瑪在那裡遊蕩，他這樣很容易被火車撞到的。」

阿米雅走向這個老人，然而尼爾瑪一看到她卻尖叫起來，用手指著她大叫：「巫婆，巫婆，巫婆。」阿米雅滿懷恐懼兼羞辱地跑回車廂，但是尼爾瑪尖叫怒罵的聲音，卻傳遍了車站。盧努接替娣帕卡看護著阿信，而這個會唱歌的人則走下車，到尼爾瑪那裡去。過了很久，娣帕卡才終於拖著尼爾瑪，穿過暮色走回車廂，班金就等在那裡。娣帕卡把他們兩人安頓好，彼此靠著對方，然後就往車廂尾走去。走動時，她留意到很多村民都在點頭、竊竊私語，宛如同意尼爾瑪對阿米雅的指控。阿信正在睡覺，盧努和黎娜則為他按摩。阿米雅獨自坐在窗邊。

「阿米雅，那本醫學書上有沒有提到頭部受傷的事？」

「尼爾瑪怎麼樣了？娣帕卡，你能檢查出他的毛病嗎？」黎娜眼神銳利地看著這個會唱歌的人，而且已經知道答案會是什麼了。

「我沒法檢查，他不讓我碰傷口。我想他一定是摔到頭，所以才會很痛，而且沒辦法認得我們是誰。他把班金叫成母親，祈禱時也老是渾身發抖，然後又會哭。」

「阿米雅，去把書拿來，讓我們聽聽看上面怎麼寫的。」

「這可是那個年輕醫生送給我的禮物。」

「我們不會把書弄壞的。他送書就是因為知道萬一有需要的話，你可以用這本書來幫助我們。」

阿米雅很不情願地拆開了她包好的書，把書拿出來，慢慢地查著索引，查詢條目時更是慢。後來她整個人埋首書中，書裡有很多頭骨圖形，以及各種顱傷種類。黎娜試著想看上面的解說，卻無法看懂。阿米雅的手指在書頁上逐字滑過，經過很長一段時間之後，她放棄了：

「我看不懂。」

「我們去叫醒哈里斯昌德拉，請他幫忙看。」於是黎娜走過去，把這個文書搖醒。

「哈里斯昌德拉，尼爾瑪因為頭部受傷出問題了，娣帕卡認為他腦筋不清楚，是因為頭痛。阿米雅有一本書可以查，可是我們看不懂，你能不能來幫忙讀讀看？」

哈里斯昌德拉看了書，過了很久之後，旁邊的人忍不住插嘴問：

「書上怎麼說呀？」

「我們該拿尼爾瑪怎麼辦？」

「我根本就不懂。上面說他一定要躺著，而且應該找個醫生來看他。他最好不要坐著，或者到處走動，也不要餵他吃太多——」

「反正他吃什麼都嘔吐，也不用餵他了。」

「這可真糟糕。要是他嘔吐，而且連路都走不好，可能是頭部裡面受傷了。書上說不要給他吃藥，他要是睡著的話，每隔兩小時就要把他叫醒，確保他不是昏……，我看不懂這個字。」

「昏厥，意思是說沒有知覺。這本書在說，他可能會導致自己顱內出血，不但會讓他很疼痛，甚至可能會死亡。我們一定要趕快找個醫生。」阿信插嘴說。這時他已起身，完全不理其他人的勸阻。

「阿米雅，你跟我來。娣帕卡，你陪著尼爾瑪，還有盧努，萬一娣帕卡累了，就換你去陪尼爾瑪。讓班金到自己鋪位上睡。我們會去找個醫生來。納倫和我叔叔來的時候，要他們去叫醒站長，把我們的車廂拖到支軌去。」

「你身體吃得消嗎？要不要由我替你跑腿？」哈里斯昌德拉羞怯地問。

「不用了，拜託，盡你所能去查查這本書，然後把上面講的關於頭部受傷的部分，全部告訴娣帕卡。要是她需要你幫忙拿東西，你會隨時在眼前。不要吵醒其他人。」阿信低語告誡完之後，就走下車廂，阿米雅也緊跟著下了車。阿信開始咳了起來，身體失去平衡，於是阿米雅扶著他的手臂，兩人走向排班的輕便馬車。

「我們先擺平這一對再說，別等班金回頭把尼爾瑪當成了崇高的瘋子。」黎娜嘀咕著說，躡手躡腳走到這兩個發出哀聲的男人那裡。她把兩人分開，然後把班金推到他自己的床上，連哄帶罵安撫他睡下。娣帕卡和盧努想盡辦法要讓尼爾瑪平靜下來，但他卻變本加厲地發出尖叫，車廂裡傳來其他人煩躁、憤怒的低語。

「你唱歌給他聽，唱那些河流晚禱歌。」黎娜對娣帕卡細語說。這位老婦於是溫柔地唱起歌來，這時尼爾瑪轉過頭看她，本來瞪著的眼睛失去了神采，緊繃的皺紋也鬆弛了下來。他伸出一隻顫抖的手，輕撫著娣帕卡滿布皺紋的老臉。

「娘！」說著便往床上躺了下去。黎娜馬上察看他躺著是不是還在呼吸，然後為他蓋上東西。娣帕卡一面哼著歌曲，一面輕輕把尼爾瑪傷口上的頭髮撥開，黎娜則小心地去摸摸傷口。突然，她停下動作，瞠目對著娣帕卡和盧努說：

「傷口裡有一片車窗玻璃。」

「怎麼會？他這兩天還到處跑來跑去。」

「只有偉大神明才知道他有多疼痛。」

「可是我們能怎麼辦？我們又不能割開傷口，把玻璃拿出來。」

「我們不能讓他這樣下去。阿信才剛走，身體又很弱，他要花很長時間才能帶醫生來。」

「不會很久的，大娘，納倫已經替我去找醫生了。」阿信低語著，免得打擾了其他人，但他卻把這幾個女人嚇得差點尖叫出來。阿信身邊站著老戴，後面則是米圖和蘇倫德拉。

「怎麼回事？你們發現了什麼？」

「尼爾瑪頭上的傷口裡有片碎玻璃，一定要想辦法趕快拿出來，你們已經看到他痛得打滾的樣子。」

「阿米雅能不能把碎玻璃拿出來呢？她以前曾經跟醫生討教過。」

「阿米雅可以，要不我也行。」蘇倫德拉以慣用的語調說。

「你行嗎？」

「我以前也曾經從其他傷口裡面取出碎玻璃，再說我的手也比阿米雅的穩。我們常常幫家畜開刀割掉東西的。」

「蘇倫德拉，一定要把玻璃清得很乾淨才行，要不然玻璃碎在裡面，尼爾瑪受的傷會比現在還要嚴重。」黎娜頗相信蘇倫德拉辦得到。

「我們是不是該等醫生來再說呢？」

「我們非等不可。」

「你們看，傷口又在流血，那片玻璃割得更深了。」

「黎娜，傷口很深嗎？」

「不深，就在耳朵旁邊。」

「醫藥箱在哪裡？」

「這裡。」

「米圖，你一定要用力按住他。」

「可是，蘇倫德拉，你一定要等醫生來才行。要先塗什麼藥？」要不是這時阿信猛咳起來的話，老戴的驚惶就很容易感染其他人。這個叔叔把侄兒送到床邊。

「我見過醫生先在兩手塗上這個，他說可以殺死髒東西。」

「阿米雅不這樣做。」

「最好還是照著醫生的方法做。」

蘇倫德拉很靈巧地探了探傷口，尼爾瑪不安地扭動著，米圖上床緊緊抱住他，不讓他動彈。蘇倫德拉撥開傷口，搜索了一會兒，再用鑷子取出一片狹長銀亮的玻璃片，扔到醫藥箱蓋上。然後他在傷口上撒了一些藥粉，因為他以前看過阿米雅把這種藥粉撒進傷口裡。之後，他合攏傷口，貼上膠布。動刀的時候，他出奇的溫柔靈敏，還輕輕吹著口哨。等到他終於往後一站，尼爾瑪睜開雙眼，直視著他。蘇倫德拉把玻璃拿給他看。

「大叔，這玻璃本來在你傷口裡面，我把它拿出來了，這一來你就不會再疼痛了。」

「這樣好多了，老天保佑你，蘇倫德拉。」米圖站起來，替尼爾瑪拉上蓋被。娣帕卡洗乾淨了尼爾瑪的那張老臉，其他人也逐漸平靜下來。他們見到阿米雅和納倫，領著一個矮小男人上到車廂裡。這個人不停地發牢騷，抗議要他三更半夜坐輕便馬車來到車站，還要到車廂裡看病等等。當他們走到床邊時，娣帕卡和米圖七嘴八舌忙著把經過情形講給他們聽，充滿自豪、興奮與釋然。他們把玻璃片拿給那個人看。阿米雅盯著蘇倫德拉，才曉得他正小心地把鑷子放進消毒藥水瓶裡清洗。醫生把他們推開到一邊去。

「你們說只是有一片玻璃在表皮下？我們來看看。」他把老人頭上的繃帶和膠布扯掉，一點也不管他痛得大叫，然後用手指戳著傷口邊緣。鮮血噴了出來，蘇倫德拉和米圖緊抱住老人。這個矮小男人昂首闊步地走開，對納倫喊叫著說：

「你根本就不用吵醒我，只不過是割傷而已，你們只要讓他躺著，一個月之內他就會痊癒了，要不然他就會死掉。你們沒理由把我帶到這裡來！」

尼爾瑪昏了過去，米圖嚇得躲開，但接著尼爾瑪又張開了眼，就在他哭泣的時候，蘇倫德拉和阿米雅包紮著傷口，然後安撫老人睡去。其他人事後心煩意亂地坐了很久；除了去跟阿信說已經沒事了，請他放心之外，就沒再說什麼。納倫兩手忽而十指交錯，忽而鬆開，一直在顫抖。黎娜不見人影，等回來時，她把滿臉的皺紋都笑開了：

「你看，蘇倫德拉，我在那邊的大火車上，找到廚子的那節車廂，他們給了我整壺茶，還有給你的土菸。」接下來，他們坐著談心，喝著茶，不時偷眼看看尼爾瑪，還有極不安穩的阿信。之後他們也睡得斷斷續續的，後來則是被站長的大叫聲給吵醒。

「喂！你們這些孟加拉人，趕快準備動身，我不能讓你們永遠留在巴羅達，你們今天就南下到孟買。火車會在那裡接駁，不要錯過了。」

早餐送來了，行李也已重新打包。娣帕卡設法讓阿信躺在床位上。

「我會去說謝謝的，阿信，我是村中的長者，這是我的責任。」說著，老戴就用很不習慣的快速度走下了月台。

蘇倫德拉幫尼爾瑪擦洗更衣，尼爾瑪已經平靜得多，也容易入睡了。班金坐在尼爾瑪的床尾，看著蘇倫德拉忙碌著。

「我不能幫他做嗎？」

「暫時是不需要的，你可以看到他現在安寧多了。我想他的頭不該移動，所以我把他的行李捆放在這頭，你的放在那頭，以便固定他的頭部。等他醒來，可能會想要喝茶。」

「蘇倫德拉，他不能長時間這樣子搭車旅行的。醫生說，他應該整整一個月躺著不動。」

「你那時醒著？」

「可是我太害怕，沒法幫忙。我們該怎麼辦？」

「我不知道。阿信病得太嚴重了，他的眼神就像早產的牛犢。」

「你一定要叫他們先送我們回孟加拉去，為了烏瑪姐，你們必須繼續旅行，順便為我祈禱。可是我們一定要回去，要不然其他人為了照顧我們，也會病倒的。」

「我會想辦法的，現在你先休息吧！火車很快就要開了。」

阿信過世

車廂接駁的時候震動頻頻，尼爾瑪痛苦呻吟著，阿信卻被拋得撞著牆壁。漸漸地，他咳得愈來愈嚴重，整個身體都猛烈震動，每次呼吸都使得從前祥和的臉孔添上苦痛扭曲的神情。黎娜看在眼裡，自言自語地說：

「我們還沒到加爾各答之前，就會走到盡頭，而阿信嫂也要穿上白衣了。」

「阿姨，雖然我們想法一樣，可是不要說出來。」納倫邊說邊把早飯遞給黎娜。他們目光相遇，流露出悲傷，兩人懷著他人鮮有的默契，彼此心裡有數。車門處傳來一聲大喊，打斷了他們的思緒。

「這火車就要開出前往孟買，你不能夠耽誤他們。」站長正設法攔住一個穿西裝的男士，但這人動作太快，已經上了車廂：

「一定要付錢給我，一定要付錢給我，你們昨晚從醫院叫來的醫生所開出的帳單在我這裡，沒付錢之前，你們不准走。」他把一張紙塞到蘇倫德拉手裡，這個農夫的體型，很容易就堵住了通往車廂的走道。

「這是什麼？把它傳過去給哈里斯昌德拉。」

「上面說是兩百盧比，雖然我不識字，這我倒看得懂。」

走道那頭傳來一陣驚駭的議論紛紛：「兩百盧比！」這簡直就是天文數字。

「沒錯，沒錯，那個醫生是很有名的人，醫治頭傷可不是件小事。你們走之前一定要付錢，付現金。」

「那個醫生根本就沒有幫這個人治療，他來得太晚了，而且還搞得那人更痛。」

「上面說這是看專科醫生的帳單。我們到醫院求救的時候，他只是個值班醫生，根本沒有人說過他是專科醫生。」納倫很精明地盯著這個職員，看出他做賊心虛的樣子。

「啊，可是三更半夜出診，還要跑來骯髒的火車站，這可不是件小事。」

「你聽聽，火車汽笛響了，馬上要開車了，你得趕快下車。」

「可是錢呢？我要收錢，醫生告訴我要收兩百盧比回去。要是我沒帶錢回去，他會揍我的。」

站長把這人從車上拉下來，蘇倫德拉則把他推下去，就在火車開始發動時，納倫在這人手裡塞了一個硬幣。

「你去告訴那個專科醫生，他的服務在我們看來，就只值五派沙而已。」

火車已經出了站，他們還聽得到那個人傳來的大呼小叫。南下前往孟買的七個小時中，儘管他們說說笑笑，依然難以掩飾旅途的不適與耗神。有時是尼爾瑪引人關注，更多時候則是阿信，驟然間，他虛弱的像是已經放棄與病魔奮鬥了。阿米雅不肯幫忙；她縮在自己的角落裡打哆嗦，瞪大雙眼看著其他人。納倫、杰德夫和哈里斯昌德拉把所有男人拉來聽一項計畫，將目前為止他們所見識過、並認為對村子有用的農耕技術，拿出來討論。列出來的項目出乎意料地愈來愈多，因為這些男人甚至連最簡單的工具都想起來了，那些工具都是他們以前沒見過的。米圖和盧努設法分散婦女的注意力，兩人畫出她們喜歡而且想買的紗麗裝設計和圖案。這是個很緩慢的工作，但也因為如此，所以當阿信咳出血來，引起娣帕卡驚叫時，只有幾個人留意到。而當尼爾瑪昏厥過去，被班金驚駭地用手拍醒過來時，也一樣沒幾個人留神。火車終於在暮色中駛進了孟買車站，此時已經很難引起大家的興奮了。突然，阿瓏達悌很孩子氣地說：

「我要去海邊看日落，誰要跟我一起去？」

多數村民都跟她一起去，像支小遊行隊伍，出發尋覓日落景色。老戴跑去找站長，娣帕卡和黎娜幫忙阿信擦洗身子，他正因高燒而昏迷。蘇倫德拉拜託阿米雅去給尼爾瑪換繃帶。夜色逐漸籠罩住孤零零停靠在旁軌上的車廂。等到夜班督察偕同老戴回來時，帶來的消息並沒有讓人減輕壓力，因為督察說，要找到肯在夜間出診的醫生，恐怕要花幾個鐘頭，而且他們得按部行事，首先要跟此地的觀光局主管聯絡，因為這人負責他們的事，但這人不喜歡回家以後還受到打擾。老戴語氣堅決，阿米雅也因此恢復了原有的精神，臭罵了官僚一頓。督察於是答應他們的要求，接著人就走了。蘇倫德拉跟其他人說，得要有個人盯著這個督察，不然他很可能忘了該盡的職務，於是就跟著走了。黎娜、老戴還有阿米雅提著便當盒去買飯。因此當阿信死時，只有他童年時代的朋友娣帕卡握著他的手。尼爾瑪那時醒著，見到阿信不再掙扎著呼吸，也見到娣帕卡靜靜地流下眼淚，於是說：

「娣帕卡，他把我們教得很好，我做老師絕對比不上他。現在你得幫他罩起來，把窗簾拉上，別讓人看到。等他叔叔和蘇倫德拉回來，再幫他去找個河階火葬場。」娣帕卡默默無言地照做了。在她還沒完全恢復鎮靜以前，去看日落的人已經回來了，娣帕卡心煩意亂，要求大家坐在外面的月台上吃晚飯，因為老戴和其他人已經帶著食物回來了。最後，蘇倫德拉終於踏上車廂，老戴則跟在後面，手裡捧了一碗湯。他們只看了娣帕卡一眼，就馬上轉過去看著阿信的鋪位，尼爾瑪無力地提醒他們，震驚之際記得保持安靜。於是他們走向他。

「這是我們的損失，可是你們千萬不要讓這件事毀了大家。我們一定要很簡單地告訴他們，然後你們得打電話給阿信嫂，告訴她這件事。去見站長之前，不要浪費時間，如果你們想在天亮之前火葬阿信的話，就得準備好木柴，這需要站長的協助。」老戴沒有辦法憋住不哭，他的驚惶和抽泣傳到其他人那裡。蘇倫德拉下了車，告訴大家阿信的死訊，以及接下來得要做些什麼。雖然有很多人哀號痛哭，但是事情辦得很快，等到深夜時，阿信的遺體上已經放好了花環，村民也都準備好要送殯到河階火葬場去。站長帶著一個醫生匆匆趕來，醫生檢查了阿信的遺體，又問了娣帕卡和其他人許多問題，然後去探望尼爾瑪的情況。他在下車之前，看著蘇倫德拉和納倫，這兩人的態度鎮定且從容，老戴則縮身在遺體前面，整個人崩潰了，於是醫生就對他們兩人說：

「那個老人不能夠再搭這火車旅行下去，他一定要靜養才行。這個男人是死於肺炎，到了德里之後，早就不該繼續旅行了。很遺憾我幫不上忙。你們要保持那個老人躺著不動，還要找個地方讓他療養。」

看著醫生離去時，大家陷入一陣沉默。然後蘇倫德拉把站長拉到一邊，又扶起老戴，說：

「你現在一定要打電話給阿信嫂，問她想要我們在河階火葬場做什麼特別的祈禱？打電話很快，這個人可以安排。」

「我該說什麼呢？」

「等你聽到她的聲音再說。」

接通電話沒有蘇倫德拉預期的時間長，因為突然間，他就已經聽到站長在說話了：

「思理瑪悌．穆克吉？我是孟買火車站的夜班督察。你叔叔想要跟你講話。」

「桑達拉？」老戴害怕得把聽筒拿得離臉孔遠遠的，致使蘇倫德拉可以清楚聽到聽筒傳來的女人聲音。

「叔叔？幾個鐘頭之前我醒來，覺得我丈夫阿信已經去世，所以我就把手鐲折斷了。我的感覺沒錯，是吧？」

「是的，桑達拉，他今晚因為肺炎死了。醫生說，當時到了德里之後，他就不該再旅行的。」

「唉，叔叔，他講的沒錯。他在信上跟我說，每次閉上眼睛，他就見到他父親，所以他離死期不遠了。」

「我們怎麼辦？怎麼辦？」老人對著電話哭了起來。

「你們好不好幫我在黎明時辰火化他？並用孟加拉話唸禱詞？要在向西的海邊，好嗎？」

「好的，好的。」

「請娣帕卡大姊為他唱歌，他會喜歡的。把他的骨灰帶一點回來，撒在我們這裡的恆河，好嗎？」

「好的，可是我們怎麼辦？」老戴崩潰了，趴在桌上抽泣著，蘇倫德拉接過了電話。

「阿信嫂，我是耕田的蘇倫德拉，你叔叔沒辦法講下去。」

「是，阿信在信上跟我提過你，蘇倫德拉，你會負責把事情辦好的。」

「我會的。」

「還有，你會想辦法讓大家繼續完成烏瑪姐的願望吧？我丈夫阿信一定不希望你們就這樣結束旅程的。」

「這很難。」

「烏瑪姐老早就知道會有很多困難的，我心裡有數，其實阿信知道他沒法跟完這趟旅行的。」

「阿信嫂，就快要天亮了，我們現在就為你去河階辦喪事。」

「蘇倫德拉，請把我叔叔平安帶回家。」

「要是我有能力辦得到的話。」

「神明祝福你們大家。」

電話裡的聲音消失了。蘇倫德拉扶著老戴，向待在旁軌的其他人招手示意，於是村民就抬著掛了花環的遺體，向他們走去。老戴把屍架的一根抬桿扛到肩上，其他三個人也跟他一起合力抬起了屍架，大家就此出發了，穿越這座異鄉城市的街道，往河階走去。到了中午，火葬就結束了，這群傷心的人慢慢走了回去，什麼也沒留意，只留意到老戴挾著的骨灰罐。回到車廂裡之後，婦女就暫時抛掉了憂傷，其他男人也跟她們一樣。蘇倫德拉、納倫抽著菸，和黎娜坐在外面，不想去聽車內的村民說話。蘇倫德拉開口道：

「我們要怎麼設法把尼爾瑪送回村子去？」

「他不能搭火車回去，火車搖晃得太厲害。」

「他不能自己一個人回去，一定要有個人陪著照顧他。」

「其他人也想回家。」

「我們一定要繼續旅行。這只是旅途的部分，並不是結束。」

「你能勸得了其他人這樣想嗎？」

「我不行，可是黎娜可以用故事來說服他們。」

「現在先不要，等過一兩天，讓大家覺得這個城市已經不再只是個火葬河階再說。」

「我們要怎樣才能領到錢呢？阿信原本要在這裡的銀行領錢，並且取得下一段行程的所有指示，然後到了馬德拉斯之後，再如法炮製。」

「我們一定要打電話給戴先生，他會告訴我們該怎麼做。」

「首先我們應該要跟大家討論過，了解他們的想法。」

「最好等大家哭完了再說。」

旅行繼續

那天中午在孟買支軌上舉行的討論，會讓很多見過村民的人大吃一驚的。蘇倫德拉把難題丟給全體：

「我們失去了領隊。尼爾瑪情況很嚴重，不能旅行，我們得要有個人護送他回去。我們還要先通知戴先生，不然就沒有辦法領到旅費。沒有了阿信哥，我不知道還能不能完成烏瑪姐策畫的旅行。現在你們得決定怎麼做，然後老戴才能打電話到德里辦事處，去請求協助。」

「我們不能再繼續旅行下去了。你已經見到我們的傲慢，造成了什麼後果。我們因為無知而干預了命運的安排，結果阿信就因為這樣而死掉。我們一定要回鄉下去，老老實實過日子。」阿米雅說道，這是那天她第一次開口。

「不，烏瑪姐希望我們去見識整個印度，不只是看這頭一部分而已。阿信哥也一定會希望我們繼續完成旅行的。我們是為了鄉民才出來旅行、增長見識的，而不是為了我們自己的命運。」黎娜反駁說。

「可是我們卻只落得生病、疲倦、互相吵架的下場。我們忘了在神廟裡的祈禱，對於觀光過的地方也一無所知，再旅行下去也沒有什麼用，其他人會跟著生病的。」

「反正沒有錢，我們也沒辦法旅行下去的。再過不久，就到了耕種季節了，我們也該回去幫忙。」

「要是沒有錢的話，我們怎麼能夠回去？」

「我們已經見過喜馬拉雅山了，現在我們一定要見到底，要是我們不去嘗試的話，這對烏瑪姐是非常不敬的。」

「就像阿米雅所說的，我們變得傲慢了。最好還是乖乖回家。」

「阿信嫂希望我們繼續旅行下去。」

「她坐在加爾各答的家裡，哪裡知道我們旅行的辛苦和常常遇到的麻煩事。她才不會相信我們之所以頭破血流，只因為有人拿我們開玩笑。」

「可是說不定她會相信的，而且說不定我們也該試著從中學習，遇到火警的時候，不要亂推亂跑，可是我們大家卻都這樣做。」

「連阿信也是。還有你，老戴，雖然你還叫我們保持鎮靜。」

「我感到心裡好空虛，阿信在這趟旅行中就像個兒子一樣。我覺得自己應該按照阿信嫂的希望，努力走完這趟旅行。你們大家難道不願意試試？」

「這是很笨的事。我們還要死多少人，才會知道這樣漫遊是錯的？」阿米雅掉頭走開，娣帕卡過去想勸勸她，但她卻甩掉娣帕卡，自己挨牆蜷縮著身子。

「我們還沒走到一半，就已經一死一傷了，要是再走掉一個負責護送的，總共已經少掉三個人。往後的幾個星期，是不是還要少掉更多人呢？」

「可是看看我們學到的，要是我們運用那些見過的灌溉系統和耕具，想想我們可以增加多少農作物收成？現在我們知道上學受教育才能找到工作，這一來，我們不是更懂得怎麼去幫助兒女了？」

「旅行很不舒服，我們睡不好又吃不好。」同樣的觀點一再重複，最後是巴柏拉扭轉了這場爭辯：

「哪，這趟旅行的錢已經付了，我們是要不回來的，只能把它用在這趟旅行上。這是我們命中注定的事。如今我們少了唯一的領隊，這也是考驗我們的最好方法，現在我們得證明自己的能力了。我們都老了，這是在死前的最後一次表現機會。剛開始旅行的時候，我說過這是神經病才幹的事，我還是認為這很瘋狂，但我現在想要看到整個旅行完成。我想要知道我——巴柏拉，和烏瑪姐同村的莊稼漢，是不是個膽小男人，還是能夠吃苦受罪，去見識各種奇景，完成這場命中注定的奇怪旅行。我們大家應該向吉祥天女和辯才天女祈禱，然後繼續上路。」

「誰來當領隊？巴柏拉，你說你想知道誰是膽小鬼，我就是，所以我想知道誰來當領隊，誰來安排行程和電報，我侄兒就是被這些事情給累死的。」老戴本來應該是最可能的領隊人選，可是他這番聲明卻語出驚人。結果是尼爾瑪打破沉默。他用一肘撐起身子，講話語氣也少了平時常見的浮誇：

「蘇倫德拉可以做領隊，因為他什麼都看都學，而且不會忘掉，他也不怕麻煩。納倫也能帶領你們，因為他看得遠，而且知道是對的事情，就絕不動搖。黎娜可以領導你們，因為她比你們自己更了解你們，並會教你們認識那些新地方。到了必要的時刻，你們也可以互相帶領。你們必須繼續旅行下去，這是毫無疑問的事。」

「我們大家都同意繼續上路嗎？」

「我們上路。」

「沒有別的方法。」

「這是我們命中注定的。」

「錢白白浪費掉會很可惜。」

「誰陪尼爾瑪回去呢？」

「我負責，」班金很快回答說，「我實在太害怕繼續旅行下去，再說我可以讓我的老友安心。可是我們怎麼回去呢？」

「我不知道，等我們去問戴先生。」

「老戴，記得要問錢的事情。」

「我不打電話，蘇倫德拉會打，他不害怕電話。」

兩人去車站辦公室時，納倫與哈里斯昌德拉就帶著村民到「印度之門」觀光，然後再去科臘巴市場[5]。這些河畔村民見到海上那些蝶型漁舟，心裡不由得嚮往起他們的家鄉，那座河邊的小村子。

尼爾瑪搭機返家

「鐵路總局。」電話裡傳來很冷淡的回答。

「麻煩請接觀光局的戴先生，我是孟買火車站的站長，有急事要找戴先生，是跟烏瑪沈村子的村民有關。」

「請等一下。」接著就等了很久，後來站長被人叫走了，於是蘇倫德拉接過聽筒。

「喂，我是觀光局的戴先生。」

「戴先生，我是耕田的蘇倫德拉，烏瑪沈村來的。」

「是，蘇倫德拉，你幫我提過燈籠的，出了什麼事？我能幫得上忙嗎？」

「我們的阿信哥，阿信．穆克吉老師，昨晚因為肺炎死了，就在我們剛剛到了孟買之後。」

「喔！天哪！這可真糟糕。」

「就是。我們已經去過火葬河階，還帶了他的骨灰回來，準備帶回加爾各答交給阿信嫂。今天凌晨我跟她通過電話了，她說希望我們繼續完成旅行。我們也跟其他村民討論過了，他們也說決定旅行下去，但我們需要有錢買飯吃，需要知道未來的路線。尼爾瑪老頭因為摔跤，頭部割傷了，醫生說他一定要先回家，因為火車對他來說，晃得太厲害。班金說他會陪尼爾瑪回去，一路上照顧他。可是不搭火車的話，他們要怎麼回去呢？還有我要怎麼付旅費呢？」

「蘇倫德拉，現在還有誰在你旁邊？」

「老戴，他是阿信的叔叔，他在這裡，可是他很害怕講電話，先生，而且傷心得直哭，幫不上什麼忙，現在才好些。」

「還有沒有別人懂得閱讀和書寫的？」

「我現在會閱讀了，黎娜已經教會我。哈里斯昌德拉會寫字，但現在不在這裡。納倫帶大家去看海，還有看市場，免得大家只會坐著哭。」

「這很明智，蘇倫德拉，不過事情發生得太快，我得要有時間去做種種安排，然後回頭再跟你談。你去跟站長說，明天早上八點鐘，我會再打電話來，要他去叫你們來聽電話。」

「看手錶能知道什麼時候要來聽電話嗎？」

「當然，那當然。」

「那麼我就去買只手錶。要是我得負責趕這群牛下水的話，總要有樣東西來告訴我火車什麼時候開。」

「你有辦法的，蘇倫德拉。明天早上八點鐘我再跟你談。請告訴其他人，我也為阿信哀悼，他是個很好、又很有教養的人。」

「真的，戴先生，他也認為您是這樣的人。再見。」

接下來的那許多個小時裡，戴先生在鐵路總局以及德里一帶忙瘋了。翌日上午，他打電話到孟買時，蘇倫德拉已經坐在站長的辦公桌前，新手錶指著八點零三分。哈里斯昌德拉坐在他旁邊，已經準備好記事本和筆。老戴和黎娜蹲在後面，站長來回踱步，瞪眼看著這個奇怪的小組。

「喂，我是戴先生，請問蘇倫德拉在嗎？」

「我是蘇倫德拉，我的手錶說你晚了三分鐘，戴先生。」

「很好，你買了手錶了。哪，蘇倫德拉，有沒有人會把你說的話記下來？」

「哈里斯昌德會把我講的每個字都寫下來。」

「那麼，先講第一點。蘇倫德拉，你知道飛機是什麼嗎？」

「飛機？是不是那種金屬大鳥，人可以靠它從一個城市很快飛到另一個城市？」

「對，你們那位醫生朋友說，班金可以陪尼爾瑪坐飛機回到加爾各答。我們會傳話過去，請人在那裡接機。你得先到孟買機場去，幫他們各買一張飛往加爾各答的機票。你一定要告訴空中小姐，那是在飛機上負責照顧人的小姐，告訴她尼爾瑪的情況，請她幫尼爾瑪在飛機上安排一張床。你能做到嗎？」

「去幫尼爾瑪和班金買飛往加爾各答的機票。告訴空中小姐，一定要給尼爾瑪一張床，還有該怎麼照顧尼爾瑪。這很簡單，可是我要怎麼說服尼爾瑪，叫他坐上一架金屬大鳥呢？」

「蘇倫德拉，你拜託黎娜去說。」

「好，請黎娜去說。」然後他對黎娜投下驚訝與寬慰的一眼，要是戴先生看到的話，一定會大笑起來的。

「接下來說錢的事。你要到商業銀行大廈去，告訴經理你是誰，站長會陪同你去的。我已經發電報去給他們，叫他們付款給你們做旅費，等你們到了馬德拉斯之後，又會再領到下一筆錢。記得把老戴也一起帶去。」

「跟站長一起去商業銀行大廈，找銀行經理，向他拿你電報上所說的錢。」

「哪，明天你得坐下來，聽站長告訴你接下來的行程，並讓哈里斯昌德拉把你們應該在每個城鎮接頭的人名記下來。到時我會再從德里發電報去通知那些人。」

「明天站長會告訴我們路線，還有我們到那些地方要接頭的人。」

「很好。那麼，你還有沒有什麼問題？」

「有，有些車窗用木板封起來了，既不透光，也不太透風。」

「為什麼要封起來？」

「我們以為發生了火警，所以有些人打破車窗往外跳，尼爾瑪就是因為這樣，才割傷了頭部，還有很多人也破皮和瘀青。」

「我會叫站長找人把車窗玻璃換好。現在你們那位醫生朋友要跟你講話。」

「喂，蘇倫德拉，提著燈光的人。」

「您好，醫生大人，這個叫做電話的玩意，可真是了不起的神秘東西，對不對？」

「你聽我說，你們一定要保持尼爾瑪不能亂動。你得找輛計程車送他去機場。然後你要上金屬大鳥去，親自看著他們把小沙包放在頭邊，以固定頭部。」

「我已經想到他頭部不可以移動，所以用行李捆放在兩側固定住。現在他每天都會坐起來一次，並說只有感到一點點頭昏。現在他可以喝一點湯，吃一點凝乳，但還沒有能夠開始恢復祈禱，所以可能還是滿嚴重的。」

「蘇倫德拉，你向來就是這麼搞怪！」

「什麼意思？」

「沒什麼。你一定要囑咐班金小心，萬一在飛機上發現尼爾瑪有呼吸困難的現象，就要通知空中小姐供應氧氣給他。買機票時，要確定是孟買直飛加爾各答的。」

「要是尼爾瑪在金屬大鳥裡面透不過氣來，班金一定要向空中小姐要氧——氣；而我得要買直飛班機的票，中間不停站。」

「對，其他人情況怎麼樣？」

「很累，因為我們吃得不怎麼好。」

「叫你們那些女人再做頓大餐。」

「再好好大吃一頓，對我們大家都有好處。」

「阿米雅呢？」

「不怎麼好。她喃喃說都是因為她心生傲慢，所以為我們大家招來報應。尼爾瑪頭部插進玻璃而腦筋失常的時候，曾經罵她是巫婆。」

「他頭部插進了玻璃？」

「只是一小塊而已，我把它拿出來了，因為阿米雅的兩手不再像以前那樣穩定。其實這也只不過像是從水牛的身體裡取出東西。」

「你一定要好好照顧阿米雅，她以前很堅強的。」

「現在不是了。我想她已經見到了自己的命運。」

「我要走了，祝福你們大家。我現在把電話轉給戴先生。」

「蘇倫德拉，去叫那些女人買水果帶著上路。」

「她們需要有個人好好督促才行。我會跟她們講的。」

「現在你叫站長來聽電話。不管什麼時候，你想打電話來就打給我；還有，尼爾瑪一上路，你就發個電報通知我。」

「再見，戴先生。」

站長接過電話後，就講起印地語，速度很快，於是這幾個村民只多待了片刻，就走回車廂去了，然後在車上談論起該做的事情。蘇倫德拉外出到銀行去，黎娜花了整個早上跟尼爾瑪講飛機的事。起初他只是瞪眼看著黎娜，未幾，他就說：

「如果這是最快的方法，那我就去坐飛機，讓班金陪我。對我們兩個來說，最好的仙丹就是看到老家河上的渡船來接我們。」就在這時候，有個陌生人上到車廂裡來，用結結巴巴的孟加拉語告訴他們說，蘇倫德拉去過銀行之後，又到金屬大鳥的辦公室去了，稍後就會回來。其他村民從市場上回來時，對於市場上的所見所聞都很興奮。他們聽說了飛機的神奇故事，因此都想要去機場送尼爾瑪和班金。黎娜把女人家都找來，跟她們說一定要做頓大餐，為尼爾瑪送行。下午四點多鐘蘇倫德拉回來時，飯菜都做好了。他只略事逗留，告訴班金要把行李都收拾好，然後再去找納倫和哈里斯昌德拉，接著又趕到站長辦公室去。站長想要反對再打電話，但蘇倫德拉卻推開他，沒多久，電話裡就傳來戴先生的聲音。

「喂，戴先生，我是蘇倫德拉，我打電話是要告訴您，今天晚上尼爾瑪要上那隻大鳥。」

「今天晚上？」

「對。有一團遊客取消訂位，所以飛加爾各答的班機很空。空中小姐在設一張床，日落之後，我們大家都會去送他們上飛機。今晚九點鐘左右，能不能有人在加爾各答郊區機場接他們？」

「沒問題，蘇倫德拉，這實在太好了！」

「辦這些事情只花了三個鐘頭。在我手錶上看來只是很少的時間。」

「你拿到錢了嗎？」

「一切都很順利。我領了一半現金，另外一半寫在文件上，我只要在上面簽名，就可以在其他銀行兌現。」

「你懂得簽名？」

「我會簽了，說不定到了馬德拉斯的時候，我已經像哈里斯昌德拉一樣在寫旅遊紀事了。」

「到時候我可一點也不會感到意外。」

「戴先生，拜託找人在加爾各答照顧尼爾瑪，我得去參加我們的送行宴了。」

「再見。」

掛上電話後，蘇倫德拉馬上向站長解釋說，一個小時之內需要有輛巴士，好送大家去機場。他告訴納倫，一定要抬著尼爾瑪，這樣才不會讓他的頭部有機會移動，然後他把機票交給哈里斯昌德拉，要他看清楚機票內容，並記住上面的號碼。之後他們回去，很快吃了飯，就帶大家去坐巴士。尼爾瑪躺在地板上，聽其他人描述這個繁榮城市的景色，以及此時散步大道上的情景。到了機場，村民全都為之懾服。四面八方的龐大噪音籠罩住他們，後來他們才知道原來是有飛機降落。蘇倫德拉不願讓全體村民感到驚慌失措，於是堅持要八個男人抬著尼爾瑪，另外最少有六個女人幫忙拿行李，這樣一來，每個人都覺得自己有事做，由是形成了奇怪的隊伍，盡職地前進著。這個自製擔架，再加上這些憔悴老人，引來了航站裡許多旅客的目光。尼爾瑪這時倒為自己成為眾人的焦點，而感到挺開心的。蘇倫德拉找到了那家航空公司的櫃檯，納倫則去跟負責檢查機票的職員交談，這人看了機票之後，這才很驚訝地明白過來，原來乘客竟是那個仰躺在地面上咧嘴而笑的人。好幾名機場人員聚攏過來，想要表示抗議，但是一看那些村民的臉色，於是決定最安全的做法，還是趕快護送這兩名乘客到應該登機的飛機去。

村民在航站走道上漫步著，津津有味地看著這些奇怪景象，以及別人對他們的注意。等到他們見到飛機時，大家都靜了下來，班金摸出他的念珠，大聲唸起經來，尼爾瑪立刻叫他不要出聲。眨眼間，村民已經站在大玻璃窗前，蘇倫德拉和納倫以及兩個穿制服的機場人員，把尼爾瑪抬上了飛機，班金跟在後面，每走一步，就回過頭去瞥看著其他人。他們把尼爾瑪安放在床上，並找到安全帶，把他固定在位置上。尼爾瑪抗議說他們把他綁得太緊了，使他不能呼吸。班金坐在靠近尼爾瑪的窗邊座位上。蘇倫德拉把機票塞到班金手裡，向空服人員點點頭，表示他們已經到了。然後他和納倫摸摸尼爾瑪的腳，祝他一路平安。

「不對，應該是我祝你們一路平安才對。明天日落的時候，我就回到村裡了，你們還有很多路要走呢！願吉祥天女一路保佑你們。」兩個農夫走回通道，和其他村民會合，馬上就面對了連串發問：

「這隻大鳥裡面是什麼樣子？」

「有沒有給他一張像樣的輕便床？」

「為什麼它不會從半空中掉下來？」

「機票要多少錢？」

「為什麼它會這麼快？」

蘇倫德拉只能說：「地上鋪了很好的羊毛布，好讓人走在上面。」

他們看著機艙門關上，然後飛機慢慢離開了航站。他們聽到巨響，看到飛機在跑道上快速衝刺，然後飛向金色的黃昏。回到車廂的時候，車廂顯得又黑暗又空虛。黎娜燃起一根蠟燭，然後講了最羶腥的婚禮故事，於是那天晚上，大家都是捧腹大笑地去睡覺。蘇倫德拉在外面坐了很久，一支接一支地抽著土菸。

第二天早上，出發去觀光象島[6]巖窟之前，村民就先把衣服洗好了。對於三神一體[7]、靈迦圖騰，還有瑜伽神、滅道邪魔等，都讓他們訝嘆不已。回程時的海面很平靜，因此他們坐船坐得很愉快，還向其他朝聖者揮手。接著有輛巴士載著他們在市區內匆匆逛了一圈，然後便北行到乳牛場去，在那裡吃了冰淇淋，而且很驚訝於穀倉裡面竟然也塗上油漆。後來巴士開往坎賀立（Kanheri），去參觀那裡的巖窟，一路上哈里斯昌德拉又是忙著作筆記，把他們的取經心得記下來。村民欣賞了莊嚴的神像，聽了更多佛祖的故事，然而最高興的還是回到孟買時，見到海岸邊的夜景燈光，粲然如孟買的項鍊。第二天他們去參觀了帕西人[8]從前所建的沉默之塔（Towers of Silence），以及市內許多名勝。蘇倫德拉沒有去觀光，而是留在車站跟站長商談行程，安排事宜，即使村民回來之後，尖聲談論著所見所聞，他也沒有心情聆聽。他和納倫赤腳沿著海邊漫步，混跡在傍晚散步的有錢人之間，兩人無聲勝有聲，不覺得需要刻意交談，直到後來，見到有兩個外國青年蹲在街燈下賣東西。納倫看看他們，然後對蘇倫德拉說：

「這不就是那些外國人用的背囊嗎？」

「沒錯，他們把衣物和食物放在背囊裡面，兩手還可以空出來，旅行起來很方便。」

「我們去問問看他們肯不肯賣給我們。這樣一來，就可以把地圖和車票等等放在背囊裡面，比綁在披肩的一端要安全得多。」

「一點也沒錯，何況我們還有很長的路要走。」

納倫蹲在兩個青年身邊，蘇倫德拉則審視起那兩個背囊。過了一段時間之後，孟買公民圍聚在一起，看著這兩個邋遢的孟加拉農夫付錢給兩個年輕的外國學生，在村子裡，這筆錢相當於一場大請客的費用，或者一件新農具的價格。接著，蘇倫德拉和納倫幫忙對方揹上了背囊，然後回到車站去。他們對於這次買到的東西非常滿意，後來的行程中，這兩個背囊還插滿了一瓶瓶的水、雨傘、鋪蓋捲，以及誰都不願拿在手裡、可是大家都需要的東西，使兩人蔚為奇觀。

大清早，站長送來了一封電報，哈里斯昌德拉則慢慢唸出了內容：

平安到家。全體村民都好，也祝大家好。神鳥的聲音太吵了。尼爾瑪。

「真想不到，尼爾瑪會發電報。」

「他現在也算旅行過了。」

「他們都平安，這比那些信件要好得多。」

「電報是怎麼回事？」

每個人都拿那張紙研究一番，想到更多的疑問。不知不覺，天已大亮，火車汽笛響起，警告他們沒多久就要上路了。於是大家來個最後衝刺，提著便當盒去買飯，順便買水果上車，然後又匆忙去辭行道謝。大門鎖上，車門拉上，人數也數過了。蘇倫德拉靠著車廂的金屬車壁坐著，看著窗外車站的頂蓋逐漸消失，露出早上的天空以及孟買的建築物。

「來，蘇倫德拉，你得告訴我們接下來要去哪裡？會看到些什麼？你不能一個人再坐在外面。」

「我們要去奧蘭加巴德。哪，在東北邊。這裡有三張新地圖，傳過去給大家看。上面就是奧蘭加巴德。」

火車繼續前行。

【注釋】

1 拉其普特人（Rajput）：指印度北方專操軍職的人，自稱為古印度種姓制度剎帝利的後代。

2 耆那教（Jain）：紀元前六世紀在印度興起的二元論禁慾主義宗教。

3 久德浦（Jodhpur）：位於印度西北部拉賈斯坦邦。久德浦基本上是個荒蕪的地區，有時稱為馬爾瓦爾，意為「死亡之域」。首府是久德浦市。

4 阿罕默德市（Ahmedabad）：印度西部古加拉特邦商業中心和工業城市。古蹟有寺院、清真寺、古城堡及甘地的薩巴爾馬蒂隱居處。

5「印度之門」（Gateway of India）：孟買港口一座紀念門的名稱。科臘巴（Colaba），孟買乃由七個島嶼組成，科臘巴為其中之一。

6 象島（Elephanta）：靠近孟買的小島，其名源於葡萄牙文，幾百年前葡萄牙人占據此地時，在登陸之處發現象形巨石，因此為名。

7 三神一體（Trimurti）：印度教的三神一體，即創造之神梵天（Brahma）、保護之神毘濕奴（Vishnu），及毀滅之神濕婆（Siva）。

8 帕西人（Parsee）：西元八世紀為逃避回教徒迫害而自波斯移居印度的瑣羅亞斯德教徒。

第七章

從奧蘭加巴德車站出發

援救一個外國女孩

德干高原（Deccan）吹來的寒風，不斷穿進奧蘭加巴德車站黃褐色的走道裡，村民一面匆忙執行各自的分配工作，一面極力躲避這寒風。他們已經在旅行途中分派好工作，因此這時每個工作小組都分頭忙著採購食物、跟導遊面談，以及操持種種雜務。吃晚飯的時候，娣帕卡坐著看別人談論他們的經歷，私下覺得晚飯吃起來好像夾雜著飛沙。她把食物托盤推到一邊，心裡想著，不知村裡的人這時在做些什麼？可能還在對尼爾瑪疲勞轟炸地問很多問題，尼爾瑪實在需要休息。也許有人去接阿信嫂回到村裡，娣帕卡相信阿信嫂一定不願意獨自一人留在加爾各答。唉，阿信，阿信呀！如今再也沒有人陪這個老太婆唱歌了。娣帕卡抹抹眼睛，然後看著村民。

蘇倫德拉又恢復了常態，先是說說笑笑，拿別人尋開心，接著就沉默下來。而今大家都願意分工合作，他看起來也不像在孟買時那麼心煩了。納倫正跟黎娜說話，怪的是，他們在村裡時從來沒有像現在有這樣多話好講。納倫講話的時候，還一邊把玩著孫兒那隻小馬玩具，而當娣帕卡的眼光投向盧努時，則一面想著納倫：「他可真是個好爺爺。」盧努正在看著米圖捏一團黏土，臉上露出安詳的笑容。褐色的雙手帶著無限愛意，揉著那塊灰色東西，娣帕卡心想：這就跟我編輕便床的方式一樣。哈里斯昌德拉在唸他的歷史書，很多人正在聽有關埃洛拉和阿旃陀巖窟的種種傳說，因為他們會去那裡參觀。之後，娣帕卡看到阿米雅垂肩坐著，整個人像垮掉似的，面前那盤食物一點也沒有動過，阿瓏達悌正在力勸她吃飯，卻一點用也沒有。娣帕卡見到阿米雅的目光，集中在遠處車廂後方的某個點上，眼光傳達著娣帕卡所無法了解的嚴厲。她循著阿米雅的目光，轉過頭去看究竟是什麼吸引了阿米雅的注意，原來是旁邊月台上一對坐在鋪蓋上的外國青年。

他們都穿了庫塔裝[1]，兩人都長髮披肩，男孩正俯身傾聽著女孩。娣帕卡馬上看出那個女孩正在劇痛中，臉都因此變了形，眼角和嘴角也都浮現出灰色，且不時伸出舌頭，舔舔乾燥的嘴唇，就像一條蛇吐信般。娣帕卡認為那種閃閃縮縮的動作，其實是出於無力與恐懼。男孩讓開到一邊去，女孩則極力想找個舒服的位置，但在移動身體時，臉上不時因為疼痛而扭曲，一手移向身側。娣帕卡回頭看看阿米雅，卻見她已把視線轉而投向月台的水泥地，一手在骯髒的地面上亂畫著。對面傳來一陣喧嚷，使得娣帕卡再度轉過頭去，這回見到那個男孩正設法攙扶那個女孩走路，女孩卻因為疼痛而大叫，整個人一次又一次倒在男孩身上。娣帕卡走向阿米雅：

「阿米雅姐，那個女孩病了。你的醫藥箱裡有沒有什麼藥可以幫助她？」

「我又不是醫生。」

「她病了，大姐，而且你對治療很有一手。」

「她是外國人。」

「她跟你的孫女一樣年輕，你看她痛得臉色都變了。」阿米雅根本不抬眼。

「拜託，我們把醫藥箱拿出來，去他們那裡看看能幫得上什麼忙。」

「那是我的醫藥箱。」

「那是幫人醫病用的，不是用來當寶的。」

「這是我的醫藥箱，不是給外國人用的。」

「把醫藥箱給我，讓我看看有沒有辦法幫上忙。」

「不給，這是我的醫藥箱。你這個頭腦簡單的娣帕卡。」

「要是你肯來，你就能幫上忙。」

「治療是為眾神而做的，她一定要先去拜神上供才行。藥物不管用的，只有靠神明才行。」

說完，阿米雅就自顧上車廂裡去了，稍後，娣帕卡發現她躺在床上假寐。娣帕卡於是走回去，跟黎娜講這個女孩的事。這個講古人已經看到這對年輕人，因此也跟娣帕卡一樣，認為他們需要藥物治療。娣帕卡告訴黎娜有關阿米雅的反應，黎娜聽了眼神黯然，悶在心裡。哈里斯昌德拉插嘴說：

「我都聽到了，娣帕卡姐。我看我們應該馬上過去幫幫他們，我不知道能做些什麼，可是他們都還是孩子。那個男孩傻了眼似的看著女孩，又看看自己的行李，然後看看車站。女孩卻是什麼都不看。要是你們想去幫忙他們，我會跟你們一起去。」

「那就一起去，我們去看看該做什麼，雖然我希望他們之前有梳洗過，而且理過髮。」黎娜站起身來時，頗不屑地說。於是這個文書、講古人還有老奶奶三個，就走下他們這邊的月台，然後從旁邊的月台出來，走到那對相依的年輕人那裡。村民隔著鐵道，看著哈里斯昌德拉跟他們講話，奇怪為什麼講了這麼久，這三人才回到這邊的月台。

「怎麼樣了？他們怎麼說？」

「他們是從哪裡來的？」

「怎麼像乞丐一樣坐著，而沒有睡在旅館裡？」

「他為什麼不去找人來幫這個女孩？」

村民七嘴八舌地問著問題，黎娜正想趁機發揮一下講故事的本領，娣帕卡卻先開口了：

「她是因為肚子痛，連帶影響到兩條腿，頭部也突突作痛。她已經有四天沒有吃東西了，說是沒有辦法走到計程車站去。那個男孩子沒什麼用，所以也不懂得要催她試試，只說要是女孩不想動，他們就不動。他說有個醫生告訴他們，這女孩一定要去醫院動手術，因為她肚子裡有個地方發炎，但他說這樣一來，他們的行程就會完蛋了，所以他們等著看她會不會好轉一點。」

「要是她沒有好轉呢？」

「他說那只不過是個印度醫生，所以他不知道該不該聽那個醫生的話。」

「你們怎麼認為？」

「她肚子硬邦邦的，那個醫生的話可能是對的。她實在不該睡在石頭地面上，地面冷冰冰的，只會讓她身子更糟糕。」

「該做些什麼才是？」

「我們得叫站長找個醫生來。」

「首先，我們得把她挪到我們這裡的床位上，這樣一來，可以幫她擦洗，餵她喝茶，喝了茶她比較能安睡。」娣帕卡一說完，就已經做好心理準備，等著別人的強烈反對。

「帶個外國人到車廂裡面？」

「我們又不是醫生。」

「阿米雅都不肯理。」

「要是那個男孩什麼都不想做，難道我們就不能去動她嗎？」

「他們有錢，應該有辦法，他們可以付錢解決的。」

「他們那麼髒，我們才不要他們到車廂裡。」

「娣帕卡，說不定他們是吃了太多迷幻藥才病的。」

「你們看，她吐了，吐到自己身上的衣服。難道也要讓她吐在我們的鋪蓋上嗎？」

「她病了，年紀又跟我們的孫兒差不多，既然我們會幫自己的孫兒，現在我們也一定要去幫她。我們可以做個擔架，就像抬尼爾瑪的那個一樣，把她抬過鐵路到這邊來，這距離又不遠。她可以溫暖地躺著，等醫生來幫她看病。」娣帕卡站起身來，走進車廂裡，其他村民則在背後議論紛紛，講著她的堅決態度，還有她那嚇人的建議。

回來的時候，她帶了曾經用來抬阿信的毯子，然後只對納倫、米圖、蘇倫德拉、哈里斯昌德拉點頭示意，他們就毫不遲疑地跟著這個老太太走，娣帕卡吃力地走下煤渣地面，越過軌道之後，又上了另一個月台。黎娜跟著她，還一面嘖嘖稱奇，其他人則朝著車廂聚攏。娣帕卡並沒有怎麼費唇舌，就讓對方明白她要做什麼。沒多久，這女孩被兜在毯子裡抬起來，四個男人則輕輕把她吊下月台，然後再抬回他們這邊的月台上。很明顯她是生病了，年紀又輕，又充滿恐懼。這幾個人處理的方式，就像在照顧自家生病的小牛一樣，乾淨俐落；每個人都叨唸著安哄的語句，完全當作是在安撫家畜，或者自己的孫兒。男孩茫然地跟在後面，以致黎娜幾次要像趕牛似的點他，免得他倒在病得不輕的同伴身上。娣帕卡領著這隊人進到車廂裡，清掉了阿信床上的地圖和紙張，然後把女孩挪到床上，正當娣帕卡幫女孩蓋上毯子時，男孩已經倒頭睡在蘇倫德拉的床位上，黎娜都還來不及去燒茶。

「來呀！阿米雅，過來醫這個生病的孩子。」阿米雅站起身來，跟著黎娜走到隔壁這間隔間裡，娣帕卡以及哈里斯昌德拉都站在女孩床邊。這個治療者先是一呆，接著尖聲狂笑起來，這一來讓村民十分驚駭，比見到外國人出現在車廂裡更甚。最後阿米雅開口了：

「很好，讓外國人睡在壽床上，還有個村中憨婆跟寫信的人為她送終，看來神明很公正，我們就等著看一個外國遊客死掉，好彌補咱們死掉的一個人。」說完，她就轉身回到自己的床位，拉上毯子，緊緊抱住醫藥箱。

蘇倫德拉跟哈里斯昌德拉去找站長，很快就獲得站長的鼎力協助。其他村民悄悄上床去，一面害怕地偷眼瞄著阿米雅，不知道她會不會又口出惡言，為那一晚招來另一宗死亡。黎娜和娣帕卡幫女孩擦洗身子之後，又設法餵她喝了一杯茶，納倫和盧努則在一旁幫他們跑腿打雜。男孩睡得很死，很長的時間都沒動彈過。一大清早，醫生就來了，他快步踏上階梯，進到車廂，先檢查過女孩，然後大惑不解地瞪著車廂裡的住客看。沒多久，那幾個男人又把女孩抬下月台，這回男孩不但腦筋清醒，而且還心焦如焚，對於送上門來的援助感到驚詫不已。接著有輛奇怪的車子，載著這兩個外國人和醫生走了，站長管那輛車叫做救護車。事情就此告一段落。村民這才紛紛回到車廂裡，卻又聽說他們要趕快去搭巴士。納倫催促阿米雅趕快離開車廂，而當這個治療者疲乏地拖著腳步，經過娣帕卡的身邊時，竟然咬牙切齒地對她的老友說：

「你已經玷污了我們大家，因為你去拜那些異教神明，還跟外國人講話。你是個招來邪魔的人。」

娣帕卡停下了腳步，納倫一把將她拉到一邊去。

「不要理她，阿姨，她是因為阿信死掉而受驚，還沒有恢復過來。等我們去看過更多奇景之後，她會慢慢恢復正常的。」

「可是她是我朋友，卻說我邪惡。」

「你們女人家在村裡的時候，有多少次在水井旁邊沒事找事，大吼大叫，還扯對方頭髮的？」

「你說得沒錯，我們是太喜歡動不動就咒人。可是你看看她的眼神，納倫，我實在很害怕。」

納倫依言看了。後來上車之後，他還暗自慶幸能夠坐在看不到阿米雅的地方。一路上，大多數村民都在睡覺，倒是娣帕卡坐看得出神，等快要抵達阿旃陀時，她那身老骨頭才昏昏欲睡。突然，擴音器傳來很大聲的孟加拉語廣播，先是歡迎他們，然後向他們介紹阿旃陀奇景，這時才驚醒了她。米圖一聽到導遊向他們介紹稍後要去參觀的石窟壁畫，就開始坐立不安了；盧努兩眼發亮，流露出迫不及待的神色。導遊想講些有關佛陀的傳說故事給他們聽，卻落入沉悶乏味的細節，以致聽眾失去了興趣，黎娜看在眼裡笑呵呵。哈里斯昌德拉想像一個世紀以前，英國獵人爬上這裡而發現石窟的情景，不由得沾染了他們當時的興奮。這段想像的時光過去了，村民跟其他遊客一起走上那條漫長的土路，每一步都戰戰兢兢，不時伸頭瞻望馬蹄形的石窟，再看看下方的深淵。他們參觀了一個又一個石窟，興趣也愈來愈濃厚，因為這些色彩和動作所描繪的，簡直就跟他們的生活一模一樣。日落時，村民已經參觀完最後一處修道院，瞇眼仰望過石窟洞頂的飛天女神壁畫，彎腰拜過最後一尊石像，看過峽谷中的陰影，聽到了走在前面的下山隊伍所發出的喃喃細語，這才很自豪地結束了參觀。巴柏拉在一個紀念品攤販前駐足，從披肩上解下幾個硬幣，買了一本彩色翻版畫冊。阿瓏達悌則瞪大眼睛看他！

「你買這個做什麼？」

「給家裡那個丫頭看。」

「她哪會在乎這些畫？」

「她會在乎的，因為我們現在已經看過這些畫了。」說完就把畫冊插在腰帶上，並為自己這番奇特的奢侈露出微笑。

「哪，盧努，從前就有這樣的藝術家，能夠讓這些石窟流傳下來。你高不高興自己也是個藝術家呢？」

「只要能夠畫一幅像那樣生動的畫，對我這雙老手來說，都已經是最大的天賦了，老公。」

「讓我們趕上黎娜，跟她一起坐車回家。」

「回家？」

「是啊！回車廂去。」

「我也覺得那是家了，而且很樂意在烏瑪姐的遺像上掛上新鮮花環，感謝她讓我們有機會來看這些石窟。」娣帕卡轉過身來，對著他們上方的高山行禮告別。

「阿姨，原來是你在遺像上面掛花環的？」

「這是個禮拜儀式，因為我很感激能夠參加這趟朝聖之旅。」

「就算有時人家取笑你，你也不介意，是嗎？我的好阿姨。」

「對，即使人家笑我也沒關係，我本來就頭腦簡單，只要我們心裡知道自己做的是對的，就算被人說成邪魔外道，又有什麼關係？」

「我們之中，就屬你最像個聖人了。」

「不要拿我尋開心，我很累，可是聖人應該能超越這種累的感覺。我只想倒頭大睡。」

「好哇！現在輪到她拿那些偉大的人物開玩笑了。」

「你就說個故事逗逗大家吧！黎娜。」

回到火車站的路程總共有六十哩，然而在黎娜歷歷如繪的敘述下，時間卻過得很快。就在他們走上月台時，哈里斯昌德拉對她說：

「你講了很多故事，都是以前沒有在村子裡講過的，這些故事是從哪裡知道的？」

「你想要知道我的秘密？」

「是啊！大娘，我認為應該把這些傳說故事寫下來，將來我們走了以後，還可以留給後代子孫。」

「這我同意，我會把故事告訴你；那些新的傳說故事，都是出自我在孟買和德里買的故事書。每次我們經過一個地區，我都盡量去買一本當地的故事書。不過這點挺困難的，因為印成孟加拉文的很少。」

「我來幫你唸英文的故事書，然後你把自己編的故事講給我聽，由我來寫。」

「就這麼說定，哈里斯昌德拉，不過我想在這趟旅行結束之前，恐怕我是無法又教人讀書，又告訴你那些古老的傳說故事。」

她是我們的客人！

第二天是在奧蘭加巴德度過的，村民觀光了一家製造廠，還有從前一位回教統治者所興建的花園，花園裡面有座墓塚，葬的是一位回教聖人，無奈娣帕卡要去獻花時，守衛卻趕她走。這位老婦只是嘆口氣，然後把花擺在一道瀑布旁邊。

當晚，村民正在車廂內睡覺時，旁邊鐵軌上駛來的機動車卻把他們給吵醒了。他們拉開窗簾往外看，只見車站燈火通明，月台上盡是你推我擠的乘客，人人都帶了行李，爭先恐後，唯恐火車會開動。跑在前面的人極力想搶在其他人之前，衝到最後一節三等車廂。沒多久，火車之間已經是一片混亂人海，群眾亂抓、尖聲大叫，往前擠卻又被擠回來。火車的車門仍然關著，因為鐵路局職員無法擠過去打開車門。村民探身窗外，見到有個鐵路局職員帶著一個高大的外國女孩，逐漸擠過狂亂的人潮。女孩奮力提著一個手提箱，每當手提箱夾在人群中，群眾就往前擠向職員和女孩之間，一面大嚷著沒有位子了。於是職員便會奮力擠回女孩身邊，引導她往前。最後，他們終於擠到村民的車廂對面，也就是另一列三等車廂的車門前。村民見到那列車並沒有階梯可上，每個乘客都得抓住頭頂上方的扶手，然後飛身縱躍幾呎的高度。火車盡頭處開始傳來車門砰然拉開的響聲，村民可以見到那些你推我擠的群眾，正紛紛爬上最後兩節車廂。然後他們見到鐵路局職員設法退回到月台上，那個外國人則孤零零地站在三等車廂關上的車門前。這時車門開了，於是女孩把手提箱舉到頭頂，跟火車門的高度齊平。群眾則開始大嚷，蜂擁而上。有那麼一刻，一切似乎驟然靜止，接著就有人大喊：

「那個外國人動作太慢了。」群眾往前一擠，女孩被推倒在火車下面，從村民眼前失去了蹤影。蜂擁的人潮並未因此停下來，反而湧上車廂，雖然村民對著他們大喊，要他們把女孩從火車底下拉出來，但卻沒有人聽到。娣帕卡、盧努、阿瓏達悌和烏瑪都急哭了，黎娜、蘇倫德拉、巴柏拉不住嘴地咒罵，老戴用拳頭捶打車廂車壁，並對著群眾尖叫，阿米雅則在狂笑。

突然出現了一個年輕人，擋住了門口，跳下車去把女孩拉上來，就像抱著體重很輕的小孩似地把她放在車廂的高階上，然後自己也上到她旁邊。村民見到這女孩因為地面的煤渣而瘀傷累累，衣服也刮破了，腳上一只涼鞋不見了，頭髮本來像個女學生一樣紮了辮子，這時也蓬亂鬆開。這人把女孩推進車廂裡，轉身站在車門口，對著群眾大喊。

「他說什麼？」

「他說什麼？」

杰德夫很努力地把聽到的印地語翻譯出來：

「他說，要大家想想看，值不值得為了一張三等火車票，就害死一個大老遠來學習我國文化的學生。他說火車上位子應該足夠的，要不然站長就會再加另一列車廂。他說他們比水牛還要笨，比母牛還鈍，比野狗還要自私。他說他唾棄他們，說他以前以身為印度人為榮，現在他覺得很丟臉。他說他也不認識這個女孩，但他感到這女孩就像自己的姊妹，需要保護她不受可惡的群眾欺負。」

年輕人從車廂上跳下去，然後群眾又開始上車，這時卻是慢慢來了。那個外國女孩被擠得變形的手提箱，也不知從哪裡冒了出來，而被人傳進車廂。接著，月台上又恢復了空盪。有幾家人聚在車窗旁。老戴則呼叫那個年輕人，於是他邁步走過來，村民見到他依然很生氣的樣子。納倫結結巴巴地用英語問：

「那個女孩平安嗎？」

「沒事，她坐在女客隔間裡哭了一下。我把門鎖上了，好讓她可以清清身上的瘀傷，現在他們也把手提箱交給她了，所以她可以換換衣服。」

「這女孩是什麼人？」

「我不知道。站長說她是念印度歷史的學生，從英國來的，站長接到鐵路總局的指示要照顧她，因為她是個女孩，又獨自一人旅行。」

「你救了她一命，老天保佑你。」這個年輕人走掉了。

「鐵路總局交代他們要照顧她。」

「她飄洋過海來念我們的歷史。」

「他說以前以自己身為印度人為榮，現在卻感到丟臉。」

「有些人並不是遊客，而是被派到印度來見識一番，就像我們一樣。」

村民繼續談論著，過了一段時間，黎娜提了一大壺茶上車，於是大家就坐在車窗旁，等著看另一列火車開出。哈里斯昌德拉問一個車站職員那火車何時開出，結果是一個多鐘頭之後。

「所以搶著上車是很沒意義的事，因為還要等一個多鐘頭，而且大家全都有位子。」

後來是烏瑪留意到老戴下了車，走過月台到另一列火車那裡，她把其他人叫到車窗旁，觀察這個老人要開溜到哪裡去，只見他沿著鐵軌，慢慢摸索前進到某列車廂的活動遮板處。他停下腳步，側耳細聽，然後這老人伸長了身子，拍打著遮板。過了一會兒，金屬鐵閘捲起，村民見到窗內出現了那個外國女孩的臉孔。老戴又再伸長了身子，把他那杯茶遞給了這女孩。然後雙手合十，鞠了個躬，那個外國人也回敬他一鞠躬。金屬鐵閘放下了。老戴回到車廂裡，一邊擦著眼鏡，一邊沿著水泥地趿拉著拖鞋走回來。

「你為什麼要這樣做？」

「這下子你沒有茶杯可以喝茶了。」

「你算老幾？還送東西給有錢的外國人！他們可是有錢飄洋過海來這裡呢！」

「你們統統都住嘴。她來我們的國家，是我們的客人。」老戴轉過身背對大家，然後窩在床上睡覺去了，沒多久就鼾聲大作。於是其他人不再嘀咕他的怪異行徑，也紛紛去睡了。他們並沒有見到那列火車駛出車站，但翌日上午，有人卻發現鐵軌旁邊有一只壓爛的涼鞋，於是指給其他村民看。

搭巴士的小插曲

等到村民沐浴盥洗完畢，站長過來跟他們打招呼，並且向蘇倫德拉和老戴道歉，因為原本應該載他們去埃洛拉的巴士，被另一個團體包去了。站長只會重複說，真可惜他們見不到這處名勝中的名勝了。蘇倫德拉問有沒有班次固定的巴士，專跑短程旅途的？

「有，從市集廣場開出。」

「那我們就坐那巴士去。」

「你們人數太多了，而且又沒有車票。」

「那再說。」

蘇倫德拉叮囑大家緊緊跟著他，然後就走出了車站，朝著站長指點的方向走去。四面八方的擴音器傳來了電影音樂，音量極大，跟車輛混成了一片噪音，更加上商人叫賣聲和工廠汽笛聲。來到廣場上，只見停著一排排的巴士，每輛都聚了一群蹲著的人、雞隻、行李、山羊，還有牙牙學語的幼兒。蘇倫德拉找到了售票處，於是走上前去跟售票員說：

「去埃洛拉石窟的車票。」他身後的村民聽見他講英語，都噗哧而笑。

「幾張？」

「四十二張。」蘇倫德拉說。他在櫃檯上的紙上寫下了數字，很自豪地在眾目睽睽之下拿筆寫字。但售票員一下子失去冷靜，開始用蘇倫德拉聽不懂的語言講起話來，而且速度很快。蘇倫德拉等到滔滔不絕的他稍微歇口時，這才又重複說：

「四十二張去埃洛拉石窟的車票。」

「四十二個去不成的。沒有位子。巴士很小。」這人努力想表明他的重點。但蘇倫德拉只是咧著嘴笑。

「再加開一輛巴士。人很多就兩部車。」有個人走到售票員身後，他們兩個扯大嗓門吵了很久，然後售票員又轉過頭來，對蘇倫德拉說：

「沒有位子。沒有巴士。」

此時，忽然有個矮小男人擠上前來，把他推到一邊，這人身上掛了幾部相機，直衝到售票窗口前面，並要求說：

「我要買十張下一班前往埃洛拉石窟的車票，快點！」

「幾張？」

「十張。快點！」

「為什麼要十張？」

「我還有員工，所以要十張。我是德里一家旅行社派來的攝影師，專程來拍攝石窟，所以需要挑夫幫我扛器材。快點，下一班巴士的車票。」這個矮小男人邊搖頭，邊用一枚硬幣在櫃檯面上敲著。售票員對著裡面辦公室的上級大喊，然後砰然拉下捲閘，讓那個矮小男人和蘇倫德拉吃了閉門羹。這人開始狠命地捶著捲閘，還一面大喊大叫。蘇倫德拉卻燃起了一支土菸，靜觀其變。蹲在後方的村民則看著熙來攘往的廣場。等蘇倫德拉抽完第三支土菸，這個攝影師也掏出了一條濕透的手帕抹著腦袋，不斷向每個人解釋石窟的光線變化對攝影師來說有多重要，捲閘又拉起了。售票員雖然有點緊張不安的樣子，卻難掩勝利之色，他喊著說：「兩班前往埃洛拉石窟的巴士。」蘇倫德拉站起身來，去買了四十二張車票，攝影師則面帶不耐、怒氣、好笑且兼大開眼界的表情，瞠目看著這個莊稼漢像個生意人似的買車票。過沒多久，他們全都擠在兩班巴士上，車上還有雞和照相機。蘇倫德拉和杰德夫坐在車頂上，還有兩個少年也跟他們一起，照管捆在行李上的一隻山羊。車子花了一小時穿過棉花田，之後就開始上山，每次大轉彎時，山羊就咩咩叫，因為兩個少年把牠抓得很緊，後來巴士轟然煞住，於是村民紛紛湧下了車，還一面為搭乘這公共巴士興奮得笑呵呵。蘇倫德拉跟兩名司機講好，傍晚時兩班車都會來載他們回去。那些遊客已經開始往山上的石窟攀爬，但蘇倫德拉卻樂得先伸伸腰，並脫掉腳上的鞋子。接著他在山坡上跟老戴會合。

鋪位被占

那天晚上，村民回到車站要找他們的臥鋪時，卻發現一片大亂。蘇倫德拉本來正赤腳沿著支軌走著，忽聽得查票員對著村民大喊，結果他們都被趕去跟其他乘客在一起，人潮經過警衛，你推我擠，爭先恐後，就跟之前見過的情景一樣。等到終於上到他們的車廂裡，眾人更是一陣驚惶。老戴正在數人頭，其中一個隔間卻被一位穆斯林太太給霸占了，還加上她妹妹、一大家子人，以及一個孤零零卻有錢的寡婦。村民的行李捆被扔到黎娜的吊床上，鋪蓋推到了地板上，這些外人不但拒絕回答，就連村民軟硬兼施，無論大聲懇求或輕責，她們都來個相應不理。這時查票員來了，並加入爭吵，他告訴村民去找位子坐下，因為還有空的鋪位，如果他們再不安靜下來的話，他就去叫警衛來。火車猛然一陣搖晃，接著便在嘶嘶聲中駛出了車站。村民毫無提防，措手不及，大家東倒西歪地撞在別人身上。沒多久，其他人都離開了那個被強占的隔間，車廂裡到處可聽到嘀咕抗議，只除了黎娜。老戴去叫蘇倫德拉來對付這些外人時，蘇倫德拉早就睡了，老戴只好搖頭，回到隔間門前。哪知那些婦女馬上叫他走開，還做出很多侮辱人的手勢。黎娜已經爬上了她的吊床，坐在行李捆之間，重新攤開鋪蓋。最後連她也告訴老戴說，反正是拿這些人沒有辦法了，還不如回去睡吧。但爭執和糾紛已經開啟了。納倫拉上毯子蒙住頭，杰德夫大聲怒斥。有幾個人睡著了，但多數村民都不時在過道上躡手躡腳去偷看這些外人，又問黎娜是否平安無事。有的村民對著這些外人吼叫，結果卻遭到對方的回罵，說他們吵醒了嬰兒。村民走開時，對這些外人以及她們的放肆，都滿懷著憤怒。

那個穆斯林太太高頭大馬，黑色絲絨長袍也遮掩不住身上一團團的肥肉，渾身珠光寶氣，連腳趾也戴了趾環，塗了指甲油。坐在旁邊的女人則比她略為年輕，但也跟她一樣高大，同樣穿了絲絨長袍。另外有七個小孩，或蹲或臥在她們的身邊，以及上方的鋪位，甜食弄得他們一身黏答答的，還散發著香水的氣味。有個幼兒想要挨著媽媽的大腿，卻被推開了，後來在一個姊姊的小膝蓋上找到了安身之處。兩個女人邊講話邊吃水果，果皮隨手扔到地板上，混著孩子們亂吐的甜食渣。她們對面的寡婦在鋪位上鋪了一床毯子，然後躺下，蓋上另一條同樣厚的毯子。兩個女人伸手去摸摸毯子的料子，卻挨了一巴掌，遭到那個寡婦用她們的語言罵了一頓。寡婦穿了一身白色紗麗裝，卻是用進口尼龍料製成的，手臂上的金環隨著每個動作而叮噹作響。她頭髮灰白，卻剪燙過。就在兩個女人講話的當兒，她不停翻著一些婦女雜誌，這些雜誌都擺在她身邊一個包住的行李上面。每隔不久，她就隨口吐檳榔汁，於是才一會兒工夫，靠近隔間門口的地方就積了一灘紅汁。有個孩子從睡夢中醒來，被大人叫去過道盡頭處的廁所，結果他回來哭哭啼啼著說，廁所排管堵住了，穢物淹了一地。那個母親二話不說，馬上脫下他褲子，讓他對著那灘檳榔汁撒了泡尿。然後七個小孩一個接一個起了身，統統照樣方便過。於是隔間裡混合著尿臭與香水味，嗆鼻得很。黎娜厲聲抗議，對方卻叫她安靜，因為那個幼兒正在哭，而且在吐。黎娜只好躺回行李捆。

接連好幾個鐘頭裡，似乎總少不了有個孩子在哭，或者在暈車，寡婦和那個妹妹也在嘔吐。到最後好不容易大家都睡著了，只有那個幼兒沒睡，於是黎娜悄悄爬下來，把這個哭鬧不安的孩子舉到她的吊床上，接著就輕輕唱起催眠曲，在村裡的時候，她的催眠曲曾經安哄過所有的小孩，結果這個小娃娃就窩在她衰老的身體上睡著了。當盧努起身看她的阿姨時，就見到這一老一小這樣睡著了，兩人都熟睡得張開了嘴，呼吸深沉。灰髮腦袋靠著一個行李捆，小娃娃則睡在細瘦的臂彎裡。吊床隨著車身律動而搖擺著，於是盧努關上隔間的門，回到她自己的鋪位上。天亮時，那個穆斯林媽媽醒來，看不見小寶寶，於是驚惶地叫著孩子。富孀指指上面睡著的那一對，這時她們都露出了微笑，沒有去驚醒這一老一小。於是她們再度睡去，直到早上的溫度使隔間內的氣味變得奇臭難忍，她們這才打開了隔間的門以及車窗。

等到村民來到隔間，想要問黎娜情況如何，都因為臭氣沖天而裹足不前。那位穆斯林太太很慷慨地分了很多東西給黎娜當早餐，她吃得津津有味，因為她很少有機會這樣大快朵頤。吃完之後，她滿心愉快地舔淨每根手指。及至太陽高掛天空，火車停靠在一個小站時，黎娜便下車找了一個掃地人上來。那些女人驚駭莫名，因為黎娜竟然帶個掃地人進來隔間，看她們的隱私，但那個掃地人連眼皮也不抬，只顧低頭把地板上的污穢清洗乾淨。黎娜又叫掃地人帶著消毒藥水，去把廁所打掃乾淨，她認為消毒藥水氣味雖然不好聞，卻是很有效的除臭法。她後來去跟盧努和納倫碰面，他們不但殷勤奉茶，還問了她一大堆關於那些陌生人的問題：

「她們怎麼會這麼有錢，又這麼骯髒呀？」

「洗澡又不用花錢，有錢人怎見得就會比窮人更清潔呢？」

「可是她們把吃的東西放在地板上，小孩還在上面撒尿和嘔吐，弄髒了食物。」

「我們旅行的時候，還不是也曾經把吃的東西扔在巴士地板上？公共廁所排管堵死了，怎麼還能用？」

「阿姨，你還吃她們的東西。」

「你倒說說哪件事情更危險？是吃她們的東西，還是抱著一個吵鬧的小娃娃，哄他睡著為止？」

「你還去抱她們的小孩？」

「她是有抱，我看到了。是那個最小的嬰兒，一直不肯睡，還是黎娜把他哄睡的。」

「你是不是用了阿米雅醫藥箱裡的安眠藥呀？」

「傻瓜，當你還是個沒牙的胖娃兒，就是靠唱歌才能哄你睡的。」

「那寡婦是做什麼的？」

「你有沒有看到她的髮型和臂環？手指上還有染黃的痕跡。」

「她有那種外國女人的圖畫書，書上的女人露腿的。要是她能看這種東西，當然也能受得了這種臭味。」

「她們為什麼要霸占我們的車廂？其他車廂裡有空位啊！這個車廂是烏瑪姐幫我們安排的。」

「有什麼標誌可以表明這一點呢？」

「這倒是真的，是沒有什麼標誌。」

「有烏瑪姐的遺照還不夠嗎？」

他們轉過頭去，看著車廂盡頭的遺像。環繞遺照的花環已經枯萎了，乾枯的花瓣落在香爐之間。娣帕卡默默無言地起身走過去，拿掉了花環，清除了花瓣。她為自己的疏忽感到慚愧。娣帕卡的舉動使其他人想到了自己的份內工作，於是大家靜靜地分頭去做事。最後，黎娜講起故事來。那個隔間裡的小孩先是猶疑了一會兒，但很快就都跑過來，搶坐在黎娜面前的地板上。他們的舉動感動了黎娜，因為她知道孩子們聽不懂她的話。說故事時，黎娜一會兒像孔雀般趾高氣揚、大搖大擺，一會兒又像條蛇般扭著身子，講到王子就表演發號施令的威風，一會兒又像是高級名妓般地賣弄風騷。等到故事講完時，六個孩子已經分別窩在六個寂寞老奶奶的懷中，享受著這些老人私藏的甜食。等到查票員過來，大聲叫他們準備在海德拉巴站下車，大家都嚇了一跳。巴柏拉疑神疑鬼地站在一邊，看著那些陌生人收拾，以防他們自己那一點小小的家當可能會失蹤，而擺進了這些陌生人的行李。富孀把自己的手提箱遞給他，巴柏拉明白對方把自己當成了腳夫，於是馬上鬆手讓它掉到地上。富孀大為光火，想要破口大罵，因為箱子一側刮出了一道痕跡，可是巴柏拉卻走開了。於是寡婦尖聲怒斥，轉而去罵她的鄰人，指控孩子們弄花了箱子。孩子的母親極力護著他們。到了車站，這幾個陌生人離開時都臭著一張臉，甚至連小孩看來也像是又不舒服了。這些孟加拉村民看見很多人來接這些陌生人，還有個年輕人過來和那個孤零零的寡婦握手，並接過她的箱子。

「那人一定是她兒子。」

「他為什麼不摸摸她的腳呢？」

「有錢人不這樣做的。」

「外國人也不這樣做。」

「外國人見到父母時，要怎麼打招呼呢？」

「握手。」

「可能有錢人也只有那些有錢人才這樣做。」

「為什麼那些女人把頭髮剪得跟男人一樣？」

「說不定她們是在哀悼期中，也有可能剛朝完聖回來。」

「他們不哀悼的，即使是在德里的遊客，也是穿得很鮮豔，留著短頭髮。」

「說不定他們在哀悼期間穿得很鮮豔的。」

阿米雅瘋了？

「你們大家都別再出聲了，我們都別再講外國人的事。難道那些人污染車廂，還有那些要死的小孩，這些都還不夠嗎？」面對阿米雅的怒氣，村民都退避三舍。她一直縮在角落裡，講完之後又縮了回去，根本就無視於車站的存在，娣帕卡極力勸她跟大家一起去參觀這城市，她也相應不理。娣帕卡跟納倫講了這情況，然後就跟著大家出去了。於是納倫跳上了車廂，來到阿米雅對面坐下：

「阿姨，我們要出去逛逛，你想不想一起去？」

「他們在講外國人，還有那些骯髒的回教徒。」

「阿姨，那你想要我們講些什麼呢？」接著是很長的沉默，納倫耐心地等著。兩行清淚逐漸從阿米雅的臉頰上緩緩滑落，納倫並沒有把視線轉開，依然不動聲色。最後，當車廂外面沉寂下來，不再聽到人聲，而車站的隆隆火車聲也成為寂靜中可接受的一部分時，阿米雅終於開口了：

「講我們的村子。」

「阿姨，關於村子的什麼？」又是一陣沉默。

「我想要記起村裡的全貌，可是卻做不到。村子裡的情景不斷淡去，而這些新的地方卻一直湧進腦子裡。」

「你想要記起什麼？」

「平常小事。在這個季節裡，早上我起來的時候，那條河是什麼樣子。我的書收在哪裡。我孫子臨死前喜歡聽的是哪些故事。這些統統不見了，我一點都想不起來。」這個老婦哭了起來，並搖晃著身子。納倫站起身來，然後又坐下，接著又站起來，看著車站的忙碌活動。

「你走吧！跟大家一起走吧！讓我一個人留在這裡。」

「不，不好讓你一個人留在這裡。」

「我不想要跟其他人一起。」

「你可要原諒我講的話，我不是黎娜。」

「她吃陌生人給的東西。」阿米雅朝他咬牙切齒地說，然而納倫繼續說下去：

「可是我也想念村子。有時我們走在那些城市裡硬邦邦的大街上時，我的兩條腿就告訴我說，我是個傻瓜，因為我的兩腳其實屬於濕泥地。我的兩腳沒有作痛已經是很久以前的事了，而且我們也太久沒有看到綠色了。」

「這裡就只有一種綠，是那些高大樹木的深綠色。」

「我喜歡的是秧苗的嫩綠色，還有天亮時被灰色迷霧籠罩的老茅草，那時候看起來也是綠色的。」

「下午大家睡午覺的時候，茅草最好看。那時候是金色的，顏色很深，沿著河岸邊起伏，就像河裡的波浪一樣。」

「我喜歡下完雨後的茅草氣味，還有傍晚從田裡回家的路上，聞到燒乾牛糞的味道，那種溫暖、帶有塵土的氣息。但是現在我最想念的是孫子，他常常用手指跟我的交錯，學著抓住犁具。等我們回去時，他一定長大很多，說不定連我都忘了。」阿米雅看著這個向來沉默寡言的高個男人。然後她開口了：

「納倫，我寫了封信給我孫女，要她參加申請加爾各答大專院校獎學金的考試。我自己做不成醫生，希望她能做醫生，所以我寫信給我兒子，跟他說，只要他們肯讓她去試試，我願意把剩下來的嫁妝，幫孫女支付她在加爾各答的房租。我們後來在齋浦爾碰到的那個女子，還想要插手管她的命運。但是神明卻讓我看到，醫術對於阿信的死，一點幫助也沒有。我已經很努力要扭轉命運。納倫，要是我沒辦法再回到村裡，能不能幫我看著孫女，要是她想要的話，請讓她有個機會去試試？我以前一直渴望做到，如今她繼承了我的血統，說不定可以做到的。不過話說回來，這可能也是個愚蠢又邪惡的念頭，說不定我現在正害她去作夢，就像我以前夢想過的一樣。我說不上來。」說著，阿米雅又哭了。這回納倫伸出手，去握住她的手：

「阿姨，這並不愚蠢。但說自己不會再看到村子，這就是傻話了。走吧！趁著天色還沒暗，我們一起出去走走，看看這個城市會讓我們想到小時候的什麼事。」納倫把阿米雅拉起來，兩人慢慢走出車廂，走出車站，走進了海德拉巴的市區。起初阿米雅躊躇不前，但是納倫挽著她的手臂，這個走起路來一向抬頭挺胸的人，此時卻靠在他的身上。

他們走在林蔭大道的人潮裡，有時看看水果蔬菜，有時納倫則指著一個正在玩拉花繩[2]，或者正要扔籌碼的小孩。他們踏上了通往四塔清真寺[3]的散步大道，這是一條市中心的通衢，很有歷史紀念性。納倫曉得，此時人潮洶湧是因為到了禮拜的時間，周圍那些人都是要去清真寺的回教徒。他問阿米雅：

「這股奇怪的味道是什麼？我聞到辣味和食物的氣味，可是還夾雜著別的味道。」

「有濕羊毛的味道，還有染料味、麝香味、玫瑰花、茉莉花的味道，以及髮油味。」他們停下腳步，極力想辨認出各種氣味的來源。除此之外，還有一股很濃厚的人體味道：汗水味、肥皂味、菸草味、臭腳丫的氣味。他們傾聽著市聲，逐漸從中分辨出個人的聲音。計程車撩是鬥非的喇叭聲，以及腳踏車的鈴聲，不時穿插在這些聲音之中，但通常聽到的則是尖銳的哨子聲，推車茶水小販的鈴鐺聲，用烏爾都語[4]彼此對罵的聲音，餐館裡傳出的人語聲，以及金屬餐具的碰撞聲，到處都聽得到清脆的首飾叮噹聲，包括手鐲、腳鍊，還有婦女佩戴的小銀鈴。有些婦女穿著罩頭長袍裝，裹得很嚴密，大多數則穿得像火車上見到的那幾個回教婦女：比較貼身的絲絨長袍，裡面是寬鬆長褲，繡花拖鞋，頭上披著蕾絲披肩。納倫和阿米雅身不由己地被人潮帶著走。頭頂上方掛著各式地毯、繡金床罩、紗麗裝、衣料，以及更多的地毯。到處都可見到小販在賣五顏六色的糖水、香氣撲鼻的茶水、香辣豆子等等。納倫心血來潮，遞出一個小額硬幣，換來紙筒裝的豆子，他遞給阿米雅，阿米雅猶疑了一下，結果還是讓他請了。豆子味道很好，於是他們邊走邊吃。沒多久就來到一座龐大建築物前面，此地的人潮太過洶湧，以致無法通過。於是納倫帶阿米雅轉過身，往另一條街上走去。

「那是什麼？」

「我想是清真寺，現在是做日落昏禮的時候。」

「那些都是穆斯林？」

「我想大概是。」

「哎！」阿米雅又驚又怒，開始盲目地沿街衝著群眾跑過去。轉眼間，納倫就找不到她了，於是拚命踮起腳尖，想從一片人頭的上方見到她。這裡的人一般都很高，納倫根本看不到她。他奮力從人群中擠過去，但每走一步，就被湧向清真寺和大拱門的人潮倒扯回去。他安慰自己，想著阿米雅面對這樣的人潮衝擊，應該不可能走得比他更快，可是他又不免擔心，阿米雅會不會回過頭來找他，導致兩人因此錯過了？於是他停下腳步，就在猶疑之間，有個男人扯扯他的衣袖，指著街道的遠處。納倫聽不懂他說什麼，但卻聽到他說「孟加拉人」，於是便向這人鞠個躬，匆忙往前走去。結果見到阿米雅茫然地靠在一家商店外牆上，眼中流露出恐懼。納倫馬上走到她面前，但她臉上的恐懼表情並未立即消失，直到後來他們沿著一條河邊行走時才褪去。通常都是納倫在講話，評論著景色，而阿米雅卻保持沉默。他們在河岸上坐下休息，看著水天在夜色中逐漸化為一體。阿米雅把頭擱在膝蓋上搖晃著。納倫費了很大的勁，才讓她站起身來。接著他們又開始了夢魘般的夜行，走回車站。阿米雅拉上披肩，遮住頭和臉，根本就不願意看她走在哪裡。納倫既要照顧心煩意亂的阿米雅，又要顧著自己認路。及至終於見到車站前面一排排停靠的巴士時，納倫已經因為這趟差事而心力交瘁，阿米雅則每走一步都搖搖晃晃的。盧努、娣帕卡、老戴、杰德夫正蹲在車站門口，兩個女人見狀，立刻上前扶著阿米雅回到車廂去。納倫一言不發，老戴卻發脾氣了：

「納倫，你不能就這樣溜掉，太危險了，我們都很擔心，實在很受不了這種滋味。」

「你們去了哪裡？」杰德夫說。

「阿米雅是不是病了？」老戴問道。

問題一個接一個，不過他們終於還是回到了車廂裡。納倫見到水龍頭下有一桶水，於是就舉起水桶，把頭浸在水中，他才剛清洗乾淨，盧努就托著一盤食物出現了。當納倫快吃完時，突然抬頭對盧努說：

「你是不是在等著吃飯？」

「是的，不過你先吃完再說，你餓了。」

「不，你吃。」納倫把托盤遞過去，盧努就把剩下的吃光了，雖然份量不足以果腹。納倫去端茶來給盧努，然後兩人就坐在黑暗中。娣帕卡和黎娜下車來問他們。

「阿米雅是不是病了？她只喝了茶就睡著了。像個哭了很久的小孩那樣呼吸著。她已經有很多天沒有好好睡過覺了。」

「出了什麼事？你有沒有找到她心煩的原因？」

「她累了。我在清真寺附近的人群裡與她失散。睡覺對她有好處。我們也去休息吧！」

「你也去看了清真寺？你有沒有看到外面在賣的那些地毯和衣料？我從來沒有見過這樣的色彩，或者嗅過跟這城市一樣的氣味。」黎娜跟納倫聊天的時候，很仔細地看著他的臉色，知道他不會再提阿米雅的事情。她跟娣帕卡回到車廂上，老戴也站起身來，準備上床睡覺：

「納倫，明天你一定要跟我們待在一起。」

「蘇倫德拉在哪裡？」

「哎，大概溜去跟那些小乞丐賭錢了，要不就是去抽菸或散步，我不知道。他帶我們大家回到這裡吃過飯後，就說要出去清靜清靜，遠離這些婦道人家的閒聊。」

「老戴，別怪他，他就跟我一樣，是個農夫，不喜歡扛起全村的重任。」

「犁具難道不認得犁溝嗎？你會不會彎下你的老骨頭？（編按：此二句意謂一個人知道自己的能力所在而認份。）這是娣帕卡跟我講的話。唉，為什麼阿信要接下這個責任？」老戴逕自走回車廂裡。

「老婆，我們去走走。你會不會因為久等而太累了？」

「我不累，我們去走走。」

他們默默地沿著旁軌往前走，一直走到遠離夜晚的市聲為止。納倫停下腳步，盧努則等著他開口。盧努試探性地問道：

「老公，你到底在煩什麼？你並沒有把阿米雅的事情全部講出來。」

「她說她不會再回到村子了；說她很努力地回想村裡的情景，但就是想不起來，可是當我跟她講的時候，她都還記得。她要我們幫忙看著她孫女能有機會到加爾各答去念大學。她已經寫好交代，她留下來的嫁妝都要給孫女做費用。」

盧努吃驚得倒抽一口冷氣。

「她現在的心裡很恐懼，因為自己之前曾想要扭轉命運，結果現在遭報應了。我想她是認為，救阿信失敗就等於她的人生失敗。她一定是有病，我實在是搞不懂。」

「該怎麼辦？」

「我們一定要看緊她，但千萬不要讓其他人知道，不然會搞得人心惶惶的。他們都還記得尼爾瑪曾經罵她是巫婆。」

「老公，你不害怕嗎？」

「不怕，我只是感到非常難過。」

「你累了，我們回去吧！」

「過一會兒再回去，蘇倫德拉說得對，我們是需要清靜一下，避開那些人的閒聊。」

「老公，你現在比以前在村裡的時候話多。」

「你在笑我了，不過這話倒是真的。要講的話比以前多了。」

「那倒不見得。」

「你會不會喜歡一個多話的老伴呢？」

「我說不上來。」

兩人笑了起來，充滿濃情蜜意，並蓋著披肩睡著了。深夜時分，蘇倫德拉沿著小徑走回來時，差點絆倒他們。

「喂，你們兩個，別躲在這裡，我這個耕田的很可能會被你們絆倒而摔斷脖子。趁你們著涼之前趕快起來，順便帶我這老骨頭回到咱們的鐵屋子去。」

「蘇倫德拉，你倒是從你那幾條牛學了不少，你的兩腳真是大！」盧努邊笑邊站起身來，他們一起走回去。納倫停下腳步說：

「蘇倫德拉，你身上有魚腥味。」

「你一直都沒開口，我還以為你已經忘了魚腥味呢！哪，你們看！」他舉起了一串小魚，另外兩個人目瞪口呆。

「沒錯，真的是魚，我從河裡釣來的。河裡還有別的魚，所以一定很好吃。明天早飯我們可以大吃一頓。」

「你沒有魚網，怎麼抓到魚的？」

「這裡的人用鉤子，還有細線和竿子。我買了三個鉤子和三條線，同時用來釣魚，別人還覺得我貪心呢！」蘇倫德拉哈哈笑起來，可是快要走到鐵路調車廠時，他們都默不作聲了。

「老弟，你有帶阿米雅出去逛逛這城市嗎？」

「有。」

「蘇倫德拉，他說我們一定要看緊她，因為她可能有點發瘋了。」

「可是我說過——」

「應該讓蘇倫德拉知道。」

「盧努講得沒錯，要是牛群裡有一隻要發瘋，就應該警告所有的牧牛人注意，雖然以後睡起覺來，恐怕就沒那麼安心了。」

「不如想想你的魚好了。」

「說的也是。」三人說著就進了車站，回到車廂的床上。黎娜看著他們進來，心中暗想：

「這兩個永遠都像是新婚似的，現在連孫子都大得可以幫忙耕田了。」她打量四周，見到娣帕卡正鼾聲大作，阿米雅也在酣睡中。

「好好睡上這一覺之後，她會好多了。」黎娜點點頭，然後也睡了。

墳墓是種紀念

黎明時刻，大夥正在半睡半醒之際，娣帕卡聽到阿米雅喃喃地說：

「我聞到烹魚的味道。」

「沒有，大姐，村裡才有魚，這裡沒有。繼續睡吧！」

「可是我真的聞到魚味。」

「怎麼可能？我們離河海都很遠的。」

「那你醒醒，告訴我這是煮什麼東西的味道？」

「喔！老天，我聞到魚味。」

黎娜用最快速度爬下吊床，衝到車廂外面。阿米雅則搶在她之前。車廂上的村民全都騷動起身，大聲嚷著同樣的話：

「魚！魚在哪裡？是誰在煮魚？」

阿米雅見到蘇倫德拉俯身在火堆上，一旁擺了好幾個大鍋。當這些女人衝到他面前時，他正兀自邊罵邊笑，然後很開心地抬頭看著她們。

「這下子我可有幫手了。我已經把昨晚的冷飯溫熱了，現在還有魚，我只放了兩條到鍋裡煮，因為我不知道你們要怎麼個煮法。」

「唉！男人家，讓到一邊去吧！總共有幾條魚？你從哪裡弄來的？」

「昨晚用魚鉤釣到的。總共有十七條，我們每個人都能吃到一點。」

「趕快，叫其他人快點！」阿米雅和黎娜馬上接手過來，村民迫不及待地圍觀著這頓大餐的烹煮過程。

「去把托盤拿出來。」

「把調味香料盒拿來。」

「別擋了火堆。」

「大家準備好，我們要趁熱吃。」

「黎娜，別讓那條魚燒焦了。」

食物引起的興奮讓很多人都沒想到，此時又是阿米雅在指揮大局了，而且是眼睛炯炯有神的阿米雅。等大家都開始吃起來之後，巴柏拉追問蘇倫德拉：「我們會不會去參觀尼札姆[5]家族的宅邸？人家說他是全印度最有錢的人。」

「我想他們不會讓遊客進到他的住宅。我們會去參觀其他古老的王宮宅邸。」回答的卻是老戴，因為蘇倫德拉正專心顧著眼前的食物。

「巴柏拉，眼前有魚可以吃的時候，你怎麼還會去想黃金？」

「哎，蘇倫德拉，這可真是我吃過最棒的東西了，你是農民和漁夫之中最該受祝福的人。」杰德夫愉快地往後一坐，開始剔起牙來。

「聽說我們要去博物館。」米圖羞怯地說。

「只要你答應到時不會躲在裡面不肯出來。」陶匠沒理會這個笑話，逕自去取了本子和筆來。納倫轉過頭去要找盧努，卻見盧努已經跟著米圖走開了。娣帕卡負責收拾托盤。洗盤子時，她和烏瑪唱起歌來，其他女人也加入合唱，阿瓏達悌唱得荒腔走板，聲音卻比其他人都大。當他們往巴士走去時，蘇倫德拉告訴阿米雅怎麼捕到魚的。村民經過一座座大宅和官方建築，聽著導遊低沉單調的聲音從旁介紹。他們很欣賞戈爾康達城堡[6]，而且知道這裡是舉行鑽石交易會的地方。導遊帶他們去參觀統治過德干半島的帝王陵寢，但很多村民一見到那些小清真寺和宣禮塔林立的清冷小巷，就裹足不前，因為那是富貴者的葬身之處。至於烏瑪、杰德夫、哈里斯昌德拉和米圖等其他人則是大感興趣，於是緊跟著導遊經過花園，參觀了一座又一座墳墓。後來他們出來跟等在外面的一小群人會合時，烏瑪對阿瓏達悌說：

「你真該去看看。他們甚至為遺體裝飾了很多雕刻和圖畫。真難想像有人會花這麼多功夫在一個埋葬的地方。」

「難道你不怕鬼嗎？」

「什麼鬼？」

「這些未火化者的鬼魂。這地方很不好。」

「你真傻。這裡根本就沒有鬼，穆斯林是不相信火葬的。」

「你在村裡也是不怕鬼的。但我可以感覺到鬼魂存在。」

「他們為什麼不相信火葬？」

「他們認為死掉的人會帶著同樣的身體到某個地方去，會在那裡永遠享有好米跟豐收。」導遊回應說。

「你是說，儘管歷經諸神的生生世世，他們還是認為每個人都應該永遠待在同一具身體裡面？」

「不，他們不相信有很多神明和大千世界的，他們相信只有一個真神和我們這個世界。」

「即使是這樣，就拿這個世界的全部時間來說，人還要繼續待在同一具身體裡面嗎？」

「他們是這樣認為，不過以後便不會再有生病和衰老的情形出現。」

「老天！這多可怕呀！」

「為什麼可怕？」

「你想想看，永遠都是同一個樣子。難道你不想要有改變嗎？我想改變。那樣實在太可怕了，他們應該火化死者，把靈魂從老朽的身體裡釋放出來。」

「阿姨，你會想要怎麼改變自己？」

「別傻了，我又不是神明，哪有資格講。」

「假如繼續做娣帕卡，那有什麼可怕的呢？」

「說不定她來生並不想要做娣帕卡。」

「喔，頭腦簡單沒關係，不過說不定我可以不用這麼胖嘟嘟的。」大家笑得眼淚都流出來了，甚至連阿米雅都得停步抱住娣帕卡，才能止住大笑。

「說不定神明就喜歡你這樣子，因為你讓家人都感到很快樂自豪。我這麼瘦，卻沒做到這點。」

米圖咧嘴笑說。

「你在拿小事尋我開心。我還是認為，永遠都是一個樣子的話，實在是很可怕的事。我倒寧可認為，每次死去的時候，其實是另一個重新的開始。」

「那不是重新開始，而是靈魂從導師的話裡學習。」

「這我知道，不過隨著靈魂不斷學習，我們也有機會可以活得更慈悲。我們不是注定永遠停留在愚蠢和自私的階段裡，這就像小孩長大懂事之後，也能學會做人不要愚蠢、自私。」

「我懂，娣帕卡，」巴柏拉插嘴說，「你認為我們的人生，就像這趟烏瑪姐賜與的朝聖之旅一樣，是一份禮物，好讓我們能夠再學習，向神明證明我們的價值。可是穆斯林就只有一次機會，而且這個機會也只能靠一個神來決定。」

「對，這就是我想講的意思。」

「那你是對的，我們的方式比較好。不過我也喜歡那些墳墓，因為它是種紀念，我們的死亡就沒有這種紀念，一旦火化了死去的人，他們就完全消失了，我們把死者剩下來的一切統統送掉，什麼也不留下來。我倒挺喜歡這些墳墓，告訴我們以前有過那些偉人。你們不記得阿克巴大帝墳墓的奇景嗎？」

「這我也喜歡，巴柏拉。」老戴說。「不過事情要從兩面來看。你想要靈魂藉著每次死亡，而能夠有機會學習，可是你又想要有個墳墓，來提醒我們每一世的生命。要這樣的話，我想墳墓恐怕會太多了吧？」

「不，我們只用墳墓紀念好人，譬如像阿信那樣的人。我們不用什麼人都紀念。」

「這樣一來，很快就會像所有的事情一樣，有錢人才有得紀念，窮人就沒有。」黎娜說。

「我們能不能夠替阿信留個紀念，但不用建墳墓呢？你能不能做一個？」娣帕卡對米圖說。

「是啊！米圖，等我們回到村裡之後，你可以代表我們大家幫阿信塑個像，放到廟裡，這樣一來，我們每次去廟裡拜神的時候，就可以見到它了。」

「這個計畫很好。」

「米圖，你要把他塑成在加爾各答時候的模樣，不要塑他生病的樣子。」

「要塑一個很大的，免得我們要進到廟裡才看得到。」

「蘇倫德拉，難道你連進廟裡去看塑像也嫌費事？」

「我不知道我能不能夠做個可以長存的紀念像。泥塑的東西是每次雨季之後都要重做的。」

「那麼你就得採用硬石，或者大理石了。」杰德夫對著石頭踢了一下，結果痛得跳腳。來到四塔清真寺附近的某座清真寺前面時，導遊叫他們下車，可是村民一見到洶湧的人潮就害怕了。阿米雅想要留在車上，司機卻催她下車。她渾身打著哆嗦，盧努則走上前去挽著她：

「來，阿姨，我們一定得要去看看娣帕卡講的對不對，看看回教徒是不是真的醜得沒法永世都保持一個樣。」

「我沒這樣說。」

「不過這倒是不假。」阿米雅打趣著說。清真寺不讓村民進去，於是導遊就領著他們去花園。村民鬆了一口氣，邊走邊問起導遊連串的問題：

「你是從孟加拉邦哪個地方來的？」

「北部地區。」

「你怎麼會來這裡？」

「我進了鐵路局工作。鐵路總局總傳話過來，說你們要來，於是上面就給了我公假，來幫你們做導遊。」

「你有家人在這裡嗎？」

「我老婆和四個孩子都在這裡。」

「哎，他真好命，聽到沒？他有四個兒子，四個都活著。」

「你喜歡住在這裡，還是想回孟加拉去？」

「孟加拉是我的心靈家鄉，可是這裡的日子好過，有工作，又有房子給我家人住，吃得也好。不過現在有暴動和麻煩事，所以恐怕我們的好運不能持久了。」

「為什麼會有暴動？」

「老百姓為了語言而爭執，還有為了我們是不是該脫離印度獨立而爭鬥。」

「從我祖父那一代開始，加爾各答就鬧暴動，這其實也沒什麼大不了的。」老戴把問題輕輕帶過。

「你這樣認為嗎？這裡可是慘痛得多，馬德拉斯以南的情況就更糟了。恐怕麻煩是少不了的。」

「你認為有什麼方法可以解決？」

「跟解決所有問題的方法一樣，要靠教育。」

「教育怎麼可能是解決一切問題的方法？」

「你們一路上一定見識過很多了。我們一定要設法教育下一代的年輕人，心中存有印度這個國家，而且如果一個地方的村民打起來的話，每個地方的村民都會跟著遭殃。」

「可是我們還沒見過豐收對任何人有幫助，只除了肥了有錢人。」

「我兒子也這樣說，我不知道，不過我認為教育必然是我們的希望。我希望兒子成為鑽水井的人，可以為這裡的沙漠帶來水。」

「萬一水井壞了，誰來修理？」

「當然是由村民來修理，所以每個人都應該上學。要是我們都受過教育，我們就不會害怕，也不用總是把票投給有錢人。我們自然懂得要投給誠實正直的人。」

「什麼樣誠實正直的人會願意成為政府的部分呢？」

「要是大家都受過教育，說不定有部分人會認為值得一試的。」

「你還沒有解釋暴動的事，部分原因難道不是宗教引起的嗎？」

「也是，也不是。不是因為哪一方所信的神明才是對的，而是因為誰才更有權利來治理，還有語言問題，沒錯，宗教上的差異也是問題的部分。」

「你說南部情況更嚴重，為什麼？」

「因為那裡還牽扯到語言問題。」

「什麼語言問題？」

「那些講同一種語言的人，都希望擁有自己的邦，而且只使用那種語言。」

「哎，這可真是沒腦筋。印度最顯著的地方，就是我們有很多種語言。哎，這可真是無聊。」

杰德夫聽了導遊的解說大感驚駭，因而沒有留意到他們正要越過一處大廣場，走向火車站。導遊對老戴說：

「你是村裡的領導人嗎？」

「不是。」

「那你是這趟朝聖的領隊？」

「不是，我們的領隊在孟買去世了，現在大家分攤職務。」

「我得要提醒你小心，火車站這一帶有很多有組織的小偷，你們一定要把帶著的錢藏好，在市區裡走動時，不要帶太多錢在身上。」

「車廂上也不安全嗎？」

「不安全，我希望你能提醒其他人小心。」

「好，我一定會這樣做的。」

他們很提防地走過了廣場。烏瑪領著幾個女人到車站廚房，看他們的伙食準備好了沒有。哪知廚房裡冷冷清清的，見不到員工，只有一個上了年紀的腳夫出現，他解釋說員工都罷工了。那天晚上，村民滿懷著鮮魚的美夢上床。

倉皇離開

第二天早上，在巴士上時，導遊極力催他們當晚就前往邦加羅爾（Bangalore）。

「我們得去一趟市場，因為什麼吃的都沒有。」

「不行，現在大學裡有一場音樂會。」

「是什麼樣的音樂會？」

「有兩個歌手，一男一女，很不錯的音樂會，他們唱的是伊斯蘭教的怨曲、情歌（ghazal）。」

村民狐疑地跟著導遊，勉為其難地進了禮堂。哀傷的情歌旋律使許多觀眾感動得淚眼盈眶，但老戴卻睡著了。巴柏拉更是坐不住，因此當音樂會舉行到中途時，他便擠過其他觀眾的跟前，經過那些惱怒的學生，終於找到了門口。一個小時之後，村民在那裡見到半睡半醒的他。

「不用說，這對我是有好處的，不過我還是情願隨便哪一天聽黎娜講故事。」杰德夫伸伸腰說。

「不要因為這種美很奇特就嘲弄它，人家帶我們來這裡，是禮遇我們。」

「唉，我的頭也被禮遇得作痛了。我是個單純的人，下次還是把我留在老家，跟那些家畜在一起好了。」

「從前那些統治者是不是也有這類的歌手？」

「對，還有詩人。有很多的比賽，而且每天都演奏音樂。」

「那我很慶幸自己是個窮人。」

「他們為什麼老是要把愛情變成很哀怨的東西？」

「可是那些歌曲真的很動聽，全印度到處都有人在唱。」

「見鬼了！」

有一群人去了市場，其他等候的人就唱起他們的捕魚和收成歌曲，煞是生動活潑。買菜的人回來時，他們精神都很好，一路揶揄調侃地走回車站。可是卻沒有時間大吃一頓，鐵路局的人把他們匆匆趕上車，甚至不讓老戴有機會發表致謝詞。村民都還沒來得及把行李收好，火車就嘶嘶響起，猛然開動出發了。

「這是怎麼回事？」

「等查票員來了，我們再問他。」

「別把凝乳給灑了，把它裝進鍋子裡。」

「別坐在香蕉上面。」

「先讓我把豆子放下來。」

「有沒有茶？」

「沒有，一點都沒有。」

「自從吃了蘇倫德拉的魚之後，就沒喝過茶、嚼過檳榔、吃過東西，簡直就像度荒年。」

「噓，別亂講，這是不好的兆頭。」

「打翻鹽才更嚴重。」

「離我的行李捆遠一點，我腳痛。」

「把你的行李捆挪到另一邊去。」

「來，米圖，來畫這些鬥氣的人。他們可以成為你村子景象畫裡的第一批角色。」

「米圖是不是要畫我們的村子呀？」

「米圖，先畫我家的院落，我們家人一向待你不錯的。」

「不，叫他先畫村廟，這才重要。」

「他一定要把村中央的水井和那些樹畫出來。」

「這是什麼？他在畫什麼？」

「我知道了，這是那條河，這些是村裡的樹木。這些又是什麼東西？」

「船哪！傻瓜。你看不出這些船正要渡河往村子去？」

有很長一段時間村民擠在一起，看著米圖描繪出一幅又一幅的村中景色。雖然沒有人察覺阿米雅何時過來的，但她也坐在米圖肘邊，看著他畫每一筆。後來米圖累了，於是對盧努說：

「你好不好去拿你的粉彩筆來？我的手要抽筋了。」

「在大家面前？」

「盧努也會畫畫？」

「誰想得到啊？」

「來，盧努，畫給這些女人看，畫那些米圖沒見到的。」

「對，畫我們的廚房，還有我們搗米的情景。」

盧努走回她的隔間裡，納倫跟在後面，取出粉彩筆遞給她：

「你就為阿米雅，還有那些飽受寂寞之苦的人畫吧！」

「可是他們會笑我的。」

「不會，他們會很驚訝原來你會畫畫。」

「你希望我畫嗎？」

「是的。」

「那我就為了順從你去做好了。」盧努沿著過道走回去，納倫看出她因為生氣又害怕，而僵直著身子。她先畫出幾道往上的線條，然後又畫出起伏的曲線，納倫根本看不出她在畫什麼。可是坐在盧努旁邊的人卻叫了起來：

「這是娣帕卡家的院落，只有她家的茅草屋頂才是彎曲的。」

「噓。」

村民在安靜的氣氛中，看著盧努畫出了院落、煮飯火堆、牆上曬的牛糞塊、有隻雞用爪扒著，此外還有幾個鍋子，最後畫出了蹲在火堆面前的女人身影。盧努沒有米圖畫得快，然而村民卻盯著這幅畫發出訝嘆：

「畫得好逼真。」

「你看，連娣帕卡去年畫的圖案也畫出來了。」

「娣帕卡，你看，這是你家。」

「這是魔術嗎？」

「才不，是我們看著盧努畫出來的。」

「你再畫女人家去汲水的情景。」

盧努盡可能畫了很長的時間，米圖和納倫坐在她後面，既自豪又很專心地看著。阿米雅根本就不肯離開她旁邊，只顧看著顏色逐漸成形，村子浮現在眼前。最後盧努畫得手都痛了，於是闔上筆盒。那本畫簿在每個人手上傳來傳去，幾個鐘頭的旅途就這樣飛快過去。天剛黑時，查票員就來了。

「為什麼要我們走得這麼匆忙呢？」

「有些暴徒說，要趁夜車經過的時候炸掉橋梁，所以我們這班車就提早開出了。我想警察已經抓到那些暴徒了。」

「情況都是這麼嚴重嗎？」

「每天都有人放火燒毀東西。你們應該跟隔壁車廂裡那幾個女孩談談，她們要去南部投靠一位姑媽。多年前，她們的父親因為保衛自己的村子而遇害，這麼多年來，他那守寡的老婆一直保護著村子的安全。如今這幾個女兒在大學裡受到恐嚇，所以她把她們送走。」

「這是不是像從前那種冤冤相報的世仇呢？」

「如果所用的手段都是暴力和恐怖，那麼世仇和政治襲擊，兩者又有什麼分別呢？要是暴徒和警察都殺害並且襲擊村民，那他們又有什麼不同呢？」

「警察也攻擊人嗎？」

「那當然。他們分不清誰是暴徒，因此所有的人都被揍。」

「你們想不想要有個比較強硬的政府？」

「更強硬？打更多人？不必了。這樣一來，除了晚上更加人心惶惶之外，還有什麼好處？如果是由比較好的人來組成比較強的政府，是的，我們想，可是要怎麼做到呢？」

「我們導遊說要靠教育。」

「他說的可能有道理，但是老百姓都怕送孩子上學，老師也受到攻擊，而且失蹤。我很憎恨這種恐懼感，我們這種自我毀滅的方式，簡直就比兄弟鬩牆還要惡劣。」

「那麼你認為我們應該要改變這種情形？」

「當然，印度是個只屬於窮人的國家，有錢人不算數的，他們才不在乎呢！那些殺人者是因為擁有權力，但反過來說，他們也會被想奪權的人殺掉。只有那些為了米糧而長期辛勞的人，才能改變這個情況。」

「窮人怎麼能夠改變富人呢？」

「我不知道，去問神吧！讓神明告訴我們命運如何。」查票員很不屑地說，然後就走掉了。

邦加羅爾

清晨的邦加羅爾以陽光和清爽迎接他們，村民被帶到城外，去看一位年輕的聖人，據說是某位偉大神明投胎轉世的。結果他們見到的卻是個笑容燦爛的男孩，使村民倉皇不及向他鞠躬致敬。第二天，他們前往西部和北部，去參觀哈勒比和貝魯爾的巴洛克式神廟，儘管後者比前者更為富麗堂皇，然而哈勒比卻較能引起村民的共鳴，因為那裡有過年的裝飾，包括新鮮的綠葉，以及走道裡正逐漸乾硬的新塑泥圖案。神廟裡有個守衛走過來，並用英語招呼他們：

「你們從哪裡來的？」

「孟加拉邦。」

「我不知道它在哪裡。」

「加爾各答。」

「我不知道這地方。」

「在東部海岸區。」

「我不知道那裡。」

「那裡有貝那拉斯，還有恆河源流。」

「我還是不知道。」

「他居然不知道恆河，也不知道瓦拉納西（Varanasi）。」

「請問，你們到底是從哪裡來的？」

「德里，印度的首都。」

「啊—啊！德里，那是濕婆神住的地方。」這個人滿臉困惑地看著他們，因為濕婆神既偉大又富有，具有各種威力，但這些人卻風塵僕僕、老弱不堪，跟他一樣是窮人。

「那不是濕婆神住的地方，而是印度政府所在地。」

「德里，沒錯，我聽過魔術盒傳出的聲音，那是濕婆神住的地方。」

「不對，那是收音機，講話的都是凡人，不是神明。」

「有個這種會講話的盒子，可真是了不得的魔術。我有個親戚開了一家飲料店，他就有這樣一個魔術盒。我聽過神明的聲音。」

「我們也聽過這種盒子傳出的聲音，那些都是凡人的聲音。德里不是濕婆神的家，濕婆神住在喜馬拉雅山，我們也見過那裡。」

「如果那些不是神明的聲音，那它們怎麼會從空氣進到盒子裡的？」

「我不知道，可是我可以告訴你，那些是凡人的聲音。」

「看吧！你也不知道，那我為什麼要相信你有見過濕婆神的家？你跟我說他們不是魔術盒裡的神明，我可是上過學的人，會講英語，我知道的。德里是濕婆神住的地方，你們這麼窮，不可能是從那裡來的。」

「你也許會講英語，不過你是個笨蛋。德里根本不是濕婆神住的地方，德里是印度政府的所在。」

「印度是什麼？」

「印度是我們的國家。」

「也許是你的國家，可是我的國家是邁所，這點我很清楚，喔！一點沒錯！」

「不對，你的國家是印度，邁所只不過是印度的一小部分。」

「這才真是蠢話，邁所一邊通到海邊，另一邊通到山上，那裡就是世界的盡頭了。那些出發的人都不回來的，除非是鬼迷心竅，像我有個親戚的兒子就娶了一個黃頭髮的老婆回來，哎！嚇得我們尖叫。後來他們又走了。我親戚的兒子是不會回來了，他已經被迷了心竅。」

「你是個傻子，邁所根本就不是整個世界。先是你的村子，然後是邁所，之後還有印度的其他部分，全部合起來才是印度。除了印度以外，還有像波斯等地方，從前印度有很多帝王都是從那裡來的，還有女王統治的英國。有些國家跟我們隔了大海。世界盡頭並不在邁所。」

「你們不是英國人？」

「不是，我們已經跟你講過，我們是從孟加拉邦來的，那裡也是印度的一部分。」

「你講話真像是打謎語。我真希望英國人從他們走掉的地方，再回到邁所來。」

「為什麼你會這樣希望？」

「因為英國人不設禁令，現在我們有禁令，所以我希望英國人回來。」

「你真是個怪人。」

有個警察來到神廟區，並跟他們打招呼，因此打斷了談話。他們聽不懂警察的話。守衛跟警察講了很久，村民則努力摸清到底他跟警察講他們些什麼。然後警察咧嘴笑了：

「你們從孟加拉邦來的？」他用結結巴巴的孟加拉語對他們說。

「你怎麼會講我們的語言啊？」

「很久以前，我在加爾各答當過學生。」

「老天，全印度的人都在加爾各答念過書。」

「我在那裡的時候也是這樣想。」

「你們這裡的守衛說，不但沒有印度，而且德里是濕婆神住的地方。」

「這裡的人是這樣認為的。」

「他從哪裡學來的英語？」

「他小時候從貿易商那裡學來的。由於這裡有很多遊客，所以他常有機會講。」

「警察先生，請問這塊土地是靠什麼發財？我是習慣稻田和水的人。這裡的土地這麼硬，怎麼耕作呢？」

「你看到我們的傷心處了。這土地本來不應該是你們現在所見的樣子，無奈已經好幾年沒下雨了，即使有時候下雨，雨量也非常少。從前這裡的土地是綠油油又鬆軟軟的，現在則是每粒穀子農夫都要跟神明拚了老命才種得出來。」

「難道沒有河流嗎？」

「從前是大河，現在成了小河。沒有了水，農夫就發火，然後就會有鬥毆出現。如果有一個人築了水渠，其他人就會說，他們的水被這人奪了。接著就產生鬥毆了。」

「只有打架嗎？」

「有些人遇害，如今小孩也很少了。」

「為什麼小孩會很少？」

「小孩在成長的時候，做母親的太瘦弱，結果嬰兒出生沒多久就夭折了。又或者活了幾年，但因為不下雨，沒有東西喝，所以也跟著老的一起死了。」

巴柏拉問：「你們的村民難道不另外存一點穀米用來播種？這樣才可以再種新的。」

「誰有辦法防賊來偷，或者防螞蟻搬走呢？我和我的助手嗎？這不成，我老婆得活下來，萬一我去打強盜，我家人一定會餓死的。寡婦帶著孩子，在這裡是一條活路都沒有。」

「你難道沒有辦法找到協助嗎？」

「到處都半斤八兩，只有山上好一點，那裡住了山胞和外國聖人，但是過了山區，情況就更糟了。你們要去南部嗎？」

「對，先到邁所，再越過山區，去看印度的盡頭。」

「那麼你們就會看到我說的了。你們怎麼去呢？」

「我們有輛特別火車。」

「沒有火車通往山後的南部地區。」

「我們有一節專用車廂，不然怎麼旅行呢？」

「你們怎麼來到這裡的？」

「坐巴士。」

「那應該會有巴士載你們去南部。」

「我們的火車怎麼辦？」

「我不知道。哪，你們的巴士來了，看那掀起的灰塵！今天沒有別的車子會來這裡了。」

村民匆匆忙忙把吃剩的東西收拾好，然後招呼那輛車子。司機衝著他們講了一堆話，速度很快，可是他們聽不懂，於是警察幫忙翻譯：

「他說你們的火車停在邁所，但是你們要回去在那裡卸下行李，然後坐巴士繼續行程。火車會開到馬德拉斯去，在那裡跟你們會合。」

「我們一定要帶著所有的行李嗎？」

「難道你們想要把它們留給土匪？」

「我們什麼時候會到邁所？」

「他會載你們去，明天早上到。」

「謝謝你，再見。」

「願你們一路平安回到加爾各答。」

「祝你們風調雨順。」

「這就要靠吉祥天女的祝福了。」

黎娜是最後一個上車的。

「黎娜，你又在嘀咕咒罵什麼？」

「你不喜歡巴士嗎？」

「有沒有故事要講？」

「別吵，我是在跟自己說，我千里迢迢離開家鄉，來到這個一無是處的沙漠地區，我在盤算自己這輩子有多幸運。」

「哦，原來如此，不過這是因為你已經見過濕婆神住的德里。」

他們離去了，守衛和警察在塵土飛揚中向他們揮手告別。

「他們說是從孟加拉來的，還說濕婆神是住在喜馬拉雅山，不是住在德里，那是什麼意思？」

「拉克斯曼，他們的家鄉在很遠的地方，我不知道他們為什麼會來這裡。對我們這些總是待在同一地方的人來說，行遍天涯的人講起話來總是很奇怪的。你去你親戚的店裡，幫我拿點飲料來吧！我已經講累了。」

「警察先生，我看他們很像乞丐。」

「我們不都是嗎？拉克斯曼。」

守衛跑到街上，剩下警察獨自一個，他看著飛揚的塵土逐漸落定，然後踢開腳上的一隻甲蟲，抓抓身子，接著就在廟裡欄杆旁邊躺下睡著了。

【注釋】

1 庫塔裝（kurta）：由三層服裝重疊而成，並有各種不同長度的袖子。

2 拉花繩（cat's cradle）：一種小孩子玩的傳統遊戲。玩者三人，由一人將繩圈套在雙手上撐開，再由另一人以手指勾住繩子變化出許多花樣。

3 四塔清真寺（Charminar）：建於一五九一年，因為四個角落的宣禮塔而得名。

4 烏爾都語（Urdu）：是印度斯坦語（Hindustani）的一種，行於印度和巴基斯坦的穆斯林社區。烏爾都語揉合波斯語和各種印度語言而成，十八世紀期間，發展成為極優美典雅的一種語文。現為巴基斯坦的官方語言。

5 尼札姆（Nizam）：一七一三～一九五〇年間統治海德拉巴的土邦君主稱號。

6 戈爾康達（Golconda）：印度南部古都，曾以出產鑽石而聞名。

第八章

憩息於烏塔卡蒙得

邁所主要廣場周邊的粉紅建築，看起來就像黎娜故事書裡的彩繪插圖，無論是拱頂、門道、窗戶還是陽台，都垂掛著成串綠葉，迎接新年。廣場喧囂震天，計程車、三輪車、市場攤販、算命郎中，還有呼五喝六的賭徒，全都交織成一片噪音。甚至在這個時候，村民居然還見到一群群部落之人，各自圍成小圈，隨著城市步調歡呼、笑鬧。接著村民就被領著經過了廣場，走回停在車站裡的車廂。

「快點！快點！這火車在中午就要開往北部去，中午以前一定要把車廂清出來，把東西都清乾淨。太太們，動作快一點。邁所的店鋪都歇業了，所以你們沒理由慢吞吞的。趕快！趕快！」警衛不停喊著，直到把村民都趕進車廂裡忙著收拾為止。站長來本要跟他們致詞的，卻樂得交代警衛要確保村民把車廂裡的東西都帶走，沒有遺漏。他把負責接載的巴士指給村民看，然後就匆匆走了，急於擺脫這項差事，以便趕去參加節慶活動。

整理東西花了頗長時間，每隔幾分鐘就有人在爭執，吵著說這件行李是誰的，誰把那個包袱給拿走了。最後是黎娜率先下車走到月台上，朝巴士走去，她用一件紗麗綁住書本，披上那條紫色披肩，再把鋪蓋頂在頭上。上巴士之後，她開始把東西一樣樣收好。老戴捧著阿信的骨灰罐，跟在她後面上來：

「這個要放在哪裡？絕對不能打破。」

「你先放下，回頭我會找個地方擺的。」

「好，因為我還要去搬我的東西。」

「等一下，留點地方讓我放鋪蓋。」

村民紛紛上車，他們來來回回地搬著東西，一面咒罵著保管隨身行李有多艱難，而其實他們那一點點隨身財物，根本連一個小手提箱都裝不滿。蘇倫德拉在司機身後找了一個單獨座位，放下他那幾捲地圖，接著再把鋪蓋整齊地墊在座位上。娣帕卡先搬完了自己的東西，這才曉得阿米雅又坐著不吭聲了。於是她開始動手去幫阿米雅搬鋪蓋，阿米雅嚇了一跳，狐疑地看著娣帕卡：

「你做什麼？」

「大姐，我們得把所有東西都從車廂搬到巴士上去，這車廂不去南部。」

「這是我們的車廂。」

「但是沒辦法開到南部去，因為山區那邊的鐵軌跟這車廂不合。我們要搭南下火車到海岸邊的柯墨林去。你的行李和醫藥箱在哪裡？我們得把它們搬走。」

「這車廂是烏瑪姐給我們的，是我們的車廂，我們一定要坐這車廂去旅行，不坐那輛髒兮兮的巴士。」

「不，那是一輛專用巴士，而且我們會保持車內乾淨的。哦，你的書在這裡，醫藥箱在哪裡？」

「把書還給我，那是醫生給我的。」

「好，好。你現在站起來，讓我來幫你捲鋪蓋。醫藥箱放在哪裡？」

娣帕卡彎腰去找，又跪下去看看鋪位底下，卻只見到幾個用紙包住的包裹，這些包裹很快就有物主分別來認領，於是這位老婦又繼續趴在地板上，到處摸索著醫藥箱。突然，她發現阿米雅正在狂笑，那不是正常的笑聲，而是嗓門很高、聲音很尖的怪笑。娣帕卡直起身來，跪坐著看阿米雅：

「怎麼回事？」

「你是一隻特大號的胖青蛙，在地板上跳來跳去的胖青蛙。醫藥箱沒有了，沒有了。」

娣帕卡審視著那張狂笑扭曲的臉孔，想要找出一點理智跡象：

「你說醫藥箱沒了，這怎麼說？」

「沒有了，沒有了，統統沒了。」阿米雅講最後幾個字時，就像小孩見到糖吃到最後一塊時那種哭喪語調。盧努過來看看究竟是怎麼一回事。

「阿米雅，醫藥箱到底在哪裡？我們要把它拿到巴士上去。」

「快點，太太們，這個車廂馬上要交接了。」

「阿姨，到底是怎麼回事？」

「盧努，我搞不懂。阿米雅不肯收拾她的東西，現在我又找不到醫藥箱，她跟我說統統沒了。」

「阿米雅，你安靜一點，吵吵鬧鬧的就跟你那個笨親戚一樣。」阿米雅一聽到這番侮辱，馬上停住狂笑，生氣地瞅著盧努：

「我又不是阿瓏達悌，我是阿米雅。她可是個笨蛋。」

「那好，你的紗麗裝和行李捆在哪裡，我們得把它們搬到巴士上去。」

「在那，放在吊床上。」

「娣帕卡，你去看看。哪，阿米雅，醫藥箱在哪裡？」

「沒了，統統沒了。那些藥都是我的。」

接著又是狂笑。娣帕卡瞪眼看著阿米雅，盧努皺起眉頭。娣帕卡收拾好行李，快速下車走到月台上，去找納倫。她來到巴士之後，沒多久納倫就大步走向車廂去了。納倫來到妻子身邊，當時盧努正到處查看鋪位底下，以及每個吊網上面，根本就不理尖聲怪笑的阿米雅。盧努正色對阿米雅說：

「大姐，你看看，我老公站在這裡，而你卻披頭散髮，還在他面前這樣笑法。」

「嘖，嘖，真丟臉！真丟臉！」阿米雅羞愧地自我嘲笑著，一面從納倫眼前走開，一面把披散的長髮挽成髮髻，拉上紗麗罩住了頭。等她回來時，還是憋不住想笑，嘴唇顫動著。

「你現在告訴納倫，醫藥箱在哪裡？好讓他拿到巴士上去。」

「笨女人，我已經告訴過你了，沒有了，統統沒有了。」

「大姐，那些藥都到哪裡去了？」

「那是個帶來死亡的箱子，我把它給了海德拉巴車站賣藥的回教徒了，讓他用那個醫藥箱去害死他們自己人好了。從今以後會更常有祈禱，不會再跟命運玩花樣了。」接著又是狂笑。納倫抓住阿米雅的手臂：

「走吧！這不重要。我們得上巴士去，你去看看你的東西是不是都拿齊了。」

「對，說不定那隻胖青蛙會偷我東西。」

「哪隻胖青蛙？」

「娣帕卡啊！她像隻青蛙似的跳來跳去。趕快，趕快，我們得要去看看她有沒有偷我的書。」

阿米雅幾乎是用跑的帶著納倫下車到月台上，往巴士行去。她拍拍行李，往後一靠，馬上就睡著了，娣帕卡驚恐地問道：

「怎麼回事？她到底把醫藥箱怎麼了？為什麼拚命大笑？」

「她把醫藥箱給了海德拉巴一個跑江湖的郎中。」

「所以我們沒有藥了？」

「一點都沒有了。」

「萬一我們又病倒了怎麼辦？那些是醫院開的特效藥。這怎麼辦？」

「沒關係。你東西都搬齊了嗎？」

「齊了，我都清點過，全部齊了。希望阿米雅會睡很久。」

跨國友誼

巴士滿載著村民以及他們那些打包技術很差的隨身物件，司機頻頻用他們聽不懂的語言責罵他們，一面重新擺好一件又一件的行李。雖然如此，車子開動之後，到了第一次轉彎處，馬上就有好幾件東西掉落下來。沒多久，車內地板上就亂七八糟地滾動著鍋壺，以及其他隨身物件，村民拚命想要撿起它們，於是司機把車停下來，讓大家把東西重新收拾好。接著引擎隆然響起，顛顛簸簸地又上路了。

「我們要去哪裡？」

「去看統治者的王宮，還有賈蒙地山（Chamundi）的神廟。」

「今晚我們睡哪裡？」

「旅館。」

「喔，老天，我們成了道地的遊客了，去住旅館！我們還沒試過這玩意兒呢！」

「旅館乾淨嗎？」

「旅館有沒有可以讓全部人住進去的大房間？」

「還是在外面露宿好了，旅館裡面有很多小偷的。」

「不如待在巴士上吧！」

「巴士就跟車廂一樣安全的。」

「陌生人照樣可以從睡著的人身上偷東西的。」

「蘇倫德拉，我們絕對不去住旅館。」

「不去住。」

「當然不要。」

村民討論起這個新的未知動向時，車內響起一片反彈，討論還沒結束，就到了下車的時候了。接下來的那個鐘頭裡，他們被帶去參觀王宮，儘管想要集中心思，卻總是聽到喃喃細語而分心：

「旅館都很髒的。」

「說不定那會是一家孟加拉人開的旅館。」

「這裡根本就沒有孟加拉人。」

巴士載著他們出了市區，前往賈蒙地山。到了那裡，他們見到一尊用岩石雕刻成的龐大牛像，有關旅館的討論暫時靜止了。這些農夫拍著石牛，一面批評它的前腿看來不像是宜於耕田的牛。然後他們往山上走去，去看女神以及她殺死的惡魔瑪伊沙蘇拉（Mahishasura）。那尊惡魔用砂漿塑成，塗飾得色彩鮮豔，村民很高興地離開惡魔，走到那位勝利女神面前去行禮。

接著，村民被帶到某處壯麗花園的水庫邊。他們並沒有跟著導遊參觀，而是坐在一棵樹下，看著一個接一個的噴泉燈光亮起。烏瑪和杰德夫拿出了便當盒，大家很開心地把上一頓的剩飯剩菜吃得精光。當幾部照相機對著他們拍照時，還是阿米雅最先發現的，她驚叫了起來，並匆匆躲開。其他村民這才見到不遠處有家旅館，一群外國遊客正居高臨下看著他們，趁他們聊天、享受傍晚時刻之際，拍下他們的照片。村民一個接一個藉故站起身來，拍拍灰塵，轉身走開，然後聚在一起。那些外國人發出一陣大笑，只有幾個村民敢回頭去看了幾眼。

「喔，老天，他們有幾個人正朝我們走過來。」

「來幹什麼？」

「哈里斯昌德拉，你來，他們一定是講英語的。」

那幾個外國人走近了，村民瞪眼看著他們，其中一個是女士，身上的短裙吸引了所有村民的目光，等到目光慢慢沿著那件低領背心裙往上看，這才見到她那頭短灰髮，還有眼睛周圍鮮豔的藍色眼影。另外兩個同來的男人，都穿了西裝外套、打了領帶，兩人都帶了相機，也是頭髮灰白。那位女士先開口說話：

「你們會講英語嗎？」

哈里斯昌德拉害羞地一鞠躬，小聲說他可以試試看。大多數村民出於好奇，紛紛湊到他身邊，但是那些帶頭的人卻圍著阿米雅，形成一個保護圈。這位女士又說了：

「我們幫你們拍照時，你們卻一個個走開了。」

「沒錯，夫人。」

「你們要收多少錢，才肯讓我們拍照？」

「什麼多少錢，先生？」

「你們聽聽看，這不是很簡單的事嗎？嗄？」

「收錢，你知道的，譬如付美金。」

「請問什麼是美金？」

「你們聽到他說什麼沒？」

「美金，最值錢的貨幣，你知道，硬幣，黃金。」

「對不起，我聽不懂。」

「對，我認為你是聽不懂。你們是我在這次旅行中見過最滑稽的乞丐，不伸手討錢，也不對著我喊叫，甚至連美金是什麼都不知道。你們到底是哪一種乞丐？」

「我們不是乞丐。」

「你們當然是乞丐，看看你們身上穿的衣服，還有你們大家分吃的那麼一點點的食物。我現在分得出乞丐了。」

「我們不是乞丐，而是遊客，跟你們一樣。」

「遊客？你們聽到他說什麼沒？他說他們跟我們一樣是遊客！」

「你說你們是遊客，這是什麼意思？」

「我們是從孟加拉邦來的，正在環遊印度，去見識那些大城市，還有神明所在的地方。」

「哦！原來你們是朝聖團。喔，那當然，這就有點不一樣了。」

「也不是，如果你以為我們只是去拜神，那就錯了，我們不完全去朝聖，我們也見識了很多世面、大農場、各行各業，還有學校。我們是遊客。」

「像你們這樣一群乞丐怎麼會成為遊客的？是找到了聚寶盆，還是什麼？」

「都不是，這是一項贈禮。」哈里斯昌德拉很用心地慢慢道出了整個故事，在他講話的時候，村民趁機仔細打量這三人，有的甚至還大著膽子，去摸摸那女士身上鮮豔的衣服，奇怪她為什麼害怕得避開他們。哈里斯昌德拉講完之後，其中一個男人說：

「這可勝過了我在這個古怪國家所聽到的所有怪事。一個有錢太太把她所有的錢都捐出來，好讓一些單純的農民可以環遊印度，去見識工廠、學校，還有神廟。我們國內的有錢人有多少會這樣做呢？沒有，是吧？嗯，先生，你和你朋友該原諒我們稱你們做乞丐。因為每次我們幫乞丐拍照時，已經很習慣見到他們向我們要錢了。」

「那些乞丐也照樣騷擾我們的，儘管我們並沒有照相機。」

「乞丐也跟你們要錢？」

「他們認為既然我們有能力旅行，一定是有錢人。說來也沒錯，我們已經算是比很多人富有了。」

「你是說，乞丐也騷擾印度人？不是只有騷擾外國遊客？」

「當然。到處都有乞丐，到處都有印度人，可是外國遊客卻是少數。要是光靠跟你們討錢過日子，他們都不用活了。」

「我可從來沒想到過。」

「哪，不如這樣吧！你們大家都到那邊的露台上，我們的旅行團正在那裡等我們三個，你們可以跟我們一起吃東西，這樣一來，不就讓兩個遊客團有機會結交跨國友誼？而不只是幾個農夫跟其他印度人交交朋友而已。」

「可是我們不能進到旅館裡的。」

「當然可以，你們是以我的客人身分進去，旅館是為遊客而設的，所以我們大家都一起做遊客。來，這位小老太太，你看起來好像年紀大得走不上這些台階似的。」

「我已經走遍了印度很多地方。」

「嘿，她也會講英語哪！」

「只會一點點。」

「你在哪裡學的？」

「我小時候跟河邊那些英國貿易商，還有傳教士學的。」

「你是說從前你們還是殖民地的時候？」

「殖民地？」

「你知道，從前英國擁有印度的時候。」

「英國從來不曾擁有過印度。」

「喔，對不起！嗯，應該說從前英國人在這裡的時候。」

「對。」

「哪，你叫你朋友都跟我們一起過去，我們請客，也好讓我們的朋友聽聽這個了不起的有錢太太資助你們旅行的故事。」這幾個陌生人的明顯善意和好興致，起了感染作用，因此當哈里斯昌德拉把這些建議轉告其他人時，村民都躍躍欲試，而且居然還是那些平時最畏首畏尾的人。最後少數服從多數，於是多數人就跟著三個陌生人走了。黎娜催其他人也跟著去：

「我們得跟去，以確保他們不會受害。他們不了解的。」走了一小段路之後，兩個遊客團在旅館露台會合了。燦爛的燈光、水晶吊燈、地毯，最主要還有衣香鬢影的人群投射過來的眼光，使村民不自覺地畏縮不前。有個穿黑西裝的男人，馬上帶著一群侍者向他們走來，嘴裡說著奇怪的話，但意思非常明顯。村民本來打算聽從的，但是那兩個男人其中之一很正色地對服務生說：

「慢著，這些都是我的客人。我現在要你們送很多食物過來，還有水果、米飯，反正是他們會吃的東西就行，我還要加添很多把椅子。這些人是很特別的遊客，他們有個很動人的故事要講。各位團友，請圍坐在這裡聽故事。相信我，你們再也不會聽到這麼棒的故事了。」

經過一陣尷尬之後，那些外國人真的依言聚集坐下，對著膽怯的村民圍成半圓形。過了一會兒，這些孟加拉人也在地毯上紛紛坐下。

「咦，你們不要坐椅子嗎？」

「不了，先生，坐椅子會腿痛。」

「哎，要像你們那樣坐法，我才會腿痛呢。」

「是的，我了解。」

蘇倫德拉才掏出土菸，馬上就有幾個外國人拿出白色香菸請他，他拿了一支，邊鞠躬道謝，邊回敬對方土菸，對方也很大方地接受了。於是他們兩人就慢慢對抽起來，不時捏著菸研究著，彼此猶疑地互相微笑。主人家把哈里斯昌德拉往前一推，示意黎娜陪他，黎娜頗勉強地照做了。

「其他的人也會說英語嗎？」

「只會一點點。」

「好，現在就讓我們再聽聽這個故事，千萬不要漏掉一點細節。」

哈里斯昌德拉開始輕聲細語講起來，結果對方要求他講大聲一點。漸漸地，由於這些外國人很用心在聽，加上黎娜不時插嘴補充，因此哈里斯昌德拉慢慢克服了羞怯，愈說愈生動，幾乎比得上黎娜的說故事本領了。講故事的人使出渾身解數，聽眾也聽得為之瞠目、筋疲力竭。當哈里斯昌德拉告訴大家已經到了邁所，因而結束故事時，這些外國人不停鼓掌，那位主持人則輪流在哈里斯昌德拉、老戴和蘇倫德拉的背上拍著，娣帕卡發現自己竟然哭了。

「這可不是最了不起的事？換了我們，要是有一群像他們這樣的人也想去環遊國內的話，十之八九恐怕會落得被警察圍捕的下場。可是在這個國家裡，卻可以派人帶他們去參觀工廠、進大學圖書館裡面開眼界，走到哪裡都給他們真正一流的待遇。人家說東方有很多可以教我們西方的，可是這回見到的，真是最好的例子，這是我前所未聞的事。」

「你們一定要體諒我們；我們也從來沒有想過外國人會邀請我們到旅館裡作客，就只是為了要聽我們的故事。我們還以為外國人都很邋遢、沒有規矩。」

「你們以前這樣想嗎？」

「是的。這是因為我們不明白，為什麼我們在廟禮拜神或者吃東西的時候，你們要拍我們的照片，因為這些事情對我們來說，都是很私人的。我們不知道你們是否也在自己人祈禱時，拍他們的照片。對我們來說，有很多事情都很不可思議。」

「我們拍照是想要拿回去，給別人看我們在這裡見到的情景，倒不是有意要冒犯你們。原來你們就是為了這原因，所以才背對我們？」

「對。」

「那我們要向你們道歉。對我們來說，吃東西就像一場歡宴，大家都聚在一起的。那位太太為什麼哭了呢？」

「啊，那是娣帕卡，我想她是因為開心吧！她一向對那些在我們國家裡遊蕩的外國學生很客氣，可是我們都說她做得不對。這回她哭了，我想是因為我們都看到你們其實是很好的人。」

「你是說，她對那些嬉皮士很客氣？」

「嬉皮士？」

「那些蓄長髮、渾身髒衣服、到處遊蕩的年輕人，他們唱歌、招搖撞騙的。」

「對。」

「哎，這麼說來她還比我好。我自己都懶得理那些嬉皮士呢！」

「有時候那些人很寂寞，又或者病了，需要母親照顧，娣帕卡看到他們這種情形，就會告訴我們。很少人像她這麼好心的。」

「有很多都在吃迷幻藥。」

「大麻？當然。在我們國家裡，要是他們被逮到的話，可是要去坐牢的。但是在這裡，他們可以用很便宜的價錢買到大麻。」

「他們是為這個才來這裡的嗎？」

「也不完全是。他們之中有不少人，想要得到的東西是超出家裡所能給予的。你知道這些年輕人，總想比所有的人都強，比人家有智慧，樣樣要比人家快。我猜我們有時都會這樣。如今他們往印度跑，因為他們認為印度是個充滿聖人的國家，認為你們會比我們縱容他們，而且也因為其他的年輕人現在都往這裡跑。」

「印度不是個充滿聖人的國家。」

「能夠忍受你們這種生活方式的話，可以稱得上聖人了。」

「你又為什麼會來呢？」

「在國內感到無聊吧，我想。我們想要見識點新鮮的，做點不一樣的事，暫時從熟悉的環境裡逃避片刻。」

「所以多少跟嬉皮士有點類似？」

「可能吧！不過我所見到的聖人，卻是像你們那位有錢太太，捐錢出來做點事情，而不是那些髒兮兮、半裸著身子到處遊蕩的典型。」

「你所見到的聖人有些是冒牌貨，只有很少數才真的是聖人。真正的那些你是見不到的，因為他們都獨自在某個地方，要不就是研究學問的人，或者是像我們那位烏瑪姐，他們只對某一個村子具有份量。」

有些站在村民身邊的外國人，看著兩張桌子上面擺滿了水果、甜食，以及各種精緻熱食，主人很客氣地招呼村民上前享用，到後來村民才很害羞地東嚐一點、西試一下。那些外國人很留心地觀看他們如何吃法，然後自己也去嚐嚐，仿效孟加拉人的敬慎態度，還一面招呼彼此盡量吃。沒多久，那些大托盤就一掃而空了，甚至連水果都塞到村民手中，他們將水果綁在披肩和紗麗的一端，準備留著以後吃。突然間，外國人四散開來，村民心想不知道他們是否應該不告而別？這時老戴站出來，發表了一篇堂皇的致詞，他講的孟加拉語像輕音樂般在大廳中蕩漾。哈里斯昌德拉很不自在地翻譯說：

「他說他是村裡輩分最大的，很抱歉他不會講你們的語言。他說其實你們才應該做我們的客人，因為你們在我們國家裡作客，然而你們卻讓我們見到，大人物是如何對卑微的人施以熱情。他說如果你們到我們村裡來，我們會好好請你們的客，招待你們到吃不下為止，但你們勢必得坐在蓆子上，睡在我們的茅草屋頂下，所以說不定不來反而好。他說我們已經學會用平常心去看待外國人，而不懷恐懼感。他也希望你們學會不把印度人都看成乞丐。我們很自豪能夠成為遊客，也為分享你們的飲食感到很光榮。但我們老了，也累了，得回去睡覺。願我們神明的祝福降臨你們身上。他代表我們大家謝謝你們。」

盧努輕聲對納倫說：「你瞧，他們在掉眼淚。這是為什麼？他們為什麼哭？」

「我們是不是冒犯了你們？為什麼你們哭了呢？」

「這實在太美好了。」

「好像我們在老家過感恩節。」

村民摸不著頭腦，正準備要離去，卻突然被這些外國人包圍住，擁抱並親吻他們，跟他們握手，拍拍他們的背。過了一會兒，村民終於脫身了，但每個人都被塞了一點小禮物——一支筆、一條圍巾、一點錢、一個小包裹。回到巴士上之後，村民不停地聊著收到的奇怪禮物，不知道那些是什麼，於是催促別人把東西拿到巴士燈光下。大家把禮物來來回回地比較與觸摸。然後一次又一次驚訝地發現，禮物裡面還夾了一點錢。村民先是感到詫異，接著覺得很難為情。

「他們為什麼給我們錢？我們說過不是乞丐呀！」

「給的真多，這裡有二十盧比。誰會出手這麼大方？」

「我們一定要把錢送回去，他們搞錯了，不可能送這麼多錢的。」

「你們先想一想，他們其實是有心這樣做的，因為是悄悄地給，以免有所冒犯。所以阿米雅雖然沒有留意，你們也見到他們真的塞了一張鈔票在她手裡。」

「又是二十盧比。」

「這沒道理，我覺得好像偷拿了人家的東西似的。」

「傻瓜！你們難道看不出來嗎？除此之外，他們沒有其他方法可以幫我們，沒有別的方法可以讓他們表示對朋友的心意。你們不記得聽過的旅人故事？故事裡那些旅人也是接到很多禮物，而送禮的卻是只有一面之緣的陌生人。」

「黎娜，或許你說的有道理，可是為什麼要送錢呢？錢是用來給乞丐的。」

「難道你會在行李捆裡面擺了禮物，帶著到全世界去嗎？你們回想一下，人家也是大老遠跑來旅行的，除了錢之外，還有什麼方便給的？」

「他們給了娣帕卡一件毛衣。你為什麼不穿上它呢？」

「毛衣好柔軟，適合有錢女人的皮膚，不是給我這種皮膚的人穿的。」

「娣帕卡，毛衣顏色還是白色的呢！所以你不用覺得不好意思穿。」

「說不定是外國人穿過的。」

「阿瓏達悌，你這人是連人家洞房花燭夜的樂趣都會潑冷水的。娣帕卡，別理她。你看這毛衣釦子上還掛著小紙牌，就跟店鋪裡擺賣的一樣，一定是還沒穿過的新毛衣。」

「我想是還沒穿過的，因為聞起來還有店鋪裡的香味。」

「那你就穿上讓我們看看吧！」

「哪，娣帕卡，你看起來真貴氣。毛衣暖不暖？」

「很暖。」

「求神明保佑那位送毛衣給你的女人。」

「是啊！保佑他們大家。自從英國人說再見之後，我就沒見過有人會給這麼多錢的了。」

興奮的談話聲逐漸靜止下來，村民坐著把玩禮物，檢查收到的錢。未來幾個星期之內，外國人的贈禮顯然會成為經常出現的話題，對大多數村民來說，這筆額外之財也意味他們在路上可以買一點紀念品了。盧努轉身去看阿米雅，在旅館的時候，阿米雅從頭到尾都閉著眼。盧努溫柔地對她說：

「阿米雅，你應該把錢收好。」

「錢？我沒有錢，只有我父親給我的幾件首飾。沒有人肯幫我賣掉它們，沒有人肯為她賣掉這些首飾。所以沒有錢。」

盧努彎著腰，以便聽清楚阿米雅講什麼，然後才明白這個老婦根本就心神恍惚。於是她把皺成一團的鈔票從阿米雅遍布皺紋的手中取出來，塞進阿米雅腰間的錢包裡。

第一次住旅館

巴士搖晃地靠站之後，司機揮手叫村民下車。充滿睡意的村民，本來空著兩手就要下車的，然而司機卻衝著他們大嚷，要他們把行李都拿下車，接著就開始把包裹等紛紛扔下車去。於是大家七手八腳亂哄哄的，阿米雅經這麼一擾，也清醒過來，帶著自己的鋪蓋跟其他人下車，站在泥土地上。司機發動巴士正要開走，娣帕卡卻又上了車，把烏瑪姐的遺照和阿信的骨灰搬下來。巴士開走了，只留下村民，有人在咳嗽，四周都是他們的東西。街上黑黑的沒有燈光，房舍門窗深掩，完全與外界隔絕。有隻流浪狗偷偷摸摸從巷子裡走出來，對著他們嗅了一番，但很快就溜掉了。村民才逐漸曉得，原來他們被孤零零地扔在這裡，根本沒有人來接他們，於是馬上掀起了一陣驚慌。後來他們頭頂上方有人拉起窗子，有個被吵醒的人衝著他們大吼，村民這才曉得原來他們哭得太大聲了。蘇倫德拉看著納倫，納倫則聳聳肩又看著老戴，這個公認的老輩卻已經頹然倒在冰冷的地面上睡著了。於是哈里斯昌德拉轉向陽台上那個依然在罵他們的陌生人，仰頭用英語大喊說：

「先生，請問旅館在哪裡？」

那個人停了一下，又匆忙講了一堆話，然後砰然拉下窗子。村民坐了下來，開始爭論接下來該怎麼辦。阿米雅以及許多人都已經睡著了。這時，那個大吼之人的樓下大門好不容易打開了，這個被吵醒的人提著燈籠出來，慢慢審視他們。他出現的時候，裸著上半身，還把睡衣抓在手裡，但卻很穩地高舉著燈籠。他先是提著燈籠，對這群窩在一起的人大致晃了一下，然後就把燈籠拿近些仔細照著，先看了納倫的臉，又看了蘇倫德拉。然後走向全體村民，駐足良久，當他逐個瞧著他們時，嘴裡還唸唸有詞。蘇倫德拉曉得他是在數人頭，於是告訴納倫。這人轉向他們，並問了些話，他們曉得他是在指孟加拉人。

「是，是的，我們是孟加拉人。」他們急切地重複說。

這陌生人點點頭，結束了數人頭，然後又看看他們，接著就轉身背對他們，走到街對面，並用腳拚命踢著一扇大門。有隻狗吠了起來，這人又用力踢門，還一面大喊，回應的仍然是狗吠聲。這人放下燈籠，把睡衣搭在身上，兩手握拳搥著大門，接著又大喊大叫，聲音響亮，連老戴都被吵醒了。門後傳來生氣含糊的話語聲，另一個陌生人則大聲訓斥著。此時大門開了，有個矮小男人向外張望。那個陌生人舉起燈籠，照著村民給這男人看，嘴裡一邊講著話，但那矮小男人顯然來不及聽懂，嘴裡便嘀咕著又關上了門。陌生男人轉過身對納倫和蘇倫德拉露出笑容，然後就靠著大門坐下，挨著燈籠暖和他半裸的身子。到最後，阿瓏達悌幾乎問遍所有的人，他們是否被妖怪俘虜了，嚇得每個人倉皇失措。就在這時，砰然一聲，陌生人站起身來，大門打開了，有個跟納倫一樣高的男人扶著門，膚色黝黑，腰間圍著一條鮮豔的橙色印度腰布，這是南部地區男人所穿的筒狀裙，帶著優雅飄逸感。他向村民微笑、鞠躬，像個舞者般欠身招呼他們進去。陌生人高舉著燈籠，好讓村民可以看見裡面陰暗的中庭。沒有一個村民肯動，燈籠照在那個膚色黝黑的男人身上，看來充滿神秘感。這個南方人又鞠了躬，陌生人則大嚷著，使村民畏縮地後退。

哈里斯昌德拉問：「旅館在哪裡？」

這兩個本鎮居民都露出笑容，指指裡面的中庭。納倫和蘇倫德拉向其他人解釋，這裡必然就是旅館了，但還是沒有人動。於是他們兩人又再解釋一遍，兩個陌生人則站在一邊咧嘴笑著。到後來他們終於站起身來，拿齊了行李，聚攏在大門邊，往裡面窺看。只見裡面一片陰暗，還有一條不友善的狗，進門就是一道木梯通往上面。村民抽身後退，老戴堅決地說：

「來，巴柏拉，我們是見過世面的男人，真正行走四方之人，讓我們示範給這些鄉巴佬看看，到了旅館裡面該怎麼表現。」這兩人就這樣鼓動大家，跨進了門檻。他們緊緊抓著隨身物，並對那個微笑的旅社老闆退避三舍。杰德夫和烏瑪隨後跟著，其他人也鼓起「有難同當」的勇氣紛紛擁向前。最後，蘇倫德拉和納倫半拖著阿米雅和阿瓏達悌進了門，然後大門就在他們身後砰然關上。那個叫門的陌生人已經走掉了。旅社老闆神態自若地從他們身邊擠過去，消失在一條小過道裡，然後就傳來大喊聲、抗議聲、更多大喊聲，原來是老闆在叫醒那些僕役。這人又回來了，一面微笑著指著樓梯，催他們上去。有個僕役拿著三盞燈籠出現了，分別遞了兩盞給納倫和蘇倫德拉。接著老闆就在前面帶路，領他們上樓。

樓梯是用木材剩料造的，每塊長短、厚度與形狀都不同，說不定木匠當時正好有一隻眼睛作痛，因此每層木階梯各有不同角度。老鐵釘勉強固定住每塊木樓梯，卻無法釘牢支撐物。有幾個地方是用舊繩綁住木樓梯，另一端則繫在牆上的掛鉤，掛鉤本來是要做其他用途的。舊繩已經腐朽不堪，因此每走一步，木樓梯就搖搖晃晃地吱嘎作響。儘管老闆極力慫恿，但村民上樓的意願卻不高。納倫叫大家把行李留在樓下，回頭再來取，就著燈光先上樓去。老戴站著不動，結果是巴柏拉一馬當先踏上樓梯。

「為什麼要睡在地面以上的高處？我們又不是飛鳥，也不像上面那隻夜貓。我只是個尋找命運的老農夫而已。哎，老天！哎，老天。」他一面上樓梯，站在樓下的阿瓏達悌則是驚叫不已。黎娜跟在他後面上樓，一面催他動作快一點。

「老弟，我一向就幻想自己能成為天使，現在咱們兩個可以飛了。」

「哎，要是你能夠上到樓上去，我也可以告訴你，你向來就像個天使。」

「抓住那塊木頭，不要抓繩子，傻瓜！」

杰德夫領著烏瑪跟了上去，他們一口氣往上爬，根本就不看綳緊的繩子。黎娜已經上了樓，還在上面跳來跳去，旅館老闆正設法要她靜下來。巴柏拉則咧嘴笑著。村民驟然間克服了恐懼感，於是紛紛往上爬，蘇倫德拉夾在他們中間，高舉著燈籠。納倫留在樓下，看著每個人爬上樓梯。盧努領著阿米雅上樓，娣帕卡也像其他人一樣，七手八腳爬了上去。等到樓梯空了，納倫這才扛著第一副鋪蓋爬上樓梯。他把手上的燈籠掛在樓梯中間的一個掛鉤上，然後繼續爬到上面的黑暗中。他上下來回了十次之後，蘇倫德拉也過來一起幫忙，最後，院子裡的行李終於搬完了。旅館老闆給了他們七個房間，都有床鋪，門還可以上鎖。納倫負責看著那堆行李，蘇倫德拉則跑去叫大家出來領取。接著馬上響起如雷的腳步聲，大家赤腳踏在地板上，震得陽台都搖晃起來。納倫看著灰塵揚起，屋頂以及木板裂縫之間落下蟲子。等到最後一個包袱都領走了之後，那些僕役就絡繹不絕地上樓來，個個都像是石頭人似的。每個人提了一桶冒著蒸氣的熱水，一滴也沒灑出來。等老闆和顏悅色地打點完之後，就跟夥計們下樓去了。

「老公，老公，你在哪裡？」

「在樓梯旁邊，我就過來。」

「我們在第三個房間裡，有六張繩床，所以空間只夠爬到房間的盡頭。有熱水讓我們清洗。」

「我什麼都看不到，是誰跟我們在一起？」

「阿米雅、娣帕卡、黎娜，還有哈里斯昌德拉，他睡在窗子旁邊，你睡門那邊。」

「他們都睡了嗎？」

「只有阿米雅睡了，我們都醒著。」

「納倫，你想這裡安全嗎？」

「安全，但是樓梯不很安全。」

「會不會有小偷呢？」

「不會，院子裡有人看守的。」

「黑漆漆地摸進來也好，這樣一來就看不到房間的骯髒。」

「不要吵醒阿米雅。」

「她已經睡了一整天了，會不會再睡一整晚呢？」

「但願如此！」

「你們都洗過了？」

「洗過了。」

「我也要洗洗腳。」

「咦，講話的這個人是個什麼樣的農夫啊？」

「噓，黎娜。」

「你把門閂上了嗎？」

「誰要想進門來，就會掃到我的腿，這床太短了。」

「那你就別再把腿拉長了。」

「好好睡吧！」

要是有人經過走廊的話，也不會知道只有少數幾個村民是睡著的。每隔不久就有個村民悄聲抱怨房間有怪味、空氣不流通，或者嫌睡在床上是種奇怪的習慣。到了天亮時，連阿瓏達悌也陷入很不安穩的昏睡狀態，輾轉反側，喃喃夢囈。等到敲鑼聲響起，走廊上有跑來跑去的腳步聲和大喊大叫聲，村民都因此驚醒起身，首先忙著看行李是否安然無恙，接著才放心，大著膽子開了房門。只見那些旅館夥計正忙著打掃，大呼小叫的。當這些孟加拉人向外張望時，那些夥計向他們大聲地打招呼，然後轟然下了樓梯。村民小心翼翼捲起自己的鋪蓋，再把旅館的鋪蓋擺回原處，因為之前他們對那些鋪蓋不放心，於是把它們統統塞到了床底下。然後婦女就開始梳頭，一面派男人家設法去找吃的東西，然而杰德夫說他只肯下樓一趟，不會為老婆而上下樓梯的。此時，樓梯又響起了如雷的腳步聲，夥計們紛紛上來，送來豐盛的早餐，用香蕉葉代替了托盤。這些食物很奇特，然而來得正是時候。村民生平第一次吃到熱騰騰的椰肉漿，還浸著香脆米餅來吃。吃完早餐之後，旅館老闆出現了，並向村民指著等候在街上的一輛色彩繽紛的巴士。村民開始如履薄冰地下樓梯，由於對旅館裡的景象感到好奇萬分，使得他們下樓的速度更加緩慢。因此每個村民都有時間留意到牆上爬竄的蟑螂，陽台下面養的雞群，還有陰暗、油膩、有如洞穴的廚房。老戴是最後從房間裡出來的人之一，因為他花了很多時間重新整理每個小包袱。見到這個把藍外套披在襯衫和腰布之上的人，旅館老闆顯然鬆了一口氣。老戴在他面前停下腳步，有點被這個南方人的殷勤招呼弄糊塗了，於是又重新整理自己的小包袱。老闆遞給他一張紙，老戴放下每個小包袱，隔著一臂之長的距離，想看清楚上面寫什麼，接著又戴上眼鏡。最後他除下眼鏡，擦拭鏡片，然後再戴上重新看。店老闆悠哉地斜倚在一根陽台支柱上，看著這一幕覺得很精采，還一面拍手大笑。老戴則很嚴肅地看看他，然後拾起所有的小包袱，繞過老闆身邊，匆匆走下樓梯去求救。老闆緊跟著他，跳下最後一層樓梯，導致樓梯搖晃不已。蘇倫德拉和哈里斯昌德拉正從巴士那裡走回旅館的院子裡，老戴於是把那張奇怪的紙交給他們，蘇倫德拉試著解讀，卻看不懂，老闆則坐在地下，笑得前仰後合，認為他的客人簡直很有喜劇天份。哈里斯昌德拉接過來一看：

「這是我們的食宿費帳單，我看不懂上面的文字，但這筆數目是我們全體的費用，總共六十二點二盧比。」

「這太多了吧！」

「不多，這很少。快點，拿錢出來付帳，我們好上路。」

蘇倫德拉拿出鈔票，另外又加了五盧比，他把小費塞到廚房黑暗中的一隻手上，其他的鈔票則交給了老闆。老闆很炫耀地從牆洞裡摸出一支筆來，並發揮那支筆的唯一用途：在帳單上簽字。蘇倫德拉不懂這是什麼意思，不過哈里斯昌德拉解釋說，這表示這人認可他們的確如數付了帳。村民上了車，旅館老闆則比手畫腳地和司機說說笑笑。最後車子終於開出了，但沒多久就放慢速度，因為正經過舉城歡騰的節慶人潮。到了十點多鐘，車子已經駛到塵土飛揚的公路上，放眼所及，車子正朝著連綿青山駛去。冬季過後的鄉間是一片褐色，不時可見到捲起的小旋風，夾雜著飛沙，等於告訴村民這裡的田野如何乾旱。偶爾他們的車子也會跟來自山區的車輛相遇，但那天早上，他們可說是寂寞的旅人。娣帕卡唱起了晨禱之歌，於是大家跟著一支接一支地唱了起來，就連阿米雅都敲著窗沿打拍子。她一直沒講話，等到車子放慢速度後，才開口說：

「幸好我們趁回教徒沒回來抓我們之前，現在就離開學校。我很高興可以回家，去我父親的村子。」接著，她就唱起一首關於收成和幸福的歡樂歌曲。只有納倫留意到盧努緊張得臉色發白。巴士在路旁停了下來，司機為一對父女打開車門，兩人都穿得很炫目，都提了一籃籃的花。司機衝著他們大嚷，那個男人則跟司機爭辯，最後司機揮手示意他們上車。兩個陌生人上車後，便蹲在前面的地板上，看顧著花朵以免散落出來。他們好奇的看著村民，但得到的回應卻是一片沉默，以及猜疑的目光。司機跟那人講了一陣子話之後，杰德夫傾身向前，遞上一支土菸給那個陌生人，對方接受了。女孩則彎身從籃裡取了一朵紅花送給烏瑪。沉默氣氛立刻緩和下來，村民又開始唱歌，聊著旅館的事。車子來到下一個村莊時，司機把車開到一座廟旁停下來，那裡聚集著很多人。賣花父女還沒來得及下車，阿米雅就先邁步向前，從籃裡拔了一朵花出來，接著轉身走回座位上，還一面大聲說：

「每個女學生都在頭髮上戴一朵花。」她把花插在亂蓬蓬的灰髮上，然後坐下，對於車上正蔓延開來的驚恐反應全然不察。

住進修道院

車子駛離這座村子之後，景色逐漸改變，地勢開始起伏，也沒有那麼光禿禿的了。到了中午，車子不斷向高處攀升，周圍見到的都是濃密蓊鬱的森林，跟他們在孟加拉所見過的森林完全不同，因為低處生長著蔓藤和蕨類植物，樹幹上纏繞著開花爬藤，更添豐富色彩，高處的枝葉則遮住了陽光。巴士在一片綠色迷霧中緩緩前行。到了下午四點鐘左右，司機回過頭對著他們大喊話，轉過彎之後，車子來到了烏塔卡蒙得（Ootacamund）。鎮上的房子都坐落在自家的大花園深處，整個鎮形成半圓，環山而建。下方的山凹處則是鎮上的廣場，司機把車子停下來之後，先靠在喇叭上讓它響好幾分鐘。村民慢慢下車，走進山區的空氣裡，來回好幾次去車上搬下行李。這時有個矮胖男人越過廣場，朝他們跑過來，一手提了公事包，另一手拿了把雨傘。離他們還有五十步遠，就已經先開口用孟加拉語跟他們講話：

「歡迎！歡迎！你們一定又累又餓，因為一路上的平原地區都沒什麼好吃的。這巴士是不是很糟糕？真是，糟透了，糟透了。沒關係，來這裡就可以安心了，我們會讓你們恢復元氣的。喔，對了，烏醍就是最好的妙藥，你們不需要醫生，山裡的空氣和清靜就可以醫好一切了。哪，你們總共有幾個人？我來算算，大概三十個？我們可以接待這麼多個，還供應很好的孟加拉飲食，整天都可以聽孟加拉歌曲，這些不另外收費的。我老婆和女兒唱歌比這裡其他戶人家都要動聽，聽她們唱歌可以讓你們安然入睡，每天醒來時會更想要聽到她們的歌聲。絕對不會讓你們聽不到她們的歌聲。喔，老天，這下子你們起碼得待上一個星期才行了，說不定兩個星期，是吧？」

村民聽著他一面講，一面走過來，因為實在被搞糊塗了，所以笑不出來，但又覺得太好笑而忘了害怕。這人走近之後，放下公事包，從包裡取出一副鏡片很厚的眼鏡，然後戴上窺看他們：

「這是怎麼回事？這些都是乞丐嘛。火車站裡的人說，有孟加拉遊客要來的，遊客在哪裡？喂，司機，從什麼時候開始，我們也接載乞丐來烏醍啦？你載來的遊客在哪裡？我是個很實在的旅館老闆，親自來迎接他們，還提供舒適的旅館給他們。人家告訴我，他們說的是世上最好的語言，哈，也就是我說的語言，我們會一起吟詩，歌頌那條大河的綠意與金黃，暢談吾鄉的智者。那些遊客在哪裡？他們在哪裡？」

「在這裡，你眼前見到的乞丐。這個巴士司機不會說孟加拉語。我們是從孟加拉邦來的遊客。」

「你們是遊客？不可能，不可能的。」

「難道說，南部地方教你不相信奇蹟嗎？這真的是奇蹟，不過我們也真的是遊客。」

「喔，老天！喔，老天，我碰上什麼霉運了？我怎麼幫我大女兒賺到嫁妝呢？怎麼幫二女兒準備嫁妝呢？我怎麼幫我那些醜女兒準備嫁妝呢？我天生命苦，倒楣透頂，竟然看到一群乞丐跟我說他們是遊客。喔，老天哪！天哪！」

「火車站長不來嗎？」

「他沒辦法來，他坐在有輪子的椅子上。每天只有一班火車從烏醍開出。如果你們要跟他講話，就得到那邊的房子去，他坐在裡面。」

「是他派你來接我們的？」

「沒有，他根本就沒有派人。是我聽到他跟車站職員說，有很多孟加拉遊客會坐巴士來，所以趕快跑來接遊客，帶他們去我開的旅館。離家這麼遠，能夠看到年輕時的家鄉大河那裡有人過來，這實在難得。我甚至還認識一個了不起的賢哲，每次吃到孟加拉乳製甜食時，就笑得跟小孩一樣開心，雖然這裡的南部人還以為他吃的只是乾穀粒。可是我真傷心。你們一點也不為我打氣，居然跟我說沒有帶遊客來。我看你們顯然連五盧比都沒有。」

「你的旅館怎麼收費？」

「喔，很便宜的，非常、非常便宜，每人一晚收一個半盧比。」

「這裡的空氣要這麼貴嗎？我們住在邁所的時候，只不過一盧比。」

「哎，天哪！我這個苦命窮人一無所有，還有四個女兒要嫁，怎麼辦哪？收一盧比的話，我會餓死，跟你說，我會餓死的。」然後他拍拍肥胖的肚子，強調他的焦慮。

「我們先看看站長幫我們怎麼安排再說，就像你說的，既然我們只有幾個盧比，當然是不夠付你女兒的嫁妝。」

「喔，老天！不過我們先談談家鄉的那條大河。你們是從大河那裡來的？」

「對。」

於是這個孟加拉人纏著村民，沉湎在他的思鄉情懷中，老戴和蘇倫德拉則走進了陰暗的車站裡。車站大堂的一側，有扇門開得大大的，蘇倫德拉見到有個男人坐在柳條椅上，椅子兩邊都裝了輪子。這人向蘇倫德拉招呼示意，似乎很熱心地要這兩個村民過去。他們遲疑地照辦了，進門時還一面鞠著躬。站長身邊站了一個人，老戴後來才看清楚，這人其實是個外國人，藍眼紅髮，由於多年曝曬，所以膚色黝黑，老戴因此嚇了一跳。這外國人穿了一套黑色服裝，脖子上圍了硬領。蘇倫德拉心想，不知道這人是什麼樣的鐵路局官員；外國人當然不可能幫鐵路局工作的，可是這人如果不是幫某個要求員工穿制服的公司打工的話，為什麼又穿著這麼奇怪的服裝？

「他說他由衷歡迎你們來到這裡。德里的戴先生是他的好朋友。自從第一封信到了之後，他就一直盼著你們來。他很遺憾你們的領隊去世，以致你們沒有了領隊。他希望你們的哀傷，不致於讓你們傷神。當初計畫的行程裡，本來你們是不會在這裡逗留的，但由於你們躲掉了海德拉巴的麻煩事，多了些時間出來，所以他慫恿你們起碼在這裡待個兩天。」蘇倫德拉瞠目結舌，因為這個外國人竟然把他們聽不懂的語言，翻譯成一口完美的孟加拉語。老戴不安地輪流換著兩腳。他無法正視那位竟然把他母語說得如此文雅的外國人。站長看著他們兩人反應，逐漸感到好笑，於是對那個黑衣人說了些話，那人聽了露出微笑，接著又開口說：

「站長叫我應該告訴你們，我並不是個妖魔鬼怪，而是個神父。我負責管理一所專門供神職人員和修女住的招待所，也讓來到這地方休養的工人住。這幾天你們就去住我的招待所。」

「外面有個孟加拉人，他要我們去住他開的旅館。」

「森古他？他旅館的房間最多只能容納二十個人，而且他還會跟你們收錢，其實你們是不必付錢的。」

「您不會跟我們收錢？」

「沒有必要。」

「吃飯怎麼辦？」

「吃的大部分都是我們自己種出來的東西。不用擔心，不會虐待你們的。」

站長又開口了。

「他問你們有沒有話要轉告戴先生？他說你們看起來很累，應該去休息休息。」

老戴跟蘇倫德拉低語一番之後，就鞠躬先回到村民那裡。蘇倫德拉蹲在地板上，咧嘴笑說：

「老戴去讓他們做好心理準備，免得因為我們要住在外國神父的房子裡而大感震驚。」

「會不會有麻煩呢？」

「不會，雖然一開始一定會有很多人不想去。說不定有個女人會添麻煩，不過她有病，所以她的恐懼感會比正常的時候大。」

「我們要不要找個醫生來？」

「醫生幫不了她的，她的病不是肉體上的。」

「兄弟，你講的好像她被鬼迷似的。」

「啊啊！我只是個很單純的人，見過很多水牛和黃牛老掉、死掉，見過豐年、也見過不好的年頭，可是卻沒有見過被鬼迷的人。倒是見過一些懶惰姑娘假裝被鬼迷，不過她們卻是為了擺脫婆婆。我也見過可憐的白癡男孩，因為愚笨而痛苦的在地上打滾，可是卻從來沒有見過被鬼迷的。」

「這女人哪裡不舒服？」

「她為了阿信的死而悲痛，也為自己的醫療技巧沒法救阿信而感到傷心。以前她希望能受教育，而不是成為鄉下婆，可是這趟旅行卻讓她感到，這兩條路對她來說都很艱難。她擔心這一切恐怕都是命中注定，儘管她老早就說沒有命中注定這回事。」

「你講話倒像是個算命的。」

「我是蘇倫德拉，烏瑪沈村裡的莊稼漢。」這兩個人都懂得這種正式的介紹。

「你想要問的是什麼？」

「現在問不是時候，不過回頭我會再帶地圖來，標出接下來我們要去的地方，還有我們要在哪些地方停留。海德拉巴的站長並沒有告訴我們，到了邁所就要離開火車，結果弄得我們狼狽不堪。您能不能讓我知道接下來會有什麼情況，好讓我可以計畫周全一點？」

「明天早上你過來再說。現在你們該去洗澡、吃東西。」雖然站長要透過神父表達，可是他示意要蘇倫德拉跟神父一起離去，顯然是一番好意。他們兩個一起走出車站時，這才發現兩人身高差不多，腳步也一樣大。蘇倫德拉頗驚訝這個陌生人走起路來靜悄悄的。他們找到了村民，見村民正坐著問森古他先生問題。村民一見到蘇倫德拉就站起身來，並拿起自己的行李。

杰德夫叫他說：「蘇倫德拉，我們現在要去睡在外國神父的房子裡，到時候是不是要在他的廟裡拜拜呢？他看起來不像是吃得很好的樣子，而我肚子又很餓。」

「彼此彼此，我也可以這麼說你，朋友。招待所的伙食其實是不錯的，而且份量也夠吃飽。我們走吧！那些修女正等著要招呼你們呢！」

杰德夫還有其他村民聽到神父講孟加拉語，都吃了一驚，一面看著他彎腰，幫忙提起一捆行李，挽起兩個提盒便當，接著就開始橫過廣場，往森林方向走去。旅館老闆眼見村民要到別的地方過夜，卻一點也沒有失望的樣子，反而陪他們一起去，繼續問著他所記得的家鄉事：農作物、逢年過節，還有傍晚時大家外出散步的習慣。村民也很熱切地回答他的問題，很高興地暢談家鄉事，但對於自己的情況卻絕口不提。這支隊伍跟在神父後面，迤邐穿越廣場，走過小房舍之間，那些房子都附有精心打理的花園，然後往上坡路走向林間小徑。他們還以為已經出了市區範圍，但其實是來到了教堂的園林內，柳暗花明之間，他們已經站在一片光線明亮的院落，有幾個修女正在掃地，打理花圃。有些修女是外國人，有些則是印度人，大家一起分工合作幹粗活。村民驚訝地瞪眼看著，不再往前走。神父則走進了遠處的大門內，一面叫他們過去。阿瓏達悌一馬當先走過村民身邊，來到眾人面前停下腳步。她只對那些修女看了一下，就露出了笑容，其他人從來沒見到她露出這樣的笑容，然後她轉身跟大家說：

「走吧！這些女士就跟上次我在貝那拉斯迷路時收留我的那些女士一樣。走吧！我們在這裡會很自在的。」於是這個走起路來一搖一擺的胖女人，破天荒地領著大家，走進了一座未知的中庭裡。

阿米雅行為失常

中庭內三面都是低矮的白色建築，每座建築都有幾道門。第四面則有一道鐵柵門，可以見到門內的建築，非常高大，還有花圃。村民在空地上集合，一面訝異地看著周圍整潔的環境。這裡見不到要曬乾的牛糞，也看不到靠牆堆疊的工具和炊具，而且也不見灰塵。腳下踩的是青草地，刺著腳底隱隱作癢。村民不時改換姿勢，很認真地低頭細看，以研究大自然神奇的眼光看著草地。納倫和蘇倫德拉卸下肩上的背囊，舒展身子。娣帕卡則放下自己以及阿米雅的行李。盧努要阿米雅坐下來，而阿米雅卻完全像個突然服從命令的小孩，笨手笨腳地坐下，一點都沒有女性的優雅舉止。她自顧看著自己的雙手，嘴裡還哼哼唱唱的。黎娜像困在籠裡的野獸般，在中庭裡兜圈子，嗅嗅這裡，看看那樣，遇到不明究竟的，就先猛然倒退，然後湊上前去研究一番。米圖靠著門口坐著，描繪眼前所見景象。這已經成了他的本能習慣，一蹲坐下來就先摸出本子畫起來，甚至還沒開始打量周圍的廣場。此刻他正忙於素描其他人，見到的細節比那些瞠目而視的村民還多，渾然不知神父正在他身後，看著他的筆觸化為村民百態，包括他們那堆貧乏的隨身物、整潔的中庭，和傍晚的森林。神父呼喚大家：

「每個門裡面都有個小房間，你們帶自己的行李去找床位，有的房間有兩張床，其他的都是四張床，房間裡面有盥洗盆和毛巾，修女會送熱水來給你們。之後還會送飯來，有沒有人希望在日落之前先吃飯的？」

「有，拜託，阿米雅會跟我一起先吃。」

「那我也跟你一起吃，娣帕卡，雖然我並不喜歡守寡婦規矩，不過有你帶頭，卻有鼓勵作用。」

「那麼你們去住拐角房間，我們馬上送飯過來。山區裡的太陽很快就會下山的。」說完神父就走掉了，村民怯怯地探索著那些小房舍。漸漸地，他們各自認領了行李，走進寢室的黑暗中。房間裡光禿禿的燈泡驟然亮了起來，村民冷不防地先是嚇得驚叫，接著又笑自己大驚小怪。娣帕卡和黎娜津津有味地吃著送來的米飯、豆仁和蔬菜，一面不斷催阿米雅吃飯，可是阿米雅只是看著自己的雙手喃喃自語，那雙手一直打顫，不曾平穩下來。黎娜吃完飯之後，挪過去坐在阿米雅面前，開始輕哼起一首河邊村子哄小孩的歌曲。她拿起湯匙，邊唱歌邊餵這個灰髮老婦吃飯。阿米雅乖乖張開嘴，聽話地咀嚼吞嚥，並隨著老歌旋律輕輕晃著。她的目光追隨著湯匙，在食物托盤和自己的嘴之間游移，卻完全沒有看黎娜一眼。娣帕卡察覺到情況不對，幾乎要哭了，可是黎娜卻要她去擋住門口，免得讓別人看見屋內情景。娣帕卡依言坐過去，一面緩緩開始了晚禱儀式。中庭裡逐漸出現其他村民的身影，映著身後的夕陽餘暉，大家的精神都好多了。他們紛紛加入晚禱誦唱，結束之後，個個都心滿意足地坐著。修女送飯來的時候，長裙窸窣，鑰匙叮噹，於是引起村民的注意，將視線轉向大門口，烏瑪問其中一個修女：神父還會不會再過來？修女搖頭微笑。吃過飯並洗淨托盤之後，村民聚在一起談起這幾天的事情。起初談的都是所見所聞，然後環繞著那些外國人，以及他們送錢當禮物的事，接著又談到了眼前。此時大家陷入了沉默。結果是阿瓏達悌講出大家的心裡話，她問道：

「是什麼讓阿米雅變了？為什麼她舉止像個小孩一樣？」

「通常她都很精明能幹的，我們講的她統統心裡有數。」

「那就要小心，說不定她現在也聽得到。」

「不會，她已經睡了。」

「我恐怕她是鬼迷心竅了。」

「無知的婦人之見。」

「你別咒她。恐怕阿米雅是真的遇上了怪事。」

「她怎麼可能會被下咒？她一直都跟我們在一起，不可能有邪魔或巫婆攻擊過她的。」

「也有可能是我們大家都已經受到攻擊了，接下來就輪到我們跟她一樣。」

「噓，別講這種不祥的事情。」

「你是這樣認為的嗎？」

「我不這樣想，阿米雅向來都是最強的一個，要不了多久，她就會像以前一樣罵人了。現在只不過是因為阿信死了，還有為了之前也死去的兒女而傷心過度。」

「但是我們在哀悼往生的親友時，並沒有表現得像個女學生，還在頭上戴花。」

「你說得沒錯。」

「她是受到報應了。」

「她在齋浦爾多管閒事，去幫那個媳婦，所以遭到報應了。」

「哎，可是我們大家都有份，因為我們也講過反對向父母盡本份的話。」

「但只有阿米雅和阿信講過不要生孩子。」

「結果一個死了，另一個……？」接著是一片沉默。

「瘋了，沒錯，由我來說好了。我們見過畜生流口水、攻擊主人，你們也見過我那外孫痛苦地扭動身體，完全不知道自己在做什麼。阿米雅也一樣，已經不知道自己在做什麼了。我當然不知道這算不算是病態，但是我從外孫得來的經驗，知道要小心提防她。」村民驚恐地看著巴柏拉。阿瓏達悌低語說：

「當他們不知道自己在做什麼時，很有可能會傷害到別人的。我外孫就曾經用菜刀砍我們，身上也留下很多自己割傷的疤痕。」

村民的沉默更突顯了他們為這兩老夫婦感到難堪，然而盧努卻突然厲聲說：

「阿米雅的情況不一樣。以前她的言語最犀利，最能傷人的本事也是靠言語。她的病跟流口水的畜生不一樣，她是一直在腦子裡追著那些話語，直到這些話語都失去了應有的意義。我們只能想辦法，要求她分擔平常的負擔和職責，這些能夠讓她振作起來，重新掌握所有對她可信、有所幫助的一切。」

「說得沒錯，要是我們能讓她盡本份，她會看到自己可以做到的，這就像母親指導新娘一樣。」

「喔，老天，我們不要這麼狠心。」

「大家都躲得她老遠，結果是娣帕卡幫她扛東西。我們一定要讓她知道，我們希望她恢復從前的樣子。」

「她不會的，因為她已經遭報應了。」

「你可不能這樣說，我們只知道她變了而已。」

「我說她是遭到神明報應，我們得要防著她才行。」

「你只能防著你自己，因為她是我們的一分子，而我們現在又處在外人之中。我們一定要把她平安帶回老家去，到時她會再帶領我們大家的。」

「才不會，她永遠不會領導我們的。她命薄，她老公就是這麼說的。」

「她老公是個無情又自私的傢伙，大家都知道。要是她老公年紀輕輕就死掉的話，阿米雅的日子會好過得多，可惜她老公連這點好處都沒有替她設想。」

「就算是命薄的人也需要我們照顧。她現在跟小孩差不多，可是我們撫養孩子長大的過程中，有沒有處處防著孩子呢？沒有，現在卻這樣想，這真是要不得。要是我們好好照顧她的神智，她會恢復正常的。她也不是老是胡言亂語的。要睡覺前那陣子，她還在講貝那拉斯那些修女送給阿瓏達悌的紗麗裝。她也知道我們現在在哪裡，可是她心裡有痛苦，就像要生孩子的那種痛，所以眼前她什麼事情都沒法子想。」

「黎娜，可是話說回來，她有什麼要生出來的？又要生出另一個詛咒？還是招惹妖魔？」

「笨蛋，要是不聽我說，那就聽聽娣帕卡怎麼說。」

「黎娜講得對，阿米雅是有苦說不出，但是兩眼還是看得很清楚。我很難過見到她這樣丟人現眼，可是由於我們大家都不懂得她的痛，所以沒法安慰她。我們就等著看，但不要怕她。她永遠不會詛咒我們受到傷害的，因為她受的訓練是治療，可是她老是要聽我們呼喚她來看護我們的傷口，實在是累了。她心裡的傷口已經是舊傷了。」

「這麼說，人可以命薄卻又對別人有價值嗎？」村民聽到這個陌生的聲音，都嚇了一跳，原來不知何時，神父已經加入了他們。

「命中注定的一切跟我們現在怎麼做人，其實不太有關係，我們做人是跟眼前的善惡有關，我們怎麼面對善惡來表現，這才注定下輩子的命運。」

「你真是個哲學家，因為我聽過很多人都這樣說：由於一切都是命中注定，所以這輩子做什麼都無所謂，我也聽很多人說過，這輩子做的事情會決定下輩子，沒有什麼是命中注定的。你是認為兩樣都有？」

「喔，老天，那當然。我們的出生，就跟死亡、好姻緣、壞土地、旱災、水災、沒有兒子等等一樣，都是靠機緣，操縱在神明手中，我們向祂們祈禱。不過無論是我們對父母盡孝，或者做人正直、明理對待家畜，甚至是拜神，這些都是給神明的證據，神明會憑這些來斷定我們的下輩子。」

「所以永遠都有改善的機會，可以贏得神明的恩寵？」

「對，每一輩子、每個年紀都是。但是同樣也有失寵的機會。」

「你先停停吧，烏瑪。您是從大海那頭來的神父，以前那些來拜訪英國貿易商的傳教士總是告訴我們，沒有那麼多神明，也沒有命中注定這回事，更沒有輪迴。可是您卻跟我們坐在一起，也不開口責備人。難道您跟其他那些同樣穿黑袍子的人，不屬於同一個信仰的嗎？」

「名義上我們是屬於同一信仰，但是我認為人的所作所為，才是通往神明之路的關鍵。你們是農夫，你們的婦女是孩子的母親、做飯的人、治療者。你們為了求雨祈禱，為了洪水平息祈禱，為了孩子病好而祈禱，為了鍋裡有食物祈禱，還求瘟疫女神大發慈悲而祈禱，對不對？」

「的確是這樣。」

「就像您所說的。」

「我是個安慰者。我的工作是要看著修女和那些神職人員保持身體健康、為人服務，看著孤兒學會歡笑、長高長大，看著流浪的人能夠在我的門牆之內尋求到安寧。因此我為那些前來這裡的人祈禱，也為我自己的智慧祈禱，祈禱的對象是一位神，而我必須視這位神為智慧和安慰的賜與者。但是我卻不能因此說，你們的祈禱是錯誤的，因為你們的工作不是我的工作。我可以信仰一位智慧真神，但我不可以說你們也要跟我一樣才行。說不定我反而可以祈求那位神，也賜給你們智慧和安慰，而你們也可以祈求你們的神明，保佑我免於疾病，保佑我的花園不會鬧旱災。我並不負責管責備人的。」

「可是神父先生，那些遠在大海以外的人要是聽見您這樣說法，難道不會生氣嗎？」

「有點死腦筋的人或許會的。不過話說回來，你們那些祭司，甚至某些行腳僧，難道不會為了你們住在外國神父這裡而責怪你們嗎？」

「那就要看付了他們多少錢，又或者上次請他們吃得好不好而定了。」

「放貸者的貪心，祭司的飢餓，兩者都是無止境的。」

「你們認識的祭司沒有一個是好的嗎？」

「也許有一個，或者一兩個行腳僧。不過村裡那些祭司就跟我們其他人一樣，是常見的笨人。」

「老戴，講話可得當心一點，祭司也會詛咒人的。」

「你們怎麼分辨祭司的好壞呢？好的行腳僧是不是就是那些到處遊蕩，還把我這些修女嚇得半死的人？」

「喔，老天，當然不是。」

「您最好把門鎖上，讓修女遠離那種人。那些人都是吃迷幻藥瘋瘋癲癲的，而且無家可歸，所以很邪惡墮落。您最好要小心他們。」黎娜對神父搖著手指警告，神父卻微笑著說：

「有些行腳僧其實並不放蕩的，而且他們也不會來嚇唬別人。他們各自獨處，並跟神明講話，過路的人會留下食物給他們。他們是好人。」

「要不就是逃避責任的懶人。」

「巴柏拉，別亂講。」

「可是一個人光是獨自坐著不動，對別人沒有什麼好處的。這種行腳僧難道不是一個人坐著不動嗎？」

「那要看那個人本身而定。有些人坐定是為了修行，想要修練出偉大的靈性和法力。有些坐定是為了要學會怎樣去教導別人。可是我不知道他們要從哪裡找到信念，才能跨越出世的第一步。」

「兄弟，這是不是讓人苦思不解呢？」神父想要看清哈里斯昌德拉的臉，但是黑暗中卻看不分明。他沒有得到答案，黎娜卻又開口了：

「您說好祭司就像好鄰居一樣，可以由他的所作所為，以及在您有難的時候如何表現而分辨出來。可是我們怎麼能夠分辨出一個人的聖潔程度？這不是神明所保留而很少賜予的一面嗎？我們之中有個女人是逢廟必拜，能敬神之處就敬神。有人說她這樣做法，會讓我們大家招惹神怒，也有人說她為大家帶來福氣。但我們有誰夠資格評斷，神明對她的禮敬是怎麼看法？我們只能看到，她作為鄰居是個好鄰居，永遠熱心助人。如果一個祭司對人也是這樣，那就算是個好祭司。如果不是，他不但是個壞鄰居，也不是個好人。這有什麼分別？」

「我不知道，大娘。做我們的神職人員是受到感召向善，但是你們的神職人員不是父傳子的嗎？」

「是這樣的。」

「這麼說來，我們是自己選擇承擔一份職責的，可是你們的村祭司在父傳子的時候，難道沒有傳下什麼嗎？」

「有啊！他們把貪心和狡猾傳下來了。」

「我看到這中間的不同了，因為我們所受的訓練是要成為好榜樣，守護著善，可是你們的祭司所守護的，卻是他們繼承的一切？」

「不，這也不完全正確，有的也努力成為村子的守護者，有的成為導師，努力教我們什麼是對的。」

「他們反對村中的改變嗎？」

「喔，老天，那些鑿水井的人來村子裡的時候，您真該聽聽祭司怎麼個鬼叫法，而且他們也不願意讓那些大專畢業的老師來村裡，只想要把村裡的小孩留在廟台上。這實在很不好。」

「不過話說回來，杰德夫，只有我們村裡才這樣？還是別的村子裡也一樣？」

「當然是別的村子裡也一樣。我沒跟你講過我在市場上聽到的事？大河灣北邊村裡的祭司把那個年輕老師的茅屋頂放火燒了，用這方法把他趕走。」

「喔，老天，真笨。」

「你們的情況也一樣嗎？你們的祭司也反對改變？」

「壞祭司就會，還有很多也好不到哪裡去。我想這是因為他們誤解了祭司的職責。」

「那職責是什麼？」

「安慰我們的鄰居，不管出現的問題是新的還是老問題，不管傷心難過是因為改變或不變而引起的，反正就是為大家提供堅穩的安慰，不管為什麼事或為什麼人。」

「可是有哪個男人或女人堅強到這種地步，可以做得到呢？我們都跟蘆葦一樣。」

「唯有神明賜予天賦的人才能站得住。我們都被太多的傷心難過給壓垮了，而且又沒有什麼可以找到人生樂趣的途徑。」

「那你就得蒙受辯才天女的祝福才行，因為要是你想安慰大家的話，只有女神和她的音樂才能為你帶來安寧。」

「我沒說我有天賦，我是說，這在我看來是一種職責。」

「回教徒也需要人給他們安慰嗎？」

「他們也有他們的傷心苦痛。」

「連他們的小娃娃在火車上也睡不好的，黎娜，對不對？」

「這跟那有什麼關係呢？」

「我們一定要在這些舒服的床鋪上好好睡一覺。雖然我們在講天賦，可是娣帕卡已經在作夢了。」

「真抱歉，我耽擱了你們睡覺。」說完，神父就起身走了。

「娣帕卡，上床去睡吧！神父也走了。」

「哎，他在講話的時候，我是不是睡著了？喔，老天，真丟臉。我這老骨頭真是不中用了。」

「那你就進屋裡去，讓老骨頭歇歇吧！」

「你們看那些星星多大，離得我們好近。」

「那是什麼在嚎叫？」

「只不過是森林裡的一條狗。」

「去睡吧！狗兒，你這樣叫法嚇到我們這些老傢伙了。」

「頭腦簡單的人啊！這些南方狗哪裡聽得懂孟加拉話。」

「你怎麼知道？你聽，牠靜下來了。」

「喔，老天，等我回到村子裡告訴大家，說娣帕卡跟森林裡的狗講起話來，不知道他們會笑到什麼地步。」

「大概就跟她告訴他們，說你三更半夜都不曉得要上床睡覺一樣。」

「啊，老婆，我覺得我變年輕了。要是有根笛子的話，我現在就會吹它。今天晚上實在不該睡覺，應該用來聊天、演奏音樂和做好夢。」

「那就安安靜靜去做你的好夢吧！好讓我們這些曉得要睡覺的人可以好好睡。」

「你這女人真不能算是個真正的孟加拉人，對美一點感受都沒有。」

「別吵了，要吵等天亮再說，不要挑現在這時刻。」

「晚安，晚安。就算是住在一個傷心外國人的房子裡，我們也安詳得很。烏瑪姐送了我們一份大禮。」

「唉，可是也夠累人的。」

阿米雅眼看著黎娜和娣帕卡離開她身邊：

「她們還以為我睡著了，最好，說不定這樣可以讓我一人清靜清靜。老是要我吃東西，要我過去，扛行李，過來幫我們做這個，治療那個人，示範給我們看，教我們怎麼做。唉，我累了。黎娜把我當小孩一樣餵飯，這也很容易做到，我的兩手一直平穩不下來。奇怪，我們打破車窗之後，蘇倫德拉在火車上就先見到我的手發抖。這雙手再也不能發揮醫治本領了，不，它們從來都不是治病的手，從來都不是。要學習已經太遲了，總是太遲了。唉，那麼多我想醫好的人結果都死了。阿信，那個小男嬰，我自己的兒子們，太多個，太多個了。將來總有一天，齋浦爾那個女子可以幫人醫病的。她會改變這種女子無才便是德的風氣。不對，笨蛋，這不是真的，她會被婆婆逮到，囚禁起來，就像我以前一樣，然後生出一個又一個白癡，討那家人歡心，傳宗接代。這是命中注定的，向來都是注定的。為什麼，為什麼這麼叫人心痛？我對命中注定感到心痛，黎娜卻不會。不，黎娜讀書識字，並不感到心痛。說不定她也心痛的，她那雙眼睛也已經見過很多了。不會，她並沒有像我一樣努力救治人，她也沒有對神明無禮。我就像個跟小叔秘密通姦的老婆——誤用了天賦，還瀆了它。唉，唉，每次想到就痛心。連沒腦筋的阿瓏達悌也會想的。現在他們談論起我，談他們該不該怕我。不會再有了，不會再有了。我的醫治運已經過去了，沒有必要害怕一個沒有醫治能力的人。或許我該出去告訴他們這點？免了，免了，我看他們會更害怕。可憐的孩子們，可憐的孩子們，就這樣走上了死路，而且大家永遠眼睜睜地看著他們死掉。永遠只能眼睜睜地看著，兩手卻幫不上忙。那些眼睛總是在求我。問題總是在雙手。太遲了，太遲了。可憐，可憐的孩子們。」後來阿米雅終於陷入了她自己的惡夢中。

巧手米圖

到了早上，修女送來更多熱水，村民中的婦女則很高興地洗了所有衣物和鋪蓋，把它們攤曬在外面的青草地上。有幾個男人跟蘇倫德拉去找站長商談，由森古他幫他們翻譯。修女則帶婦女出去走走，她們先去參觀女修院、教堂以及招待所的其他部分，然後去看孤兒院，最後是到鎮上逛逛。她們出去之前，先把所有東西都收起來，因此米圖回到中庭裡時，發現空空如也，於是到處找他的行李，等找到了那塊老黏土，就用水潤濕了黏土揉起來。他低頭坐著，傾身向前，長腿伸向前方，再把黏土放在兩腿之間的空地上，垂著白頭看著雙手工作。過了很久之後，他試著塑出形狀，但黏土卻碎裂了，不聽他的手指使喚。神父站在一邊看著。

「這塊黏土不好，我有些比較好的，你要不要試試看？」

「要是您有多的話。」

「我去拿來給你。」

米圖繼續對那塊黏土下功夫，及至見到神父真的拿了已經揉好的濕黏土來，便迫不及待地把原有的黏土推到一邊，伸手去拿新黏土：「難道您也會做陶工嗎？神父手邊怎麼會有揉好的濕黏土？」

「我們後面有個窯，還有個小小的陶藝學校。有時候那些陶匠也會教我，可是我的手不夠巧。」

「謝謝您。這是好幾個星期以來，我的手指第一次摸到黏土。」

「可是你會畫圖，昨天晚上我看到你在畫畫。」

「那不一樣的，雖然說這兩件事都可以讓我的手指不會閒著。」

「你都畫些什麼呢？」

「畫我們看到的東西，我們做的事，旅行時眼中看到的別人是怎樣的。有時候也畫畫村裡的景象，因為其他人想要記得。」

「我可不可以看看呢？」

「這些圖畫得不好，您一定已經看過很多畫得比我好的了。」

「我很想看看。」

「等一下。」米圖取了一個小包袱回來，解開它，拿出六本練習簿給神父，馬上又對黏土下起功夫來。這兩人靜靜坐著，一個在工作，一個在審視著每一幅圖畫。有時候神父還停下來，凝望米圖，想要看清他那張埋頭苦幹的臉孔。米圖並沒有抬眼望他。他很泰然自如，那種默不吭聲是工匠用心工作的表現，而不是害羞。陰影逐漸拉長了，最後米圖把腿下那塊小工作板推到一邊，濕黏土閃閃發亮，米圖轉著那塊小板，從各角度審視著那尊小塑像。

「行了。」他說。然後舒展身子，開始洗起手來。

「塑出來的這些人物是誰？」

「那個在唱歌的男人是阿信，我們的領隊，他死在孟買。那個女人是娣帕卡，就是那個頭髮幾乎全白的女人，有人稱她做憨婆。他們兩個年輕時經常一起唱歌，我們大家就圍著聽歌、夢想。阿信後來當老師，娣帕卡嫁作人婦，生兒育女，做了媽媽，現在則是寡婦。阿信死的時候，只有她送終。她是逢廟必拜，見到所有神像都禮敬的。她叫我塑個阿信的像，比照回教徒立墓碑留個紀念，好讓我們記得他從前開心的樣子。我只知道他在唱歌的時候最快樂，所以就塑了他唱歌的模樣。」

「塑得真美。她彎腰朝向他，可是兩人都因為音樂而受到鼓舞，順著他的眼光提升。」

「要把這個塑像帶回火車上恐怕很難，說不定會打破。」

「要不要去燒燒？現在這時窯還是熱的，因為那個陶匠今天有開工。」

「我欠您的情真是太多了。」

「哪裡的話，弟兄，我倒想請你再塑個像，隨便你愛塑什麼都行，等你回村子之後，我可以把它留在這裡當紀念。」

「您想要我塑的像？」

「對，隨便你塑什麼。這些圖畫很難得，可是它們一定要擺在一起，不可以分割，因為你畫的時候就是這樣。如果你能用你這雙巧手做點別的東西給我，我會很感激的。」

「我實在受寵若驚。恐怕我做不來。」

「你當然做得來。現在就是時候，你還有黏土，我先趕快把這個送到窯裡去燒。」

米圖坐在原地，看著神父謹慎萬分地捧著塑像走開了，接著他的手指很自然地又摸向黏土，開始工作起來。其他村民回來的時候，太陽已經下山了，他們見到米圖正用手撫順一尊小塑像的曲線，旁邊有幾尊已經完工了。完成的塑像裡有一尊是個懷裡橫抱著孩子的女人，彎身朝向鍋子。這尊塑像具有一種少見的優雅崇高氣質，村民圍攏過來，興奮地指指點點談論著。另外一尊是一對互擁男女，線條明快、高雅，男人將女人擁在懷中，女人的頭則貼向男子的臉。這兩尊塑像的臉孔都是趁黏土仍然濕潤時，仔細塑捏出來的。擁抱的男女呈現出安詳，女人與小孩的塑像則帶著濃烈的關懷之情，流露出相當強烈的悲劇感。

「你們看，他塑了阿米雅的像，去年收成時節阿米雅照顧垂死的孫兒，就是這副情景。這女人彎身的姿勢就跟阿米雅一樣，阿米雅抱小孩的表情，看起來就是跟所有人都不一樣。」

「米圖，你在村裡的時候，從來沒有做過這樣的塑像。」

「如今我已經見過很多用心描繪出來的臉孔了。我正在學習。」

「還有這一尊塑像，這可不是我們村裡的納倫和盧努嗎？沒有人比他老婆高出一個頭的，也沒有哪個老婆是只有見到夫君出現才成了美人的。」

「米圖，你得趁他們還沒回來之前，趕快把這兩尊塑像藏起來，不然他們看到會生氣的。」

「你認為會這樣嗎？」

「要是他們見到塑像在眾人眼前公開，他們會生氣的；但如果私下見到，就不會生氣。」

「他說得沒錯，米圖，你趕快把它們藏起來吧！」

「他們跟送飯的一起來了，還有神父。」

於是那兩尊美麗的塑像就匆匆收進了黑暗中，那些見過塑像的村民也假裝在忙別的事情，絕口不提米圖的手藝。米圖蹲在水龍頭前面很久，清洗雙臂與雙手。等回到中庭裡時，就只有他那盤飯菜仍然滿滿的，其他人都正在吃飯，還一邊跟神父聊天。有的村民去看了舞蹈表演，有的曾到市場逗留，還有幾個男人去爬過山。他們講著花草，講著樹木的高度，茂盛的枝葉。談話輕鬆愉快，阿米雅也加入其他婦女，聊起南方奇異的面具舞蹈，也講到跳舞兒童的技巧。夜深了，連黎娜也坦承她的睡意。等到中庭裡人去一空時，神父這才輕聲跟米圖說：

「窯還是熱的。」

「那我們就過去吧！黏土都用完了，我塑好了兩尊像。可是絕對不能給其他人見到。」

他們抬著塑像板，閃閃縮縮地越過中庭，沿著一條步道走進一扇黑暗的門內，經過很多條寂靜過道，米圖覺得過道裡充滿奇怪的氣息，其實那是地板蠟的味道。最後他們走出這座建築，又經過兩座中庭和一處花園，然後進入一座穀倉，裡面有個瘦削、膚色黝黑的男人，正滿身大汗地站在窯前。這人周圍是一盤盤小茶杯、速成的水罐，以及小油燈。有張桌上擺了才燒好的基督十字架苦像，上面的耶穌眼睛刻畫成斜斜的，跟那些行腳僧唸經時的眼神一樣。桌子一頭擺著米圖塑的阿信及娣帕卡肖像，摸起來還是熱的，但燒得很完整，可說是大功告成了。那個陶匠以欣賞的眼光端詳著這兩尊剛送來的新塑像，神父彎腰細看時也吃了一驚。最後，陶匠把這兩尊塑像小心翼翼送進窯裡，關上了窯門，轉過身來指著米圖，一面跟神父講話。

「他說燒完這趟今天就結束了。你要不要喝點茶？他說他認為你是個了不起的藝術家。」

米圖鞠了個躬，不過他們都沒見到他臉紅了。然後他接受茶水招待，三人就蹲踞在燈籠旁邊。陶匠透過神父問了米圖很多問題，一壺茶都喝完了，神父這才說：

「這兩尊新塑像人物，都是跟你在一起的人嗎？」

「是的。抱小孩的女人是阿米雅，她現在有病，但是以前很會治病。她本來想做醫生，可是家裡卻不讓她繼續上學，結果奉父母之命嫁得很不好。懷裡的小孩是她孫子，去年收成的時候死掉了。那對男女是那個高個子的納倫，還有盧努，那個臉部輪廓看起來很分明的女人，她畫畫比我行，不過她畫的是彩色，不是黑白的。她的畫冊很可觀。他們兩個都是沉默寡言的人，不過從她做新娘開始，他們一直恩愛得很，沒有旁人在場的時候，彼此都向對方露出最迷人的笑容。他們一家很齊全，都是村裡能力很強的鄰居。納倫跟蘇倫德拉一樣是個好農夫，可是他志在四方，村子對他來說太小了。他很喜歡喜馬拉雅山。盧努則是個很好的管家，也跟阿米雅一樣會治病，但是對她來說，村子也是太小了。有時候陶匠很寂寞的話，可以到他們家裡聊聊天。」

「你講起話來就像是什麼都看在眼裡的人。」

「通常人家都叫陶匠到家裡去修補東西，或者帶器皿去。我從小做第一盞那樣的油燈開始，他們就認得我了。不過陶匠地位不同於農夫。」

「兄弟，對大多數人來說，村子是不是太小了呢？」

「在這趟旅行之前，不是的。之前我們的見識只限於村子，沒有幾個人像阿米雅、納倫、盧努，或文書哈里斯昌德拉一樣，他們老是渴望渡河到外面的世界。其他人像杰德夫、巴柏拉，以及絕大部分的女人，對他們來說，待在村子裡已經很夠了。」

「現在呢？」

「情況會改觀的。」

「對你而言嗎？」

「對我而言，以後村子必然是太小了。我已經參觀過博物館，見過大藝術家的手法，我希望看到更多。」

「那麼你先過來看看我們這裡收藏的少數圖畫吧！」

神父帶著兩個陶匠又回到前面的建築裡，來到禮拜堂，讓他們看那些繪畫、雕像，以及耶穌釘十字架像。米圖認為它們是他前所未見的精美作品。神父卻語帶責備地說：

「哪裡，比起加爾各答和德里博物館裡的收藏品，這些差遠了。你是因為在燭光下見到這些受人敬愛的東西，所以它們看起來還不錯。」

「您會怎麼處理我送您的塑像呢？您會保留它們嗎？」

「如果可以的話，我會保留阿米雅的塑像，這尊塑像顯示出在別人需要時，提供慰藉是多麼艱難的事。我會把它放在案頭，每天都看得到它。」

「我可不可以看那地方？」

神父領著兩人經過一條長廊，上了樓梯，最後來到一間黑暗的房間裡。神父點亮了油燈，米圖這才見到自己置身在一間擺了一排排書籍的房間裡，只有窗前沒有擺書架。到處都是紙張、小雕像，或者小擺設。米圖瞠目結舌地站在當處，神父坐下來看著他，另一個陶匠則靠著門框，蹲下來等著。米圖的目光游移過一架又一架的書籍，有時見到某些特殊的東西，還走上前去細看，他什麼都不敢碰，等到神父示意他可以隨意翻書時，他馬上照做了。然後他又見到架上有兩尊白色雕像，於是走上前去。這兩尊都用象牙雕成，長度如同米圖的手掌，他認出其中一尊是辯才天女，但是這尊智慧女神像卻比他見過的任何一尊都更憂傷、更美麗。另外一尊是個抱著孩子的女人，頭上披著像紗麗般的頭巾，整個形狀所呈現的優美，使米圖很想撫摸一番。於是他轉向神父。

「這些是誰的？」

「我想該說是我的吧。」

「您雕刻的？」

「不是，它們是從海外來的。雕刻的人很久以前在這裡待過，你看，我還有他的工具。」神父打開櫥櫃的一個抽屜，在米圖面前擺出一列鑿子和刀子，這些工具之專業，是米圖前所未見的。神父向他解釋每件工具的用途時，這位陶匠滿懷敬意地一件件拿起來端詳。抽屜又關上了，米圖再度看著那兩尊象牙雕像，一時沉默不語。最後他朝著門口走去，另一個陶匠站起身來，神父則彎腰吹熄了油燈，此時米圖對他說：

「我很慚愧讓您見到我塑的黏土像。」

「不用難為情，你的是渾然天成的藝術。我想，要是你不用繼續上路的話，我們可以合作很多東西的。說不定哪天，你會再回到這裡來，幫我們教堂周圍做一長排的塑像，我聽說你在孟加拉仍然在做這項工作。」

「對，每年雨季過後我都要幫村廟重做一次。」

「啊，聽你這麼說，離別就讓我的心頭更沉重了，因為我實在很想看你的這種手藝。走吧，你已經忙了一天，一定累了。」

乞丐的女嬰

第二天大早，那些婦女就到市場上去，買了新鮮食物，裝滿所有的提盒便當。蘇倫德拉到車站去做最後一次商談，可是卻沒有因此安心下來，走回中庭的時候，顯得垂頭喪氣。納倫和盧努正在向神父解說盧努畫冊裡的作品內容。米圖以明顯的自豪看著他們。後來神父被人叫走了，一直等到村民集合要離去時才又出現。他回來時，扛了一個大盒子，用扭股繩綁著，繩子一端從他肩上垂下來。他把繩子拋向米圖，米圖接過來之後，卻訝異地發現盒子並不重。

「我把那幾尊像包得很好，不會打破的，只要小心不要讓它們沾水變濕就行，因為只在火裡烤過一下是無法保護它們的。」

「這個漂亮盒子怎麼辦？」

「哪天你回到這裡時，就帶來給我，並且讓我看看怎樣在牆壁上塑像。把你的工具都放在這盒子裡，不要讓你的孫子們亂搞。」

神父向米圖鞠躬，但這陶匠已經彎腰伸出雙手，去摸神父的腳表示敬意。神父扶起米圖，然後也彎腰去摸米圖的腳，其他村民看得驚訝萬分。

「我們是這門手藝的同道。」

「我實在非常榮幸。」接著米圖轉身，很快地帶頭往山下火車站走去，其他人則慢慢跟在後面。火車站有一小群人正在等車，米圖認出其中兩位修女，她們露出了笑容，於是米圖曉得她們也要離開這城鎮。等到修女走開後，米圖便輕輕放下盒子，並卸下鋪蓋。

火車就像一列村民見過的蒸汽火車頭的奇特縮影。車廂是透空的，上面架的木蓋車頂油漆得很鮮豔。火車頭雖然沒有納倫那麼高，承載的煙囪卻像是無法支撐到路程結束的樣子。等到職員統統上了車之後，響起的音樂倒像是打嗝的聲音，通知乘客上車。乘客嘻嘻哈哈地紛紛上車，完全沒有平地人那種爭先恐後的瘋狂。村民三五成群分散開來，卻得以望見後排座椅，並見到車廂裡的其他隔間。有很多陌生人跟他們坐在一起，因此大家紛紛擾擾地花了一段時間，以協商怎麼擺好那些包袱、鋪蓋和行李箱。神父也在月台上送行，還向他們鞠躬。火車緩緩向前駛出車站，並沒有響起可笑的汽笛聲，一直到轉了大彎，離了該鎮範圍之後才響起。那時汽笛聲聽起來就沒有那麼格格不入，而回音也像是一個依依不捨的小孩，哭了很久之後舒一口氣似的。

「我想我們經過這番休息之後變年輕了。」烏瑪轉過頭去對娣帕卡說。她們跟阿米雅以及盧努坐在一排長椅上，對面坐著兩個修女，還有一個年輕女子在為嬰兒哺乳。那個女子穿得很俗艷，肩上佩戴了一枚閃亮飾針，用金屬線盤成花朵形狀，鑲上彩色玻璃，附在一枚很大的別針上，可是顯然是個窮家女。兩個修女彷彿認識她，於是對她點頭，又朝著嬰兒微笑，但兩人又一面挪開去，擠在隔間角落的長椅彼端。盧努和阿米雅在看窗外的森林隨著火車逐漸蜿蜒下山，逐漸由深綠色轉為各種不同色調的淺綠。烏瑪不時到處走動，查看其他村民的情況，每次跑回來就向娣帕卡報告。沒多久，大家都在抹著飄到眼睛和臉上的煤灰，因為火車頭正好來到一處大轉彎，於是噴出的黑煙就吹進了透空的隔間裡，這時可以見到遠處下方的褐色平原，一直伸向地平線。

「看起來好熱。」阿米雅喃喃說道。

「對，又熱又乾。不過這座山的確是很美的。」盧努答道。

修女遞了一些香蕉乾給大家，這些孟加拉村民嚐了之後很喜歡。這時卻忽然聽到嬰兒尖叫大哭，於是大家都不約而同望向嬰兒。

「她被勾到了，她的眼睛被飾針勾到了，抱住孩子，別動。」娣帕卡和阿米雅一齊尖叫說，並要那女子別動，因為那女子正扭著身子，要看小孩是怎麼回事。修女和藹地對她輕聲說話，一面往前挪向她，但她卻對她們怒吼，修女只好退避一邊。嬰兒的尖叫啼哭引得其他人紛紛轉向長椅這邊。原來這個年輕媽媽把孩子舉到肩膀上，於是嬰兒在轉頭之間，被飾針勾到眼皮邊緣，娣帕卡和阿米雅站起身來，努力保持身體平衡，彎腰想幫孩子慢慢解掉勾住的飾針。但她們都還來不及碰到小孩，那個媽媽就已經用蠻力硬把小孩扯開，導致孩子發出驚心動魄的尖叫，血流滿面，娣帕卡用自己的紗麗掩著孩子的傷口，那個年輕媽媽卻只顧著整理身上的衣服。

「說不定她把孩子的眼睛弄瞎了，弄瞎眼了！」阿米雅尖叫著說。盧努輕拍著她，拉她在長椅上坐下。她們很不自然地坐著，傾身向前想要看清楚。那個年輕媽媽講了些話，而原本被人推開的娣帕卡，這時突然坐下了。嬰兒終於安靜下來，因為媽媽硬把奶頭塞進了她嘴裡。這嬰兒抽抽搭搭地吃著奶，卻又被疼痛嚇壞了。血流到她耳邊，開始慢慢凝乾。這幾個女人此時看出小孩的眼睛沒有傷到，可是眼皮卻皮開肉綻，劃了一道很深的傷口，斜向太陽穴。

娣帕卡見到傷口，知道孩子一定痛得要命，此時烏瑪感到這位老婦冰涼的手抓住了自己，接著娣帕卡就把頭伸到車窗外，嘔吐了起來，而且吐得很兇，她一直在乾嘔，嘔到整個人都虛脫了，於是修女把她拉進車窗裡。阿米雅坐著瞪眼看著那個母親。有時她會鬆開互握的雙手，忍不住要伸向嬰兒，但還沒碰到孩子之前，她又極力縮回，然後扭絞起兩隻手。烏瑪問修女：

「她知不知道這樣做可能會把孩子的眼睛弄瞎了？」

那女子用印地語回答說：

「做乞丐最好是瞎眼，將來她反正要做乞丐的，倒不如做得容易一點。」

「這孩子長得很漂亮，這個可怕的傷口會讓她留下疤痕的，你最好帶她去看醫生，免得將來留下很大的疤痕。」

「什麼？為這種事情花錢看醫生？漂亮又有什麼用？等到能夠靠美貌賺點飯吃的時候，美貌很快就會消失了。最好讓她留下大疤痕，有錢人才會多看她兩眼。這些血跡可以幫我們今晚和明天討到一點錢。」

「可是你讓孩子痛得要命，難道你不在乎孩子這樣哭叫嗎？」

「我整天整夜就只聽到她哭叫，什麼都聽不到，多哭叫一次又有什麼大不了？要是你們安靜的話，她就會睡了。」

「你真是個狠心、沒有腦筋的女人。」

「而你就像個愛管閒事的奸險婆婆，唯一的陰德就是施捨上門來跟你乞討的乞丐。」盧努問這女子說些什麼，烏瑪於是翻譯給她聽。女子很留神地看著她們，等到烏瑪講完了，這女子突然伸出手，像唱歌似的說著乞討好話。娣帕卡又乾嘔起來。盧努緊繃著嘴，僵硬地靠著長椅坐著，看著窗外景色，卻視而不見。阿米雅猛然轉向盧努說：

「把她畫下來。」

「什麼？阿米雅姐。」

「把彩色筆拿出來畫她，也把血跡畫出來。」

「可是這很恐怖的。大姐，這又為什麼呢？」

「這也是旅行路上的部分。你畫旅行過程，也畫了我，現在你就畫她，因為不該忘掉這件事。」

「這件事太恐怖了，我畫不來。」

「不恐怖，她長得很美，孩子也很漂亮，你就照樣畫，但是要把我們見到的情景都畫出來。火車很快就會開到平原上了，時間不多。」

「這不是很好的回憶。」

「好的回憶只有一點點的，你別傻了。這件事對我們很重要，我們一定要用心記住，因為她是對的。你現在就畫吧！」盧努聽從地開始描繪起來。烏瑪問阿米雅：

「為什麼說她是對的？」

「做乞丐最好是有個疤痕或瞎了眼，我們這些施捨的人其實就是造成這結果的主因。我們跟她一樣有罪。她是對的，因為對這個孩子來說，長得再漂亮又有什麼用？問問那些修女，這姑娘是不是窯子裡的女人？」

烏瑪聽了這話，心裡一寒，但卻照做了，修女回答時低垂著眼，這女子的確是個妓女的女兒，雖然被送到她們的學校裡上學，可是等到有男人要她去街上賣春，她就身不由己了。她回到她們那裡是為了生孩子，她們一直讓她留下來，但後來實在因為人言可畏，而被迫把她送走。現在這女子要回到她原來的城市去，孩子將來也一樣會耳濡目染，並步上同樣的後塵。

「日子要怎樣才能過得好些？把自己關在自己耀眼的牢籠裡，永不歡笑，只告訴別人他們哪裡做錯了？不，她現在是留了疤痕了，但起碼將來會賺到一些好東西的。」

「等她老了怎麼辦？」

「老了當乞丐不是更占便宜？頭髮灰白反而會贏得大家的同情，老奶奶，難道你沒發現這點可以讓你倚老賣老嗎？」這女子說道，一面怒目看著烏瑪。烏瑪把她的話翻譯出來。後來的旅途就在沉默中度過，只聽得到孩子不斷的哭叫聲。

第九章

柯墨林角

平原上有座橋被炸毀了，因此傍晚時村民下車走路，沿著空火車旁邊往前走，這時天仍然很亮又溫暖。其他乘客都在聊天，像去野餐似的。沒有人知道這座橋為什麼會遭到攻擊，那些能夠和村民溝通的人談到這話題時就輕輕帶過，沒怎麼當一回事，彷彿很尋常。村民不知道他們要往哪裡去，也不知道要在哪裡才能找到解決當晚食宿的地方。他們離開山區小火車，轉搭主線快車時，阿米雅又開始搖搖晃晃。娣帕卡和盧努很費力地帶著她跟上隊伍。有時其他陌生人經過她們身邊，見到這個披頭散髮的女人，都趕快跑開，一面指著這三人，大聲叫別人避開她們。烏瑪和阿瓏達悌愈來愈落在後面，黎娜在暮色中回過頭去找她們，催她們往前走，最後是她幫這兩人扛了鋪蓋，才設法讓她們跟上其他人。天色黑了，這時也見不到其他多數乘客，村民彷彿奉命般自動停下腳步。

「我們要去哪裡？」

「前面會不會有強盜呀？」

「前面有燈光的地方是哪裡？」

「這個提盒便當好重，不如你來提吧？」

「阿瓏達悌在哪裡？」

「我們要從哪裡過河？」

「什麼河？」

「噢？當然是橋垮掉的那條河啊！火車本來要過河的，所以我們當然也要過河。」

「你們有沒有聽到那些狗在叫？」

「附近一定有個村子。」

「沒有火就沒法讓狗遠離我們。」

「我們現在要去哪裡？」

「蘇倫德拉在哪裡？」

「他不在這裡嗎？」

「他已經先到前面，打探有沒有過夜的地方。」

「自己一個人摸黑過去？」

「他在村裡也這樣走法嗎？」

「他不認得這地方。」

「這條路很安全的，走在前面的那些人一定回到他們自己家了。」

「前面是不是有個市鎮？」

「你們看，那裡燈火很亮，那是個市鎮。」

「還有沒有東西可以吃？」

「拜託，這裡黑漆漆的，你不能在黑暗的陌生地方吃東西。」

「我在哪裡都可以吃從我老婆手上拿到的東西。」

「你命好。那麼老婆已經死很久的人怎麼辦？又或者老公陰魂不散來咒我們倒楣的那些女人怎麼辦？」

「別講這種話。」

「算了吧，吃點東西總比一面等、一面發冷要好。還有什麼吃剩的沒有？」

「我不知道。」

「我來看看。你把便當盒打開，壺裡還有些冷茶。」

他們吃得很快，不時在黑暗中環顧周圍，生怕跳出什麼東西來，撲到他們身上。他們並沒有留意那條路，因此當蘇倫德拉大喊時，嚇得他們跳起來。

「喂，你們怎麼停在這裡不走了？我告訴修女，說你們大概停下來睡著了，卻沒有想到會發現你們在摸黑大吃大喝。還有沒有剩下一兩口？」

「不只一兩口而已。不過你先告訴我們，你有什麼發現？」

「從山上神父招待所來的那些修女，已經先到鎮上她們的修女屋去了，正在幫我們準備睡床，還通知其他人說我們會到。因為神父交代要照顧我們。」

「你找到那個鎮了嗎？」

「不怎麼遠。你們見不到鎮上的燈光，是因為燈火不多，而且我們還得先往山下走一點路。」

「鎮上沒有火車站長嗎？」

「啊，有的，他晃著燈籠，正在叫喚從路上走來的人。托那些炸橋者的福，他現在可有時間了。我問他，我們要睡在哪裡，他說睡在路上。沒關係，反正那些修女人很好。」

「我們快走吧！烏瑪的腿在痛，而阿米雅和阿瓏達悌都在耗別人的力氣。」

「給我一點時間吃吃東西，哈里斯昌德拉，你有火柴嗎？」

「你想抽菸？」

「不是，我們弄點草，來做個火把。」

「路上一根草也沒有，我已經找過了，這裡整片土地什麼都沒有，就只有乾裂的地面和灰塵。」

「那個警察說過，過了山區情況更差。」

「總有什麼東西可以做個火把吧？」

「我的舊報紙。」

「舊報紙燒得太快。」

「不如讓抽菸的人統統點起土菸來，就算是菸頭的火光也夠讓我們大家聚在一起。」

「把那兩個便當盒給我。杰德夫，你幫烏瑪提一個便當。」

捐錢給孤兒院

他們走到了哥印拜陀鎮上，兩個修女前來迎接他們，因為難得可以在夜晚外出，她們興奮得渾身顫抖。在寂靜的街上走了一段路之後，修女指點村民走進大門裡，他們見到眼前出現的燈光，還有白色人影匆匆走動。修女請他們先等候一下，村民雖然聽不懂她們講的話，但從表情上卻能了解其意，於是蹲坐下來靜靜待著。阿米雅又開始哭訴了。納倫和蘇倫德拉卸下背囊，放到地上，但一聽到鏗鏘碰撞的聲音，馬上警覺起來。過了一會兒，換了個修女出來迎接他們，這個修女講英語，因此哈里斯昌德拉非得豎起耳朵傾聽不可。

「歡迎。你們吃過了嗎？想要洗澡嗎？有沒有人生病不舒服？」

「是的，院長，我們已經在路上吃過了。我們身上很髒，不過可以洗冷水，請不用準備熱水。我們其中一人因為舊傷發作而疼痛。」

「帶那個人過來我這邊。」

哈里斯昌德拉向烏瑪解釋後，另一個修女就把烏瑪帶走了。杰德夫突然對哈里斯昌德拉講了些話，這個文書還來不及翻譯，那個修女又開口了：

「這位一定是那女人的丈夫了。你告訴他，她是去看醫生，因為醫生現在還在這裡。這裡是醫院兼孤兒院。」

「孤兒院？」

「等於一個家，專門照顧那些父母無力照顧的孩子，或者是父母死掉的孩子。我們這裡很擁擠，不過要是你們有鋪蓋的話，學校的遊廊還有教室都可以睡。」

「我們有鋪蓋。」

「那就請跟我來，拜託保持安靜，因為那些病人和孩子們都睡了。」

哈里斯昌德拉告訴其他人修女講了什麼，於是大家就拿起行李一起跟著修女，沿著中庭走進去。一路沒什麼人開口講話，顯見大家都已筋疲力盡，修女轉過頭來，對哈里斯昌德拉說：

「我們走到燈光下的時候，你一定要數清楚是不是都到齊，有沒有人在黑暗中走丟了。」

最後一個走過燈光下的是黎娜，由於扛了一大堆行李捆，所以幾乎看不到她的人，哈里斯昌德拉幫她分擔了兩件行李。

「你在做什麼？」

「在清點人數，看看有沒有少了人。」

「你對我這雙老眼這麼沒信心，以為我會在一條直直的路上看走眼，讓某些人走丟了？」

「是院長要我清點人數的。」

「做得很對，我們都到齊了。」

「烏瑪回來跟我們會合了。」

村民來到一間大教室裡，修女示意他們攤開鋪蓋。這時也送來了盥洗盆以及幾個耳壺裝的水。

村民等著修女離開。

「你們可以在這裡或者走廊上休息，不會有人來打擾你們的，外面大門有人看守，明天早上會送東西來給你們吃。」修女走了，村民開始在教室裡各自安頓，同時七嘴八舌聊了一陣子。

「烏瑪，你上哪兒去了？」

「去醫生辦公室。那個醫生是女的，她看了我的腿，給了我一點東西擦在腿上，感覺熱辣辣的。她說明天早上會過來看我們大家。那裡有很多張床，躺了很多病人。」

「那個修女說這裡是醫院，也是給那些沒有家的小孩住的地方。在孟加拉，小孩總是有地方可以住，而且有人照顧。我真不懂這裡。」

「明天早上我們就會知道了。」

「我該把這水潑到哪裡去？」

「潑到院子裡。」

「不，你找找看有沒有像神父招待所裡的那種水管。這些人是不把水潑到地面上的。」

「這可難倒我了，水不潑到地面上，那要怎麼辦？在屋子裡裝設水管和排水孔，簡直就是浪費錢。」

「留神點，別把學校搞得一團糟。」

「快點，其他人還等著要洗呢！」

娣帕卡幫阿米雅洗身時，其他人都故意不看這奇怪的情景。盧努告訴納倫，阿米雅在火車上命令她畫畫，並奇怪現在她怎麼又變得軟弱無助了。黎娜講了一個短短的故事，但還沒講完，大家就睡著了，可是她還是繼續用同樣的節奏把故事講完，然後嘆了口氣，並拉上毯子。黑暗中傳來阿米雅的低語：

「謝謝你，黎娜，我現在要睡了。」可是阿米雅並沒有睡著，除非睡眠成為比任何清醒狀態都更讓她警覺的恐怖。她見到自己這漫長一生中所有的失敗和意圖，像夢境一樣出現眼前，每樣都扭曲了，阿米雅覺得就像面對審判一樣恐怖。烏瑪講過，這裡某個地方有個女醫生，她要起來去找那個醫生治好自己，女醫生會了解的，說不定為時還不晚。

黎娜因為一種不寒而慄的感覺突然醒來。她坐起身來，小心翼翼不去碰到兩邊睡著的人。她環顧周圍，察覺有些事情不對勁，某些足以讓她驚醒的事。外面的遊廊下有些動靜，捕捉了她的目光，於是她起身走過去。黑暗中有個人在那裡，正很快地走動著，黎娜悄悄經過睡著的人，很小心地不去碰到他們，並且極力追上那個人影的速度。黎娜來到教室門口時，見到那人正跨出陰影，走到醫院窗口射出的半明光線中。她靜靜守候著。原來是阿米雅，而且全身赤裸。就在黎娜看著她時，阿米雅沿著院子走向圍牆，然後走到通往鎮上的大門口。她不但鬼鬼祟祟，而且走路速度連黎娜都難以追上，然而這個彎腰駝背的講古人發揮了潛能，竟然趕在阿米雅之前搶先到了門口。她一扭身，就鬆下身上圍著的紗麗裝，拉著垂下的一半紗麗裹住阿米雅。這個高大女人先是被這突如其來的碰觸略為一嚇，然後看著黎娜，露出笑容。她們走回教室的一路上都沒有講話，及至黎娜幫阿米雅穿上衣服時，兩人也是默默不語，阿米雅從頭到尾都呆若木雞地任由擺布。黎娜的手則溫柔地在那張依然微笑的臉上撫摸著，從眉毛一直摸到了下巴，她輕聲細語地說：

「睡吧！大姐，我們都在這裡，很安全的。」

阿米雅粗聲格格笑起來，然後突然深呼吸，好像在抽泣似的。黎娜看顧了很久，一直到她感覺阿米雅睡著了為止。她把自己的鋪蓋搬到教室門邊，坐在上面，身上裹著她的紫色披肩，以防她同伴的不測之舉。天亮前一小時左右，夜空出現一抹微綠，這時納倫醒了過來，並走到黎娜身邊：

「阿姨，怎麼回事？」

「得要有人看守著，阿米雅半夜裡想溜出去，而且沒有穿衣服。」

「去睡吧！我會坐在這裡。」

他們心照不宣，黎娜讓到一邊，納倫都還沒來得及為自己那雙長腿找個舒適位置，黎娜就已經睡著了。某處傳來鐘聲。接著是別的地方傳來僵挺衣裙的窸窣聲，納倫聽見了，卻見不到是哪裡傳來的。附近傳來一個嬰兒的啼哭聲，然後是另一個。有隻公雞啼叫起來。納倫想到時間不早了，不禁微笑起來。他聽到頭頂上方，有個剛醒來的小孩發出暢快的笑聲，還有小腳丫在地板上跑來跑去的聲音。然後是更多的笑聲，另一陣鐘聲，樓上奔跑的腳步聲。突然間「砰」的一聲，接著是嚎啕大哭，有個蒼老的聲音喃喃數落著，嚎啕大哭靜止下來，變成了打呃，再轉成抽泣哭訴，接著引起更多的笑聲。後面那些嬰兒依然在哭，突然間卻停了。納倫聽到吃奶的興奮吸氣聲音。教室裡有人驚醒了，蘇倫德拉來到納倫身邊，勉強掙脫睡意地問他：

「你為什麼坐在門邊？」

納倫告訴他原因。上面又傳來一陣奔跑腳步聲，接著又是嚎啕大哭。這回卻聽到那個蒼老的聲音在責備人了，於是嚎啕大哭就憋住了。納倫咧嘴而笑，站起來去看花園，正好看見三個修女朝學校走來，每人都提了兩個水桶。納倫於是拉了蘇倫德拉迎上前去，這兩個農夫接過第一批修女提來的水桶。修女似乎很訝異他們這麼早就醒了。他們才放下水桶，清晨的騷亂就開始了。吃過飯、收拾行李之後，總算清靜了一會兒，然後就見到前一晚的接待修女出現在門口。大家開心地向她打招呼，並致上感謝，修女花了很長時間回答他們所提出的問題，並告訴他們當地的旱災情形，這場旱災已經造成許多苦難。村民問起那些兒童的狀況，修女訴說那些母親把幼兒送到這裡來，因為她們根本沒有奶、沒有水、也沒有任何東西可以餵孩子。她提到修女組隊到處去找那些棄兒，他們都是因為生病、太虛弱，家裡實在無法照顧，因此遭人遺棄。村民問起這些修女從哪裡來的，怎麼會有錢來辦醫院，還供應兒童飲食，修女於是描述起女修院位於馬德拉斯的母院，以及支持這項工作的海外佈道團。要去搭火車之前，村民還有一點等候的時間。

「蘇倫德拉，老戴，你們一定要給這位修女錢，當作我們的食宿費。」阿瓏達悌堅決地說。

「可是這裡又不是旅館，我們為什麼要付錢？」

「她們在這裡為兒童工作，是靠人捐錢支持的。」

「烏瑪姐會希望我們這樣做的。」

「可是我們又不是有錢人。」

「你想要我們付多少錢？」

「我們在神父那裡住了三晚，在這修女的地方住了一晚，應該比照住旅館的費用來付。」

「這樣算起來就要兩百盧比了，說不定更多。我們住很差的旅館時，一晚付了六十多盧比。」

「這麼多？」

「不行，不行，你絕對不能付這麼多。」

「阿瓏達悌說得對，我們應該給錢。」

「可是她們可以從外國人那裡拿到錢。我們算老幾，還付錢給外國人？」

「但是她們照顧這塊土地上的小孩。」

「那是她們自己決定的事，我們不要亂花烏瑪姐留下的錢。蘇倫德拉，你別聽這一套。老戴，你可是明理的人。」

「等一下，有些人覺得我們應該給錢，有的人覺得不該給。在德里的時候，人家是怎麼告訴我們應該用什麼方法做決定的？投票表決。我們就來個投票表決。」

「對，投票表決。」

「贊成給錢的人舉手。」

「現在輪到不贊成給錢的舉手。」

「結果是贊成給錢的人比較多。我們應該給多少？」

「跟付給旅館的費用一樣。」

「不能再少。」

「多一點。」

「為什麼不乾脆就給一百盧比好了？」

「就聽蘇倫德拉說的，給一百盧比。」

「喔，老天，這趟旅行真了不得。」

就這樣，村民要離開前往火車站時，老戴拿了一百盧比交給院長，「用來捐給兒童」。盧努把她孫子的玩具小馬送給了一個小男孩，因為那天早上，這個小孩一直拉著她的手。修女目送他們走向塵土飛揚的路途，然後關上了大門。接著他們順利上了前往科欽的火車，在其他乘客之間各自找到了座位。火車開動時，他們隨著車身搖擺，頗有如釋重負的感覺。米圖和盧努開始畫畫，男人們拿出隨身帶著的紙牌，女人則細談這幾天的經歷。有的村民還跟同車的陌生人點頭微笑，有的拿出了蘇倫德拉的地圖，看著他畫出經過路線，並且找出正要前去的地方。黎娜和哈里斯昌德拉又繼續開班上課，很驚訝地發現蘇倫德拉竟然進步神速。蘇倫德拉只說是自己一直有在練習而已。阿米雅在娣帕卡懷中睡著了。納倫跟盧努坐在一起，談著很多事情。火車緩緩駛進了市鎮，並在一個小站停了很短時間。雖然沒有多少新乘客上車，車廂裡卻馬上充滿了喧鬧聲。火車又緩緩開出了，村民伸長脖子，要看這些喧鬧聲是從哪裡發出來的，只見走道上有一群孩子正打成一團，跌跌撞撞的，還有尖叫、咒罵與痛苦的大吼，村民看出這些小孩正在拚命打架。突然有個男孩從這堆人底下掙脫出來，一個箭步來到走道另一端，站著瞪眼看著其他小孩，有個女孩拉著個一歲多的幼兒，走過去跟他會合。

火車上的孤兒

那一大群小孩總共有七個，他們坐著談論車廂裡的乘客，對於村民只看了一眼，就將注意力轉移到其他乘客身上，包括一個戴了很多戒指的豐滿女士，一個外國學生，還有一個穿了西式服裝的印度女人。他們也端詳著戴眼鏡、穿外套的老戴。其中一個乾瘦但精力卻比其他人旺盛的男孩，突然挺身而出，唱起一首小曲，顯然他是這群孩子的頭目，他在過道上翻了一個觔斗，然後就向那四個挑好的對象伸手乞討。其他小孩也仿效他的乞討方式，卻被他罵了一頓。於是那些小孩就跳了一下舞，拉著手，不時因為車身搖晃而撞壁，等到那個小頭目點頭之後，他們才開始乞討。戴很多戒指的女人以及那個學生都給了這些小孩一些硬幣，然後他們就走開了，擠在一起點算總共收到多少錢。老戴說：「給了一個小孩錢之後，馬上就會招來一百個要錢的。」說完就看著窗外。其他村民卻看著那三個坐在一邊自成一幫的小孩。女孩見到那些硬幣時，忍不住扯扯那男孩的衣袖，但是男孩卻搖搖頭，於是女孩只能貪心地看著其他孩子一遍又一遍地數著硬幣。那個幼兒在他們身上的衣服翻翻抄抄，突然見到他們旁邊的地板上有半塊印度薄餅，於是開心地發出格格笑聲。他咬了一小口，接著舉起那半塊餅端詳著，在手裡翻來覆去，再用手指摸著餅的弧度，然後又很審慎地咬了一小口。小姊姊伸出手去，撕下一角塞到嘴裡，卻含著餅而不咀嚼。那個幼兒並沒有嚎啕大哭，只是難過得蹙額皺眉，用手指摸著被撕掉的那一角，餅的圓弧已經消失了。

火車緩緩駛進一座小鎮時，那一大群孩子便從一個車廂竄到另一個車廂，小頭目叫每個孩子跑下正在敞開的車門，直到橫越鐵軌消失為止。但那三個小孩卻沒有行動，男孩的目光緩緩游移過車廂內的每個細節，先是沿著地板，掃視著行李捆以及鍋壺，然後目光上移，看著乘客身上穿的衣服，再看他們的臉孔，最後又看看頂上的行李架。隨著車身搖晃，女孩因為帶幼兒帶煩了，於是男孩就把幼兒抱過來，放到自己的膝上，從破爛襯衫裡掏出一根小木笛。幼兒看了很開心，便把手指伸進笛孔中，瞄著笛子一端，又把笛口放到嘴裡吸著。等到他玩厭了，就拚命把笛子塞到男孩口中，男孩輕輕推開，重複好幾次這樣的動作之後，幼兒開始哭了起來，男孩緊張地環顧車廂內，見到女孩已經睡著了。於是他背對乘客，把幼兒放到自己面前，開始吹奏笛子。笛聲勉強可聞，但卻充滿憂傷與重複的音調，以前可能是一首催眠曲。乘客都不得不聽，他也一遍遍地吹奏，那個小娃娃露出笑容，輕拍著這個表演者的膝蓋。娣帕卡跟他們隔著兩個座位，此時也隨著笛聲唱起歌來。男孩略為轉過頭去看看後面，眼中露出驚訝，卻沒有吹漏音符，反而把音量略為提高，娣帕卡唱得很甜美，笛聲與歌聲互相搭配，連其他陌生人也聽得擦起眼淚來。那首歌原是電影插曲，是一個孩子為死去的父親所唱的悲歌：「他到哪裡去了？他到哪裡去了？」這是結尾時的疊唱。唱了兩次之後，娣帕卡和男孩停下來彼此對望。幼兒感到不耐了，於是站起身來，一面扶著座椅，一面扯著乘客的衣服邊緣，朝娣帕卡走去。來到娣帕卡身邊之後，他並未安靜下來，而是重複說著同樣的話，娣帕卡聽不懂，然而幼兒顯然非常堅持，很快就轉為尖叫。穿西方服裝的女人用英語對娣帕卡說：

「他要你再唱下去。」哈里斯昌德拉幫忙翻譯給娣帕卡聽。

娣帕卡讓這個小娃娃玩著她的手指，想了一下，然後就唱起一首很活潑的歌曲，那是村中小孩玩遊戲時所唱的歌。吹笛男孩先是聆聽著，接著就把笛子湊到唇邊為娣帕卡伴奏，循著她那蒼老聲音的模式，把整個旋律變成了演唱。表演完畢時，村民拚命向男孩拍手喝采。男孩把笛子放到一邊，叫小娃娃過去。女孩則叫男孩再表演一點別的，可是他不肯，於是女孩就拉長了臉。娣帕卡要哈里斯昌德拉幫她翻譯，請那個女人問這三個孩子的底細，順便問他們為什麼不是跟那幫孩子一起的。那個女人用很不客氣的口吻跟男孩講了，男孩不肯正眼看她。女人的語氣轉為命令口吻，但男孩只報以沉默。娣帕卡於是很和藹地用孟加拉語問他，帶戒指的女人催男孩回答，最後他終於開口了：

「我名叫哈桑，家鄉村子在哥印拜陀再過去的地方。我不知道父親是誰，他已經死了很多年了。我媽有七個孩子要養。六歲的時候，我見家裡有五個小孩，就知道孩子太多了，所以我到南邊的哥印拜陀去。到那裡發現，有很多跟我一樣的小孩，都能夠靠在火車上幫人搬行李或者乞討賺飯吃，所以我就開始在火車上混。討錢我做不來，所以就搬行李，或者幫忙打掃月台。旅客都很粗心大意的，總是會有很多零碎東西留下來，所以我們可以吃飽。一個月下來，我還可以拿一盧比回家給媽媽。自從我離家之後，媽媽又生了兩個小孩，所以我拿到的錢統統給了媽媽。我有個哥哥也在這些火車上討生活，可是我不知道他在哪裡。這兩個不是我弟弟妹妹，這個小的是被他媽媽留在火車站的，我猜他媽媽是個妓女。這女孩是在生病的時候被人遺棄，準備等死的，因為鬧旱災，根本就沒有東西可以給生病的女孩吃。我所以跟其他的孩子打架，是因為我在晚上幫站長為了橋的事情跑腿送信，賺到了幾派沙，那些小孩說我應該分給他們，可是我不肯，是我去跑腿做事的。這幾個錢要用來買牛奶給寶寶，買點東西帶回去給我媽，結果他們搶了我這幾個錢。他們一定會拿去跟大鎮的腳夫賭博輸掉，這些人都不會回去看他們媽媽的，因為根本不知道媽媽是誰。」

「誰照顧這個寶寶？其他那些孩子也帶了一個跟這個一樣小的孩子。」

「我們彼此照顧。很多都是比這個寶寶年紀還小的時候就被遺棄了，他們都是由那些比較大的小孩來餵養的，那些大孩子也是以同樣的方式長大的。」

「那些大孩子都到哪裡去了呢？」

「活下來的那些有時會在大鎮上找到工作。有不少小孩會受傷，因為在火車上討生活，很容易掉下車，後來他們就變成了乞丐，還有很多都死了。」

「警察不會找你們麻煩嗎？」

「永遠都會有麻煩，所以我們都在小區段裡上車，而且在火車走動時，我們必須常常跳車，免得警察抓到我們。」

「警察抓到你們會怎麼樣？」

「把我們的錢拿走，打我們，關到牢裡做牛做馬。但是如果打得太兇，我們就會偷跑。可是那又很容易死掉。」

「我是從馬德拉斯來的，」戴戒指的女人說，「我先生有一間很不錯的店鋪。不如你跟我回去，到我先生店裡做學徒吧！這樣一來，你就可以學東西、賺固定的錢，而且還不用躲警察。」

「不，不，」穿西式服裝的女人說，「他應該跟我走，去我們的教會學校上學。我們也會教他一門技藝，但他可以學會讀寫，以後有能力賺更多錢。要不然這裡有個外國人，乾脆跟她回她的國家去，那裡都是有錢人，可以在那裡發大財，帶回來給你母親，這不是更好？」那個外國人開口講話了，老闆娘幫忙翻譯道：「她說你要明白，這是不可能的事，她根本沒有錢帶你回去。她的這趟旅程是很長的，而且也不是每個從海外來的人都很有錢。」

「你打算怎麼辦？」傳教士逼問說。「你是想當學徒呢？還是要到英國變成富翁？又或者打算到我們的教會學校，學習讀書寫字？」

哈桑想了很久。女孩全神貫注看著他，眼神充滿恐懼。幼兒體會到發生了異狀，於是抽泣地挨著哈桑。哈里斯昌德拉轉述情況給村民聽，他們馬上大感興趣，全都很起勁又迫不及待地看著男孩的考慮神情。最後他說話了：

「要是我跟你去馬德拉斯，就會變成你的傭人，總是要幫你做事，聽你使喚，如果想要回去看我媽，或者家裡需要我時，也不能說走就走，而且我猜，能夠拿回家的錢也會很少，因為你會扣我食宿費。現在我根本不用為吃飯睡覺花錢，而且想回去看我媽，隨時都可以回去。」

「要是我去你的學校念書，」他對女傳教士說，「你會要我成為基督徒，那麼我就不再屬於家裡的一分子，他們也不會接受我的協助。我在你那邊也不會有地位的，因為到頭來我還是個僕人，是佈道團裡最低下的人。佈道團裡有誰會把管錢又有權的地位，給一個在火車上當過乞丐的人呢？我想不會有人這樣做的，雖然有機會學讀書寫字是件好事。可是對我來講有什麼用？要是我沒辦法幫家裡的話，我活著有什麼用處？你說我應該跟這個說自己沒錢買票給我的小姐，飄洋過海到英國去，但我相信她說的，那裡並不是每個人都很有錢。就算我真的能去成，那又怎樣？我要花很多年去學會他們的語言，之後才能找到工作。什麼工作呢？最多就是當僕役，但我卻離家很遠，身不由己，幫不了我媽。就算我真的成了富翁，可是那時，我家人早就餓死了，因為我根本不知道他們的需求。即使我會看信，他們也不懂得寫信通知我。我最好就是維持現在這樣，能幫上忙的地方，我都能自由地去幫，沒有人管著我。要是我跟你們走了，這兩個小的怎麼辦？」哈桑指著女孩和那個幼兒，靜靜地等著人家翻譯。女傳教士對這番語帶斥責的話，頗有不悅之色：

「你肯定自己不會死掉嗎？你不是說，你們常常會有人受傷或死掉，到時候換了是你，他們兩個又怎麼辦？」

「總有人會幫忙照顧他們的，又或者他們也會死掉。可是現在我還沒死，最好是先照顧好這個小的，說不定將來有一天，他會找到工作。」

「你是個很有智慧的孩子。」馬德拉斯來的女人說。「不過你需要洗洗身子，換件新襯衫。你去那邊洗乾淨，等你回來，我會給你一件襯衫。」

「我不是乞丐。我沒有錢付給你去換襯衫這種好東西。」

「你已經為我表演了一場音樂，打發了我坐火車的時間。你帶這兩個一起去洗乾淨。」

「你看，這個外國人給你一塊肥皂。」女傳教士遞了一塊肥皂給哈桑，他很開心地仔細看了那塊肥皂，然後向外國人鞠了個躬。這三個孩子在廁所裡面待了很長時間。村民聊著剛才的對話內容：

「那些修女說，有很多小孩都是無依無靠的，可是我還以為他們都住到孤兒院裡，沒有在外面乞討。」

「可能有的從修女那裡跑掉了。」

「修女那麼好，又有飯吃，還要跑掉？」

「就像他剛剛說的，那也等於一種牢房。」

「我們在火車站見過很多小孩了，大概他們都是像這樣的。」

「他以後會怎麼樣？那麼小的女孩跟一個男孩，怎麼養個小娃娃呢？」

「他們會跟我們養孩子一樣地養這個娃娃的。你們沒看到他怎麼吹笛子哄娃娃嗎？睡的是繩床、蓆子，或者是睡地上，又有什麼關係呢？只要兩眼看得清楚，心地善良就行了。」

「這種日子很苦的，他們說不定會生病，到時候就沒人理了。」

「我們還不是一樣。」

「噓，別說了，他來了。」

三個孩子的身上還滴著水，但是煥然一新，濕衣服貼在身上，更顯得瘦削蒼白。他們朝馬德拉斯女人走去，中途停下來歸還肥皂，但那個外國人卻不肯收回。哈桑很快說：

「跟她講，我可以把肥皂切成小塊，賣到好價錢，以後幾個月我們也會很乾淨。這實在是很好的禮物。」女傳教士翻譯了這話，但卻加油添醋，認為把這樣好的外國肥皂給這種孩子，簡直就是浪費好東西。

「哪，把那件襯衫脫掉，」馬德拉斯女人遞出一件乾淨的棉布襯衫，「這是我兒子穿的，不過少了這件他也不會在意的。」

哈桑敬慎地穿上這件，一面轉身把自己那件舊襯衫放到女孩頭上，以便掩飾自己的難為情。接著就輪到女孩很快脫下身上的破爛衣服，套上了舊襯衫，然後把小寶寶身上那件麵粉口袋似的裝束脫掉，那還是他唯一的服裝，之後再把自己的舊衣服幫小寶寶穿上。火車在科欽郊區放慢了速度，哈桑彎腰觀察前方，然後跟女孩急急講了些話，兩人就朝著車門走去。有些村民匆忙塞了一些食物給他們，烏瑪甚至摸出了一個橙給那幼兒，小傢伙跟在女孩後面，一手抓住女孩的裙角，一手緊抓著橙，開心地對著它自言自語。轉眼工夫，他們就走掉了。村民看著他們連跑帶跳橫過鐵軌，哈桑抱著小傢伙，女孩則跟在後面。他們在兩列火車之間閃避，然後就消失了蹤影。火車快要駛進科欽時，娣帕卡留意到老戴在哭。

「老哥，怎麼啦？」

「啊，娣帕卡，我但願有給那個男孩幾個錢。我們一向被教導不要給乞丐東西，可是對一個老頭來說，錢還有什麼用呢？給了那男孩，他可以買牛奶給那個小娃娃。」

「不要放在心上。有時你也會需要錢買點紀念品，你記得要買件紗麗裝給你女兒。」

「我實在是個老糊塗，年紀一大把了，有個剛鋪了茅草新屋頂的舒服房子，卻不肯給一個有智慧的男孩幾個派沙。哎，神明在上會生氣的。」

「不會的，祂們會諒解的。你不像其他人那麼有錢，你只不過是個鄉下村民而已。你那幾個派沙也是辛苦攢下來的。」

「可是那個男孩說不定只有一年好活，或者兩年。他永遠都不會有個房子，或者討老婆，除了現在照顧的那個小娃娃之外，他也不會有自己的兒女。說不定我給他幾個派沙，可以讓他風光一陣。」

「不會的，我認為他永遠不會因為錢而覺得神氣的。你不認為他跟蘇倫德拉挺像的嗎？」

「這倒是真的，兩人的命很像，可是這個孩子會短命的。」

「替蘇倫德拉擔心是很無謂的，一切都操在神明手裡，不該發生的就不會發生，所以我們也不用為那個孩子擔心錢的事。」

「可是他看起來很老成，笛子又吹得跟黑天神似的。」

「那是他有福氣。」

「要是我在人生緊要關頭知道該怎麼做就好了，每次都是這樣，總是事後才恍然大悟，不是太遲了，就是根本毫無知覺。唉，唉，為什麼我這人天生又笨又膽小？」

「你是個很有天良的人，想開一點，不要心煩。火車進站以後，我們還有很多事要做呢！」

娣帕卡叫醒了阿米雅，告訴她已經到了什麼地方。阿米雅很感興趣地看著窗外，正當娣帕卡忙著綁好行李捆、清點行李時，阿米雅卻沒有去幫忙她。其他人也都在忙著準備下車，只有盧努留意到，阿米雅撕掉了指甲附近的皮膚，因此雙手上的血沾染到紗麗上面。盧努則一次又一次地用自己的紗麗，抹掉這雙無用之手的血跡。她和阿米雅是最後下車的人，其他人已經跟在鐵路局職員後面開步走了。納倫在等著她們，他沒有講話，卻心照不宣地明白了發生的事，以及盧努的驚慌。他把一件行李交給盧努，然後把阿米雅拉到自己身邊。他們走路不算很慢，可是卻遠遠落後。阿米雅有一次開口問說：「叔叔，我的婚禮是在什麼時候？」除此之外，就不曾打破他們三人的沉默。最後他們來到一座碼頭，村民正在把東西搬上船去，準備橫渡前往市區。杰德夫和其他幾個涉水去幫忙推船離岸，納倫根本就無法跟任何人提及他們需要協助。黎娜不顧船夫的怒斥，從一艘船上跳過來，船夫也奈何不了她。與納倫跟盧努會合，黎娜便取代了盧努的位置，陪伴在阿米雅身邊。他們乘坐最後一艘小舢舨渡河，有兩次阿米雅突然站起身子，像是要跨出舢舨似的，使他們不得不按住她。遠處岸上，其他村民已經歡天喜地開始前往這座古城的小旅舍。

這天以及隔天都過得很快，他們看了許多奇異的教堂和學校。每天晚上，納倫都和盧努一組，黎娜則和蘇倫德拉一組，輪流換班看守住阿米雅。因為每天晚上阿米雅都想往外跑，而且行蹤愈來愈鬼祟。

與外國女孩相逢

往南經過克拉拉邦（Kerala）前往柯墨林角的這段旅程，可說是環遊印度最美麗的路程之一。艷陽照亮了濃密森林；金色茅屋頂的村莊，從紫色陰影中逐漸現出，然後又消失了，房舍往往是架高的。大象拖拉著原木，森林裡的砍伐工人則浸在水中，或搖晃著身子，一面繫緊鐵鍊，或剝掉大樹的樹皮。果林處處花開。風吹過池塘，蘆葦與水面隨風起伏，乍掩住滿池盛開的荷花。村民乘坐的火車速度很慢，大家都貼著車窗，捨不得把頭轉開，以免錯過眼前的任何景致。一艘艘小獨木舟跟火車平行地划過水面。這些孟加拉村民於是衝著划舟者的速度與技術大嚷大叫。有兩次他們還見到曝曬中的飄逸蝶狀魚網。村民也見到很多猴子，吱吱喳喳地跳著躲開火車，野性難馴地在樹林間自由自在遊蕩，不禁使村民哈哈大笑。米圖失望地坐著發呆，炭筆凝然不動。等到火車停靠在特里凡壯（Trivandrum）車站時，村民興奮有加，反而忘了疲累。夜班督察不怎麼起勁地過來迎接他們，派了一個僕役帶大家到車站樓上的住房去。上了樓梯之後，那個僕役就找了託辭，交給老戴四根很長的鐵鑰匙，然後人就跑掉了。老戴看看鑰匙，巴柏拉則上前走到最近的房門，手持鑰匙像拿著刺刀似的。他試著開門卻不果，還引起裡面的人驚叫。巴柏拉不為所動，繼續走到隔壁的房門前，結果這回成功打開了房門。匆匆巡視一番之後，發現這房間有十張床，還有淋浴設備，於是第一批人住進去了。剩下來的三個房間也都很輕而易舉地開了房門，未幾，村民就派了一群代表出去買食物。房間向外的一邊傳來調車場以及火車啟程的聲響，另一邊則傳來該鎮的噪音、流行的電影插曲、計程車的喇叭爭執聲、人與人的吵架聲，以及狗與狗的吠鬧聲，一直吵到深夜。突然間，萬籟俱寂。村民終於能夠在這慈悲的安靜中入睡。

到了早上，阿米雅的手又在流血，可是她乖乖地聽盧努的話，沒有反抗。娣帕卡臉色憔悴，並在廣場上等候巴士時睡著了。村民還以為他們會有專車可坐，結果卻有兩個人跟他們一起等車，其中一個是行腳僧，長杖靠在一邊肩膀上，因為早上的陽光而瞇著眼睛。他帶了一條披肩和一個水壺，雙腿肌肉緊繃，疤痕處處。他搶先上車，立刻坐到司機旁邊，完全不理忙亂的村民，從頭到尾也不說話。

另一個外人是個女孩，身材高瘦，還穿了印度女孩常穿的庫塔裝和長褲，但髮辮卻是棕色的。村民認出這就是那個在奧蘭加巴德車站擠車時，被人推到火車下面的外國女孩，老戴後來還送了一杯茶給她。那女孩是最後上車的，孤零零地站著，站長還問村民，是否介意讓一個外國人跟他們一起旅行，哈里斯昌德拉回答說沒問題，他們在奧蘭加巴德就見過這女孩了。黎娜把阿瓏達悌推過去，好讓出空間來，並招呼女孩坐到自己身邊。沒多久，大家都向她表示歡迎，說還記得在奧蘭加巴德見過她，問她從上次之後去了哪裡？女孩用孟加拉語很仔細地回答。村民一聽女孩竟然會講孟加拉語，馬上爭先恐後提出問題，一個比一個嗓門還大。女孩應接不暇，於是笑了起來，村民也跟著她笑了。整個早上，車子一路行經海岸沙丘時，村民跟女孩不斷拿南部印象做比較，女孩也問他們見過了些什麼。司機在一個村子停車去看朋友，村民就利用這個空檔，教女孩唱他們的歌曲。

過了一個多小時之後，娣帕卡說他們也該跟這個外國人學首歌。後來巴士開到柯墨林角的停靠站時，村民正好學唱完〈斯凱島船歌〉（Skye Boat Song）的最後一段。這時行腳僧大踏步地走向海邊了。有關當局派了人來接待村民，接著女孩也從容離去。沿著海邊有很多棟大型招待所，每棟都有迎風的花園，和通往沙灘的台階。村民被帶到其中一棟，招待所的人提醒他們不要錯過日落，一面安排他們提早吃晚飯。吃過飯後，他們就到外面，在風中靜靜地走過高大的沙丘，看著下方的汪洋大海，聽著浪濤發出的怒吼。回到招待所之後，無論大家怎麼勸說，黎娜都不肯講故事，於是村民只好很不自在地去睡了，還一面竊竊私語著說，從現在開始，就是往回家的路了。

清晨和陽光讓村民得以外出參觀一座供奉甘地的小廟，又看了幾個位於岬角岩石之間的神龕，神龕地點都是官方選定的。有少數幾個村民跟著娣帕卡，一如既往地逢廟必拜。他們沿著沙灘走著，一面望著大海。一道小堤岸上，有幾個吉普賽人正在串貝殼項鍊，村民見到他們那個外國旅伴也在那裡，蹲在沙地上看吉普賽人做事，吉普賽人正努力地問她問題。村民大聲叫她，然後走上堤岸。吉普賽人很快就警覺地往後退縮。女孩極力安撫他們，要他們不要緊張，但他們就是不肯再靠近。因此她就這樣坐在兩群人之間，兩邊的人都想要問她關於另一群人的事情。最後村民向吉普賽人買了幾串項鍊，吉普賽人便高興了。黎娜要女孩跟他們回招待所去吃飯，於是他們就從沙灘走回去，一路閒聊：

「你太瘦了。」

「大家都這麼說。」

「你媽不弄東西給你吃的嗎？」

「有，而且吃得很好，可是我已經有很多年沒能吃到我媽做的東西了。」

「哎，難怪她這麼瘦。」

「那你住在哪裡？是跟夫家的人住在一起嗎？」

「我還沒結婚。」

「年紀這麼大還沒結婚！」

「現在只是訂了婚，可能夏天結婚。」

「春天結婚比較好。」

「吉利得多。」

「春天我還沒辦法完成學業。」

「是你丈夫幫你付學費嗎？」

「不是，我有獎學金。」

「阿米雅，你聽到沒？她有獎學金呢！」

「你結婚的時候會不會穿紅的，紅色的紗麗裝？」

「不會，我們結婚習慣穿白色的。」

「這可真傻，白色是喪事穿的。」

「最好買一件好的紅色紗麗裝，以後會生很多壯丁。」

「我有件達卡紗麗裝[1]，我會穿那件的。」

「喔，老天！我不知道有多少年沒見過達卡紗麗裝了。」

「你們聽到沒？她結婚時會穿達卡紗麗裝。」

「你老公有錢嗎？」

「沒錢，他也是學生。」

「他學什麼的？」

「數學。」

「他一定有錢的。哪有做父親的幫女兒訂親，不找個聰明又有錢的男人？」

「我父親並沒有幫我訂親。」

「什麼？這是你自己選的對象？」

「對。」

「那，這個年輕人賺多少錢？」

「我不知道，因為他現在也是拿獎學金。」

「你們以後會住哪裡？」

「我想，先在倫敦住一段時間吧。」

「倫敦是個大城市，就跟加爾各答一樣，你們會需要用很多錢的。」

「倫敦不像加爾各答那麼有人情味。」

「你也熟悉加爾各答嗎？」

「我念書的時候在那裡住過。」

「那你可真得跟我們一起走了，我們會教你怎樣幫夫。」

「你看看我們就知道，我們都讓我們那些聰明老公發了財。」

他們在招待所裡吃飯時，拚命要那女孩多吃。連巴柏拉都跟著勸食，讓那女孩吃得比他們任何人在三天內的食量還多。飯後，男人拿出土菸，女孩就從袋子裡取出大把香料果仁，請那些驚訝不已的女人吃。

「你們嘗嘗看，這是很好的孟加拉香料果仁。」她們吃得很開心，還藏了一點，留著以後慢慢吃。接著女孩就問起他們村裡的事，大家都很熱心回答。連續幾個鐘頭，他們談論著遠離的家鄉，並拿出米圖和盧努的畫解說給女孩聽，然後又講到他們的旅行見聞。米圖把他的盒子拿出來，首次打開它。村民見到阿信和娣帕卡的塑像，都拍起手來，不過娣帕卡倒是掉下了眼淚，又覺得米圖把她也塑成像頗難為情。他們講了阿信的故事之後，大家都沉默下來。米圖又拆開另一個盒子，露出那尊男女相擁像，也就是納倫和盧努的塑像。村民莫不為之瞠目，有些人不好意思地偷眼看著納倫和盧努，然後又看看外國女孩。有幾個女人本來要開口講話的，結果納倫搶先拿起那尊小塑像，輕輕地從底座撫摸到頭部，然後又慢慢撫摸下來。他對盧努露出微笑，接著跟外國女孩說：

「這真漂亮，是不是？」

「是的，非常美。」

「要是換了你們國家，你們會怎麼對待這樣一尊塑像呢？」

「要是這是我的東西，我會把它放在家裡一個很特別的地方，好讓大家都看得到，知道這是愛的塑像。」

「啊，可是它並不屬於我。」納倫轉頭對米圖說：「米圖哥，我應該付你什麼價錢，這東西才能變成我的？」

「你不用付我錢，納倫。就當作是送給你的禮物，這只不過是我親手做的而已。」

「說的沒錯，可是你是個陶匠，也是個藝術家，你是靠手藝賺飯吃的。我們以前付錢給你買水壺，現在我看也該付錢給你買這些。你要收多少？」

「我沒有概念。」

「另一尊塑像是誰買下來了？」烏瑪問道。

「沒有人買。你們在回教徒墳墓那裡時，要我塑阿信哥的像留做紀念，所以我塑了這尊像。你們說要把塑像放在廟裡的。」

「會擺到廟裡的。這是很好的紀念，米圖，而且我們村子也該付錢給你。」老戴的聲音讓大家吃了一驚。

「不用，老戴，這個是我送的。這是我一點微薄的心意，用來紀念阿信。」

「米圖，我得請你把它放在盒子裡收好，先幫我帶著。回頭我們去查查城市裡面的塑像價錢。我最想要的紀念品就是這個，沒有其他的了。」

「我會帶著它的，納倫，可是拜託，我們不要講錢了。」

「盒子裡面另一捆東西是什麼？」

「我不知道。」

米圖拆開了包著的布，不禁驚訝地抽了一口氣，棉布條裡面裹著的原來是一尊很小的木雕，是在烏塔卡蒙得那位神父書房裡見過的象牙聖母聖嬰像的仿雕。這尊像同樣非常細緻，但是木質的紅色光澤卻賦予了象牙雕所缺乏的凝重感。

「這是什麼？」

「從哪裡來的？」

「這是誰做的？」

「招待所的一個神父，如今已經飄洋過海回去了，是他做的。那個紅頭髮神父一定是在包這尊泥像時，順便把這尊木像一起包進去的。」

「這是外國人的女神。砸爛它，砸爛它！它會惹神明生氣的！」阿米雅的尖叫打斷了米圖的話，也讓其他人驚駭不已。她上前去要搶那尊雕像，然而卻被村民拖住了，米圖趁機趕快把木雕安然收回盒裡。蓋上盒子之後，阿米雅就停止了哀嚎，接著頹然往前一倒，靠著盧努啜泣起來。

「送她上床去，我們等一下會送飯過來。」

「謝謝你們讓我看這些圖畫，我得跟你們告辭了。過不了多久，就到召喚昏禮的時間了。」於是村民七嘴八舌地要這個外國女孩再回來看他們，又問她，他們走路去看太陽時，能否再遇上她，這一來讓村民暫時擺脫了阿米雅所引起的尷尬。女孩走掉了，迎風走過沙灘，村民彼此面面相覷。大家忘了米圖，注意力全都轉移到對阿米雅的恐懼感。黎娜試著講故事，來讓他們分心，然而她的聽眾卻首次走開不聽了。每個人都各自去做自己的事情，吃飯時也很倉皇，不時偷眼看看阿米雅有沒有在吃。結果她不但有吃，而且還不用人幫忙，甚至還罵服務生笨手笨腳，伙食太差。

「算了吧，好歹也是有得吃。在村裡的時候，不知道有多少次，我們是靠著吃穀種活下去的，還眼睜睜地看著小孩餓瘦或死掉，那時就夢想著能夠這樣大吃就好了。」

「真的，真的。你還記不記得那次英國警察跑來村子裡，查看我們是不是在吃狗，或者在吃我們自己的孩子？」

「一定是有些回教徒散布這種瞎編的事。狗都死光了，大部分的嬰兒也死了。不過至少那個警察還帶了吃的東西來。我的兒女所以能活下來，肯定就是靠著那種粉救了一命。」

「你拿那種粉當食物？」

「當然。我用河水調和之後，我們全家都吃這個。那時候什麼東西都沒得吃。」

「我們根本沒敢碰它。那是從外國人那裡來的，所以我們不碰。」

「哎，在那個時期，那可是比神仙喜宴上所有甜食都要美味的東西呢！」

村民一路朝著日落走過沙丘，一面回想從前的苦日子。日落餘暉褪盡之後，老戴爬上河堤，去把外國女孩帶回來：

「你一定要再學幾首歌才行，而且聽聽一個真正會講故事的人所講的傳說故事。」

那天晚上，黎娜講故事，其他人唱歌，女孩傾聽觀看，一直到很晚。守夜人來要鎖門時，卻被他們趕走了。黎娜問女孩：

「見識過這麼多之後，你打算怎麼辦？」

「我還沒想到。你會怎麼辦？你會跟留在家鄉的那些人講些什麼？」

「喔，老天，他們聽了恐怕要嚇傻了吧？」

村民嘻嘻哈哈，反覆爭論著他們打算講些什麼，以及如何教導那些留在老家的人關於水井、灌溉水渠、學校和獎學金的事。米圖說他會講外國神父以及所有參觀過的博物館給別人聽。阿瓏達悌要講紗麗裝，還有南部女人如何不遮頭，大大方方走在外面，儀態優雅地展現出她們真正的本色。杰德夫和巴柏拉提到工廠，講到那些人如何分工合作，很有條理地完成一件事，而不是各做各的。蘇倫德拉最記得的是火車站的腳夫、哈桑和那些兒童，以及其他曾經遇到的遊蕩者。阿米雅彎腰對外國女孩說：

「你會跟人講起我嗎？」

「我不知道什時候會講，也不知道會講些什麼，大娘。」

「你一定要跟人講到我，還有講女人家。」

「講女人家？」

「對，你一定要講我們這些女人，譬如我，或者烏瑪、盧努、黎娜，還有所有村裡不知姓名的女人，她們本來可以有所作為的。可是她們都奉父兄之命嫁掉了，然後被丈夫管教成愚蠢又無用的女人。」

「別亂講，生兒育女可不是什麼愚蠢無用的事。」

「我們既不曾也沒有把你們管教成無用的女人，大姐。我們每個人都歸屬於另一個人，而且大家都應該盡自己的職責。我就有放手讓烏瑪去用她的方式教育兒子，結果兩個兒子完全不能幫我下田做活。烏瑪當年放棄了學業，可是兒子受教育不也算是對她的補償嗎？」杰德夫話中少了平常的鐵定語氣。

「你聽到沒？」阿米雅用手指點著女孩，「你一定要提到這些。錯過的人生怎麼可能會有補償？你也一定要提起蘇倫德拉，他才剛學會識字、閱讀，可是誰都看得出來，要是以前有機會的話，他一點也不比那些有聰明才智的教授差。可是他這輩子就在趕水牛、抽菸、固執己見，現在雖然學會了識字，可惜太遲了，如今就只有火葬堆等著他。」

「我情願跟水牛作伴，也不要跟那些我們遇過的教授為伍。你別祝我有那樣不快樂的命。」

「你聽我說，孩子，聽我說。」阿米雅的強烈情緒壓倒了大家。她又開始用手指對外國女孩戳戳點點，「我們大家都用『命中注定』來回答別人的問題，還說我們情願順命。可是假如我們的父母沒講過命中注定這回事，我們會有怎麼樣的遭遇呢？而如果我們也對自己兒女灌輸這種觀念，他們又會有怎麼樣的人生呢？你聽我說，你一定要聽我說，要知道我們本來可以比現在更好的。」

「我認為你現在就很好了。」

阿米雅給了女孩幾個耳光，清脆的響聲蕩漾開來，沒有人開口講話，直到阿米雅又厲聲說道：「那你是瞎了眼了。你一定是視而不見。眼前你所看到的是失敗和做牛做馬。我們既無知又貧窮，人家以為我們是乞丐，我們也不比乞丐強到哪裡去。本來可以有另一種結果的，每一輩子都應該要有不同的結果。我們之中某些人原本可以有所作為的，然後就不會有人再講什麼命中注定這類的話了。可是現在太遲了，太遲了。但是要把握，要把握啊！」阿米雅哭泣了，任由別人把她送上床。女孩站起身來準備離去，其他人則擾擾攘攘地叨唸著。納倫提了燈籠要護送女孩回到她過夜的地方，蘇倫德拉說他也要出去透透氣。大家紛紛向女孩道別祝福了一番，這三人就走到外面的風中，沿著沙灘一路走。

「阿米雅打了你，你會原諒她吧？」

「當然。」

「喔，老天，當年她做新娘的時候，就希望事事都能好轉。現在我們旅行，她看到情況並沒有改觀，就算那些有錢有勢的人也一樣。她很為下一代感到害怕。」

「她是對的嗎？」

「是的。因為她很有智慧又能幹，所以其他人很怕看到她這麼絕望。他們認為她看到了某些真相，而那些真相是他們看不出來的。」

「她有看到嗎？」

「可能她是看出，不管我們怎麼告訴家鄉那些人，村子仍然不會改變的。遇到饑荒時，老的、小的照樣會餓死。女兒照樣沒有機會去上學，只能嫁雞隨雞、嫁狗隨狗。兒子還沒來得及訓練好，就被叫去下田幹活，要不他們會離鄉背井，到城裡打工賺錢，然後孤零零死掉，根本一無所成。」

「這趟旅行難道沒有對你們有些改變嗎？」

「我們每個人多多少少都有改變。但是不是整個都變了，我不知道。等我們回去之後，照老樣子過日子其實容易得多，但要一起想辦法把新的見識帶回村裡去推動，那就難了。我不知道。是阿米雅讓我們看到，本來有醫治天份但卻從來沒有機會發揮的雙手，也跟受過訓練的雙手一樣，到頭來都是老朽、顫抖、不管用的。」

「這你就錯了，蘇倫德拉，」納倫說，「你看，我家盧努就不會再因為畫畫而生氣了。你也不會再看到通告或者報紙時，而不去試著閱讀，哈里斯昌德拉也不會閒坐著發白日夢，他會一直追著黎娜講故事，追得黎娜就要沉河了[2]，恐怕他也會拿著筆記本涉水追著不放，把故事記下來。阿米雅的心痛是她個人的事，我們其他人卻因為旅行而變得更美滿。」

「哎，你說的對，納倫。以後大家也不會認為你是悶不吭聲的人了，會有很多人找你幫忙，跟你好好聊上一場。」

「這就免了吧！」

「其他人呢？那些嘻嘻哈哈、倒頭大睡、只會講吃的那些人，又怎麼樣呢？」

「我相信就算是對這些人來說，有些事情的看法多少都跟以前不一樣了。至於我們能不能夠讓其他人看到這一點，這我就不敢說了。」

「不是全體村民都要出來旅行的嗎？遺囑不就是這麼安排，將來每個村民都有機會出去旅行？但我想，等我們一死，這趟旅行很快就會被人忘掉了。」

「沒錯，是這樣。很多人一定會因為阿信死了而不肯參加旅行的，其他人大概也會因為害怕，或者是懶得出門而不肯參加。說不定現在這些年輕人將來成了老一輩的，就會肯出去旅行了。」

「蘇倫德拉，年輕一輩的要去睡覺了。晚安，女兒。明天早上跟我們一塊去旅行。」

「晚安，晚安。」然後他們就分手了。

帶著外國女孩一起上路

天亮之後，外面那些巴士傳來叫喊、怒罵聲。村民拎著所有的行李和鍋壺等器具，匆忙跑向巴士，紛紛上了車。車子正要開出時，他們見到守夜人帶著那個外國女孩，經由低矮灌木叢向他們跑來，女孩奔跑時，身上的紗麗飄揚著。蘇倫德拉高興得跳起來，他付了錢給守夜人，然後把女孩拉上車。他向老戴解釋說：

「我叫守夜人一定要把女孩帶來，不管我們幾點鐘出發。來，孩子，你坐下。你有沒有忘了什麼東西在旅舍裡？」

「沒有。你們要去哪裡？」

「要去看南部人的那些廟。要到馬杜賴去，然後再到拉梅斯沃勒姆去看海。」

「噓，蘇倫德拉，你讓我們再作作夢吧！大海才剛剛變成灰色，現在聊天還太早了。」

「咦，巴柏拉，要是在村子裡的話，到了這樣的天亮程度，你已經跟著我下田去了。」

「沒錯，可是對一個老頭來說，坐在巴士裡聽人講這麼多話，比耕田還要吃不消。」

他們一直睡到日上三竿。巴士走的路線經過很多村莊和田地，不少膚色曬得黝黑的人正忙碌著。有些人會停下來看著巴士經過，也有些人的視線根本就不離開土壤。村民留意到那些人所穿的服裝非常鮮豔；也不禁對早春的新綠發出訝嘆。中午時，村民已經來到鎮上，導遊帶他們去參觀神廟，介紹完之後，他們就脫掉涼鞋踏進廟門，走過中庭進到廟裡面。導遊馬上表示反對，村民不知道究竟出了什麼岔。只見導遊一再大喊大叫，揮舞手臂。最後村民才恍然大悟，原來他是在告訴那個外國女孩走開，因為人家可能不讓她進廟去。於是女孩就走回到廟外，賣紀念品小販立即擁上來圍住她。

「留下她一個人，這不妥當。」

「他們為什麼不准她進廟？」

「她不屬於種姓階層的人。」

「我們也不是呀！」

「她是外國人，我們是印度人。」

「人家不是都很讚賞皮膚白的人嗎？」

「你會不會願意一個回教徒進到我們村廟裡呢？」

「她又不是回教徒。她很乾淨，而且很尊重我們。」

「她國家裡的人會不會讓我們也進到他們的教堂裡？」

「問她吧！」

「導遊這麼粗魯實在不對。為什麼不把她當我們的女兒，讓她跟我們一起進到廟裡去？」

「要是有一個外國人進廟，他們會認為這地方被玷污了，接著又會有其他外國人來，那些帶著照相機的有錢遊客也會進來的。」

「是什麼讓我們受人尊重的？我們以前到別的地方，人家也曾經不讓我們進門，現在我們看起來也不比那時好多少。」

「這回剛好相反，因為我們屬於同類，而這個外國人卻不是。」

「這也是很愚蠢的。」

「噓，我們要獻祭了。」

每個膜拜者都重複著同樣緩慢的過程，等到他們出廟時，大家又累又煩。他們在巴士附近找到了外國女孩，她身旁堆了像小山似的綠色椰子，有個拿著大刀的青年正在一旁咧嘴而笑。司機和這個年輕人邊聊天邊抽菸，眼睛看著女孩。有一群兒童在女孩面前，玩一項遊戲給她看。這時司機招呼村民過去，跟他們長篇大論地講了一堆話，卻沒有一個人聽得懂。

「他說什麼？」娣帕卡問。

「他說這個外國人買了所有的椰子，所有他帶到火車站要賣的椰子。她要你們吃椰子來補充一下體力，這個年輕人會剖開椰子的。她是誰？你們怎麼會吃她給的東西？」有個祭司幫他們翻譯。

「如果是吃新鮮椰子的話，是誰給的又有什麼關係？」

砰的一聲，椰子裂開。這個硬邦邦的水果一個接一個都剖開了。村民喝著椰子水，還把碎裂的椰子都帶上車一道旅行，以便吃椰仁。女孩則向那群兒童揮手告別。

「女兒，我們有個問題要問你。」

「儘管問。」

「我們在想，不知道在你的國家裡，會不會拒絕外國人進到你們的廟裡，就像這裡拒絕你進門一樣？」

「那要看教堂來決定。有些教堂永遠開放，什麼人都可以隨時進去。有些是神職人員不在裡面的時候，教堂的門就鎖上。有些教堂會因為你們的膚色而拒絕讓你們進去；有些連我也不可以進去，因為我算是外人。」

「但是人家跟我們說過，海外地方是沒有種姓階層的。那為什麼還會有拒絕這個，卻接受那個的差別待遇呢？」

「從血緣關係上來說，是沒有種姓制度，但是從種族膚色或者貧富方面，又或者是同一傳統、習俗的人，相對於並非同一背景出生或者是對這種背景不清楚的人，他們之間卻有很多隔閡。」

「有沒有像我們看回教徒，或者他們看我們的情形一樣，認為對方是不潔的？」

「這就看地方而定，每個地方都不同的。譬如我出生的地方是個小鎮，可是有個跟我們膚色不同的人，卻成了教堂的領詩，儘管他是個外國人。我最初就學的時候，是在另一個城市，那地方有很多膚色、語言不同的人，可是我在那裡的時候，卻也有過不讓我進教堂的情況發生，因為沒有人能夠證明我是他們的成員。」

「這麼說來，你們就跟我們一樣，每個地方都有每個地方的愚昧之處。」

「可是我們知道回教徒的確是不潔又很危險的，這點並不是愚昧。」

「你曾經坐下來聽回教徒的老師解說過，居然還說得出這種話？」

「光是靠一個有智慧的人，並不足以抹掉血仇的記憶。」

「這麼說來，當時的確很可怕吧？」

「孩子，實在不該讓你的耳朵聽到這些話的。不過即使最慘的饑荒也沒有當時的仇殺那麼可怕。」

「這種事會不會再發生呢？」

「不會了，永遠都不會。」

「當然不會。」

「我們已經學到教訓了。」

「會的，孩子，有可能再發生的。不過只有在我們所住的東部才不會發生，因為那裡的土地很好，而且百姓沒有染上那些統治者的習性。在三角洲上工作和捕魚的人，可不像西部那些收稅的回教徒。要是他們真的打起來，就一定會流血。我希望不會有這種事。」

「我們別提這些恐怖事件了。孩子，跟我們講講結婚的事，你們的婚禮是怎麼樣的？有沒有音樂和很多東西可以吃？」

整個下午的其餘時間，村民都在談論宴會、婚禮、節慶、慶祝生產的事。他們講到跑江湖的戲班子，這些巡迴演出的藝人有時會在大節慶時應邀到商行表演，當這些演出者到來，並在大遊廊上演出時，方圓數哩內的村民都會趕來，坐在遊廊周圍看表演，歡呼喝采地度過那晚。村民還記得烏瑪沈當年的婚禮盛況，蘇倫德拉甚至還講得出當時大盤大盤送到水井邊的甜食是哪些。村民也講到自己的婚禮，烏瑪說自己當年是由哥哥背著走過田野送她出嫁的，阿瓏達悌坐著渡船過河時，心中充滿恐懼。盧努根據她們所講的畫出當時情景，讓外國女孩看到那幾天的歡喜氣氛。每當外國女孩提問，他們便回答，一面回憶著從前，於是幾個小時就這樣過去了。阿米雅不時會停止撕雙手的皮肉，看著女孩，但卻依然沉默。傍晚時，他們來到了馬杜賴。巴士駛向火車站停靠下來，有個鐵路局人員上了車：

「你們的火車會在今晚開往拉梅斯沃勒姆，兩天後你們會回來，參觀美娜克施女神（Menakshi）的神廟。去搭火車時，千萬記得要帶走你們全部的東西。現在請跟我來。」

接著是慌亂、呼喚、尋找額外的行李，一個怪另一個，水壺不見了，有件行李散開來，東西七零八落掉在月台上。最後，終於上了車廂。黎娜到處找那個外國女孩，卻見阿米雅挽著她，正拖她走在月台上。

「你一定要跟我們一起吃飯，你太瘦了，要多吃點。然後我們再看怎麼幫你安排臥鋪。」

女孩並沒有拒絕阿米雅，不過那位鐵路局職員倒是大聲說話了：

「這不可以，她不能跟你們一起走。這節車廂是孟加拉村民專用的。」

突然間，一切安靜下來，他們都在專用車廂裡面，飯菜也都送上來了，娣帕卡並且放好了烏瑪沈的遺照。阿米雅悄悄對娣帕卡說，就把外國女孩留在車上吧！反正那些鐵路局人員也不會知道的，可是這時，卻有人前來拍車門，接著出現了一個貌似重要的人物，身後還跟了兩名警衛，這人查問他們：

「車票呢？把你們的車票拿出來。」他查看了每個人，卻很小心地避開外國女孩，到最後才來查問她。然後他接過女孩的車票，舉向燈光說：

「這是三等車票。」

「是的，這是遊客的周遊車票，德里鐵路總局發出來的。」

「外國人買三等車票不合規矩。」

「那我們要怎麼才能跟其他的遊客接觸呢？」

「只有乞丐或是貧農才可以使用三等車票。外國人一定要付比較多的錢才行。這張票不合規矩。」

「這張票付了錢，而且是由鐵路總局發出來的。」

「這節車廂也是，我們的旅行也是經由鐵路總局安排的。」

「我告訴你這不合規矩，外國人根本不應該搭三等火車，坐了三等火車之後，他們就只會告訴其他人，說印度是又髒又落後的國家。我們要外國人去搭頭等火車，車上有很好的軟座位，還有很好的服務生和飲料，可以看到這個國家很美麗，有很多工業。我告訴你，鐵路總局發出三等車票給你，實在是很糟糕的事。」

「大多數人都是坐三等火車的。」

「我管他大多數人是笨蛋、一無是處、只買得起三等火車票呢！有工作的人就坐二等，外國人則永遠坐頭等。」

「這張車票是有效的，請問我可以拿回來嗎？」

「這張車票上面寫得很不清楚，你得跟我回辦公室，讓我檢查這張車票。你不能跟這些人一起旅行，他們是有專用通行證的，你沒有，你只有一張寫得很不清楚的三等火車票。你跟我去辦公室。」

「你不可以把她帶走。」

「這張票不合規矩，這件事你們管不著。」

「孩子，別跟他去，他是個壞人。」

「他拿了我的車票。」

大家無計可施，只有匆匆彼此告別。女孩摸了幾個村民的腳，接受了他們的祝福。那個鐵路局人員大聲喝叱她動作快一點，惹得蘇倫德拉咒罵那人。阿米雅則緊抓住女孩的手問她：

「你不會忘了我們吧？不會忘了我講的話吧？你會不會用心想想我們本來可以有什麼作為的？」

「我不會忘記的。」

「阿米雅，趕快祝福她，她得走了。要是她不盯著那人，說不定那人會把她的車票給毀掉。」

「對於一個有能力離家千里、獨自在外行走的人，我還能給什麼樣的祝福呢？這種本事不就已經是福氣了？」阿米雅走開了，還一面哭著，蘇倫德拉、老戴和納倫因為要幫忙女孩下車，反而擠成了一堆，擋住彼此，這時黎娜擠上前來。

「孩子，你到了每個火車站都留意找找我們。我們先往北，去馬德拉斯，然後到奧利薩邦（Orissa），之後就回去加爾各答。請在路上留意我們的行蹤。」

「快點，我是不會等候持三等車票的人的。」

「我會的，大娘。」

「他是個笨蛋。」

「對，可是他有權。」

「一路平安，要是你又見到這個車廂，可要想著我們都很想再看到你。」

「再見，再見。」

「等一下，她一定要喝點我們的水，這樣我們才會重逢。」

「對，她一定要喝點水。」

「去拿個杯子。」

「很好。」

「這就行了。」

「我們會再相逢的，她已經喝了水。」

「她喝了水。」

「這一來我們就會再碰面了。」

「不，太遲了，太遲了。她會忘掉的，她還年輕，年輕人總是會忘掉老人的。」

神明與公道

村民又坐了整晚的火車。他們在拉梅斯沃勒姆端詳過高柱、雕刻駿馬，還有長廊裡面的朝聖者，之後感到很疲累。他們走到海邊去，在溫暖的岩石上睡覺。在馬杜賴的回程上，他們已經因為筋疲力盡而情緒低落。大家動不動就發脾氣，不時吵起架來，連蘇倫德拉都不想再見到那個不討人喜歡的站長。結果他省了麻煩，因為換了另一個鐵路局人員來迎接並安頓他們。等到村民的隊伍蜿蜒走過街道，前往美娜克施神廟時，天也似乎比較亮了，他們開始對周遭的騷亂感到興趣。這個城市很繁忙。神廟繪飾的高塔聳立在他們上方，規模大得驚人，塔上形形色色的塑像分別居高臨下地瞪著他們。他們見過的其他廟塔，都是不顯眼的紅色或灰色石塔，而且看起來都是普通神廟。但這座神廟卻是鬼斧神工，高聳入雲霄，讓人目眩神迷，吸引了所有人的目光。儘管村民大老遠走來就見到它，可是來到塔下與廟裡時，依然沒有想到它會壯麗到這樣地步。

大半天的時間裡，祭司領著他們在各處參觀，有時暫停腳步，讓他們去膜拜整排的女神，有時又催他們加快腳步，免得錯過最佳光線下的某個奇景。等到祭司離開他們時，村民跟著回家的人潮，擠在單車陣以及喧囂的交通中，返回他們的車廂避難所。第二天早上導遊來到之前，他們已經洗好了待洗的衣物，攤在旁軌的空地上晾曬，然後就跟著導遊坐上巴士，再度出發觀光，一行人先經過市區，然後出市區到一座位於大池塘中央的彩繪亭閣，這座亭閣看起來像是加了護城河的結婚蛋糕。導遊告訴村民，這是女神的避暑閣，到了夏天就由一支盛大壯觀的遊行隊伍，把女神和她的配偶送到這裡來，然後在這裡作樂、歡度時光。導遊描述著種種盛宴、用來討女神歡心的張燈結綵、還有遊行隊伍的浩大聲勢。他講到女神避暑過後重返神廟，繼續執行她平時的職守；告訴村民有關帶來給節慶用的新衣袍、珠寶首飾、冠冕。他說，來拜女神的人潮之多，以致有很多人還被擠倒，甚至踐踏致死。

「這一切都很讓你們的女神感到歡喜嗎？」老戴冷冷地問。

「那還用說。女神年年賜福給我們，要是她沒有假期，她就會變得又累又生氣。」

「這麼說來，她一定是個屬於有錢有閒者的女神嘍？」

「不，她屬於大家的女神。人人都膜拜偉大的美娜克施女神，不是只有那些有財力的人才拜她的。」

「這裡的窮苦農夫有誰會放假的？放假是個普遍的習俗嗎？」

「不是，雖然這裡有宴會和節慶的日子，但是農夫一定要留守他們的土地，城裡的工人也照樣做他們的事，要是他們閒著不做，馬上就會有人去做的。」

「那麼，你們的女神為什麼要給這些人樹立這麼殘酷的榜樣呢？」

「我不懂你的意思。」

「在我看來，女神要是做些信徒沒法負擔的奢華事情，這就表現出她對信徒沒有多少慈悲心。你說女神要有假期，要有新衣服，你還說會有盛大的遊行，人擠人，造成很多人受傷或者死掉，又說要是不這樣做的話，女神就沒法執行她平時在廟裡的職務，無法聆聽信徒的祈禱。可是那些前來拜女神的農夫，以及前來捐出僅有一點錢的求子母親，這些人都是沒有假期的人，可是他們卻要看著女神這麼極盡排場地度假休閒。我說這是很殘酷的事，而且想出這些花樣的人，並不是那些求她恩典的窮人。」

「不，先生，你錯了。窮人喜歡看到他自己不能擁有的東西，喜歡見到富麗堂皇的景象，以及大人物的威風。當他見到那些人物擁有這麼多他自己永遠無法擁有的一切時，他就更心甘情願地拜倒對方。能夠在女神出遊時見到遊行隊伍，是很大的福氣；曉得女神去度假很開心，也是福氣；捐出一個小錢、一袋米、一塊布料等等，更能討女神的歡心。」

「或者該說是飽了祭司、討了他們的歡心吧！」

「要是沒有來拜神的信徒，就不會有祭司存在。」

「可是信徒要靠祭司來督促他們盡職。」

「我們是信仰很虔誠的國家。不，我認為像這樣的神廟，其實是那些祭司為了自己，而不是為了人類的信仰之心所興建的。儘管我們看到這廟，感到嘆為觀止、充滿敬畏，可是我們要把信心保留給那些能夠了解我們傷心苦痛的神明。」

「噓，別亂講，女神會生氣的。」

「我是個老頭了，天上那些女神早就有過很多機會，可以向我顯現慈悲或憤怒。我現在靠自己的兩腿到河邊去，而且會靠自己的信心和職責獲得重生。女神不會因為一個偏遠地方、微不足道的老村民認為她度假是很愚蠢的，就詛咒我這老頭。」

「你會連累到聽你講這話的人，都跟著倒楣的。」

「不要講這種話，這地方跟恐懼感沒什麼關聯的。走吧，烏瑪，我們去那些堤岸上吃飯，順便想想女神在這裡的夏夜歡宴的情景。」

「這樣做不好吧？這是個有神力的地方。」

「也是個讓人吃東西、享受春光的地方。走吧，我們去回想一下家鄉的河流，還有像這樣的早上時，陽光怎麼跟河流嬉戲。」

「老戴，」那天後來烏瑪對他說，「到現在為止，我們已經看過許多供奉不同男女神明的廟，可是我搞不懂，那都是同樣一位女神，具有同樣的法力，卻用不同的語言去回應不同人的不同祈禱嗎？還是那些神也都各自不同，各有各的法力？我們是不是得祈求每位神明，才能得到恩典呢？」

「黎娜，那些故事是怎麼說的？」

「扯太多反而沒辦法回答清楚一個問題。在我看來，祂們都屬於同一個神力的部分，正如同所有的神明其實是一體的。我們人卻是彼此不同，過著不同的生活，所以我們會根據自認為需要的神力，而做不同的祈禱。」

「啊，這麼說來，你是把神力看做是我們自認為需要的東西，而非真正存在？」

「我並沒有這樣說。」

「你是沒這麼說，但有可能是這樣的，如果真是的話，那麼每個人的命運其實是操縱在自己手裡，而不是出於神力之手所寫定的了。」

「這我就不敢說了。因為我們沒法左右每年農作物都長得好，也沒法左右所生的孩子每個都能養活到結婚成家。要是我們做得到的話，我們的命運會不會就操縱在我們手裡了呢？」

「說不定我們可以辦到的。」

「但是這樣做有個很大的危險，大家卻沒有想到。這個人會想要自己的命運這樣，另一個人想的又是另一樣，結果就會造成傷害和大混亂，不講職責或同情心。」

「我倒不認為這樣，男女眾神各有祂們的神力，而且因為神力各有不同，所以對祂們的祈禱內容也就不同，我們得要按照祈禱規矩，分別向祂們祈禱，才能從每位神明那裡求得祝福。男女神明早在人類有生命之前就存在了，所以祂們不是由人類的想法和希望形成的。」

「不，大姐，不是這樣的。我要講的是，這座廟還有其他所有的廟之所以建造出來，以及裡面供奉的女神，都是出於人手的。的確，那發生在很久以前，有些我們見過的甚至早在記載傳下來之前。可是你也見過米圖整修我們的村廟，你在結婚以前，也幫忙清洗過廟裡的神像。這些都是由人按照他們自己的方式去做的。所以這些廟也就因地而異，也因工匠而異了。」

「可是我們講得並不是泥雕木塑的神像，而是眼睛所見不到的神力。」

「根本就沒有神力存在，只是因為我們虔信則靈而已。」

「喔，老天，那我們的信心可得又虔誠又強烈才行，要不然，等到我們兒孫那代學會有信心時，早就沒有神力留給他們了。」

「什麼，大姐，你會一面否定神力是因為我們的信心而產生，一面又認為信心得靠學習才有的嗎？難道信心不是那些神明所賜的天賦嗎？有些人不是天生就很有信心，而有些天生就很愚昧？」

「信心當然是要靠學習才會產生的，就像我們得學習自己的職責一樣。有人全心全意把信心放在神力上，有人卻是全心全意於克盡職責上。」

「這兩件事難道不能合而為一嗎？」

「也許有些人有時可以做到。但是這兩樣，一個等於歌曲本身，一個是講究歌曲的和諧。儘管所有的歌手都有嗓子，可是也還得教他們唱歌，以及怎麼個唱法。」

「大姐，那我呢？雖然我從來不攔阻別人拜神，而且還希望他們拜得好，可是我自己卻從來都懶得去拜神的。我沒耐性依樣畫葫地說，這件蠢事要歸功於某位奇異神明的原諒。我更沒有耐心聽別人對那些妖魔鬼怪的事驚叫與格格笑，還有那些給你們婦道人家惹麻煩的不開心事。然而我卻是個很開心的人，並沒有拉長臉過日子，拉長臉好像更適合那些所謂的聖人。這樣算來，我是不是在眾神面前就沒有地位，等於一個沒有信心或職責的人呢？」蘇倫德拉咧嘴笑著，等著看娣帕卡怎麼回答他。

「你按照眾神的希望過著自己的人生，而且你不傷害鄰居、同伴。神明在這方面挑不出你的錯來。」

「可是我們沒法知道，什麼才會討神明喜歡。我們一口咬定這樣或那樣，才符合神明的希望，這等於是降低神明的地位，讓祂們淪落到跟我們隔壁鎮上那個稅吏一樣的程度了。」

「這樣一來便顯示出你是個虔信的人。」

「不，只是一個對神對人都希望爭取公道的人而已。」

「公道，公道？神明跟公道又有什麼關係？祂們不都是些脾氣有待安哄的女人，或者健忘的男人，根本沒有留意到我們的存在，因而糟蹋了許多人。蘇倫德拉，公道並不存在於神明之中，也不存在我們之中。每個人都得要好好顧著自己的財產，沒有別人能代勞的，不管是神，還是人。」

「巴柏拉，要認為你真的相信自己所講的，那倒也容易，但是你這麼長命，卻證明你講的話不是真的。你也一樣很用心照顧鄰居，幫忙他們修補溝渠、挖灌溉水道，而且很小心地防著不讓疾病由你的家畜傳染給我的家畜。要是你這樣算是只顧自己財產的話，那麼你也算是順便幫我照顧了。」

「這話說得沒錯，可是並沒有回答巴柏拉的問題，要是我們像娣帕卡所說的，可以把大家的虔信和職責團結起來，那麼肯定團結的結果是可以產生公道的。這對我的願望來說，已經足夠了。神明可以自己照顧自己的。」

「烏瑪，你兒子都快要結婚了，講話應該謹慎小心，可是你卻沒有。但願神明也同樣眷顧年輕的一代吧。」

「哎，就算是年輕一輩喜歡老人自己靠兩腿到河裡去，就算是我們自己憑著想法和夢想而形成女神的存在，我還是會照樣在神像面前點燈的。」

「你為什麼還要點燈？」

「因為那是個很安慰人心的習慣。」

「走吧，我們得去坐那輛很不安慰人心的巴士了。」

他們又參觀了其他的廟宇，回到車廂時，只見站長已經在那裡等候他們了。他雖然表示了歉意，卻是敷衍了事。原來警衛睡著了，於是有一群乞丐便趁機溜進了車站裡，村民晾曬的衣物都被偷走了。他很抱歉，但卻無能為力。

「可是那件紗麗是我身上之外僅有的啊！」

「我也是只有另外那件腰布。」

「誰需要兩件以上的衣服呢？東西愈少愈好，旅行可以少帶一些。」

「唉，唉，那件可是我最好的一件衣服，唯一有紅邊的。」

「沒有關係。」

「我們得趕快去多買幾件衣服。」

「何必呢？我們又不需要更多衣服。」

「我那件是從媳婦那裡得來的，還是新的呢！」

「乞丐為什麼要偷朝聖者的東西呢？」

「我們又不是朝聖者，我們是有錢遊客，你記得嗎？」

「要是今年收成好，還可以再買新衣服，現在不要去煩惱這個。」

「說的倒容易，你又不跟一個壞脾氣的媳婦住在一起。她會罵我的。」

「那你就一定要跟她說，那些乞丐必然是比你還需要這件衣服。說不定那些乞丐就是像哈桑那類的小孩。」

「你是不管怎樣，都有話好講。」

來自家鄉的訊息

第二天早上，他們被帶去參觀一所女子大專院校。校長告訴他們勸說那些女學生完成學業有多困難。

「這一切都是為了女孩子嗎？」杰德夫說。

「不要說『這一切』。有幾所學校的教育水準很不錯，但是大多數都不過是填補女孩子出嫁之前的時間而已。很難訓練女孩子要為自己著想，以及判斷人生中什麼才是適當的。而要教她們的家人明白，女孩學會有判斷力是正確的事，這點也同樣很難。」

回到巴士上之後，巴柏拉說：「教女孩子思考，學會自己判斷，我不認為這是好事。這樣一來，她們就會自己選擇結婚的對象，結果所有男人都得丟下田地，去外地賺錢，才能買城裡的細鐲子。」

「才不，我認為他們並不是教女孩子學會要鐲子，而是教她們別的事情。不過校方要很花力氣來抗衡，因為那些母親姑媽阿姨早在這些女孩來上大專之前，已經長年累月教她們要看重鐲子，等她們上學之後，還繼續灌輸這種想法。」

「這樣做有什麼好？這些女孩子遠離家人，由婦女來教導她們，她們只學到那些看來適合婦女做的事情。她們又不能幫忙讓田地變得更肥沃，或者在茅草屋頂著火時幫忙滅火。頂多學學更複雜的縫紉和繪畫技巧，還有談談詩詞等。跟那些無所事事的女人向來所稱道的情況是一樣的。」

「那個校長可一點也沒有無所事事，而且她還講到要訓練女孩子做醫生、律師，還要訓練出更多的女教師。」

「可是為什麼要訓練教師出來，反覆教同樣的事呢？要是一個女孩花四年時間上學，卻只會複述老師教過的東西給老師聽，以便通過考試拿到文憑，這麼說來，跟一個花四年時間站在祭司旁邊學唸經，唸錯就挨打的人，又有什麼分別？」

「那個老師說，她們很努力要教這些女學生培養出自己的判斷力。」

「我敢說，到頭來還是照老師想要聽的來作答，反正上學就是這麼回事。你們有兩個兒子，現在都已經長大成人了，可是還在上學。他們會不會你所做的事？先還不要提能不能做得比你好。根本就不能，因為去年收成時，我就看過他們想要幫忙打穀子，結果看起來納倫的孫子倒是比他們還行，而他才只有五歲大而已。所以你們為什麼還花錢付學費呢？他們能做些什麼？一個女孩子又能做什麼？就只會把你的錢浪費掉。」

「他們什麼農活都做不來，這是真的。我也真的很遺憾他們就只學了詩。但是將來有一天，他們會像阿信一樣去做老師，賺錢養家的。」

「在城裡。」

「對，在城裡。」

「到時你的田地怎麼辦？」

「他們會請別人去耕種的。」

「你的意思是說，他們會留在城裡，讓別人去你的土地上耕種，然後他們收地租，就像稅吏一樣？」

「或許吧！」

「杰德夫，這在村子可是很邪門的想法。」

「並不是我想要這樣。可是如今他們是大學生了，會背誦泰戈爾的作品，還會談論很多大問題。我卻還是個很單純的人，最感興趣的就是幫浦。是他們的娘希望兩個兒子都上大學的。」

「我不知道哪樣比較邪門；是有兩個上學的兒子呢？還是有個一心想念書的女兒？」

「要是他們肯求學，不會對他們的人生有害處的。」

「自從我們旅行之後，我可以說，只懂得背誦泰戈爾的人太多了，可是懂得幫浦的人卻不夠多。」

「我們最好別講了，巴柏拉，要是烏瑪聽到我說，我們的兒子不懂下田，一點用處都沒有，她會生氣的。」

「這就是麻煩的地方。烏瑪受過教育，所以你怕她生氣。我老婆沒念過書，所以她生氣我也不理，她要是把我搞煩了，我還會揍她，可是她卻認為，老公這樣對待老婆是天經地義的事。」

「可是誰又敢說，我們這兩對夫妻都不如納倫和盧努那樣幸福呢？」

「啊！這一對！話說回來，要是生兒子都能長大成為納倫那樣的好農夫，生女兒都能像盧努一樣，是個心思靈巧的家庭主婦，我們大家就不需要教育了。」

「然而納倫還說，他讓盧努賠掉了自己的人生，先是她的年輕時代，然後是放棄了學藝術、做藝術家，她本來希望老了之前還有轉機，結果連這些希望也落空了。」

「可是女人家當藝術家，又或者沒有一個男人來指引她該盡的職責，並為她定位，這女人還能有什麼作為？」

「我不知道，不過我想納倫會設法弄清楚的。」

「這對夫妻就是天生好命。」

「要不就是他們盡力地讓人生美滿，誰能說得準呢？」

那幾天裡，他們在特里其市（Trichinopoly）和坦朱雷（Tanjore）觀光購物。村民沿著平坦海岸平原向北移動，見到田裡的農活，不免想起他們自己的農活。他們經常談到這裡的稻米品質有多好。阿米雅有一次在夜裡高聲尖叫，叫聲像火車汽笛似的在車廂裡迴響，驚醒了大家。另一天早上，他們停下來看插秧，納倫和蘇倫德拉卻不見人影。等他們回來時，沉重的背囊壓得他們彎腰駝背，其他人卻吃驚地見到他們買了穀種回來。

「為什麼不買？這裡的米品質好得多。」

「可是種到我們的稻田裡，長得出來嗎？」

「當然長得出來。」

「我們會好好對待這穀種的。」

「土地不喜歡我們種奇怪的東西下去的。」

「種稻米對我們的土地來說，有什麼好奇怪的？」

「這是南部的米。」

「你就是想要讓我們操心煩惱。這穀種會長得好的。」

最後他們終於來到馬德拉斯。站長把他們的郵件交給老戴，並跟他們說要去提魯帕提（Tirupati），等他們從這座聖山回來之後，再參觀馬德拉斯。

「然後我們得打電話給德里的戴先生。」

「你是不是名叫蘇倫德拉的村民？」

「是的，您怎麼會知道我的？」

「鐵路總局有封信要我轉交給你。」

「哎，有封信給我？」

「是的，要我唸給你聽嗎？」

「不用，他看得懂。我們開始旅行之後，他就學會認字了。」

「年紀這麼大了才學會認字？」

「我這輩子從來沒有收過信。對，老兄，信上還有一張圖片。」

「這是郵票。」

「你怎麼沒有在學校裡學會讀書識字？」

「我這輩子太忙了，沒空打混。」

「我可絕對不會說閱讀文字是件閒混的事，那是種工作。我現在得走了，因為做個站長得要看很多文件。我說，那就是工作。」

老戴分發信件給大家，於是哈里斯昌德拉和黎娜就一直被村民叫去唸信。蘇倫德拉花了很長時間讀自己的那封信，等到看完了，阿瓏達悌卻來到他身邊，不好意思地問他，可不可以幫她唸信？因為其他人都很忙。

「我不知道我唸不唸得來。我光看這封鐵路總局的來信，就花了很久才看完。」

「這只不過是一封短信。巴柏拉說不用急著知道消息，可以等一等，可是我們已經很久沒見到孩子了。拜託唸給我聽吧！」

「我試試看。這信的開頭是『最敬愛的阿姨』。」

「這麼說來，這信是誰寫來的？」

「上面寫的是桑達拉，這是阿信嫂，她在我們村裡老戴的家裡寫這封信的。」

「阿信的寡婦為什麼要寫信給我？」

「她在村裡，這倒是好事。你們家的人有沒有誰會寫信的嗎？」

「沒有，一個都沒有。」

「那可能就是有人請她幫忙寫信了。我們來看看，字寫得很清楚。接下來寫的是『我寫信來並不是為了讓你傷心』。」

「家裡出事了。喔，老天！巴柏拉，巴柏拉，你快來！家裡孩子出事了！」阿瓏達悌朝著車廂另一頭尖聲大叫，其他人都停下來看著巴柏拉，只見他很不情願地朝著蘇倫德拉走去。

「你不用著急，老婆，哈里斯昌德拉稍後會唸信給我們聽，你不必現在就這麼心急。」

「這是阿信的寡婦寫來的，她說不希望讓我們傷心。」

「阿信的寡婦幹麼寫信給我們？」

「我們聽聽是怎麼回事，趕快聽聽。哈里斯昌德拉要幫很多人唸信，蘇倫德拉會唸這封，這信又不長，他說信寫得很清楚。」

「我指望老師的太太應該寫得清楚的。唸吧，蘇倫德拉，要是你唸得來的話。你不唸了這封信，就別指望有安寧了。」

「我盡量試試。『我不想要你們傷心，但我自己也是剛剛經歷了傷痛，所以很能明白，聽到壞消息總好過一直提心吊膽』。」

「我跟你說過，家裡出事了，我知道，我知道。」

「那就別出聲，讓我們聽下去。」

「『兩天以前……』」

「這信是什麼時候寫的？兩天以前是什麼時候？」

「這是上個滿月之後的第六天寫的，我算算看，那應該是九天以前，所以信上說的事情應該是十一天以前發生的。」

「這麼久了？」

「這很快了，想像這消息是從多遠的地方傳來的？」

「『兩天以前，就在天亮之前……』」

「壞事總是在天還黑的時候發生，永遠都是這樣。」

「噓，蠢婆娘。蘇倫德拉，唸下去。」

「『兩天以前，就在天亮之前，你們的外孫女，這個很懂事的女孩……』」

「唉，我外孫女出事了，我的骨肉！唉！唉！」

「別出聲，不然我就要揍你了。根本就沒有提到她有什麼事，只是說她很懂事，以前可從來沒有人這樣認為，或這樣說過。」

「我向來都說她很懂事的。」

「哪，這倒是頭一次了。蘇倫德拉，你唸下去，別理這個女人。」

「『……女孩被怪聲音吵醒。她隔著牆叫我們過去，然後回到她弟弟睡覺的地方，卻發現他正在發病，透不過氣來』。」

「唉，他已經很久沒有發作了。這是因為我們不在眼前。」

「他以前每個星期都發作，通常還是每天，別胡說八道了，大家都知道的。」

「你從來就沒有留意過他病得那麼痛苦。」

「我沒有留意過？我們家唯一傳宗接代的男丁不是個白癡嗎？我不是每天都看著他，想著等我死時，有誰來為我祈禱送終？」

「可是你並不關心他的痛苦。」

「等我把信唸完好不好？」

「對，你把信唸完。」

「『……正在發病。臉都發青了，等到我提著燈籠去到他身邊，他已經死了。他姊姊發現他吞了自己的舌頭，所以靈魂就出殼了。我們昨天把他送到河裡去，一切都按規矩辦得很妥當。你們的外孫女現在跟我住在一起。我希望下學期開學時，你們讓她去上學。我們會負責照顧房子和畜生，直到你們回來。我為你們哀哭，但希望你們一定要為我保持平靜』。我很為你們難過，巴柏拉，阿瓏達悌，聽到外孫的死訊實在不好受。」

巴柏拉挨著車廂鐵壁，頹然往下滑，先瞪眼看著放在膝上的雙手，然後就啜泣起來，靜靜地，用披肩蒙住了他的頭。阿瓏達悌則在尖叫：「我外孫死了，我外孫死了！」一面扯著頭髮，一面沿著車廂走道，跑回他們的鋪位。盧努看著蘇倫德拉，聽他講完經過之後，立刻跑過去找阿瓏達悌。老戴過來坐在巴柏拉身旁，伸出一臂擁著這個吝嗇鬼，自己卻又為阿信掉下了眼淚。蘇倫德拉走出車廂，到支軌的空地去抽菸。他自己的兒子還活著，就以一個兒子來說，算是好兒子了。他很少跟我講話，我也很少跟他講話，蘇倫德拉想著。等輪到他歸西的時候，兒子會把事情辦好的。幾個孫子也是，夠健壯也很定性，他們會真心對待土地的。唉，巴柏拉的外孫只不過是個白癡，可是他心痛的程度一定跟我死了女兒是一樣的。識字也不是件好事，為別人帶來這麼大的痛苦。納倫來到他身邊：

「巴柏拉還在哭嗎？」

「他去找阿瓏達悌了。」

「從信上知道這消息，實在很不好。」

「與其外孫死時大家睡在同一個屋頂下，倒不如事後在這裡接到消息比較好。」

「這倒是真的。」

「阿米雅也在哭。」

「她收到信。」

「她孫女參加考試通過了，拿到獎學金，可以去念加爾各答的修女學校。」

「這消息應該讓阿米雅很高興才是。」

「結果沒有，她說她插手管了命運，到頭來只會造成失望。她說現在已經太遲了。」

「其他人呢？」

「娣帕卡家的穀種被害蟲吃掉了，幸虧我還有些額外備用的。阿信嫂住在老戴家裡。那個船夫的擺渡船在暴風雨中沒了，他要村民幫他再造一條。尼爾瑪復原了，馬上又開始教書。我孫子有去他那裡上學，而且是個好學生。班金還是不肯到廟裡去，認為自己被飛機給污染了，不過尼爾瑪說，這是很愚昧的想法。至於其他的消息，我還沒聽到。」

「該怎麼安慰巴柏拉和阿瓏達悌呢？」

「不用。她會停止尖叫的，然後會去安慰巴柏拉。之後他們會付錢給幾個祭司，做做祈禱，跟著就沒事了。」

「過後不聲不響，比現在的尖叫還要糟糕。」

「你在想以前的事。」

「對。」

「盧努跟我算是好命的，我們一家大小都活著。」

「這是因為運氣好，還是因為盧努有本事，而且很小心地看顧一家大小？」

「誰知道呢？」

黎娜走過來加入他們：

「阿米雅睡了。要是我們剛開始旅行的時候，她就接到這封獎學金的消息，那時她一定會感到很光榮的。」

「這麼說來，是這趟旅行造成她傷心難過了？」

「不，留在村子也可能會有這種結果的。她見到受教育跟做一個鄉巴佬差不了多少，都不見得會帶來快樂。她該怎麼辦？她又不信神。」

「我還以為我們之中只有我是不信神的。」

「不，阿米雅也一樣。她相信的是人的雙手技能和腦子。但這兩樣也會造成失敗和痛苦，如果沒有其他寄託，那就很難面對這些失敗和痛苦了。」

「可是她向來都有去拜神、唱禱文的。」

「她是盡責而已，心裡並不相信的。」

「或許她是覺得，就連向神明尋求寄託都已經太遲了，而不光只是學會一項雙手的技能。」

「誰知道呢？她腦子想什麼，都不讓我們知道。說不定娣帕卡知道，可是她現在變得不愛講話了。」

「阿瓏達悌在休息嗎？」

「她靠著巴柏拉睡著了。其實這樣反而好，要是他們的外孫活得比他們長，他們的外孫女這輩子就毀了。現在她倒還有個機會。」

「黎娜，要等到他們的外孫女有機會，還有得等哪！」

「不會的，他們知道外孫女想要做事，而且知道外孫女害怕生小孩。要是他們強迫外孫女嫁人生孩子，然後又生出一個像外孫的小孩，對他們來講一點都不是開心的事。」

「巴柏拉不會肯為外孫女付學費的。」

「太多事情讓我又煩又累。看來站長講得一點也沒錯，閱讀可真是個工作。我覺得今天這一整天累死了，簡直就像是收割過所有田地似的。」

「我也是，老哥。明天還有另一個地方要去朝聖呢！」

求神賜福

天色還黑，站長就把他們都叫起來，送他們上巴士，讓他們一路上空著肚子，前往提魯帕提山上朝聖。去到那裡，只見其他香客人潮緩緩湧向山頂那座富麗堂皇的神廟。村民跟著他們走了很長時間，顯現出的耐力很讓其他人羨慕。從山上走下來的人群之中，有剃光頭的婦女，還有雙眼之間點了檀香膏的男人。村民一路走著沒有交談，但卻想著來到這個虔誠之地，不知會由誰來指引他們。阿瓏達悌緊跟在巴柏拉身後，經常開口跟他講話。兩人因為悲痛而臉色蒼白，平時已經不大合群了，此時更因為喪親之痛而顯得孤零零的。老戴盡量跟他們走在一起，因為他想起了死去的阿信，於是悲痛再度生起。但是內心裡，他很高興回去以後，可以跟阿信嫂以及她孩子住在一起，而不用只面對一個孤單的姪女，自從他老婆死了之後，就一直由這個姪女照料他的生活起居。黎娜刻意落在後面看風景，但發現景色並不宜人。他們終於來到山頂，見到輝煌的神廟高聳在他們眼前。到處都有剃頭師傅在招攬生意，祭司則為顧客大聲喊出祈禱儀式，群眾的興奮之情更是甚囂塵上。阿米雅和阿瓏達悌是最先去剃頭的。隨著剃頭師傅的手勢，阿瓏達悌逐漸平靜下來。阿米雅則看著自己的灰髮落下，人卻愈來愈警覺不安。娣帕卡和黎娜後退站著。

「你也不要剃頭嗎？」

「我太老了。」

「這是種虔心的表態。」

「我不這樣認為。這座廟很富有，除了我的祈禱之外，這裡的神明並不需要我的白頭髮。」

「我們看法一樣。剃頭會讓阿米雅傷心的。」

「她說這是求神把她曾經努力改變的事情再糾正回來。」

「她相信這一套嗎？」

「不相信，不過話講起來容易些。」

「其他人呢？」

「阿瓏達悌是為了哀悼。其他人剃頭是為了從俗，有的是為了想有更多孫子。」

「那些男人家呢？」

「誰知道呢？」

「納倫叫盧努不要去剃頭。」

「那當然。」

「烏瑪呢？」

「她想要有個長孫。」

「我們兩個很奇怪。你是逢廟必拜，我則是愛講故事，可是這些人全都不知為什麼去落髮。我常常都被搞糊塗了。」

「我也是。」

「可是你還是照樣祈禱？」

「要安慰受苦的人只有幾個方法而已。說不定神明會指點方法。」

「我從來沒有聽過你對這點表示懷疑的。」

「我不知道安慰別人是不是只是我們的責任，而不關神明的事，又或者神明真的能夠撫慰我們。回教徒想要求子，或是鬧疾病的時候，也照樣會在我們的女神面前祈禱。可是他們傷心難過的時候，到底是去向誰哭訴呢？是對他們的神哭訴嗎？還是對鄰居哭訴？我們有分別嗎？廟裡的祭司說，所有的祭司都應該會安慰人，但是那些獨來獨往的行腳僧卻根本不管別人的。究竟是什麼使得一個人更接近神明？是像我們告訴祭司的，因為敦親睦鄰？還是像班金所想的，是因為勤於去廟裡拜神？還是像蘇倫德拉感受到的，喜樂降臨時能夠懂得體會喜樂？」

「你的疑問還真不少。」

「黎娜，我這輩子都沒問過這些問題，甚至孩子死掉的時候，我也沒有想到要問。」

「神明根本就沒留意到孩子的死亡。」

「沒錯，可是我們照樣求神賜給我們兒女。」

「這實在說不通。傳說故事並沒有告訴我們，芭梵悌有沒有為了死掉的兒女哭泣，或者為此向她丈夫濕婆神祈禱。」

「神明的兒女一定不死的。」

「所有的孩子都活在危險中。」

「那我們為什麼還要祈禱？」

「因為我們想找人傾訴，可是鄰居又懶得聽我們講的時候，我們總得要有個對象。」

「也可能是我們被教慣了去跟石頭講話，而不去跟真的會聽我們的鄰居講話。」

「娣帕卡，娣帕卡！你在哪裡？阿米雅跑掉了！」

盧努的聲音傳到這兩個女人的耳中時，正好見到阿米雅從人群中冒出來，向她們跑來。

「啊！胖青蛙，我找到你了。他們把我頭髮剃掉了，我也去向神明祈禱過，可是我的疑問還在。太遲了。事情都已經做了，現在要改過來，也沒指望了。啊，娣帕卡，我到底做了些什麼？」

「我不知道。不過你在這裡做了很好的敬神儀式，我們現在下山去吧！我發現看著這些祭司一點樂趣也沒有。」

「下山？」

「離開這山，去坐巴士。你牽著我的手，我會帶你下去。」

「你說的對，我們得遠離這些神明，他們一點都幫不上忙。」

「也許有的有，有的沒有，不過你已經祈禱過，總是好的。」

「不，太遲了，什麼都不會改變了。」

「命運是怎麼回事？難道不是命運安排我們這次來旅行的嗎？」

「是的，說的沒錯。」

「不對，這次旅行是因為烏瑪姐的願望。想想當初你看護她的時候，你並沒有想到，將來會見到烏瑪姐曾經見識過的地方。」

「我原本不該看護她的。烏瑪姐死了，說不定她本來會活下去的。」

「你講話真健忘，你明知烏瑪姐得了絕症。走路小心，有很多人上山來。」

「胖青蛙，以前你是我的尾巴，現在卻成了我的拄杖。」

「還要走很遠。」

「沒有了，再也走不遠了。反正太遲了。」

下山的長路上，她們不斷講著話，儘管別人聽得一頭霧水，但兩人卻很用心地聽著對方。她們最先回到巴士上，還趁著等候其他村民時睡了一覺。回到馬德拉斯之後，那些剃了頭的婦女彼此在人前都很難為情，她們的老公跟在後面，也察覺老婆並不歡迎他們靠近。禁食一整天之後，終於有機會喝一杯茶。阿瓏達悌見到那封信，又哭了起來，不過這回哭得小聲多了，別人也任由她去回想，而不去打擾她。到後來，大家都睡了，只有守夜人的燈籠光線閃射進車廂時，才會擾亂睡眠，因為他們早已習慣在火車鳴聲以及顛簸中入睡。

天亮時，有人來拍打車廂門，門外出現幾個警衛，還有一大群看熱鬧的人。

「什麼事？什麼事？」蘇倫德拉一邊從鋪位上爬起來，一邊大聲喊叫。有人用泰米爾語回答他。過了一會兒，他打開了車廂門，馬上有個警衛拉著他做請求狀，蘇倫德拉曉得對方找他有事。納倫和老戴緊跟著他一起前去，幾個警衛連推帶拉地領著他們越過鐵軌，主線鐵軌對面也有一群人，靜靜站在那裡。蘇倫德拉彷彿視而不見地任由警衛推他擠過人群，然後他就站在阿米雅冰冷的雙腳邊了。阿米雅被火車輾過，站長解釋說，火車駕駛曾經極力設法煞車，一面對阿米雅發出警告，但是阿米雅卻蹲在鐵軌上不肯動，結果火車雖然緊急煞車，卻還是撞上了她。納倫彎下腰去拉起紗麗，罩住支離破碎的屍體，老戴嘔吐起來。站長急切地一再重複著對警察的批評、連串道歉、請勿抗議等等的話語，蘇倫德拉根本就沒理會，而是彎身奮力抱起阿米雅的遺體，但卻腳步踉蹌，要不是納倫趕緊扶住，遺體就會掉到地上了。然後這兩個老人抬著阿米雅的遺體，回到支軌附近的草地上，擺平遺體後，再罩上她。他們就在那裡等著其他村民過來。

【注釋】

1　達卡紗麗裝（Daccai sari）：孟加拉國首都達卡出產的手織細平布做的紗麗裝。

2　此處應隱喻去世，印度殯儀習俗多採用火葬，將骨灰撒入河中，尤其是撒入恆河中。

第十章

回家路上

「昨天已經把她火化了，戴先生，大家都去了……不，今天有幾個人留在火車上，不過其他人都出去逛這個城市了。他們說不需要調查。」

站長停下來聽對方回答時，一面看著蹲在他辦公室裡的幾個人。手下那些穿制服的職員顯然看得出他有很大的心理壓力，但是村民卻平靜泰然。

決定中止旅行

「他們的領隊？我想他們沒有領隊。這裡有個戴眼鏡的老人，哭得很厲害，他是村裡的長輩。你指的是那個人嗎？……農夫？那個高個子人很靜，不大講話，但是他打發其他人出去遊覽；這還有個文書，他把我講的話和經過情形都記了下來。要不你是指那個白頭髮寡婦？她是死者的朋友。她已經不生氣了，說是萬般皆由命……也不是這個？是另一個？這還有一個人，我們發現那個女人屍體的時候，是他首先來到現場的。一個瘦瘦的老頭，跟車站裡的腳夫是朋友？有，他在這裡。那就沒我的事了？……知道了，了解。這可以做到。你過來跟戴先生講話。他怎麼會要跟你講話，我可就不懂了。」站長把電話交給蘇倫德拉之後就走開了，蘇倫德拉接過電話，哈里斯昌德拉則靠上前去，娣帕卡看著蘇倫德拉對著這個通訊器材講話，感到非常驚奇。

「你好，戴先生。我們每次通電話都是在講壞消息。」

「我很難過，蘇倫德拉。你知道阿米雅尋死的原因嗎？」

「知道，她整個人垮掉了。她覺得自己插手干預命運的安排，結果卻一敗塗地，所以活下去已經沒有意義。她老早就想尋死，我恐怕她這輩子是過得很不快樂的。」

「其他人現在怎麼樣？」

「有的很震驚，有的很傷心，不過大多數人都放了心，因為不用再對她的瘋瘋癲癲提心吊膽了。大家都想回村子裡去。我想等我們到了加爾各答以後，就應該馬上結束旅行。下一批村民可以去看喜馬拉雅東部山區，不過我很想有機會跟他們一起去。」

「你認為他們還可以走完這麼多行程，而不會出問題嗎？」

「我認為可以，娣帕卡已經告訴他們，生死有命。我們都老了，死在這裡還是死在村裡，其實不重要。重要的是，我們按照烏瑪姐的願望去做，而且從這趟旅行中有所學習。偏偏阿米雅就是不肯。也許這是婦人之見吧！」

「老戴想不想要當局調查這件事呢？」

「不想，他知道這是阿米雅自己想尋死，不是火車的錯。他因為想起阿信又哭了起來。那些吵著要求調查的人，也都聽勸不吵了。像調查這類事情只會帶來麻煩，什麼好處都沒有。現在問些什麼，對阿米雅一點幫助都沒有。」

「你在銀行拿到錢了嗎？」

「拿到了，我有您寫的信，昨天我先去拿錢，然後付了火葬的木柴費。」

「他們身體都好嗎？」

「他們在火車上睡得跟嬰兒似的，烏瑪也很注意大家的飲食，吃得很好。」

「那就沒有其他的事情要說了，祝你們在回家路上身強力健。」

「這就很好，戴先生。我很喜歡南方的米。我們要去看東部的海，我在德里說過，不是所有的大海都一樣的。」

「這麼說來，雖然死了兩個人，可是你還是認為這趟旅行有它的好處？」

「我很掛念家裡的牛，可是現在我兩腳每天都走遍前所未見的地方。回去以後要是不能在村裡揹著我的背囊，說不定還挺難做到的。」

「你揹著背囊？」

「是啊，納倫和我在孟買的時候，跟兩個外國孩子買了兩個背囊，用來揹地圖還有一些食物。這樣方便很多，我走路的時候還可以抽菸。」

「那位醫生問候你們大家。」

「請代我問候醫生大人。他聽到阿米雅的事情會很難過的。」

「就是，他認為阿米雅很優秀。」

「我不能再講下去了，戴先生，站長想要他的講話器。」

「等你們回到村裡，能不能先發個電報給我，之後再叫哈里斯昌德拉寫封信來？」

「我會親自做到的。」

「那麼，再見了，朋友。」

「再見，戴先生。」

站長送村民回到火車上。他們談論著到了加爾各答就中止旅行的決定。娣帕卡一面嘆息，一面把裝有阿米雅遺物的行李收起來。

「最好暫時不要看到這些東西。」她喃喃自語地說，可是老戴卻接口答道：

「對，不過最難的，還是等回到村子後，不知道要怎麼跟其他人解釋。」

「其實也不會那麼難，這就像阿信嫂知道阿信會死一樣，他們也會事先知道的，因為她在寫回去的信上就說過：她不會回去了。」

「你怎麼知道的？」

「她收到那封孫女拿到獎學金去加爾各答念書的信之後，就回信說太遲了。」

「現在祖母去世了，孫女還會不會去念大學？」

「很可能她爸爸會把她嫁掉。」

「那我們得想辦法阻止他。阿米雅一心一意想要孫女上大學，我們總得要看著她的願望達成才行。」

「誰敢說她是真的這樣希望呢？她一下覺得孫女上大學才是對的，一下又感到念書上學只會帶來麻煩和悲傷。」

「她後面的想法是胡思亂想。這趟旅行已經讓我們看到，只有那些懂得比我們多的人，才能幫助我們吃得飽，並讓小孩活下去。」

「老戴，這趟旅行有讓我們看到這些嗎？有時候我們見到的，反而是更多貧富不均的現象，窮的照樣窮，有權勢的人卻得到一切。這就是阿米雅見到的情形。」

「不，還是有希望的，蘇倫德拉在叫我們，我們得過去了。」

接著幾天裡，村民參觀了市內的各博物館，又去了馬哈巴里普蘭和康奇鎮（Kanchipuram）的神廟，聽了樂手唱歌，觀賞了舞蹈學校的學生表演，仔細逛過南部首都裡的商店。巴柏拉也學納倫和蘇倫德拉一樣買了穀種，卻瞞著不讓人知道。米圖一次又一次回到博物館裡，去看那些銅像，有一次還帶了盧努同往，分享他的興奮。黎娜跟一個南部講古人鬥技，村民十分訝異地見到，聽眾雖然聽不懂黎娜的語言，居然也像被她催眠似的如癡如醉。哈里斯昌德拉找到一家書店和一所圖書館之後，從此就不再跟其他人出遊了。納倫獨自一人到處逛，既不跟人講話，也不願意跟盧努分享他的想法。最後那晚，他跟在大家後面回到車廂時，聽到一群乞丐在大聲呼求施捨，聲音帶著虛張聲勢、堅持到底的語氣，不像他經常聽到的那種，於是循著聲音走過去看個究竟，正好見到那個最後下車到月台上的乘客，納倫覺得那個高瘦的身影很熟悉。一大群乞丐包圍這人，整群人移動得極為緩慢。納倫咧嘴笑了，一面大步走上前去，來到那個外國女子身邊，並拿起她的行李箱，然後驅散了乞丐。

「歡迎，女兒，我們又見面了。」

「謝謝大叔，看到你的臉，我就安心了。」

「你絕對不能讓乞丐騷擾你。」

「我很少給乞丐錢的，但我會給兒童。他們都期望太多了。我實在沒有什麼可以給他們，覺得很羞愧。」

「他們這樣期望是不對的。他們對所有旅客都是這樣的。」

「哪裡，你講這話是為了安慰我而已，你知道他們不是對所有旅客都一樣的。他們認為我們這些從外國來的人都很有錢，遠超過他們的夢想，這其實也很合理的。」

「你的錢是要用來進修的，不是用來給乞丐的。」

「恐怕也只能這樣想了。」

「啊，孩子，你見識得太多了。要是我們走快一點，大概還有東西可以吃。」

等兩人進到車廂裡，掀起了一片大聲又歡喜的招呼。婦女擁抱她，男人則拍拍她，最後又拉她坐在娣帕卡和老戴中間，烏瑪在托盤裡裝飯菜，一面怪她從上次分手之後沒有好好吃東西。女孩吃飯的時候，村民不停地問她各種問題：她到過哪些地方？見了些什麼？還不時用充滿溫情和寂寞的語氣發表看法或責備她。他們告訴女孩阿米雅的死訊時，女孩哭了。

「她為什麼哭？阿米雅又不是她死去的親人。」

「你們看，一個外國人居然為我們哭了！」

「啊！孩子，你別哭，她老了，你還年輕。應該是老年人為年輕人哭，年輕人應該歡笑的。不要哭了。」

他們反覆講著，整個晚上都在談話，告訴女孩從前在村裡的時候，阿米雅怎麼領導他們，也講到每個年輕媳婦剛生了兒子給婆婆看時，那種百感交集的奇特心情。兒子是她在婆媳關係上的解脫，同時卻又鞏固了這層關係。他們講到了旅程以及回家路線，一再問女孩要到哪裡去，可不可以跟他們同行。到了天亮時，他們還在談話，盧努和米圖兩個早已畫下當時情景。蘇倫德拉把車廂裡的土菸統統抽完了。早上的調車廠又開始接駁列車的運作。女孩躺到阿米雅的鋪位上睡著了，黎娜看守著她，其他人也去休息了。在早上溫暖的天氣中，站長過來告訴他們準備啟程。婦女趕忙出去買吃的東西，蘇倫德拉則拿出地圖和車票，做了最後一次核對。他們看著調車機把他們的車廂拖去跟列車接駁，眼見其他乘客爭先恐後地搶著找位子，不覺大笑。女孩跳下火車到月台上，火車緩緩離去，留下她獨自站著，高舉雙手，然後互握，做出最後的致意。村民看著這一幕，莫不掉下了眼淚。

阿米雅的遺願

火車沿著海岸向北駛去。村民紛紛睡去，很少講話。哈里斯昌德拉費心地想要引起一些人對奧利薩邦的歷史感興趣，黎娜卻叫他別吭聲，眼前是應該靜一靜的時候。一天一夜之後，火車駛進了卡達（Cuttack），村民見到有一家人正在煮飯，一面等候另一班火車，這家人都是部落之民，全部赤裸著身子。然後他們往內陸去布邦內夏瓦，下車時終於覺得腳下不再有搖晃之感。火車站前面的廣場上，甚至連鴿子也很小心地躲在陰涼處踱步，到處飄揚著紅土灰塵，味道嘗起來像金屬、油和香料的混合，像濃茶似地黏附牙齒上久久不散。等到午睡時間過後，整個城市恢復了活動，烏瑪找到一處市場，於是和其他婦女一起跟那裡的孟加拉商人大大地閒扯了一番。男人談著農作物，猜測今年的雨水是否充足。回到車廂時，大家心情都很舒暢。

他們花了兩天時間去參觀布邦內夏瓦的廟宇，以及位於優陀延山[1]的石窟。每次巴士經過那些坐著遊客的三輪車，見到高溫下渾身汗水閃閃的車夫時，許多村民都說自己實在是享有豪華待遇，應該為此感到慚愧。無論走到哪裡，見到的農場都很貧瘠，土地乾旱，老百姓比南部人的心情更沉重，談話內容不離旱災，人人自危。等到村民的旅行路線轉向海岸區，嗅到海風鹹味，見到路邊蘆葦，大家都不自覺鬆了口氣。火車蜿蜒經過幾哩的海邊沙丘，有時可以見到一座村落，有時見到的是飽受海風吹襲的樹林。最後火車終於跟其他交通並行前進，村民知道他們來到了普里（Puri），這是世界主宰[2]的中心地。巴士載著他們，沿著市區邊緣行駛到一座現代建築，居高臨下面對浪濤大海。這是招待遊客的孟加拉式平房（bungalow），接下來的三晚，村民覺得他們簡直就享盡奢華。這座建築是新的，房間很小，裝潢樸素。娣帕卡卻是生平第一遭自己睡一個房間，因此感到很害怕。每天早上，村民起床時已經嗅到香噴噴的烹煮氣息，吃的是討海人所吃的魚和熱食，非常豐盛。他們從來沒有想到，浪花打在腳上竟會讓他們走路吃力。孟加拉灣海水很藍，但波濤洶湧，這幾天又恰逢滿月，海面更是不平靜。阿瓏達悌像小孩似的在浪花中嬉戲，黎娜和蘇倫德拉靜靜坐看漲潮退潮，一看就是幾個小時。納倫和盧努在陽光下沿著海邊散步好幾哩，然後兩人靠在一起，逐漸成為清晰的黑點。導遊要來帶他們去各處參觀，村民只好很不情願地離開海邊，等觀光完回來，大家就像海鳥振翅似的歡呼奔向海邊。

導遊帶他們走過上坡下坡的橫街小巷，去看編織店，以及製革場，場裡那些憔悴但雙眼炯炯有神的男人還送了他們幸運蛇皮。他們走在一條林蔭小街上，見到很多畫匠在畫世界主宰的小神像，米圖覺得他們很可憐，其他人也認同他的看法。來到一條寬闊林蔭道上，他們加入了如潮的朝聖香客，那些人正在買琳瑯滿目的世界主宰小玩偶、念珠、油燈、祈禱披肩。有時村民駐足良久，觀看一個雕刻匠或者手工藝匠的工作情景，但通常都被導遊和人潮催趕前進。第一天他們並沒有進廟參觀，只看看附近的環境。到了日落時，已經筋疲力盡。第二天早上，他們都去拜了世界主宰，每個人都在龐大廟塔前面以及這位神明的逼視下鞠躬致敬。他們看著其他來拜神的人，那些祭司也很盡職地在這位神明面前對他們講道。好不容易終於回到海邊的房子，他們已經耗盡了敬拜的心思，一邊坐著享用面前的晚飯，舔著手指上的飯粒，一邊還跟漁夫說說笑笑，那些漁夫趁著天還沒黑，正在撒開長長的魚網。

「老公，你又要去散步？」盧努平靜地問道。

「你跟我一起去嗎？」

盧努點點頭，於是兩人走到外面的沙丘之間。月亮升上來之後，盧努停下腳步，累得坐在沙地上。

「現在你該講出來了，納倫。過不了多久我們就要回到村裡，村裡可是隔牆有耳的。」

「我一直惦記著這點。」

「還有想到什麼事？」

「阿米雅的孫女。阿米雅曾經要我答應看著孫女去上大學，我得想辦法做到。」

「可是阿米雅在信上寫過，要把她陪嫁的首飾做為孫女的費用。」

「現在沒有人幫孫女講話了。她父親向來沒見過我管他的家務事。我想他們會很快幫這女孩安排一門親事的。」

「就像當年對待阿米雅一樣。」

「對，再說，那點首飾也值不了幾個錢。」

「如果要她獨自承受這麼長久的學業，說不定乾脆嫁掉反而好。」

「這可不是阿米雅的願望。命運不會重複兩次都一樣的。」

「你打算怎麼辦呢？」

「我不知道。我害怕開口，可是應該要給這女孩一個機會的。」

「他們會知道你在阿米雅發瘋之前，就聽到她提到這些願望，娣帕卡也會支持你的說法。」

「有個辦法，老婆，可是挺困難的……我很怕向你開口。」

「你就明講好了。」

「我們養了兩個好兒子，而且幫他們安排了好親事。兩個媳婦的嫁妝也都好好地存在銀行裡沒動過，因為我們向來不曾花費很多錢。」

「你從來沒跟我提過。」

「是沒有講過，這樣似乎比較好，要不然我們一遇到手頭緊時，就會想去動用那筆錢，而其實我們是不用那筆錢，就可以應付過去的。」

「這倒是真的。」

「要是阿米雅的兒子阻撓女兒上大學，我建議我們收她做乾女兒。」

「老公，你說什麼？」

「通常人家都是領養兒子，我們為什麼不收個乾女兒呢？」

「可是她很年輕，我們年紀一大把了，再說她父母又是我們村裡的人。」

「這倒是真的，不過這樣一來，我們就可以讓她有機會去念書，以後還可以負責她的嫁妝和親事。」

「但這樣一來，我們就得替別人的孩子操心。萬一我們自己的孩子需要協助呢？」

「我們兩個兒子都不想念書，雖然說，必要的話他們也能寫字。他們下田幹活做得很好，你很清楚只有娣帕卡的兒子們才比得上，而且他們還攜手合作，一起改善這些田地。等我們死時，也沒有多少好為他們操心的了，即使時節不濟，他們也不會比村裡其他人苦到哪裡去，我們在他們年輕的時候，也對他們毫無保留。我建議問問他們肯不肯幫這個女孩。」

「去問媳婦肯不肯放棄她們的嫁妝，好讓另一個女孩可以因此不嫁掉？老公，你是不是傳染上阿米雅的瘋病了？」

「我們的媳婦很有勇氣的，而且她們已經有自己的人生。她們都認識這女孩，也知道她多想要脫離家門。家門之內並不是一切。」

「你會不聽我的勸告就做決定嗎？」

「你的勸告是什麼？」

「不要跟孩子們提存在銀行裡的嫁妝，因為他們像我以前一樣，以為錢早就花在買牛和耕耘器具上了。先緩一緩。不知道先私下跟那個女孩談談有沒有困難？要弄清楚她到底是不是真心想去念書。說不定她只是想要遠離家門而已，也許她是想要嫁得遠遠的。如果她真的很想念書，家裡又攔阻的話，那時再提阿米雅的心願；然後再講命運以及阿米雅的陪嫁首飾。他們可以先送這女孩到城裡磨練一下，一旦她離了村子，你就可以主動開口幫忙，這樣一來，就不會有閒言閒語，她以後也不用跟我們扯在一起。」

「你講話向來都很保密。」

「像隻孔雀那樣叫法，招搖得人人都聽到，到頭來什麼結果都沒有的。」

「只要你願意支持這個女孩，我們就按照你的意願去做吧！」

「她不是我的孩子。難道我沒有盡到我做妻子的責任嗎？」

「沒有人做得比你還好，而且大家都知道這一點。可是你不只是個妻子而已。」

「我不懂這是什麼意思。」

「你這雙巧手很值得驕傲，你是個比米圖還優秀的藝術家，連他都這麼說。」

「我以前很傻氣，黎娜知道這點曾經讓我很煩。」

「黎娜除了不知道自己什麼時候會死之外，還有什麼不知道的？可是我說的是你。現在村子留不住你了。」

「你不是還在村裡？還有我的孩子、孫子？」

「你以前有多少次怨我們拖累了你？」

「原諒我，老公。」

「別說這些了，你聽我說，這件事情我已經考慮了很長時間；你肯不肯也到城裡去？你願意順便照顧阿米雅的孫女，同時自己也去學藝術？很久以前那些傳教士提過這些事情，你那時很想去學的。」

「你要我一個人去城裡？」

「不是一個人，我剛才說過，你跟那個女孩一起去。」

「你是厭煩了老婆嗎？」

「你走了我會很孤單的，你很清楚這一點。」

「你會留在村裡嗎？」

「我不能每隔一段時間去看看你嗎？」

「我還以為你和蘇倫德拉想到高山漫遊。」

「原來你在黑夜裡聽到我們的談話了。我們只是老糊塗而已。」

「真的，不過你們都有成年的兒子可以幫忙種田。」

「我會耕種自己的田地的。我們要等到收成以後才出發。」

「所以還沒讓我聽聽，你就已經把事情安排好了？」

「假如你想去進修，那麼事情就敲定了。」

「那我就要像芭梵悌女神一樣哭泣了，因為夫君浪跡天涯。」

「我又不是修行人，不會忘了回來的。」

「你是不會忘了回來，可是你會走。」

「要是我留在村裡，你是不會肯去進修的。」

「這倒是真的，不過你所提議的是夢想，而不是命運。」

「你一定要畫自己喜歡畫的，還有阿米雅叫我們絕對不要忘記的一切。要用心把握，要把握啊！她這樣說的。我們來日不多了，一定要很小心地把握一切，利用現在剩下的時日去追求夢想吧！」

「你很痛心。」

「阿米雅通常不多話，雖然只有在這次旅行時，我們才常彼此講話，但是我卻感到很了解她這個人。她就像娣帕卡一樣，屬於我的一部分。現在這部分不見了。」

「那麼你是肯去嘍？」

「你真該跟我去念書，這麼一來，孟加拉就會多出一個像泰戈爾的大詩人了。」

「是的，老公，我會去的。」

「那就好，我們就別再提這件事了。」

幾個鐘頭之後，當他們悄悄回到旅舍的床上時，見到外面停著一輛巴士。大清早，所有村民就被趕鴨子似的上了那輛巴士，前往康納拉克。在太陽廟，見到駿馬拖著太陽神的戰車橫越天空，每個車輪部分都有個仙女隨著無聲的韻律翩然飛舞，戰車兩旁雕有各種優雅迷人的情愛場面：包括神明的故事、人生、愛情、死亡、回憶與遺忘的情節。在前方奮力拖車的石雕駿馬栩栩如生，彷彿正噴著鼻息，石頭也像被牠們的汗水浸濕似的。他們花了幾小時參觀雕刻，各種造型像是在招呼著他們，在雙手摸索之下，溫暖的石頭彷彿有了生命。觀者先是湊近去細看舞者雕像上的首飾，細緻精美的腳鐲完全呈現靜止狀態。接著觀者後退到遠處的草叢中，觀看整體部分時，又會訝然見到石廟並未真的橫越天空。他再度走回神廟，爬上凸緣細看上面雕刻的女神眼神，或者循著蔓藤圖案，從一尊雕像欣賞到另一尊。米圖和盧努興奮得不知所措，黎娜蹲踞著逕自唱起太陽神的故事。納倫和蘇倫德拉從那些石馬前面走開了，到處閒逛，反而沒怎麼談論這座奇景中的奇景。日落時分，到了他們該走的時候了。烏瑪在巴士上說：「光是這趟旅程就讓我們接近了神明。」

巴士在一個小村停了下來，司機下車去看朋友。村民則注視一個老頭在一棵樹前面拜拜，頭髮亂蓬蓬的，還糊了牛糞，結成一塊塊的，像粗繩一樣垂著。他身上圍著一塊很奇怪的布，半棕半紅，上面縫了很多不同小動物的腳和尾巴。兩個腳踝上都套了沉重的骨製腳環，一邊肩上揹了一個布口袋，一手持著沉重的拄杖，雖然年紀還輕，卻已經有點彎腰駝背，他看著巴士，滿臉憤怒、憎厭又傲然的表情。他慢慢繞樹行走，喃喃自語了一會兒，接著腳步逐漸加快，並從布口袋裡摸出一個小銅壺。等到走到背對村民處，他停下腳步，倒了點東西在樹上，然後又開始繞樹行走，一手捧著銅壺。他總共繞樹七圈，一面倒出他的酹祭品。然後才停下，蹲坐著不動。之後村民離開了，每個人都在奇怪，這人究竟對這樹在拜些什麼？回到普里之後，擴音器播出的電影音樂震耳欲聾，讓他們想到第二天早上就得離開海邊了。當晚他們聽著浪潮聲進入了夢鄉。

尼爾瑪和班金重新入列

他們又再度朝北回到了卡達，見識了這個表面乏善可陳、但卻蘊藏著豐富多姿的手工藝行業的城市，之後他們就前往巴拉索爾（Balasore）附近的山區。他們在這裡停留，去看了山區裡的神廟，還有附近的礦坑。由於他們從蘇倫德拉的地圖上，已經獲悉翌日就會來到孟加拉邦，天亮時便會到達豪拉，因此他們已經沒心思去留意眼前景色。不管導遊說些什麼，他們只顧聊著村裡的事。他們都瘦了，甚至連阿瓏達悌都練出了肌肉，走起路來可以跟得上其他人，而不會再抱怨。他們互相開著玩笑，說某人回去之後，會發現家裡比從前他當家時像樣多了，又或者某人回家後，會見到田地都沒人管，兒子們躲在火堆旁睡大覺。他們想著，到了加爾各答會做些什麼？豪拉的回憶使得他們靜默下來。到後來，他們哭了，接著大家就坦然說出心裡話，爭論了很久關於他們的見聞以及做過的事。就在他們準備睡覺時，火車卻在米德納布爾（Midnapore）靠站，於是又是一陣亂哄哄，加上大呼小叫，這時有兩個人一路推擠過人群，走進了他們的車廂裡。

「嗨，你們這些睡懶覺的人，快起來迎接老朋友！」

「來呀！讓我們瞧瞧你們的確把我們當作貴客。」

「什麼？」

「有生人來了！」

「聽聽這個笨蛋講話，他都見識過南部的妖魔鬼怪了，卻竟然連自己人都認不出來。」

「尼爾瑪，班金！你們怎麼會跑到這裡來的？」

「這是怎麼回事？怎麼回事？」

「醒醒，有沒有茶給尼爾瑪和班金喝呀？」

「你們從哪裡來的？」

「怎麼會在這裡跟我們碰面？」

「你們沒有待在村子裡嗎？」

後來大家都醒了，就連打招呼或提問題也都靜止下來，好讓尼爾瑪解釋是怎麼回事，他這時看來無憂無慮又有點淘氣的樣子。班金在他身旁咧嘴笑著，一面跟熟人點頭致意。

「我們決定跟你們一起走完旅程，所以我從女兒的錢罐裡偷了買車票的錢到加爾各答，你們知道，起碼女兒罵起我來，不會像媳婦那麼兇，然後我們就到豪拉車站，費了很大功夫，才要站長查出你們已經走到哪裡了，他說你們最終會在今晚到這裡。所以我們昨天就到了，一直等到現在。」

「他跟站長說，是鐵路總局派他來送消息的。」班金說。

「不過村裡現在的情形怎麼樣呢？」

「你們什麼時候離開村子的？」

「他們大家都好嗎？」

「東部地區有亂事，曾經有三戶人家到我們村子來，想要留下來。可是我們都想知道消息。現在我們是不是要去喜馬拉雅山？」

「不去了，到了加爾各答就結束了。」

「什麼？我們大老遠跑來，就只為了這半個晚上的旅程？」

「這是為什麼？為什麼你們不再走下去了呢？」

「車票是買好要旅行到北方的。」

「沒錯，車票錢都已經付了。」

「那為什麼要半途而廢？」

接著是一陣沉默。最後娣帕卡開口了：

「老師，你沒見少了什麼人嗎？」

「哎，等我瞧瞧，當然大家都到齊了嘛！等一下，阿米雅在哪裡？」

「阿米雅呢？到現在我還沒被人罵過呢！」

「在馬德拉斯的時候，她坐著讓火車輾過她。」其他人聽到娣帕卡這麼直言不諱都吃了一驚。

「喔，老天，怎麼會這樣。」

「這趟旅行帶來了什麼樣的命運啊！」

「別說這種話。阿米雅的事是她自己命中注定的，跟別人的命運無關。」

「在村裡的時候，她總是最強、最能幹的。」

「她是很嚴，不是很強。她幫我們忙、罵我們、把她的技能教給我們，可是她的性格中一直帶有些悲苦，難道不是這樣嗎？」

「沒錯，沒錯。可是老天爺，這種死法！」

「她也可以死於慢性病，然後我們大家都得陪著她受罪，時間會拖得更久。」

「你認為不該怪這趟旅行嗎？」

「死亡不是誰的錯，只不過是到了該讓船夫送她走的時候而已。」

「該怎樣，就怎樣。恐怕她兒子會很生氣吧？」

「有什麼好氣的？他都已經繼承了她名下土地的所有權了。」

「所有權？從一九四三年大饑荒之後，我們大家就已經沒有所有權了，那時她還是新嫁娘呢！」

「她不是靠土地感到自豪的，而是因為她的希望。等到她失掉了所有希望，她也就沒有可以自豪的了。把自豪跟希望扯在一起，實在不是好事。」

「阿信死了之後，我們就看著她的自豪一點點消失了。」

「後來她就死了？」

「後來她就死了。」

「啊，原來如此，一切都是命中注定，冥冥中都有定數。我看你們現在因為悲痛，所以不打算再旅行下去，而要回村裡去了。」

「有幾個人還是會繼續旅行的，我們有幾個人會跟下一批人去。」

「他們會在村裡說，不會有第二批人出去旅行了，阿信的死已經很不吉利，現在又聽到第二件壞消息，誰都不肯去了。」

「到頭來大家都會去的。」

「不，你錯了，他們說會去向阿信嫂請願，要她去鐵路總局把錢要回來，以阿信的名義在村裡蓋一所學校。這樣一來，誰都不用去環遊印度了。」

「誰會把孩子送去上學？尼爾瑪，你的學生向來都是四天裡有三天缺課的，從來沒有天天來上學。」

「說的沒錯，我的想法也跟你一樣，村裡要是蓋學校，要不了多久就會因為沒人當一回事而關門大吉。」

「阿信嫂又怎麼想呢？」

「她什麼都沒說，還在哀悼中。可是她有跟她孩子提到，因為烏瑪姐的安排，將來他們可以有機會跟她一起去旅行，去看他們父親見識過的世面。」

「那她這個計畫會落空的。」

「這就要看老戴了。」

「要其他人明白這趟旅行是必要的，恐怕是很不可能的事。」

「只要他們聽說了阿米雅的事，就不會有人肯上火車了。」

「那麼，我們這些旅行過的人回去之後，就一定要讓他們看看我們有些什麼收穫。」

「這麼說，娣帕卡，你去拜那些亂七八糟的廟，我們是不是因此而有什麼收穫呢？」班金問。

「我去拜就只有我有收穫。因為有這趟旅行，我們才有這次談話的機會。以前我們可從來沒有坐在一起講學校、講旅行，還有講我們兒女的愚蠢之處。這是很大的收穫。」

「你呢？米圖，不多話的人，也是村裡最窮的人，你有沒有什麼收穫呢？」

米圖保持沉默。納倫開口了：

「現在米圖已經成為藝術家了，遠方有智慧的人都看中他的作品，他不再只是個村裡的陶匠了。」

「什麼？米圖，你賣黏土製品賺錢嗎？」

「沒有，這些東西不值錢的。」

「你沒有講實話，老哥，有一樣你已經賣給了我，另一樣給了神父，他還答應過你，將來你再到南部去，回到他那裡時，他會幫你的。」

「是這樣。」

「喔，老天，這是真的嗎？納倫付錢買黏土製品？」

「那是我的錢，只有一點點而已。」

「其他人呢？我們大家是不是都成了藝術家，而且又有名氣呢？」

「班金，大家用不著都成為藝術家，不過大家都比以前長進了。」

「你講的話像謎語。」

「那你就聽著，好好聽著，你這呆瓜。」黎娜瞪眼說。

「你又有什麼要告訴我們的？大娘。」尼爾瑪趕快插嘴進來，為這兩個老冤家打圓場。他已經不像以前那樣擺出耆儒碩德的姿態，反而懂得以笑回應。

「老師，那隻大鐵鳥是不是喚醒了你的心？」

「喔，老天，當時我還以為它會把我耳朵震聾了。你救了我一命，可是那時候我很沒腦子，還對你大吼大叫。能夠學到自己的痛不是唯一的，這是很好的一課。當時蘇倫德拉把我頭部的破玻璃拿出來，解除了我的疼痛，我見到並沒有人對這個信徒的寶貴虔誠尖聲大叫的。」

「要講真心話，不要花言巧語。」娣帕卡突然正色說道。

「我坐著德里醫生的車回到村裡。他發電報給他家人，於是他家人送我們兩個回到村裡，告訴村民該做些什麼，還有之前的經過情形。我們一路上被服侍得簡直像舊時代的王公似的。還有沒有茶？」

「真想不到，醫生還叫他家人幫忙照顧！」

「哎，阿米雅一定會很高興的。」

「坐汽車回到村裡！」

「第一天晚上我們住在診所裡，有個醫生拍了尼爾瑪頭部裡面的相片。」

「這是什麼樣的魔術？」

「有個魔法師嗎？」

「有沒有弄得你更痛？」

「沒有，沒有，那只是醫療機器，可以拍到很神奇的景象。他給了我那張照片，回到村裡以後我給你們看。我的頭很大的。」

「不用說，頭大有智慧。」

「哎，我們坐汽車回到村裡的時候，你們真該看看那些人的表情。納倫你的孫子是第一個見到的，搶在所有人前面跑過來。」

「那我孫子的身體很好嘍？」

「每天都在長大，過不了多久，你就不再是最高的人了。」

「還有才出生不久的小孫女怎麼樣？」

「現在會走路了。」

「我那些孫子可好？」

「還有我的？」

「我女兒的近況怎麼樣？」

「我兒子的腳好一點沒有？」

「你們怎麼沒有提到我外孫死掉的事？是不是我外孫女身體也不好了？」

「我為你感到傷心，巴柏拉，還有你，阿瓏達悌姐。我不知道你們是不是已經聽到消息了，再說，誰也不想成為第一個來幫人家外孫報喪的人。事情發生得很快，大家都說這樣對他本人比較好，不然將來，你們這兩個照顧他的人走了之後，他就更受罪了。外孫女身體很好，但是吃得很少，她一直擔心你們會為這件事責怪她。她可以成為好老師的，她懂得幫我和阿信嫂教導學生。」

「我也為你們難過，巴柏拉，他天生歹命，說不定下輩子會比較好。」

「我怎麼知道我外孫現在已經投胎到比較幸福的人家去了呢？」

「喔，老天，這種事只有最有本事的星象家才算得出來。」

「人家說，加爾各答有個女人懂得跟那些死掉不久的陰魂接觸，可以講得出那些陰魂投胎到哪裡去了。」

「找她要花錢的。」

「要花些錢，不過她只是個很單純的女人。」

「那我們一定要想辦法找到她，沒能夠知道外孫是不是已經投胎之前，我不想就這樣回到空盪盪的家裡去。」

「看掌相，這個孩子的命是怎樣的呢？」

「我不懂掌相，這些都是胡說八道。」尼爾瑪伸伸懶腰，像是要去睡覺。

「哎，他們是看了，卻看不出什麼名堂。從掌相中沒有跡象顯示死亡，也看不出來他會突然發病死掉。」班金彷彿很慚愧地說。

「這倒是真的，掌相並沒有徵兆顯示他會發病，或者顯示他的腦子不好。」

「講這些看手相究竟有什麼意義？」

「咦，要不還有什麼方法可以解讀命運的嗎？」

「阿米雅的掌相什麼都看不出來，只顯示出力量。」

「還有推磨和下田幹活留下來的痕跡。」

「我們大家的手都是這樣。」

「這不就是我們大家的命嗎？」

「別再講這種話了。村裡還有沒有其他人死了？」

「沒有，我們這些老傢伙都不在村裡，而且現在又不是容易生病的時節。船夫小兒子的年輕老婆以後都沒辦法生孩子了。杰德夫有兩條牛有段時期跛了，不過納倫的兒子把牛醫好了。他把那兩條牛跟自己的牛一起帶出去放牧，所以你不用擔心，杰德夫。」

「我兒子有帶來婚禮的消息嗎？」

「他在灑紅節[3]時回來過，新娘是穆席達巴德人，所以到這個月缺之前，你們還有很多事情要趕著辦。」

「這個月亮？」

「你們不知道嗎？占星的人說，等到這個月亮變成月缺之後，就不宜嫁娶，因為東邊會有大亂蔓延過來。」

「哎，這麼快就要辦喜事了。」

「我可不喜歡大老遠跑到穆席達巴德去。」

「杰德夫，你不是也成了喜歡漫遊的人嗎？」

「沒有，我想要踩在自己的土地上，為幫浦接上新水管。」

「前面那裡的燈光是什麼？」

「自己的故土都不認得了嗎？那是加爾各答的燈光。」

「原來已經到終點了。」

「還沒有，還沒有，我們還要看看這個城市。」

「蘇倫德拉，我們要在哪裡住宿？」

「我不知道。」

「那個站長說過，是在某個佈道團的招待所。」

「又要跟很多外國人在一起？」

「不，我想是羅摩黑天神掌管的地方之一吧。」

「哎，誰付得起這錢？」

「我們等著瞧。」

暫時分頭行事

火車緩緩駛進豪拉車站的黑暗中時，黎明正喚醒了這個城市。這回車廂並沒有被拖到專用地區，也沒有人前來迎接他們。最後是那些掃地工人把他們統統趕下了車，他們帶著行李蹲踞在月台上，蘇倫德拉則跑去找鐵路局職員。尼爾瑪喋喋不休地走來走去，然而其他的村民已經沒那麼多話好講了，跟著棲息在月台頂上椽木的鳥兒一起默哀。娣帕卡獨自數著包袱，把裡面裝的東西重新分配，再打結綁好。黎娜坐著回望鐵軌，不肯跟哈里斯昌德拉講話。烏瑪和盧努吵了起來，爭論誰才該幫阿米雅拿行李。沒多久，月台上就亂哄哄吵成一團；男人家為了田地是否打理好，或者這趟旅行哪個人分擔得太少而起爭執，女人則為了紀念品吵架，互相指責對方亂花錢，說飯做得不好，甚至把矛頭轉到在村中等她們回去的兒女身上。蘇倫德拉回來時帶了人過來，村民一見，突然不吵了，接著臉色一沉，為自己的失態感到羞愧。鐵路局職員告訴他們說，由於他們提早到了，床位準備不及，只能容納十五個人；其他人得到佈道團招待所的中庭去過夜。他在地圖上圈出他們要去的地方之後，就匆匆跟他們告別了。

「就這樣了嗎？鐵路總局沒有其他交代了嗎？」

「是不是該給我們辦一場歡送會，大吃一頓？」

「沒有人來致詞嗎？」

「我已經發了電報給戴先生。有封信交代說，我們一定要在三天之內趕到席達，去拿我們的車票。」

「不派導遊給我們了嗎？」

「站長巴不得見我們趕快走掉，馬德拉斯那邊的事情已經傳過來了，人家不再歡迎我們。」

村民在車站看了很久那種熟悉的亂糟糟情景，最後終於集合，排列成靜默的灰色隊伍走出車站，橫越過廣場，走上了大橋。沒有人上氣不接下氣，也沒有人落在後面趕不上隊伍，大家都跟著行步速度走得好好的，即使混跡在人潮中時，他們也能彼此照顧，知道對方走在哪裡。在這趟回程中，巴柏拉和阿瓏達悌並肩走著，兩人的臉都瘦了，依然面帶憂傷，但是他們之間相處得融洽多了，也比以前有尊嚴。米圖素描著橋上形形色色的臉孔，哈里斯昌德拉跟他走在一起，米圖不時差點絆倒，因為他的鋪蓋和飯盒吊在背後，讓他行動很不便。納倫照例走在最後押陣，盧努走在他身邊。娣帕卡獨自走著，可是腳步不像從前那樣拖拖拉拉的，身上贅肉也消失了。陽光照在她的白髮上，她只停下一次腳步，看著橋下河水以及船隻。其他大多數人則像往常那樣，邊走邊看新奇事物，彼此說笑，奮力提著額外的便當盒或鋪蓋。黎娜又再度被大橋吸引住，經常停下來看著來往的乞丐、推著兩輪車的人、巴士、警察。到了橋的盡頭，她追上蘇倫德拉，對他說：

「我想要再利用一天來看這座橋。你告訴我那個招待所的名字，我會在去席達之前回來跟你們會合。」

「大娘，你不害怕嗎？」

「不怕，這沒什麼。你們好好走吧！」然後這個佝僂身影就走回人潮和車水馬龍之中消失了，蘇倫德拉根本來不及表示異議。

「黎娜走掉了嗎？」杰德夫走到跟前時，很乾脆地問。

「對，她過兩晚會回來跟我們會合。」

「那麼烏瑪和我也要先走，我們要去找兒子，問問辦喜事的計畫進行得怎麼樣了。之後烏瑪會跟你們回村子去，可是我得留下來，或者去穆席達巴德一趟。」

「你送烏瑪到席達來好嗎？」

「好，三天後，你拿地圖給我看是在哪裡。」

才一轉眼工夫，又有兩個人走掉了。圍在蘇倫德拉周圍的人全都成群結隊的。米圖、納倫和盧努湊在一起講話，然後告訴老戴：「我們要先走，想利用這幾天去看博物館，反正其他人對這些沒多大興趣。我們會在席達跟你們會合。」

「我可不可以跟你們一起去？」哈里斯昌德拉害羞地問。

「當然可以，老哥。」

於是這四個人離開了，沿著下坡路往市區金融中心的街道走去。

娣帕卡突然開口說：「有沒有人想跟我去廟裡拜神的？」沒有人講話。

「那我就自己一個人去。」

「你沒有地圖，怎麼找得到路？」

「我可以問人，我知道我一定要到席達跟你們會合，人人都知道席達在哪裡的。」娣帕卡交叉雙手，低下白頭行了個禮，然後也消失在人潮中。

「這可真不像話，我們得留下來待在一起。」老戴和尼爾瑪不約而同地說。

「我讓你們看守大隊吧！我自己也想溜了。尼爾瑪認得路，班金也認得路。人少一點，你們在佈道團那裡也好安排。過兩晚我會在天亮時回來的。」蘇倫德拉咧嘴笑著，並衝著這些驚訝的臉孔告別之後就走了，不理會那些留下的人失望大叫兼哀求。

尼爾瑪趁老戴在趕緊查閱地圖之際，頗費了一番工夫安撫其他人。到了中午，他們已經一路經過了市區，並認出不少以前見過的地點。傍晚時，他們平安抵達了招待所，一面解釋為什麼他們人數少了，一面很愉快地接受佈道團雇用的那些寡婦的熱心接待。尼爾瑪和老戴熬夜到很晚才睡，談著村裡的事，這位老教師滿懷驚奇地聽著這個膽小長者表達他的願望：希望掘一口比較深的井，設立新的灌溉系統，並且搭建儲米庫棚。一次又一次，兩人之中總有一個會說：「這不可能做到的，不可能發生的。」然而等到兩人上床的時候，卻都滿懷著希望以及改革計畫。

黎娜的一天

黎娜從蘇倫德拉身邊走開之後，就擠回人潮之中，逕自微笑著。這幾個星期的旅行都很好，可是她實在很討厭當著人家面前吃睡與想事情，換了在村子裡的話，她就可以隨時趁著夜晚溜到河邊去，說不定還會見到納倫跟她一樣，躲在那裡清靜。此時她走在豪拉大橋上，從人潮中推擠而過，又開始自言自語了，其他人自顧不暇地來來去去，根本沒人留意她。過了橋的一半之後，她見到大梁下方有一小塊空地，於是就在那裡放下行李，待下來看景色，她知道村民不會到這裡來找她的。她旁邊有個盲眼老頭，躺著靠在一個女孩身上睡著了。兩個小孩從自己腿上的膿瘡裡捏掉蒼蠅和髒東西，他們的父母則忙著在女孩的爛衣服裡搜尋著。黎娜看了他們一會兒，然後盤著腿，傾身往橋身的斜坡望去，看著下橋的人潮。有一次警察出現，揮舞著警棍叫他們跟著別人走，那時黎娜正坐在一群山羊中間，不過既然大家都不聽警察的話，她也沒有聽從。到她下橋時，她跟著比較不擁擠的交通，經過了龐大的銀行建築，大樓門口都有穿制服的看門人。及至來到一個熱鬧的角落，她又坐下來觀看，這時卻有個年輕人過來跟她打招呼：

「大娘，你迷路了嗎？」

「沒有。」

「你想要去哪裡？」

「去我要去的地方。」

「那是哪裡呢？我這個後生小子幫得上忙嗎？」

「要去麗景圖書館。」

「這位大娘為什麼要去看有很多書的地方呢？」

「這不關你的事。」

「沒錯，不過你現在坐的這個角落，通常是有錢人的豪華汽車排隊等候的地方，他們沒有一個人會坐車去圖書館的。為什麼大娘你坐在這裡，卻想要找那個地方？」

「你管這個做什麼？」

「我很熟悉這個城市。」

「我看沒有人像你這樣的。」

「沒有人能提供像這樣的服務。」

「你能提供什麼樣的服務？」

「我可以帶老人家去圖書館，這樣她就不會因為走錯路而累壞了。」

「你為什麼想要帶老人上別的地方?」

「或許老人家會賞我幾個派沙……」

「你這種男人，兩條腿健健康康的，兩眼正常，卻有個草包腦袋。你為什麼不去做工，學學人家去拉三輪車，或者幫人扛包裹?」

「你難道不知道，拉三輪車的人都活不到可以看到孫子的年紀?幹了這一行之後，說不定過兩三年就死了。」

「有些人頭髮都花白了，還拉三輪車不止三個年頭。」

「他們是少數受到女神保佑的，大多數都死了。那些幫人搬東西的，有時人家要他們搬郵包，或者一箱書、大捆黃麻，扛得他們的腰骨都壓彎了，從此以後只能像畜生一樣走路，兩手撐在地上。他們都死於骨頭疼痛。」

「所有的人都會死。可是他們自己賺飯吃，不去偷，也不去乞討。」

「幫助老人算是偷嗎?為人服務算是乞討嗎?」

「一張嘴很能說的人，通常都不安好心眼。」

「那你是不打算讓我為你帶路了?」

「你走吧，去挑別的腐爛臭肉下手吧!」

「老傢伙，你倒很會形容自己。你已經餓死過多少人了?」

年輕人大聲罵著侮辱人的話，一面走遠了。黎娜收拾好行囊，張望了一番，然後擠在人潮中，跟著交通燈號過了馬路。沒多久她就來到大草坪廣場，後來就在那裡跟一家人吃了晚飯，這家人才剛到這城市不久，他們來這裡是為了另謀出路，希望能夠發財。男的沒有工作，女的不肯去乞討，於是孩子們就成了善於竊取的小賊，專門在市場上找攤販下手。他們吃得很好，而且總是待在大草坪廣場一帶，遠離其他人，以便可以隨時溜掉。見到黎娜出現的時候，那些孩子並不以為意，依然守在唯一的鍋子旁邊。男人站起身來，看出這個佝僂身影完全不帶任何威脅，於是女人開口了：

「大娘，過來一起吃吧！你一身都是這城市的灰塵，天黑之前應該找個地方歇歇。過來，我們這裡有吃的。」

「謝謝你，孩子，我只需要吃一點點。」

「不用怕，今晚東西很夠吃，還有豆子。」

在黎娜銳利的眼神下，這家人講出了他們的故事。黎娜吃得甚至比平常還要少，可是卻說吃飽了，再也吃不下。

「既然在這裡找不到工作，為什麼不回村裡去呢？」她問那個男人。

「我不能回去。」

「你家人不是還在村裡嗎？」

「唉，沒錯。」

「啊！我看是你們以前吵過架。」

「那不是我招來的。」

「你有兄弟嗎？」

「兩個哥哥。」

「他們有責任照顧你。」

「這可不是他們的天性。」

「難道你們沒有田地可耕種，不需要所有的幫手嗎？」

「他們說我們家人口太多了。」

「家有兄弟，就有疏離。」

「俗語說得沒錯，不過姊妹也好不到哪裡去。」

「為什麼會這樣？是因為她們是女兒嗎？」

「要對老公盡職責，要愛護兒女，去他媽的姊妹。每個人天天都要有酥油，要是一個生了兒子，別的就一定吵個沒完。我在銅罐裡存了點種子，結果最先吵著抗議的就是姊姊妹妹。」

「這裡沒有棲身的地方，你們睡在哪裡？」

「大草坪廣場的盡頭有個樹林，很多人都在那裡棲身。」

「阿姨，你不用害怕老虎。」

「這個聰明小孩，告訴我為什麼不用怕老虎？難道老虎晚上會出來，在城裡到處溜達嗎？」

「不是，但是牠們會在晚上唱歌。樹林旁邊就是動物園，動物都關在籠子裡，根本就不知道樹林是什麼樣子。」

「我真可憐那些動物！今晚那裡還有地方多收留一個人嗎？」

「在這個地方，沒有人會跟別人說『不行』的。」

「走吧，這些引擎吵得我頭都痛了，我們去找個空氣比較好的地方。」

於是那個年輕男人在前面帶路，幾個孩子圍著黎娜，一起走過遼闊的草坪，一路上不停地騷擾她，還在她的行李上戳戳點點，問她從哪裡來的，要到哪裡去。黎娜沒跟他們講什麼，卻反過來逗他們，等到他們來到一座小丘時，這些孩子已經被她逗得迫不及待想聽她講上一整晚的故事。走在路上時，交通繁忙時間所掀起的塵埃已漸落定，維多利亞紀念堂周圍的燈光出現在右方，成為夜色中的地標。他們走過一座橋，黎娜這才看出原來有很多人，穿著各種破舊衣服，靠著水溝或陰影處往同一個方向走去。黎娜見到左邊出現一道高牆，牆內有樹木，引起了她的注意，於是問這是什麼地方。

「這地方叫做麗景大樓，有很多看守人。小心。」

他們過了馬路，黎娜回過頭去看她鎖定的目的地，然後又跟著其他人走進了灌木叢中。還沒有聽到動物吼聲之前，黎娜就已經嗅到氣息，知道這是動物園了。這天夜晚氣溫頗暖，那些躲在灌木叢裡睡覺的人，一點也不在意春天的潮濕地面。黎娜發現就連睡著時都嗅得到動物園飄來的臭味，因此很受干擾，於是她乾脆坐起來，觀望周圍。大多數人都跟接納她的這家人一樣，夫妻很年輕，孩子又很小，全家依然健康，都是剛從村子裡來到城裡，帶著羞怯又滿懷希望，還沒有被城市的殘酷面折磨到耗盡心力。有一兩個女人正在給孩子哺乳，黎娜心想，這些母親不知道會把無助的孩子留在身邊多久？這些小身軀要過多久便會枯瘦垂死，而被母親遺棄在別人家門前？在黎明晨霧之中，睡覺的人醒過來了，指點黎娜他們盥洗的水龍頭在哪裡。有人生起火堆，黎娜跟孩子們共享一杯茶，這些小孩依然睡意很濃，迷迷糊糊的，還沒有恢復白天的精明。

「你們要去哪裡？」

「聽說布吉布吉[4]那裡有工作，跟黃麻有關的，我們準備上路往南部去。」

「遠不遠？」

「帶著孩子一起，是很遠。」

「大娘，你呢？你要去哪裡？」

「就去麗景大樓那裡。」

「你千萬不能去。」

「那裡有很多警衛。」

「那地方是讓有錢人和外國人去的。」

「那裡很危險。」

「有人說那是個有很多書和魔法師的地方。」

「你可要提防。」

「你別走，留下來，大娘，在這個城市裡我們會照顧你的。」

「不用了，我一定要走。可惜我沒法回謝你們給我的吃住招待。」

「你是我們的客人，不用客氣。」

「那麼就祝你們一路順利，願吉祥天女保佑你們在布吉布吉一切如意。」

「不要講傻話，免得招來女神妒忌，我們最好悄悄走掉。大娘，而你最好遠離那些有錢人的地方。」

獨自前往圖書館

他們分手了，這個小家庭跟著早上緩慢的交通上了路。黎娜則沿著高牆走到大門口，門口沒有警衛看守，於是她就走了進去，發現自己來到一棵大榕樹旁邊，樹後面有棟大樓，凸鼻烏鴉和鴿子在碎石地面上覓食。有人喚住了黎娜。

「大娘，你要上哪兒去？」黎娜循聲望去，見到草地上坐了幾個穿卡其制服的男人，正在抽菸、喝茶。

「這可不是麗景大樓嗎？」

「就算是麗景大樓，你想找什麼？」質問口氣很友善，於是黎娜就很快跟這些看門人打成一片。

「我來是為了要看那些書。」

「一大把年紀的人跟書本有什麼相干？」

「難道書本只是跟年輕人和沒事幹的人有相干嗎？」

「來這裡的大半都是上了年紀的祭司。」

「你說的不對，來這裡的外國人都是年輕人。」

「他們永遠都年輕。」

「就連那些頭髮花白的，走起路來也跟剛有了頭胎兒子的人一樣神氣。」

「那你們呢？你們這些乳臭未乾的人，跟這個藏書地方又有什麼相干？」

「我們負責防小偷。」

「也防老太婆？」

「要是老太婆想來搗蛋的話。你得先在門口出示通行證，才能進去看書。」

「我要去哪裡拿通行證？」

「到主任辦公室去申請，不過他很忙，你可能幾天都見不到他。」

「我就只有一天時間。」

「你為什麼想要看書？」

「這是我的事。要怎麼樣才能見到主任？」

「先要有封你學術機構寫的推薦信。」

「難道沒有辦法先見到下層職員嗎？」

「說不定可以，有些人挺有人情味的。那個專門負責幫寡婦服務的人說不定就會幫你。」

「沒錯，這人很好，他有兩個女兒。」

「他要怎麼嫁掉這兩個女兒呢？」

「嫁給另外一個下層職員。」

「可是她們都沒上過學，而他又沒有嫁妝給女兒。」

「沒錯，不過他可以幫人找到工作，這就很夠了。」

「我在哪裡可以找到這個大好人？」

「等到太陽升得很高時，他才會來，到時我們會指給你看。」

「那我欠你們的情可就不止這杯茶了。」

「我們也不是天天都有機會見到鄉下老太婆要來這裡看書的。喂，兄弟，我們來打個賭，看她能不能進去看那些書，好不好？」

「這可就好玩了，走，我們去告訴其他人，說不定會贏到幾個派沙去買肉，留著今天晚上吃。」

「你們是哪裡人？」黎娜跟他們一起經過花園時問道。

「我們分別來自奧利薩邦、比哈爾邦，還有北方山區。我們來這裡賺錢，然後回老家去耕田、收成。你看，我們就睡在這裡，那邊是學生吃飯的地方。」

「這裡很大。」

「這裡是印度國家圖書館，沒有乞丐。」

「真的嗎？」

「人家是這麼說的。」

「咦，那個職員今天來早了。你們看，在那邊，騎著腳踏車來了。」

「大娘，趕快。」

黎娜加快腳步跟在那個年輕警衛後面，那人走上前去，完全少了之前的耀武揚威。那個職員有點中年發福，神態看起來多少有點憂傷。警衛諂媚十足地跟這人講著話，黎娜見到這人臉上露出難為情的樣子，於是就自己走上前去對那人說：

「您好，圖書館的管事先生。」

「老天保佑你，大娘。」

「這個人講我的故事，沒有我自己講得好。」

「我只有一點點時間，大娘，可是我講了你的事。」

「我是個講故事的人，是北方烏瑪沈村子裡的人。早幾個月前的冬天裡，烏瑪沈死了，她的遺囑是在村裡那棵樹下宣讀的。遺囑上面寫說，她的錢統統交給了印度鐵路總局，好讓所有村民都有機會去周遊印度，到那些朝聖的地方增長見識和智慧。我們這些村裡年紀最大的人是第一批出來旅遊的。昨天我們回到豪拉。我們去看了很多地方，到過濕婆神趕走妻子薩提的地方，到過政府所在地，也到過南部大海沖洗國土盡頭的地方。每到一個新地方，我就買故事書，以後我在傍晚講故事的時候，就可以講到這些地方。村裡的孩子一定要知道這些。我的故事書告訴我，最好的傳說故事書都收在麗景圖書館裡面。我來就是打算看這些書、閱讀內容、記住那些我以前不知道的故事。請問我可以做到這點嗎？」

「說來這個故事多半是神明的旨意，我會講給主任聽的。大娘，老天的確待你不薄。」

黎娜對那些看守人鞠躬致謝，笑看他們繼續加碼下注，而她則跟著那個職員走上了階梯，沿著陳列櫃之間的過道走去。那個臉色憂傷的男人先到前面去了。他用請求的語氣跟一個女人講話，對方卻很不客氣地回答他。然後有另一個聲音，接著又是這個憂傷男人的聲音。突然，他出現了，招手示意黎娜走上前去。於是黎娜走進一間辦公室裡，裡面有很多秘書在彼此爭執，然後又走進一個陰暗房間，有個男人獨自坐在辦公桌後面等候著。

「你是從烏瑪沈村裡來的？」

「是的，大人。」

「我朋友阿信跟你們一起去旅行，後來死了。是不是？」

「唉，沒錯，大人。」

「那麼你把經過講給我聽聽，好讓我知道我朋友最後那幾日的情形。」

黎娜敘述了旅行經過以及阿信去世的事，卻沒有講到此處就結束，而是一直講到了重返豪拉，以及翌日就要回到村子去，那位男士看著她，顯然既難過、又充滿驚訝和尊敬。那個職員早就走掉了。這人寫了一些東西交給黎娜說：

「我最多就只能做到這樣，為了紀念阿信，我只能給你這個，這上面寫著要職員協助你。請轉告阿信嫂，我提供過這個協助，也代我問候她。」

於是黎娜又回到走廊上，經人指點，來到了一間龐大的閱讀室裡。這個閱讀室昏暗骯髒、非常擁擠，但是有很多書。黎娜抬頭看著堆積如山的書籍，卻沒有留意到管理員正很粗魯地對她發問。

等到她終於想起那位貴人時，索性就把主任的信朝管理員扔過去，然後等著。對方一看信，臉色馬上就轉變了，先從輕蔑轉為驚訝，然後又一臉不以為然的表情。他把信還給黎娜，然後帶她走到一張大書桌前。這封信又再度發揮神效，但是這回書桌後面的男人卻問她想要看哪些書。黎娜從隨身攜帶的小袋中，摸出一本紙面裝訂的本子，很快翻到封底，唸出了幾個書名。管理員記下書名，然後交給一個跑腿的。誰要是想偷窺黎娜的筆記本，必然大失所望，因為上面寫了一堆亂七八糟的符號。其中一句可能是用孟加拉文寫成，另一句則可能是用孟加拉字母拼出來的英文，此外還有很多隱意圖形，一口井、一棵樹、一個王冠等等，但是對於黎娜來說，這些已經夠清楚了。

這一天她很忙，但也很失望，因為常常看不懂那些書，而且很多書也往往因為年代久遠而墨跡消褪。傍晚她走出圖書館時，感到很疲倦。她取回自己的行李，走下台階，來到最下層時，有個看守人正在等著她。

「大娘，你一直在看書嗎？」

「是的。」

「我們聽說你講的故事讓主任掉下眼淚。」

「我沒見到眼淚。」

「他秘書講的。你一定是個很會講故事的人，才有辦法做到，而且還是在他辦公時間。」

「有個本來跟我們一起旅行的人，原來是他的朋友。」

「這不關緊要。我來是要問你，願不願意跟我們一起吃飯，然後講個故事給我們聽。」

「好，我願意去，儘管這些寂寞男人做的飯，不大像請客的好菜。」

「我們之中有個奧利薩邦人，他做菜比我媽強多了，老天保佑我媽的記性。包你吃了不會失望的。」

黎娜果真沒有失望，因為這些燉蔬菜、米飯和豆子，都比她連日來所吃的要好多了，而且份量很多。那個下廚的年輕人聽了她的稱讚，非常開心。他們談著飲食以及享受之方，夜色漸深，逐漸轉涼，後來在寒冷之中，有個人提醒她答應過要講故事的。於是黎娜為他們講了一個浪子的故事，浪子歷經重重困境之後，終於揚眉吐氣回鄉，並且挽救了他的兄弟，使他們免於遭殃。黎娜這個隱含恭維的故事讓他們大家都很受用，不過沒等到他們急於要求再講一個故事之前，黎娜已經主動講起另一個關於蛇，以及這些蛇對人施魔法的故事。這些看守人全都像小孩一樣入迷，黎娜講得精采生動，他們則隨著她的聲音聽得渾然忘我。最後她加上了自己的故事做結尾，等她站起身來要離去時，還請他們大家讚美烏瑪沈。

「你不能在晚上出去，外面有很多小偷的。」

「我有什麼東西好讓人偷的？」

「他們會先打你的頭，然後再搜你的東西。」

「我想要看看這個城市在晚上入睡時的情景。」

「為什麼？沒什麼好看的。」

「你累了，你就在我們這裡休息過夜，天亮再走。」

「天亮前我就得去找我那些同伴，趁他們還沒有去時母河階謝神之前，跟他們會合。像我這麼個老太婆不會有什麼危險的。」

整個晚上黎娜都在走路，一面到處看：這裡有人睡在人家門口，那裡的妓院一帶都是尋歡作樂的情景，之後又見到市場附近奔竄的人影。天亮時，只見黎娜已經靠在自己的行李捆上，睡在佈道團的中庭裡。老戴見到她，終於放下心來，然後他們一起計畫最後一天的行程。後來只有哈里斯昌德拉在臨終前的病中，才問起黎娜在這幾天裡做了些什麼，其他人始終都沒有問過。

兩個兒子

杰德夫和烏瑪的第一天，幾乎都在加爾各答大學裡到處轉，從這座建築走到那座建築，見到每座都因為鬧暴動的緣故而關閉，禁止出入。他們找到的第一處宿舍也是人去樓空，不過走廊上那些打開的儲物櫃、散置的涼鞋、凌亂的書籍，乍看之下，並未讓人想到住在裡面的人已經棄之而去。牆壁上塗滿了亂七八糟的油漆口號，到處是一片倉皇和不顧後果的氣氛。他們彼此靠著一起走，默默不語地往旁邊的建築走去。此地的學生們正埋首收拾行李，因此杰德夫很難引起他們的注意。沒有，他們誰都沒有聽過這個學生的名字，大多數文學院的學生都住在校園的另一邊。這裡鬧亂事有多久了？哦，到現在已經有很多年了，鬧暴動的時候比上課的時候還多。那考試和學位怎麼辦？還有畢業後找工作？誰知道？有辦法的人就花錢從某人那裡買張文憑，沒辦法的人就只好等下去。

這對夫妻此時真的非常擔心，於是加快腳步，往校園另一方向走去。起初很是費了一番工夫，因為那些留下來的學生都否認知道他們兩個兒子的事，後來還是有個頭上綁了繃帶的男孩，走過來跟他們說：

「你們是誰？要找周悌？」聽到小兒子的名字從一個陌生人的口中冒出來，烏瑪嚇了一跳。

「我們是他的爸爸媽媽，剛剛周遊印度回來。」

「你們真的是坐火車到處去嗎？」

「是的，今天早上才又回到豪拉。我們來找兒子。大兒子這個月底之前就要結婚了。」

「沒錯，亂事剛開始的時候，周悌講過他大哥要去女方家裡。」

「那是在哪裡？」

「我不知道。他念的是比我們高的班級。」

「你跟周悌同班？」

「對。」

「周悌人在哪裡？」

「你是不是會揍兒子的爸爸？」

「這是什麼話？」

「因為周悌躲起來了。」

「為什麼？」

「躲在哪裡？」

「你們見到我頭上的繃帶了。你們想我是怎麼搞到這地步的？」

「被其他學生害的。」

「不是，是警察。」

「警察？」

「他們來鎮暴，所有看熱鬧的學生要是跑得不夠快，就統統會挨揍，還有很多被抓到牢裡去了。」

「你們跟警察衝突？」

「我在這裡已經三年了，但是上過的課卻剛好只夠我應付學習一年的考試。錢都花完了，我也不會有學位、也找不到工作。是的，我當時是在跟警察衝突，因為沒有別的事可做。」

「周悌呢？」

「他是個聰明人，可惜跑得不夠快。」

「喔，老天，他受傷了嗎？」

「輕傷。」

「我兒子在哪裡？」

「你們會帶警察去嗎？」

「去跟我兒子作對？」

「走吧，不過要小心。」

杰德夫跟著那個年輕人上到這棟建築的閣樓去，烏瑪不斷推著他。在堆積的舊床和發霉床褥後面，他們見到了藏得很隱密的兒子。他先是因為見到同學，高興得跳起來，接著見到跟在後面出現的父母滿臉憂慮，不覺大吃一驚，又感到慚愧，於是往後一退。然後他又伸出雙手去摸父母的腳，淚盈於眶，之後就像幼時一樣被擁在父母懷裡。他們低聲談了許久之後，杰德夫和烏瑪便攤開鋪蓋，烏瑪則是去找吃的東西。父親責怪兒子惹上麻煩，兒子怪父親不諒解，可是烏瑪見到兒子的喜悅彷彿靈藥，安撫了大家。小兒子告訴父母關於哥哥和新娘的事，提到未來嫂嫂也要當老師：

「哥哥已經在那個大鎮上的新學校找到空缺了。他們完婚之後，就會去那裡教書。」

「我希望知道什麼時候會舉行婚禮？」

「媽，大概十天之後。你們沒有收到我寄去馬德拉斯的信嗎？」

「沒有收到那封提結婚日期的信。」

「是星象家挑的時辰。婚禮會在加爾各答這裡的一個姑姑家裡舉行，因為穆席達巴德那邊有喪事，所以去那裡結婚不吉利。女方家長現在已經來這裡了。」

「那小姐漂亮嗎？長得好看嗎？」

「沒有我所想的好看。她戴眼鏡，不過哥哥不介意。她個子很高，人很文靜，是個好學生，也會是個好老師，不過對你來說，媽，恐怕是個很差勁的媳婦。」

「你在取笑我。」

「對，因為我認為全孟加拉沒有一個婆婆像你，你會寵壞媳婦們，就像你寵壞兒子一樣。」

「好哇，他居然說媳婦們！難道你也要結婚了？」

「不，我太年輕了。不過你們聽我說，我只不過有點瘀傷，倒是背上挨了揍，所以很痛。我可不可以跟你們一起回家？你們什麼時候走？」

「後天，我們會在席達跟其他人會合。可是你的學業怎麼辦？」

「爸，要拿學位一點希望都沒有，我已經讓你失望了。這地方對別人有好處，對我沒好處。我沒辦法再回學校去，再說學校從現在開始也會關閉很久。我能不能回老家去，跟你一起幹活，等到我傷勢好了再說？」

「這可是第一個願意跟我下田幹活的兒子！」

「我可以學。」

「真的，回家讓你媽好好照顧你，直到身體復原。我本來應該為你浪費這麼多年而生氣的，可是我卻沒有。村裡有很多事等著要做，一個懂得寫字的人會派上很大用場的。我實在滿心歡喜，咱們睡吧！」

母子兩人又低聲細語了很久。到了早晨，杰德夫見到建築附近有一輛棄置的破舊手推車，三人也出發前往女方家裡。烏瑪跟對方家裡的女眷坐著聊了很久，最後得出的結論是：再也不可能找到比她兒子自己挑選的對象更好的媳婦了。她從女孩那裡獲悉她想跟丈夫一起教書的心願，而且希望將來有一天，他們能辦一所學校，讓所有來上學的孩子都是出於愛念書，而不是出於應付上學。烏瑪從三個不同的人口中，至少聽到了五次關於這兩人認識、一起念書的經過。她也看到了新娘結婚時要穿的紗麗裝，還有新郎的腰布，以及其他結婚要派上用場的東西，而她到時只要獨坐村中，等候他們完婚就行了。等到烏瑪去睡覺時，幾乎已經不記得火車，以及她過去那些日子的旅行了。

作品賣給博物館

哈里斯昌德拉頗害羞地跟在其他三個人後面走著，他們已經決定一起去參觀博物館，但說不定因為他是個外人，從前的難為情感覺又悄悄襲上心頭，以致他開始刻意落後。納倫回過頭來找他，問他應該走哪條路。突然間，哈里斯昌德拉又成了朋友和旅人，不再是村中一事無成的人。於是他往前走去，邁開大步，配合著長腿納倫的步伐。盧努和米圖則走在後面，盧努告訴米圖有關協助阿米雅孫女的計畫，以及納倫也要求她去進修藝術的事。

「喔，老天。你向來什麼事情都不跟人講的，現在卻告訴我這些事。自從我第一次參觀了博物館之後，就一直夢想有機會這樣做。可是我只是鄉村裡的陶匠，甚至想抽出一個季節像你一樣去學習，都做不到。大姊，偶爾也把你學的教點給我，好嗎？」

「米圖，不要講這種話，你是個真正的藝術家，要是你想去學，總會有門路的，連南部那個外國神父也希望你將來塑像給所有的人欣賞，不是只給村裡的人看。不要認為只有我去得成，你卻去不成。」

「你是因為好心，所以講話哄我開心。陶匠就是陶匠，沒有其他出路的。」

「別說了。我跟納倫說過，不要讓人家知道他的計畫，要不然會招來閒言閒語的。」

「空談夢想有什麼用呢？」

「把夢想畫出來會不會好一點？」

「誰都沒法分清楚畫出來的究竟是夢想，還是眼睛真的看到過的。」

「說不定這樣比較好。」

「你打算怎麼處理這些畫本呢？我又該怎麼處理我的呢？」

「我想過把它們放在村廟裡，好讓大家都可以來看，知道我們看過些什麼。」

「這很好。」

「我們可以把畫冊放在女神面前。」

「走吧，老婆、米圖，我們快到博物館前面了，哈里斯昌德拉很會帶路。」

整個下午，他們連續幾個小時在博物館裡面到處逛，納倫則說他要出去外面看看。哈里斯昌德拉唸出解說內容給其他兩個欣賞該項展品的人聽。在米圖眼中看來，那些展品一件比另一件更出色，他充滿敬畏地站在這些頭像之前，欣賞著早期藝術家的作品。盧努首次見到油畫作品，因而情有獨鍾地專挑油畫來看，並研究它們的繪畫方式，因為跟她的粉彩實在太不同了。傍晚時，有個職員來找他們，說辦公室有人要見他們。於是他們來到辦公室裡，見到納倫帶著他們的行李，辦公桌後面則坐著一位主管男士，桌上擺了米圖那兩尊塑像，一尊塑的是娣帕卡和阿信，另一尊是納倫和盧努。塑像旁邊攤著素描簿，可以看到所畫內容。盧努臉紅了，靠著牆蹲在納倫後面，納倫則把她拉上前去，讓她坐在自己旁邊的椅子上，米圖幾乎是被人推到第三張椅子上坐下的。這位主管面帶微笑看著這一幕。哈里斯昌德拉蹲下來，取出了筆記本。

「太太，你先生告訴我說，這些是你畫的？」

「是的，大人。」盧努低聲說道。

「還有你，先生，你是塑這兩尊像的藝術家嗎？」

「是的，大人。」米圖應聲說。

「我想要代表博物館買下這些作品，因為這是我見過鄉村雕塑家所做的最佳作品。你們肯不肯賣？」

米圖瞠目結舌，沒有回答。對方又重複了一次問題。納倫插嘴說：

「沒關係的，米圖，不用害怕，我已經把我們的故事跟他說了。」

「請問，你願意賣這些塑像嗎？」

「我本來以為這尊塑像是要放到村廟裡的，另外一尊納倫說他想買。」米圖講話時，並沒有抬起頭來。

「這些是用耐火黏土塑成的。你能不能有空的時候再塑別的像？」

「我不像那個神父有耐火黏土。」

「我聽說過這位神父，」這位男士目光在納倫和米圖之間穿梭，「這位神父家裡是不是有很多神像？」

於是米圖花了很長時間，描述他在神父那裡見到的精采收藏，沒有人意圖制止他講話，只聽見哈里斯昌德拉的筆尖在紙上的刮擦聲。

「我聽說過這人，他是個大收藏家。他有要你去幫他塑神像嗎？」這位主任問米圖說。

「他說這會讓他很開心。」

「我相信這人的判斷力。你打算怎麼處理這些畫有村中情景和旅行經過的素描簿？」

「我會放到村廟裡，供在女神面前當作感謝。」

「你畫的這些彩色畫也一樣要放到廟裡嗎？」

「是的，大人。」

「那麼那些村中情景的畫簿呢？」

「我想我們會自己留著。」

「放在哪裡？」

「放在家裡。」

「結果就會被螞蟻吃掉、被雨水浸濕，還被小孩拿去當玩具。」

「說不定是這樣的，大人。」

「那麼，我希望跟你們買下這些畫簿。」

「買這些畫簿？」

「是的，這幾本畫簿實在太寶貴了，不能留在你們村裡，得要找個地方好好保存，而且我會讓別人有機會看到它們。」

「這些畫不像你博物館裡的東西那麼好。」

「那些東西讓我們見到輝煌和富有的一面，可是沒有幾樣東西能讓我們知道孟加拉村裡的生活情景。」

「我只是個陶匠，不像從前製作這些陶器的藝術家。」

「誰能夠成為藝術家，這是操在神明的手裡，而不是操在父親的手裡，父親只是教我們繼承他們的工作而已。你對自己所知道、所熱愛的東西而言，便是個藝術家，這已經是受到上天眷顧了。你不要因為謀生糊口，而論斷自己不是藝術家。你天生就有一雙巧手的。」

有個職員進來通知說，博物館就快關門了。主任把他打發走了。

「您是這個博物館的主管嗎？」盧努突然問。

「不，不是，只是他的下屬之一，我負責管現代作品的部分。所以你先生想要找願意看你們塑像的人時，人家就帶他來見我了。現在我們回頭來談你進修藝術的事情。加爾各答不像孟買有很好的藝術學院，不過我建議這樣做：你來我這裡，我會安排每星期都讓你跟其他藝術家見面；時母河階學院有很多藝術家，還有很多擅長油畫的畫家，也有很多印染功夫很好的工人。除此之外，還有那些稱之為描樣的人，這種技巧也很值得學習。要是你能接觸到這些，那麼你在一季就可以學到其他很多人要花幾年才學到的東西。」

「可是我們不能要求您做導師的。」

「哎，我也不是做導師的料。別擔心，到時我會要你畫粉彩畫給我，然後我會讓它們拍成照片。我會要她拚命畫畫，到頭來她會情願回鄉下去舂米了。」最後這兩句話是對納倫說的，但納倫聽了，卻沒有如預料般地露出笑容來回答。

「可以做到嗎？」

「真的可以做到。還有你，朋友，你想好價錢沒有？我應該要付多少，來買你的畫簿和這些塑像？」

「我只懂得開陶器的價錢。」

「那就由我來出價好了。雨季開始之後，你就回來這裡，反正那時候陶匠在村裡也沒什麼事好做。你來這裡幫我做陶器，做到收成季節，之後就跟下一批去旅行的村民到南部去，找那個神父。在他那裡隨你待多久，但是將來要帶一些你塑的像來給我。這幾本畫簿我每本付五十盧比，每尊塑像一百盧比。我會安排你在加爾各答有個燒窯可以使用，好讓你去南部之前能夠再塑出這兩尊像。你肯不肯呢？」

接下來是一片沉默。納倫臉上表情複雜，震驚與自豪彼此交戰。哈里斯昌德拉不自覺地鬆手掉下了筆記本，盧努哭了起來，米圖則瞠目結舌，最後還是他先開口：

「這錢比應該要的價格多很多。」

「哪裡，這只不過是不太高的價錢，要是拿到西方藝術市場上去賣，價錢還要高得多。」

「你願意付這麼多錢？」

「是的，不過不是給現金，免得讓你帶回村裡被人偷掉，而是存在這裡的銀行，等你回我這裡來才支取，並且用來付你去南部的旅費。」

「我在這城裡要住在哪裡？」

「你會跟盧努還有阿米雅的孫女一起住，負責保護她們，這是再好不過了。」納倫這時露出了微笑。

「老公，我但願知道你是怎麼想到這樣做的？」

「啊！老婆，我問過那個外國女孩，要怎麼樣才能保存你和米圖的巧藝，而不至於被我們的粗心大意給毀了，她叫我來這裡。你該求老天保佑她。」

「不，應該保佑的是最關心我們而去打聽方法的人。」

「那個孫女會在哪裡念書？」等到聽到那所大專名稱，這位主任微笑著說：「離我家不遠。我會叫我太太幫你們在我家附近找房子住。」

「您真的會買我的畫簿？」盧努問。

「對，每本五十盧比。你還有其他畫簿在村裡嗎？」

「沒有了，統統被我燒掉了。」

「以後不要再燒掉任何畫簿了。你還需不需要更多粉筆？」

「我現在這些筆還很好。」

「讓我看看。」盧努找到筆盒，並打開它，那些粉彩筆已經斷裂，而且用得差不多了。

「你得要有新的粉彩筆才行，明天你們過來，我們會給你一些。」

「我們明天要過來嗎？」

「當然要，我要付錢給你們，還要帶你們去跟那些藝術家和陶匠見見面，以後你們會在他們那裡學習。這是不是要老公批准？」

「我們明天可以過來，不過後天早上一定要跟其他人一起走。」

「就這麼說定了。這位，你一直在寫東西寫了這麼久，是不是把我們講的都記錄下來啊？」

「是的，大人。」說著，哈里斯昌德拉便要把筆記本收起來。

「這可以作為我簽約的紀錄。不過請等一下，你有沒有記錄這趟旅行的經過情形呢？」

「真的有，他一直黏著我們村裡講故事的人不放，把她講的鄉野傳奇統統記下來。」

「什麼？」

「的確是這樣，大人，我把她記得或者願意講的故事都記下來了，而且我還有一份大家在火車上談天的紀錄。」

「我可不可以看看？」

哈里斯昌德拉解開了行李捆，他的行李是最小件的，然後取出一疊很簡陋的筆記本，書頁已經開始脫落。每頁紙上密密麻麻的寫滿了細微字跡。這位主管毫無困難地認出，這是另一項值得珍藏的東西。在他閱讀的時候，其他四個人靜靜坐著。突然他說：

「你願不願把這幾本賣給我？」

「那我……我這趟旅行就沒有其他紀念品了。」

「你能不能跟我來，還有其他人，讓我把這些影印下來，然後賣給我？」

「這沒問題。」

「從今以後，你可不可以把村中發生的事情也記錄下來，就像你記錄這趟旅行的經過一樣？」

「記這些做什麼用？」

「明天你跟其他人一起來，我會帶你去見一個專門做印度人類學調查的人，他會告訴你這些有什麼用，也會告訴我應該要付多少錢給你，但絕不會少於我付其他幾本的錢。」

「五十盧比？」

「應該說會更多，因為裡面記錄了很多、很多故事。」

「我會來的。」

「你也希望進修嗎？」

「不，大人，我希望一直跟著黎娜寫故事，一直寫到她沉河為止。」

「黎娜是什麼人？」

「我們村裡講故事的人，說不定也是個巫婆，大人，我不知道。」

「她願不願意也來這裡，對著一個機器講話，這個機器可以把她的聲音錄下來，讓別人也可以聽到？」

「我想，她會認為這是很有意思的新奇經驗。」

「那麼雨季開始的時候，你跟陶匠一起來，把她也帶來，我會付錢給你們每個人的。」

「就這麼說定，大人。」

「喔，老天，多年來我已經沒有過像這樣的一天了。你們大家讓我感到印度還有希望。」

「我不明白。」納倫傾身向前。

「聽我說，朋友，因為我會講很久，這些話藏在我心裡很久了。究竟是什麼帶給一個民族希望？是豐年嗎？還是婚禮？還是盛宴？都不是，這些都只是眼前的歡樂，會成為過去的。我們盼望，是因為我們有兒女，然後我們從他們的眼中重新看待一切。你們說這對所有的人來說，未必是這樣的，因為不是所有的人都有子女，而且有子女的人也不見得幸福快樂？是嗎？是這樣嗎？你們再聽我說，對於一個國家、對於一個人口很多的國土來說，子女代表了將來的時代、我們不曾度過的生活、有待興建的房子、尚未描繪出的圖畫，這一切都給了我們希望，讓我們有奮鬥下去的理由，好度過疾病、寂寞以及鬧旱災的年頭。為什麼？我會講給你們聽。因為我們從過去所學到的一切，知道要是每個人能有更大的機會的話，就可以有更多表現。我們認為自己不知道將來會怎樣，但我們認為它不會再像過去一樣。將來會有將來的機會和問題。你們鄉村裡的人也說，同樣的命運不會重複兩次的。每一次命運都有不同結果，我們每個人都各自經歷，並產生出新的經驗，可以為別人帶來希望。你們才剛剛經歷了一年前不可能會發生的事，從這些經歷中，你們得到寶貴經驗，可以提供給後來者，也許那些人從來都不會知道村子、粉彩畫，或者在傍晚唱歌的人。你們還能從這些經驗中得出什麼，我不知道，但這卻帶給我希望，知道美好事物不會遭到湮沒的。一定要有紀念保存下來，只要有保存的紀念，就會有希望。印度的政權都位於城市裡，而且我認為多數都很邪惡。但是什麼能夠捱得住所有政權？正是村子。你們過的生活都畫在這些本子裡，這些就是印度得記取的回憶，如此才有希望捱過各種不同政權的為所欲為。你們已經在這方面，做出了連自己都想不到的貢獻，等到將來，你們還有你們的子孫都已經不在世時，其他人還會來到這裡，看我們所保存的過去。印度沒有錢可以用來保存這些書籍，要不了多久，這些就會在螞蟻和高溫氣候的侵蝕下化為塵土。有很多書都是從我們遠祖時代寫成的，現在卻都消失了，雖然你們說黎娜還記得。如今你們則為其他人而記下這些。是的，你們給了我很多希望，我祝福你們大家。」

「大人，我希望您講的是真心話。可是很多人會受到殘暴政權的傷害，而且我們也見到某些人只念過一點書，卻自以為有智慧。要是這種人當權的話，像您這樣的少數人很快就無法再挺身而出了。」

「雖然我們這種人幫得上忙，不過我們倒無關緊要，而是像米圖、盧努以及這位作者才重要，因為他們會記錄下來，傳遞給後代。一旦後代知道有些東西，是遠超過政權所帶來的不仁，他們就會渴望並夢想這些東西，有一天甚至實現它們。」

「可是村子也不是什麼都好的，同樣也有相當程度的殘酷、愚昧和受苦情形。」

「大娘，你說的是沒錯，所有的人生也是如此。村裡會因為一戶新人家的誕生，或者一個舊戶的滅絕而改變。哪些東西保存了下來，以及如何發生改變，這就是你們所要記錄下來的，也就是我所說的保存紀念。」

「我們明天過來嗎？」

「對，不過博物館明天關門，我會等你們的。現在我得下樓，開門帶你們出去。」

這位主任把米圖的塑像包起來，放在壁櫃裡，然後又把畫簿也放進去，幾個村民難過地看著他們的東西消失在眼前。接著他們就經過博物館的走廊，來到外面的街上。

「哎，我不知道已經這麼晚了，天都黑了，大家都走光了。」

「就是呀，我們講了很久的話。」

「老公，今晚我們要睡在哪裡？」

「你們沒有地方過夜嗎？」

「沒有。」

「那就跟我回家去，我家很小，不過有個廳可以讓你們攤開鋪蓋睡在那裡。你們來我家，我很開心。」

「我們什麼都沒做，光是承受您的恩惠。我想您一定是吉祥天女的化身。」

「別說這種話了，走吧！我家離這裡不遠。」

當晚以及第二天晚上，這四人都睡在這位主任的公寓裡，主任的太太更是把他們當成上賓接待。白天他們就跟著主任走遍市區，主任不但向人介紹他們，還一面鼓勵他們。到了傍晚，主任已經為盧努、米圖以及阿米雅的孫女租好了將來要住的房間。最後那晚，只有納倫睡不著，於是這個高個男人就坐在門邊，連聽帶看，心裡想著不知蘇倫德拉遊蕩到何方了。陽光驅散晨霧之後，主任太太塞了很多從城裡甜食店買來的東西給他們，然後他們就出發前往席達車站了。納倫是最後走進車站大門的，馬上受到其他村民的歡迎。

娣帕卡與小孤女

娣帕卡離開村民沒多久，就明白自己其實並不想單獨行動，也不是真的想去看加爾各答的神廟，可是要回頭已經太遲了，中間隔著人潮，她知道要再找到村民實在沒什麼機會。眼前有兩天兩夜要過，而且又是在這樣一個陌生地方，又沒有人從旁帶領。娣帕卡想起在普里時單獨住一個房間，立刻不寒而慄，可是她還是繼續走著。由於帶著自己的行李，以及一袋阿米雅的遺物，因此她行動很不便，經常挨那些急於趕路的人咒罵，叫她讓到一邊不要擋路。有時她會跟著她覺得頗友善的人走著，要不然就是跟著吃力扛著行李的一家人。就這樣，到了中午時分，她來到了市區最熱鬧的市場上。在一家籃子店附近，她找到了一個空曠而有遮蔭的地點，於是就坐在鋪蓋上。過去幾星期的旅行，她的頭髮已經由灰色轉為全白，臉孔也失掉了豐滿多肉的感覺，雙眼則失去了睡意。她坐著，覺得像要垮掉似的，然後就在大熱天下午睡著了。有時狗會跑過來嗅她的行李，還有一次，有個頑童拉扯一個包袱，想要拿走它，但沒得逞地跑掉了。

娣帕卡被人潑水而驚醒過來，有人正對著她大罵，叫她走開：

「走開，死老太婆，你就不能去找棵樹嗎？」

然後又被人潑了一身水，這回她起身了。等到她把行李扛上來時，發現由於濕透了而變得很重，娣帕卡渾身濕淋淋地發冷。那時已經是傍晚時分，打扮得活潑俏麗的小姐們三五成群走在一起，賣茉莉花的小販沿著人行道堆積他們的貨物。有個盲眼男孩吹笛乞討。幾個滿臉粗俗的少年咧著嘴笑著，一面攪動鍋中熱騰騰的豆子，豆香引得娣帕卡感到更加疲累。那些家境頗佳的人享受著傍晚散步，孩子們跑在大人前面，身上穿的是西式服裝，配有花邊流蘇等裝飾，他們的爸爸媽媽則緩緩走著，不時跟熟人點頭打招呼。賣冰淇淋的小販全都出動了，到處可見，他們的叫賣聲像拖長的打嗝聲，在市區建築之間回盪。有時黃色計程車會在大馬路上橫衝直撞，驚得散步的人跳到一邊去，然後駕車的錫克教徒才猛然煞車，狂按喇叭。娣帕卡第一次聽到計程車對她狂按喇叭時，還弄不清楚是怎麼回事，環顧周圍要找這種猛獸般的聲音來源，可是卻沒見到猛獸，因為她根本沒把眼前的車輛跟這種聲音聯想在一起。那個司機探頭出來，公然用粗言穢語臭罵了她一頓，街上圍觀的人竟然還高聲叫好。娣帕卡走到路邊，清點她的行李和包袱，並對那輛車報以白眼。那個錫克教徒則站在車旁，旁若無人地又笑又講，完全無視於被堵在後面的其他車輛，那些車輛的駕駛同樣表現出他慣有的不耐，之後他才又上車飛馳而去，還濺了娣帕卡一身泥土。

人潮逐漸稀少，不再有人欺負她了。市區裡的燈光漸漸熄滅，車輛交通也遠離了市中心。乞丐各自選取過夜的門口，到處都有很多狗，娣帕卡則繼續往前走，不敢問人究竟自己來到了什麼地方，因為那些陌生人說不定就是小偷，正準備晚間開工。那個濃妝豔抹的女人一定是個低賤的人，正要趕去某個地方，娣帕卡趕快閃到一邊，好讓路給這個行色匆匆的妓女。天空起初帶著微紅，然後轉成了紫色，此時一片深紫籠罩了天空，娣帕卡心裡奇怪，為什麼她在這裡的視力不像在村裡那樣好。路燈招來了成群新生的昆蟲，遮得燈光大為減弱。有個警察過來問她要去哪裡，娣帕卡膽怯地趕快溜開，警察則笑了起來，開玩笑地心想這是個剛從鄉下來的寡婦。有兩次娣帕卡被破裂的路緣絆倒，爬起來時還要清點散了一地的行李。及至來到一條比較黑暗的街上，見到這裡只有民宅，娣帕卡的恐懼感才略為減輕了些。她到處尋找棲息的地方，見到有個角落台階還沒有人占據，於是就把數晚不曾用過的披肩拉出來，蓋在身上睡著了。

她夢見搖晃的火車，還有車輪的響聲，接著夢見很久以前所生的一個孩子，身上還濕漉漉地就被人放進了她懷裡。然後又夢見她剛剛守寡，婆婆對她尖聲詈罵，怪她剋夫、剋子，害他們死了。她在台階上移動身子，卻感到有個小而溫暖的身軀正靠著她，娣帕卡馬上清醒過來，長期帶孩子的經驗使她沒有移動身子，而是低頭下望，於是她見到一個小女孩，拉著披肩的一角圍著自己，即使是在黑夜中，娣帕卡也看得出這女孩頭髮又黃又乾枯，而且滿頭污穢。女孩身上的衣服太短了，就算她年紀還這麼小，也實在不雅觀。身上每個關節處都瘦得凸了出來，包住骨頭的皮膚幾乎呈現半透明狀。娣帕卡伸出手臂，順著女孩瘦小的背脊往下伸去，然後把女孩摟近自己，女孩並沒有驚醒，反而發出很輕的嘆息。於是娣帕卡很小心地又睡了，卻半留意著這個尋求溫暖的不速之客每一次的呼吸。

牽著水牛的擠奶人沿街叫喚的聲音驚醒了她們，四面八方的房子紛紛開了遮陽窗，那些廚子探頭出來叫住擠奶人。小女孩爬起來蹲到那個農夫的膝蓋邊，摸摸他的腳，於是農夫在擠奶的時候，不時也對著她張開等候的小嘴，噴一下擠出的牛奶。等他擠完奶之後，就把小女孩踢開，喝叱著水牛繼續沿著巷子往前走。娣帕卡坐著靜觀女孩，小女孩則是站著，抹抹下巴的奶漬，一面瞪眼看著娣帕卡。接著這個老婦吃力地站起身來，扛起行李捆，女孩走過來協助她。於是這一老一小就跟在水牛後面，愉快地看著街上那些大車散發出來的蒸氣，以及出現在家家戶戶窗口互相大喊著打招呼的人。

來到不遠處的一個方場上，見到有個水龍頭，娣帕卡停下腳步，在女孩大吃一驚之下，抓住她從頭洗到腳，還一面唱歌，一面嘻笑，然後她自己也洗了澡，再用披肩幫兩人擦乾身子。娣帕卡行李中只有另一套紗麗，而且已經髒了，所以她沒有拿出來更換，不過她用披肩圍住女孩，讓那件小衣服可以在黎明中晾乾。接著她又在行李中搜尋一番，找出了一個小錫罐，裡面裝了點已經乾掉的剩飯，另外還有一根快爛掉的香蕉。結果這一老一小開心地吃了一頓。等兩人再度動身時，這回卻聊起天來。

「你要去哪裡？」小女孩問。

「我不知道，說不定去時母河階神廟。」

「你為什麼會來到這地方？」

「我是坐火車來的。」

「你是從哪裡來的？」

「從南部。」

「可是你不是南部人。」

「哎，你可真聰明。沒錯，我是北方一個村子裡的人，明天我就得從那個叫做席達的火車站坐車回去了。」

「我知道那地方，在那一頭，很遠的。」

「我說過你很聰明。你自己的家在哪裡呢？」

「這裡。」女孩雙臂一揮，把整個城市都攬括在內，卻因此把她幫娣帕卡提著的包袱給掉到地上。

「整個地方？」

「對。」

「所以你可以隨便睡？」

「當然，沒有人管我。」

「警察呢？」

「哎，警察，他們不理小孩的，除非我們跑到大飯店那裡去乞討。」

「你也乞討嗎？」

「冬天裡要是找不到吃的，我就會去討。」

「你到哪裡找吃的東西？」

「你不知道嗎？」

「不知道。」

「到市場上，還有那些廟裡，那些地方都有很多東西浪費掉的。」

「有人浪費食物？」

「要是東西掉到地上，很多時候都不撿起來，隨便它們掉在那裡。你是不是在旅行的時候有時沒東西吃？那你是不知道可以在哪裡找到吃的。」

「吃的東西是人家給的。」

「我猜還是神明給的呢！」

「這麼小的嘴巴怎麼講話這麼尖酸哪？」

「大家都說去向神明祈禱，神明就會讓你有比較好的日子過。其實神明什麼都不會給你的。」

「你祈禱過什麼？」

「大多數都是求吃的東西。」

「那少數時候求什麼？」

「冬天有張毯子可以蓋，或者能夠再有個媽媽。」最後那句話似乎不想要讓娣帕卡聽到的，可是她卻聽到了。

「你媽媽怎麼了？」

「死了。」

「很久以前的事嗎？」

「我不知道。這件衣服就是那時候給我的，本來是我哥哥穿的襯衫。」

「這麼看來，至少是在兩次收成之前的事了。」

「我不知道。」

「你哥哥怎麼了？」

「我媽死的時候，他就哭著跑掉了，我再也沒有見過他。」

「你怎麼過活的？」

「就像現在這樣，我跟別人學來的。」

「你沒有爸爸，或者姑姑阿姨、叔叔伯伯之類的親人嗎？」

「一個妓女跟孩子的爸爸有什麼關係？」

「你媽媽？」娣帕卡用震驚的語氣問她。

「對，不過後來她沒辦法再做這行了，她被一種病吃掉了，人變得很醜。」

「你看到這經過？」

「那當然，她是我媽媽。我和哥哥去弄吃的給她，那時候她連站都站不穩了，她老是說她的頭在轉，可是我們看到她的頭還是穩穩的沒動。」

「誰送她去河裡呢？」

「什麼意思？」

「你媽媽。誰送她的遺體到河裡去？」

「沒有人，為什麼要送她去河裡？」

「喔，老天，我們村裡的習慣是要把死者送到河裡去的，這樣他們可以在河裡蒙受神明聖水的祝福。城裡人是怎麼對待死掉的人呢？」

「就讓他們躺在那裡，要是狗沒有把他們拖走的話，就會有人來收拾他們。」

「你說什麼？」

「你是不是覺得很噁心？」

「還不至於。」

「我們是不是該休息一下？」

「也許吧！我們現在在哪裡？」

「快到時母河階神廟了。」

「哎，這就好了，我想去那裡找個祭司談談。」

「那裡的祭司太多了。」

「可是那是個很靈的地方。你去過那裡沒有？」

「我很怕那裡，那些祭司很狠心的。」

「怎麼會？」

「他們趕我們走，不讓我們吃那些拜過神的東西，儘管給祂們吃的東西已經太多了。因為那裡總是會有很多有錢的朝聖者來，所以警察也很多。」

「其他人是誰？你剛剛說『我們』。」

「那些跟我一樣的人。」

「你的朋友嗎？」

「不是，是跟我一樣的流浪兒。」

「自己一個人不太好。」

「這樣安全得多。你為什麼要去找個祭司？」

「有個朋友死了，我想請祭司祈禱。」

「他會跟你要很多錢的。」

「我沒有錢。」

「那你為什麼還要去？」

「她是我很要好的朋友。」

「我們到了這條往神廟的巷子了。」

「沒錯，我以前來過。」

「你這人什麼都不太知道，倒是去過很多地方。」

「說的沒錯。」

「你不喜歡你的老家嗎？不然為什麼離家遠遠的，在外面旅行？」

「我很喜歡我的老家。」

「那為什麼要出來旅行？」

「這是命中注定的，所以就出來旅行了。」

「才沒有命中注定這回事。」

「凡事都是命中注定的。」

「那為什麼我的命注定會是這樣？」

婗帕卡低頭望去，見到那張小臉很嚴肅地提出這問題。

「我不知道。說不定在這件事情還有其他方面，你是有道理的，說不定沒有命中注定這回事。這些都是老太婆說的話。」

「為什麼要去向神明祈禱？」

「那是我的事。現在拜託你坐著幫我看行李，我不會去很久的。」

這個小孩見到娣帕卡竟然這樣毫無防範之心託付她，感到非常驚訝，於是她依言坐下來等候著。在溫暖陽光中，她又睡著了，一方面也是因為營養不良引起的疲累。娣帕卡則走進神廟大門裡，消失了人影。這個寡婦到處找著，終於見到了曾經給她蓮花的年輕祭司，這才放下心來。這個祭司跟其他祭司坐在獻祭台附近，這天神廟裡面很安靜，但娣帕卡之前所見到的，卻是神廟對外開放那天的熱鬧情景。那些祭司只看了這個進門的人影一眼，就又繼續他們的談話。娣帕卡鞠躬行禮，而那個年輕祭司不解地看著她：

「大娘，你在等什麼呢？今天沒有拜神儀式的。」

「您好，送蓮花的人。我回來是因為有問題要請教您。」

「這可不是那個帶著憂傷眼神來拜時母的人嗎？那時候大家都只顧著自己的福報跡象是不是夠顯著。你那時是跟一群村民遊客來的。附近那個賣器皿的小販講了不少關於你的事。這麼說來，大娘，你已經去看過很多神明的所在了？」

「是看過一些地方。」

「是不是經常有祭司給你蓮花加持？」

「沒有。」

「這就錯了，因為你的眼神比以前還要憂傷。」

「我來是請求您為一個死去的人祈禱。」

「是曾經跟你們一起旅行的人嗎？」

「正是。」

「我見過這個人嗎？」

「她很高大、很自傲，很懂得用雙手去幫助別人。她從做新娘開始，心裡就一直痛苦不堪，而且沒有痊癒過。」

「她在你之前先拜了時母？」

「對。」

「我記得了，她走起路來是不是像這樣？」

「沒錯。」

「她怎麼死的？」

「她坐著等火車輾過她。」

「喔，老天，這是命中注定的嗎？真可怕的死法！」

「我們買了木柴火化了她，我會把她的骨灰帶回到村裡那條河去。」

「做得很妥當。你想要我做些什麼呢？」

「我聽說有些人可以為死者祈禱，讓他們來生過得比今生幸福，我想求您幫她做這種祈禱，她名字叫做阿米雅。」

「這種祈禱習俗我不懂，不過說不定掌管智慧的辯才天女會保佑她。如果你願意的話，我可以做這種祈禱。」

「那個小孩說你會跟我收錢，可是我沒有錢。」

「聽到這樣的故事，對我來說錢反而無關緊要。你說的小孩是誰？」

「我不認識她。在街上的時候，她跑來睡在我身邊，她說她媽媽是個很低賤的人，因為一種吃人的病而死了。這城裡難道沒有一個可以收容這種小孩的地方嗎？我在印度每個地方都見到像這樣孤苦無依的孩子，但是在大城市裡總是有些收容院來收留他們。通常，或者該說大多數，都是外國女士辦的收容之家。加爾各答有沒有這樣的地方呢？」

「有的，可是這個小孩願意去嗎？街上的流浪兒對於那些願意照顧他們的人來說，往往是個棘手問題。」

「她孤苦無依，多年來從來沒有吃飽過。目前她只想要吃飽，但如果技巧一點對待她的話，她會願意留在收容所裡的。」

「你得去找羅瑞托修女會辦的收容所，她們也是外國人，不過在我們眼中，卻認為她們是時母親自點選的人。甚至連有錢有勢的人，也會為這些修女效勞的，只要他們的耳朵聽得進去。」

「我要怎麼樣才能找到這樣的收容所呢？」

「這附近就有一所，我會帶你去。」

「您為什麼要幫我呢？」

「時母告訴我一定要幫你。」

「能夠跟女神直接交談必然是很安慰的事。」

「為什麼這樣講？你講得好像不怎麼虔信似的。」

「每個人都有不同說法；有的說這樣是對的，那樣是錯的。女神一定有告訴您什麼才是真的。」

「我相信的確如此。」

「那就真的很令人安慰了。」

娣帕卡和祭司來到女孩那裡，一起低頭看著靠在行李捆上熟睡的虛弱小孩，這孩子像是突然有所知覺似的站了起來，然後很生氣地問娣帕卡：「你帶個祭司來做什麼？」

「她沒有帶我來，是我自己來的。我們熟悉這個城市，當然應該為她帶路。」

「這倒是真的，雖然她頭髮都白了，可是什麼都不懂。」

「那你就來幫我一起為她帶路。」於是娣帕卡和小女孩走在祭司後面，祭司的腰布飄逸，唯一的裝飾品是掛在胸前的福繩。娣帕卡經常挨街上行人的罵，可是小女孩卻幫她回罵那些人。最後他們來到圍牆和大門處，祭司花了點工夫，才讓鐵柵門出現一張臉孔，然後他們就被帶到圍牆之內，裡面忙忙碌碌的，到處可見到修女和女孩子匆忙地或跑或走。不知哪裡傳來了孩子的歌聲，還有人正在某處做飯。這一切讓娣帕卡想起了火車站的情景：沒有人打算久留於此。祭司跟著修女走開了，留下娣帕卡和小女孩在一起等候。她們蹲下來觀望周圍，有時互相問對方這些情景是怎麼回事。小女孩見到修女的服裝很害怕，於是往娣帕卡的身上靠去。等到祭司跟另一個修女回來時，卻見她們兩個互相依偎著又睡著了。他輕輕搖醒了娣帕卡：

「大娘，大娘，她們說你應該到裡面休息。你跟這位女士去，我會為那個生前叫做阿米雅的人祈禱，唉，可惜我沒有蓮花了。」

娣帕卡摸摸祭司的腳，但是那個小頑童卻扯著她，讓她分了心：

「走，我們得趕快走，這些人一定是女警察。」

「什麼？」

「你看，她們身上都掛了鑰匙。她們怎麼會有這麼多人？」

「我們人並不多，比起我們要做的事，人手還太少了。你們跟我來，這個老人一定要好好休息，不然會病倒的，還有你，你得吃東西。你已經很安全地帶她走過市區，現在你再送她平安上床去吧！」

「這裡有地方休息嗎？」

於是這一老一小跟著修女走，沒多久就坐在豐盛的食物面前。娣帕卡吃不下，小孩卻很快把所有東西一掃而空，馬上撐得很不舒服。然後她又被帶去洗了一次澡，怎麼抗議也沒用，娣帕卡趁此告訴修女她所知道的有關女孩的身世，包括她自己猜想的部分，然後請求修女說：

「拜託您，能不能給她安身的地方，教她學些技能，免得她將來死在街頭，或者走上跟她媽媽一樣的路？她在你們這裡占不了多少地方的。可是我以前見過饑荒時的景象，等到人餓到骨頭都凸出來時，離死期也不遠了。我們見過很多小孩餓死，你們這裡有食物，能不能給她吃呢？你們能不能教她學點什麼？貝那拉斯有個外國女士們管理的收容院，就教女孩子縫製漂亮的東西。你們這裡教不教呢？」

「我們這裡教女孩看護。這裡也有食物可以分享，而且我也認為你講得沒錯，死神的手正伸向這個孩子。你看，她又睡著了。說不定她不願意留下來，說不定她會跑掉，這我們就沒辦法了。」

「碰到這樣的時候，你們怎麼辦？」

「如果小孩沒有人可以投靠，我們就很難找回她。要是小孩是別人送來的，就有可能是跑回去找那個送她來的人，在這樣的情況下，我們就比較有機會幫上忙。」

「你們要收錢嗎？」

「如果你有錢給的話。」

「要是沒有呢？」

「那我們怎麼還能開口要？」

「我跟你許個承諾。在你們不教她學東西的期間，我會回來看她，帶她跟我一起回村子裡去。要是她答應等到我回來，我想她會守信的。」

「你家人不會生氣嗎？」

「人老了，別人都會准他們做些傻事的。」

「我們去問問這個孩子。」

修女搖醒了這個小身軀，兩個女人慢慢向她解說剛才她們所討論的事。娣帕卡問小女孩，願不願意留下來，跟修女們學習如何照料病人，娣帕卡則會在沒有教課的時期，過來帶她回到村中的家裡去。小女孩想了一下，回答說：

「你現在要怎麼做？」

「我要在早上回到席達火車站，得自己找路過去。」

「可是你對這個城市一點都不熟，要不是我跟你在一起的話，那些小偷早就趁夜裡把你給殺了。」

「對，你的保護很周到。可是只要我到了火車站，就會跟自己人會合了。」

「她是個老糊塗，讓她一個人去很不安全的。」這小孩顯然非常擔心，修女也體會出她話裡的用意。

「那麼先讓我們帶她看看，你留下來的地方是怎麼樣的，然後你們兩個今晚還可以睡在一起。明天早上等我們的卡車出去時，我們會送她去席達車站，你認為這樣妥當嗎？」

「這樣很好。」

那天，這老小兩個都在聽修女們解說，並在醫院、學校、宿舍以及修院裡到處參觀。小女孩一直認為自己到了監獄裡，直到傍晚，她們跟著修女外出，巡視那些乞丐經常棲身之處，並帶回生病以及年幼的人時，小女孩這才改觀了，而且表現了她的天賦，因為這些流浪街頭的人都信賴她，此外她也很有一套。到了晚上終於要入睡時，她告訴娣帕卡說：

「我會留在這裡，等你回來接我。我想我可以幫她們忙，而且這裡吃得也很好。」

「這對你很好，不過將來你可要謝謝那位祭司。」

「下次他再帶個陌生人來這裡的時候，我會謝他的。」

到了早上，修女拿了一份很長的文件給娣帕卡，她根本就看不懂，不過上面列出了她們所達成的協議內容。

「我還不知道你叫什麼名字呢？」修女問小女孩說。

「我媽叫我古麗雅。」

「這根本就不是個名字，意思是『娃娃』而已。」

「我知道。」

「那我就給你取個名字，這個名字會讓你跟我有關係。」娣帕卡說，「你肯嗎？」

「肯。」

「我就給你取名叫『阿米雅』，可是你一定要學會做個好看護，因為從前叫這個名字的人是個了不起的治療者。」

「那我就做阿米雅，阿米雅。對，就寫這名字，我會做阿米雅。」修女寫下了名字，娣帕卡卻沒有露出笑容。她跟其他幾個人上了卡車，清點了隨身行李，然後向小女孩略為揮手，卡車就駛出了大門。

「她最好還是回村裡去，她實在什麼都不懂。你知道嗎？她甚至還叫我幫她看守行李呢！」

「結果你也幫她看行李了。我們去見醫生吧，阿米雅，她想要見所有準備要當她助手的女孩。」

娣帕卡威風十足地被送到了火車站，從車上七手八腳下來時，差點壓到了黎娜身上，黎娜正好在提水。

「哎，真想不到這樣碰面法。其他人都到齊了，我們該去拿車票了。」

蘇倫德拉找老虎

蘇倫德拉邁開大步，朝著大草坪廣場走去，樂得逍遙自在。一見到小販，他就先買了土菸，等到走到草地上時，馬上就脫掉了鞋子，然後在草地上活動活動，舒展身子，順便躺下來抽菸，望著天空。有隻山羊走過來，檢查他是何方神聖，蘇倫德拉像對老友講話似的對山羊致詞一番，山羊卻不感興趣。牧羊少年大著膽子走上前來，於是兩人就討論起牧牛牧羊的問題。然後蘇倫德拉索索鼻子吸吸空氣，吐了口痰就繼續往前走了。沒多久他經過了豪華商店區，來到一家旅館旁邊，這時他取出了地圖。有個看門的人走上前來，要看這個衣衫襤褸的人究竟在研究什麼。他不但主動提供了協助，還回答了這個不同尋常的莊稼漢所提出的問題。等他們分享了一支菸之後，蘇倫德拉就向對方告別而去。這個看門的想不透，為什麼這個識字的人竟然衣衫襤褸、靠兩腿走路，還把鞋子綁在外國人揹的背囊上。這城裡的生活實在千奇百怪。有好一會兒，這個看門人很希望自己能夠回到大吉嶺附近的家鄉去。

蘇倫德拉在棚頂市場裡找到了一家工具店，很仔細地挑了一把有很多刀片的刀子，其中一片甚至可以用來修割牛蹄，然後他跟老闆殺價，一直殺到價錢合適了才買下來，之後又繼續上路。接著，他以驚人的速度進了一家紗麗店，買了一件印有紅邊的樸素紗麗給媳婦，並把它放進背囊裡。之後就悠哉悠哉往南走向河邊。他在威廉堡附近轉來轉去，終於找到了他的目標——比較容易往下走向河流的堤岸。在他往下游走去的中途，有兩次他跟河堤上無所事事的人一起喝茶，沒有人問他的目的何在。當夕陽西斜，陰影拉長時，有些小船紛紛靠岸，蘇倫德拉知道他很快就會找到機會了。他問了好幾個船夫之後，終於有個漁夫願意載他往南去。他們在天黑後不久睡了一覺，然後就順著潮水而下。上了船之後，蘇倫德拉幾乎什麼都不做。漁夫有時要他幫幫忙，不過由於他眼明手快，所以學得很快，因此覺得工作很輕鬆。他看著太陽從寬廣河面上升起，船夫告訴他關於海盜的傳說，又唱起洪水的故事給他聽。到了鑽石港之後，他們就拒絕載他去更遠的地方了，因為他們的船就在那裡靠岸。蘇倫德拉向南走去，走過了這個港口鎮，來到一座村子裡，在那裡向人打聽老虎的消息。自從祖父時代開始，就沒有人見過老虎了。如果再往南方去，會不會有老虎呢？誰也不敢說。於是蘇倫德拉又往下個村子走去。

「你打聽老虎做什麼？你看起來又不像個獵人。」

「我已經周遊過印度，到過喜馬拉雅山和南邊大海，我還學會了讀書識字，可是卻從來沒見到過老虎。」

「喲，喲！你的黃湯藏在哪兒？你八成是在講醉話。」

「要是你們不知道哪裡有老虎，那就告訴我從鑽石港開出的火車，什麼時候會開回加爾各答？」

「火車只到阿利普。天亮還有天黑時有班次。」

「那我要搭天黑的那班火車了。」

「你有火車票嗎？」

「我有一張可以去全印度城市的火車票。告訴你們，你們眼前這個人可是到過凱拉斯，兩腳還踏進過柯墨林角的海水裡呢！」

「這人是瘋子，我們不要聽你在這裡胡說八道，把他趕出村子去。快走，快走，走呀！」

蘇倫德拉走了，後面還跟了一大群狗，可是那些狗卻沒有執行命令，反而像對待朋友似的很愉快地陪他走出村子。接著，整個下午他又在走路，踏過田野走回鎮上。他找到了火車站，並打聽火車班次。沒錯，是有一班火車，但是售票處關門了，他有沒有車票？有，他有一張車票。他是不是在早些時候職員當班時買這票的。不是，他不是那時買的。如果這樣，這張票恐怕不能用。他最好不要去嘗試搭這班火車。蘇倫德拉偏偏要去試試看。車站腳夫請他喝茶，這個莊稼漢於是回敬以土菸。火車來了，他上了車，接著火車向北駛去。結果並沒有查票員來把靠在背囊上的他叫醒，於是炫耀這張偉大車票的最後機會也被否定掉了。火車停了之後，蘇倫德拉馬上又加入了工人的行列，跟著他們從一家工廠走到另一家。那些人講的都是些關於他們工作的事，蘇倫德拉覺得很無聊。他認為自己境遇算是很不錯的。快天亮時，他知道已經來到席達附近，於是就循路來到了招待所，見到其他人正在吃早餐。別人問起他去做了些什麼，他卻什麼都不肯多說。過了好幾個月之後，他和納倫在錫金（Sikkim）山區裡獨處時，他才向納倫招出最後那天他都在找老虎。納倫聽了，發出空前未有的大笑。從那之後，這件事就變成兩人之間的私藏笑話，在許多次的旅行中為他們增添了樂趣。

人數清點過了，娣帕卡也講完了她回到時母河階神廟的事，同時，周悌也介紹給大家認識，盧努也省了講博物館的情形，因為沒有多少人感興趣，然後老戴就派他們一個個到售票處去拿回家的火車票。他們在中午上了火車。抵達那個大鎮的火車站時，慘澹的燈光剛剛亮起，在風中搖晃著，依然在椽木上發出單調的響聲。站長叫他們睡在月台上：

「東部有亂事，不要在黑暗中出去，不要跟陌生人講話，等到天亮再走去坐船。時局很不好。」他匆匆走掉了。警衛把他們關在火車站裡面，村民則攤開鋪蓋準備睡覺。等到最後一班火車也開走之後，有幾群乞丐沿著鐵軌閃縮而來。娣帕卡叫住他們，然後把阿米雅的鋪蓋和紗麗扔下月台，女人趕緊抱著她撿到的寶貝跑開了。娣帕卡看著，終於為阿米雅落下了眼淚。

「噓，阿姨，都過去了。明天你就可以見到孫子了。一切都過去了，睡吧！」

「你自己還醒著。」

「前面還有很多事。」

「還有多少憂傷？」

「我們有這麼多的回憶，憂傷或許會減少一點了。」

「我們是不是回去就等著死呢？」

「還有很多的事情是兩手永遠做不完的。」

「等候不也算是工作嗎？」

「你講話又像是謎語了。」

「阿米雅在她的夢裡並不孤單。你在這趟旅行中學會了微笑，說不定我學會的是哭泣。我們從今以後是不是就照樣磨米磨到發燒病死，從此才讓家人太平？」

「你的家人從來沒有因為你而受苦。」

「但也沒有因為我而得到什麼。年紀最老的人往往是因為人家敬老，而不是因為明理而受人尊重。」

「你會怎麼辦？」

「現在嗎？好好哭上一場。明天？去告訴阿米雅的兒子她的死訊。之後？試試用我的老嗓門唱歌？不了，有太多事情已經結束了。」

「還有太多都還沒嘗試過。」

「我會在鍋壺裡面找到新歷險嗎？還是在我小孫子的玩具裡面？」

「睡吧，阿姨，一切都過去了。」盧努自己睡了，但是娣帕卡卻和黎娜坐著守到天亮。

車站大門一開，他們就動身出發了。漫長的回程路走起來彷彿沒完沒了，最後他們終於站在河邊，那些船夫則問他們成箱的金銀珠寶在哪裡。他們才過河到半途，渡船正待大迴轉靠向對岸，卻聽見對岸傳來尖叫大喊。

「他們來了！他們來了！」

他們見到有個男孩飛躍到河岸上，穿過樹林。納倫站起身來大叫：「那是我孫子，你們看，他長大好多。」結果他乘坐的那艘船差點因此翻覆。

隨著村民逐漸靠岸，興奮之情也為之高漲，揮手、高呼之餘，還衝上前來把第一艘船拖上岸，並且迫不及待地拉出船上的乘客，擁抱著踩到泥地中。最後大家都下了船，每艘船都空了，船夫也收了錢，慢慢撐船下了河岸。納倫和孫子手牽手看著船夫撐船離去。等到他們都在視線之內消失了，納倫這才把孫子扛到肩膀上：「咱們走，我有很多故事要講給你聽哪！」他們是最後緩步走上堤岸的，末了消失在村子的僻靜中。

【注釋】

1 優陀延山（Udayagiri）：Assia 山脈中的優陀延山，即山脈的極東處，離大海不遠，現在還有佛教的遺跡。

2 世界主宰（Jagannath〔Juggernaut〕）：，印度教主神之一，毘濕奴的化身，相傳每年例節用巨車載其神像遊行時，善男信女多甘願投身死於輪下。

3 灑紅節（Holi）：印度教的春節，收成過後舉行，慶祝方式是潑彩色水。

4 布吉布吉（Budge-Budge）：或作 Baj Baj，位於西孟加拉邦東南部的城市，為黃麻與棉花工廠中心地。

尾聲

雨季的第二個星期，戴先生意興闌珊去上班。陰雨綿綿的鐵路總局實在讓人情緒低落，走廊裡到處都是甲蟲，他揮手趕走了書桌上的蟲子，見到有一封孟加拉的來信。信上寫著：

親愛的戴先生，

莊稼漢蘇倫德拉寫下他的第一封信。讓您久等消息了，還請您原諒。村裡有太多事情要處理，這是因為年輕人實在很愚蠢，而老年人又非常沒耐性的緣故。我已經把上次旅行沒用完的錢，存進了大鎮上的銀行，戶頭一定要有兩位長者和我簽名才能動用。哈里斯昌德拉已經把帳目都寫下來，隨信附上。他告訴我說應該這樣寫。阿信嫂要我轉達她的祝福，並請您為她以及那些家有學齡兒童的人，安排下次的冬季旅行。其他人都說他們不要去，因為旅行除了造成死亡和麻煩之外，沒有什麼好結果。米圖已經到加爾各答製作可供販賣的雕像了，現在他那幾個兒子只在店裡賣彩色塑膠品和鋼鐵製品。阿米雅的兒子盡本份地掉了眼淚，但其實大大鬆了一口氣。自從這位祖母教孫女爭取更多，遠超過父親所能夠提供的之後，這女兒就成了他最頭痛的問題。收成過後，孫女跟盧努到城裡去，至於為什麼盧努也去，沒有人知道。南部帶回來的穀種種出的稻米長得很快，希望今年雨水充足。土地很乾旱，我家的牛因為寂寞而瘦了。杰德夫為兒子辦完婚事之後，就馬上安裝水管。他的小兒子周悌，下田幹活簡直比整群猩猩來搗蛋還要糟糕。老戴本來要我寫一篇致謝詞的，但我說他應該付錢給哈里斯昌德拉去做。等到收成結束以後，納倫和我會去北部，遊覽東面的山區。提筆寫字對我的手指來說簡直受罪，想到您每天手上都要拿著筆，寫上很長的時間，我就替您感到難過。黎娜把所有神明都一一點了名，要他們保佑您。請代我問候醫生大人。

蘇倫德拉

幾個月之後，眼看著光明節來到，又看著光明節過去，這時戴先生又收到另一封信，消息傳來說，孟加拉今年的收成欠佳。郵戳是大吉嶺的。這回戴先生認出了筆跡，看得出寫信人很努力地要寫得整齊清楚。信上寫道：

親愛的戴先生，

莊稼漢蘇倫德拉在大吉嶺給您寫信。我在雨季期間已經寫了很多信出去，現在一切都準備妥當，下一批願意出去的人可以出發了，希望您聽到消息會感到開心。這次由阿信嫂領隊，米圖也跟著一起去，他要去南部山區找那個神父。他帶了一尊自己塑的像送您，非常漂亮，您一定要收好，放在安全的地方，不要讓您的孫子們弄壞了，因為米圖的泥像賣的價錢，比我一季的收成所得還要多。上次用剩的錢會用來買坐到席達的車票、好的藥物，還有地圖。至於周遊印度的長期車票，最好能在下個月底之前安排好，放在豪拉車站，好讓阿信嫂去取票。老戴說他也要去，不過他在生病，恐怕是去不成了。哈里斯昌德拉得了慢性病，在世的日子漸漸少了，不過黎娜在照顧他，所以他還是很開心。他和阿信嫂送給您一本講我們第一次旅行所說所做的書。您的僕人蘇倫德拉眼看著兩條牛死掉了，所以沒有心思留在村裡，納倫由於盧努到城裡畫畫，感到家裡空盪盪的，所以我們兩人結伴到山區來，我們學南部丐童的方法坐免費火車，很快來到這裡，希望這方法沒有冒犯您，實在是因為收成不好，所以我們沒錢買火車票。我們打算沿著積雪的山谷走下去，在播種之前回家。我請求您協助阿信嫂，她大兒子是個好孩子，我已經教他應該怎麼做，以及什麼地方應該特別提防。娣帕卡現在很不安寧，但是收成過後，她去女修院帶了一個乞丐女孩回到村裡，現在她家人很為這事生氣，說她讓他們丟臉。我認為，要是她跟盧努一起去加爾各答最好，可是納倫不答應。其他人吵吵鬧鬧的，不過如今有很多人都到廟裡，去看那些畫了旅行經過的本子。有些從東部來的人家本來不相信我們去過，看了之後就對畫簿鞠躬了。這實在是個很愚昧的地方。山上很冷，不過卻有好茶喝。

您的僕人蘇倫德拉

這樣又過了一年，這一年裡，他收到過很多封信，有蘇倫德拉寫來的，也有其他人寫來的，之後戴先生收到蘇倫德拉的這封信，這回寫道：

親愛的戴先生，

您可能不記得烏瑪沈村裡的莊稼漢蘇倫德拉了，但他卻很記得您，還有醫生大人。由於天災人禍，村子已經變了很多，新人家比舊戶還要多。盧努在這個很惡劣的冬天裡死了，人家說加爾各答有個展覽室，裡面全部都是她畫的圖，還有名字在上面。哈里斯昌德拉死在她之前，老戴是在阿信嫂旅行回來之前就死了。黎娜和巴柏拉的外孫女接管了學校，因為尼爾瑪耳朵聾得很厲害。杰德夫和烏瑪到那個大鎮上去跟大兒子一起住了，小兒子則是離家去打仗。娣帕卡已經被人當作聖人，經常有很多人大老遠跑來向她請教，拜倒在她腳下，這些日子裡她老是發脾氣，說她根本就不願意他們來找她。她用神明的眼睛看出了這些人的煩惱。納倫的孫子跟堂表兄弟一起上學了，所以我們又開始結伴旅行，這回我們要去加德滿都參加春節慶典。我又買了新的背囊，而且我的地圖上也多了很多條走過的路線。下個冬季，我們會往南走到吉大港山區（Chittagong），我會想辦法去看看老虎。這次路線很長，因為我們先要到息隆（Shillong），然後再南下。息隆是您的老家，所以我寫信來告訴您，我們會去那裡。這個月又出現一圈月暈了。納倫問候您。

蘇倫德拉

從那之後，就再也沒有消息了，戴先生後來調離觀光局諮詢服務的職位，轉任他職。有一天晚上，村中有座茅屋頂起了火，火勢蔓延到家家戶戶，等到古老的村廟也燃燒起來時，廟裡那些畫簿也都化為灰燼了。

國家圖書館出版品預行編目（CIP）資料

三等車票／希瑟．伍德（Heather Wood）作；黃芳田譯.
-- 三版. -- 臺北市：馬可孛羅文化出版：英屬蓋曼群島商家庭傳媒股份有限公司城邦分公司發行, 2021.06
面； 公分. --（當代名家旅行文學；MM1112X）
譯自：Third-class ticket
ISBN 978-986-5509-85-9（平裝）
1.遊記 2.社會生活 3.印度
737.19 110005674

【當代名家旅行文學】MM1112X

三等車票
Third-Class Ticket

作　　者❖希瑟．伍德Heather Wood
譯　　者❖黃芳田
封面設計❖陳文德
內頁排版❖張彩梅
新版校對❖魏秋綢
總　策　劃❖詹宏志
總　編　輯❖郭寶秀
行　　銷❖許芷瑀

發　行　人❖凃玉雲
出　　版❖馬可孛羅文化
10483台北市中山區民生東路二段141號5樓
電話：(886)2-25007696
發　　行❖英屬蓋曼群島商家庭傳媒股份有限公司城邦分公司
10483台北市中山區民生東路二段141號11樓
客服服務專線：(886)2-25007718；25007719
24小時傳真專線：(886)2-25001990；25001991
讀者服務信箱：service@readingclub.com.tw
劃撥帳號：19863813　戶名：書虫股份有限公司
香港發行所❖城邦（香港）出版集團有限公司
香港灣仔駱克道193號東超商業中心1樓
電話：(852) 25086231　傳真：(852) 25789337
馬新發行所❖城邦（馬新）出版集團Cite (M) Sdn Bhd.
41-3, Jalan Radin Anum, Bandar Baru Sri Petaling,
57000 Kuala Lumpur, Malaysia
電話：(603) 90563833　傳真：(603) 90576622
讀者服務信箱：services@cite.com.my
輸出印刷❖中原造像股份有限公司
三版一刷❖2021年6月
三版四刷❖2023年8月
定　　價❖550元

ISBN：978-986-5509-85-9（平裝）
ISBN：978-986-5509-88-0（EPUB）

城邦讀書花園
www.cite.com.tw